Neue Institutionenökonomik
und politische Institutionen

Europäische Hochschulschriften
Publications Universitaires Européennes
European University Studies

Reihe V
Volks- und Betriebswirtschaft

Série V Series V
Sciences économiques, gestion d'entreprise
Economics and Management

Bd./Vol. 2733

PETER LANG
Frankfurt am Main · Berlin · Bern · Bruxelles · New York · Oxford · Wien

Rainer Pappenheim

Neue Institutionenökonomik und politische Institutionen

Zur Anwendung der ökonomischen Theorie auf politische Institutionen und Organisationen

PETER LANG
Europäischer Verlag der Wissenschaften

Die Deutsche Bibliothek - CIP-Einheitsaufnahme

Pappenheim, Rainer:

Neue Institutionenökonomik und politische Institutionen : zur Anwendung der ökonomischen Theorie auf politische Institutionen und Organisationen / Rainer Pappenheim. - Frankfurt am Main ; Berlin ; Bern ; Bruxelles ; New York ; Oxford ; Wien : Lang, 2001
(Europäische Hochschulschriften : Reihe 5, Volks- und Betriebswirtschaft ; Bd. 2733)
Zugl.: Jena, Univ., Diss., 2000
ISBN 3-631-37770-3

27
ISSN 0531-7339
ISBN 3-631-37770-3

www.peterlang.de

Inhaltsverzeichnis

Abbildungsverzeichnis

1. Einleitung

Die Beschäftigung mit Institutionen in der ökonomischen Theorie hat in den letzten drei Jahrzehnten einen beträchtlichen Aufschwung erfahren. Resultierend aus der Unzufriedenheit mit der neoklassischen Orthodoxie, die anhand von abstrakten Modellen und realitätsfernen Annahmen die Ökonomie dominiert(e), begannen einige Ökonomen, sich der Welt unter Berücksichtigung von asymmetrischer Information, begrenzter individueller Rationalität und unvollständig spezifizierten Verfügungsrechten, kurz: dem Problem positiver Transaktionskosten, zuzuwenden. Zwar hatte es bereits in der ersten Hälfte des zwanzigsten Jahrhunderts Versuche gegeben, die Bedeutung von Institutionen in den Vordergrund zu rücken. Aber sowohl die amerikanischen Institutionalisten um *Commons*, *Veblen* und *Mitchell* als auch die deutsche Historische Schule um *Schmoller* konnten sich in ihrer Profession nicht durchsetzen. Das lag vor allem an der Theorieferne ihrer Argumentation: "without a theory they had nothing to pass on."[1]

Bemerkenswert an den "neuen" Institutionalisten war der explizite Versuch, Institutionen auf der theoretischen Grundlage der herkömmlichen Mikroökonomie zu analysieren. Damit wurde ein wesentliches Manko der Neoklassik – nämlich ihre Realitätsferne – bekämpft. Die grundlegende Erkenntnis war, daß der Markt, dessen wohlfahrtsfördernde Wirkung die allgemeine Gleichgewichtstheorie rigoros bewiesen hat, nicht so reibungslos funktioniert wie in der neoklassischen Theorie. Zwar gab es ausführliche Analysen, die sich mit einem Versagen des Marktes beschäftigten. Das Marktversagen wurde aber - genauso realitätsfern - durch den Eingriff eines benevolenten, allwissenden und allmächtigen Staates geheilt, indem dieser öffentliche Güter bereitstellte, negative externe Effekte durch die Auferlegung einer Steuer internalisierte und natürliche Monopole mittels einer Preisregulierung im Zaum hielt. Die Notwendigkeit einer <u>komparativen</u> Analyse verschiedener institutioneller Strukturen wurde so umgangen.

Erst Anfang der sechziger Jahre begann mit dem Artikel von *Coase* (1960) ein ernsthafter Versuch, die Bedeutung ökonomischer Institutionen, in diesem Fall die Eigentumsrechtestruktur, zu klären.[2] In einer utopischen Welt ohne

---

1 Coase (1984), S. 230.

2 Der die Neue Institutionenökonomik begründende Artikel von Coase (1937) blieb lange Zeit ein isolierter Beitrag. Er wurde "much cited but little used" (Coase (1988), S. 62.).

Transaktionskosten und mit vollständig spezifizierten Verfügungsrechten (von denen das Eigentumsrecht nur eines ist), in der alle wohlfahrtssteigernden Tauschgeschäfte zwischen Individuen unverzüglich durchgeführt und kostenlos durchgesetzt werden, ist die resultierende Allokation der Verfügungsrechte effizient – so das wohlbekannte *Coase*-Theorem. Sobald aber positive Transaktionskosten in dieses Utopia eingeführt werden – etwa weil nicht alle Informationen über vorteilhafte Tauschgeschäfte bekannt sind oder weil deren Durchsetzung nur unter Aufwendung von Ressourcen für Schiedsstellen oder Gerichte erfolgen kann -, wird die erstbeste Lösung nicht erreicht. An dieser Stelle kommt die wohlfahrtssteigernde Wirkung von Institutionen ins Spiel. Sie senken die Transaktionskosten, indem sie z.B. Informationen über Tauschgelegenheiten generieren, Unsicherheit über das Verhalten eines potentiellen Tauschpartners reduzieren oder die Durchsetzung der Geschäfte gewährleisten. Damit machen Institutionen den Abschluß von Verträgen – und damit Tauschgeschäften – möglich, die ohne sie nicht zustandegekommen wären und erhöhen so die gesellschaftliche Wohlfahrt.

Was aber sind Institutionen? Trotz der nach dem Artikel von *Coase* (1960) folgenden intensiven Forschungsarbeit wurde man sich weder über die Bedeutung noch die Definition einer Institution einig. So konnte im gleichen Jahr (1986) zum einen gesagt werden, daß die Institutionenökonomik eines der am lebhaftesten diskutierten Gebiete in der Ökonomie geworden sei,[3] zum anderen wurde beklagt, daß der Institutionenbegriff noch nicht hinreichend geklärt sei.[4] Ein theoretisches Gebiet, das sich noch nicht einmal über seinen Untersuchungsgegenstand im klaren ist, mußte zwangsläufig auf gewisse Akzeptanzschwierigkeiten stoßen. Auch der Transaktionskostenbegriff als ein zentrales Analyseinstrument der Neuen Institutionenökonomik litt – und leidet bis heute – unter der Vielfalt an Definitionsversuchen und Bedeutungen, so daß Stanley *Fischer* 1977 den Transaktionskosten einen "wohlverdienten schlechten Ruf" zuschrieb.[5]

Ostrom legt ihren Ausführungen eine Institutionendefinition zugrunde, demgemäß eine Institution eine allgemein bekannte Regel ist, die von einer Gruppe von Teilnehmern angewendet wird, um wiederholte Interaktionen zu ordnen.[6] Neben einer Institution als Regel sind zwei weitere Bedeutungen anzutreffen: Institutionen als Organisationen bzw. als das gleichgewichtige Ergebnis eines Spiels.[7] Der Unterschied zwischen diesen verschiedenen Ansätzen wird später noch deutlich gemacht. Die Abgrenzung zwischen Institutionen und Organisatio-

3 Vgl. Matthews (1986), S. 903.
4 Vgl. Ostrom (1986), S. 4.
5 Vgl. Fischer (1977), S. 322, zitiert nach Williamson (1989), S. 141.
6 Vgl. Ostrom (1986), S. 5.
7 Vgl. Aoki (1998), S. 2.

nen ist aber nicht sehr trennscharf, weil auch Organisationen institutionelle Strukturen besitzen, die von den Mitgliedern der Organisation beachtet werden. Ein Unternehmen hat beispielsweise bestimmte Routinen und eingefahrene Kommunikationskanäle, die "institutionalisiert" sind, d.h. regelmäßig von den Organisationsmitgliedern im Umgang miteinander gebraucht werden. Organisationen sind insoweit ein "nexus of institutions".[8] Bleibt man bei der ersten Definition (Institution als Regel), könnten politische Institutionen als Regeln verstanden werden, die die Interaktionen zwischen politischen Akteuren wie Politikern, Bürokraten, Gerichten, Interessengruppen und Wähler ordnen. Das können beispielsweise das Mehrheitswahlrecht sein, administrative Entscheidungsregeln oder Institutionen, die die Unabhängigkeit der Justiz begründen.

Die vorliegende Arbeit ist ein synoptisch angelegter Beitrag, die ökonomische Institutionentheorie für die Theorie politischer Institutionen und Organisationen nutzbar zu machen. Der Aufbau der Arbeit ist wie folgt: In Abschnitt 2 werden die beiden grundlegenden Prämissen der neoklassischen Analyse, der methodologische Individualismus und das Rationalitätspostulat, auf denen auch die Neue Institutionenökonomik beruht, vorgestellt und für die Zwecke der Analyse modifiziert.[9] Institutionen werden in Abschnitt 3 genauer definiert und von Organisationen abgegrenzt. Am geläufigsten ist die Einteilung in formelle und informelle Institutionen, daneben können innere und äußere, interne und externe sowie fundamentale und sekundäre Institutionen unterschieden werden. Es wird der Frage nachgegangen, ob Institutionen das Ergebnis menschlichen Handelns, nicht aber menschlichen Entwurfs sind. Während für informelle Institutionen diese Frage bejaht werden kann, sind formelle Institutionen grundsätzlich rational planbar und damit das Resultat menschlichen Entwurfs. Ein wesentlicher Aspekt von Institutionen sind ihre Effizienzeigenschaften. Üblicherweise wird davon ausgegangen, daß Institutionen effizienzsteigernd wirken, weil sie Kooperations- und Koordinationsprobleme zu lösen vermögen. Neuere, insbesondere wirtschaftshistorische Analysen kommen hingegen zu dem Schluß, daß effiziente Institutionen eher die Ausnahme denn die Regel sind. Hier ist es angezeigt, die Effizienz formeller und informeller Institutionen getrennt voneinander zu untersuchen und auch auf die Effizienz von Organisationen gesondert einzugehen. Insbesondere für die Effizienz informeller Institutionen spielt das Phänomen der Pfadabhängigkeit eine besondere Rolle. Die Effizienz formeller Institutionen hängt unter anderem von der Wirksamkeit des politischen Wettbewerbs ab.

---

8 Analog zu Jensen/Mecking (1976), S. 310, die ein Unternehmen als "nexus of contracts" bezeichnen.

9 Vgl. auch Richter/Bindseil (1995), S. 132.

Die Wahl politischer Institutionen wird von den maßgeblichen politischen Akteuren bestimmt. Das sind im wesentlichen die Politiker selber, die von Wählern und Interessengruppen, aber auch von Bürokraten und Gerichten beeinflußt werden. In Abschnitt 4 werden die Motivationen der politischen Akteure untersucht. Die Neue Politische Ökonomie nimmt sich dessen an und zeigt die Konsequenzen der ökonomischen Theorie in bezug auf das Verhalten und die Handlungsergebnisse der politischen Akteure auf. Um die Aussagekraft der Neuen Politischen Ökonomie deutlich zu machen, wird anhand eines Beispiels aus der Umweltpolitik gezeigt, daß die von Ökonomen favorisierten umweltpolitischen Instrumente wie eine Umweltabgabe oder handelbare Verschmutzungslizenzen (Umweltzertifikate) gegenüber einer Auflagenlösung mit Ge- und Verboten aus polit-ökonomischer Sicht im Nachteil sind.

Der zweite wesentliche Theoriebaustein ist die Neue Institutionenökonomik, die sich in Property Rights-Theorie, Agency-Theorie und Transaktionskostentheorie unterteilen läßt und in Abschnitt 5 behandelt wird. Während die Property Rights-Theorie die Anreizwirkungen verschiedener institutioneller Verfügungsrechtearrangements untersucht, ist es das Ziel der Transaktionskostentheorie, die ökonomische Organisation auf Märkten bzw. in Unternehmen zu erklären. Die Prinzipal-Agent- oder Agency-Theorie analysiert Beziehungen zwischen einem schlechter informierten Prinzipal und einem besser informierten Agenten und entwirft Institutionen wie z.B. Anreizsysteme, um das Agency-Problem abzuschwächen. Ziel dieser Arbeit ist es, die Erkenntnisse aus diesen ökonomischen Theorien auf die politische Sphäre zu übertragen.

In Abschnitt 5.2 wird die Theorie der Property Rights (Verfügungsrechte) dargestellt und die Wirkungen verschiedener Verfügungsrechtearrangements und die Problematik staatlicher Eingriffe diskutiert. Die endogene Erklärung der Entstehung von Property Rights ist ein weiteres Thema. Die Property Rights-Theorie wird dann auf "politische" Property Rights übertragen. Damit sind die Rechte zur Ausübung von Staatsgewalt gemeint. Diese Rechte werden durch politische Transaktionen übertragen. Es gibt sowohl formelle als auch materielle politische Verfügungsrechte: die formellen politischen Verfügungsrechte liegen in einer Demokratie bei den Wählern, genauer: bei dem Medianwähler, der sie in Form von allgemeinen Wahlen (= politische Transaktion Nr. 1) auf politische Repräsentanten überträgt. Typischerweise (weil kostenminimierend) wird von rationalen Individuen die Mehrheitswahl verwendet. Die zweite politische Transaktion ist das Gesetzgebungsverfahren, in dem die materiellen politischen Verfügungsrechte parlamentarischen Ausschüssen überlassen werden, während die formellen politischen Verfügungsrechte beim Parlament selber verbleiben. Im Rahmen dieser Diskussion werden zwei Theorien vorgestellt, die begründen, warum den Ausschüssen die materiellen politischen Verfügungsrechte übertragen werden.

Die eine Theorie bezieht sich auf politische Tauschgewinne, die andere auf Spezialisierungsgewinne aufgrund der parlamentarischen Arbeitsteilung, die sich in den spezialisierten Ausschüssen ausdrückt. Die dritte politische Transaktion schließlich ist der Vollzug des Gesetzes.

Abschnitt 5.3 beschäftigt sich mit den ökonomischen Grundlagen der Agency-Theorie und untersucht die zwei wesentlichen Agency-Beziehungen in der Politik: die Beziehung zwischen (Median)Wähler und Politikern einerseits und zwischen Politikern und Bürokraten andererseits. Das Agency-Problem zwischen Wählern und Politikern zeigt sich im ideologischen politischen Handeln, d.h. der politische Repräsentant, der die Interessen seiner Wähler vertreten soll, agiert gemäß seinen persönlichen Präferenzen, die nicht unbedingt mit den Wählerpräferenzen übereinstimmen. Genauso gravierend ist die Gefahr, daß der politische Wille durch bürokratische Agenten konterkariert wird, nicht zuletzt weil der Gesetzesvollzug in den meisten Fällen durch die Bürokratie erfolgt. Dagegen gibt es allerdings Mittel wie das strukturelle Design einer Bürokratie oder "police patrol"- bzw. "fire alarm"-Kontrollen durch die Politiker bzw. interessierte Dritte. Anhand eines empirischen Beispiels – der deutschen Kernenergiepolitik – wird gezeigt, daß die politische Kontrolle zwar indirekt, aber doch relativ wirksam ist.

Abschnitt 5.4 stellt die ökonomische Transaktionskostentheorie von *Williamson* vor und diskutiert Erweiterungen der Theorie auf politische Organisationen wie ein Büro. Sie spielt auf der Organisationsebene und nimmt die institutionellen Rahmenbedingungen als gegeben hin. Speziell auf die Erklärung politischer Transaktionen ausgerichtete Theorien sind die Ansätze von *Heckathorn* und *Maser* sowie die "Institutional Choice"-Theorie von *Horn*, die auf der Grundlage der Neuen Politischen Ökonomie arbeitet. Sie untersucht das Kernproblem einer politischen Transaktion, das "Commitment"-Problem, d.h. die glaubwürdige Bindung von politischen Entscheidungsträgern an ihre Entscheidungen über die Zeit hinweg.

Abschnitt 6 stellt eine Ergänzung zur ökonomischen Institutionentheorie vor, den soziologischen Neuen Institutionalismus, der seit dem Ende der 70er Jahre in der Soziologie immer mehr Einfluß gewonnen hat. Auf den ersten Blick scheinen sich die beiden Sichtweisen auszuschließen, bei einer näheren Analyse zeigen sich jedoch eine Reihe von Gemeinsamkeiten, die eine partielle Zusammenarbeit der beiden Ansätze als möglich erscheinen lassen. Abschnitt 7 schließlich skizziert einige weiterführende Überlegungen.

2. Grundlegende Prämissen

2.1 Methodologischer Individualismus

Der Begriff des methodologischen Individualismus wurde bereits zu Beginn dieses Jahrhunderts von *Schumpeter* verwendet, um deutlich zu machen, daß es *Individuen* sind, die Handlungen vornehmen, nicht aber überindividuelle Einheiten wie ein Staat, eine Bürokratie oder die Arbeiterklasse. Alle Kollektive bestehen aus Einzelpersonen, die sich in bezug auf ihre Präferenzen und Erwartungen unterscheiden. Eine nicht-individualistische Analyse verkennt, daß individuell rationale Entscheidungen nicht auch aus kollektiver Sicht rational sein zu brauchen. Paradigmatisch hierfür ist das Gefangenendilemma.[10] Eine individuell rationale Strategie („gestehen") liefert ein kollektiv „irrationales" Ergebnis. Die für das Individuum - unter der Voraussetzung entsprechenden Handelns von seiten des Partners - günstigere Lösung („nicht gestehen") kommt nur zustande, wenn beide Individuen sich glaubhaft verpflichten können, nicht zu gestehen.

Vom Individualismus als *Methode* ist der Individualismus als *normative Vorschrift* zu unterscheiden. Der normative Individualismus besagt, daß jeder Einzelne sich von niemandem, auch von keiner überindividuellen Autorität (Staat, Kirche etc.), vorschreiben lassen sollte, wie er zu handeln hat.[11] Die Präferenzen des Einzelnen sind strikt zu beachten. Ausnahmsweise darf in die individuelle Entscheidungsfreiheit eingegriffen werden, falls nur so ein Schaden anderer vermieden werden kann.[12]

In welcher Beziehung stehen nun der methodologische Individualismus und die Institutionentheorie zueinander? Institutionen, verstanden als Handlungsregeln, werden durch Individuen bewußt oder unbewußt kreiert. Ein Gesetz kommt aufgrund des bewußten Handelns vieler Individuen zustande, während Sitten und Traditionen das Ergebnis eines eher unbewußten Handelns sind.[13] Allgemein akzeptierte Institutionen stellen eine Beschränkung der individuellen Handlungsmöglichkeiten dar, indem sie einen Handlungsrahmen bilden, innerhalb dessen die Individuen Wahlmöglichkeiten ausnutzen können. *Hayek* unterscheidet in

10 Vgl. z.B. Rasmusen (1995), S. 17.
11 Vgl. die Diskussion bei Kirsch (1993), Kap. I.
12 Vgl. schon Mill (1859/1997), S. 273.
13 Vgl. Hayek (1969a).

diesem Zusammenhang zwischen der Rechtsordnung und der Handelnsordnung. Die Rechtsordnung ist großenteils durch menschliche Einwirkung geformt, während die Handelnsordnung als unbewußte Folge vieler individueller Handlungsakte im Rahmen der Rechtsordnung entsteht.

Die typische neoklassische Analyse betrachtet Institutionen als exogen vorgegeben und behandelt sie als zu beachtende Nebenbedingungen bei der individuellen Nutzenmaximierung. Das gilt ebenfalls für manche institutionenökonomischen Theorien wie die Transaktionskostentheorie von *Williamson.* Teile der Institutionenökonomik, insbesondere wirtschaftshistorische Analysen erheben Institutionen selber zum Erklärungsgegenstand. Nicht die Auswirkungen von Institutionen, sondern ihr Zustandekommen wird untersucht, Institutionen werden somit endogen erklärt. Alle Analysen halten grundsätzlich am Individuum als grundlegender Handlungseinheit fest: das Geschehen kann theoretisch vollständig auf individuelle Handlungen zurückgeführt werden.[14]

2.2 Das Rationalitätspostulat

Individuen handeln bei der Verfolgung ihrer Ziele rational. Stehen dem Individuum mehrere Alternativen zur Verfügung, mit deren Hilfe es ein bestimmtes Ziel erreichen kann, wählt es diejenige, die das Ziel mit dem geringstmöglichen Aufwand erreicht (Minimalprinzip). Steht kein bestimmtes Ziel fest, wählt ein Individuum die Alternative aus, die "ihm am meisten zusagt"[15], d.h. die seinen Nutzen mit Hilfe der ihm zur Verfügung stehenden Mittel maximiert (Maximalprinzip). Rationales Verhalten wird in der ökonomischen Theorie unterschiedlich modelliert. Die allgemeine Gleichgewichtstheorie beispielsweise geht von einer *unbegrenzten* Rationalität aus.[16] Jeder Marktteilnehmer kann vollständig in die Zukunft blicken, Informationsdefizite sind ebensowenig vorhanden wie begrenzte individuelle Informationsverarbeitungskapazitäten. Institutionen, deren Zweck ja nicht zuletzt in der Senkung von Informationskosten liegt, sind in dieser Welt überflüssig.

Eine realistischere Sichtweise stellt das Konzept der *begrenzten* Rationalität (bounded rationality) dar.[17] *Simon* definiert begrenzte Rationalität als Verhalten, das „intendedly rational, but only limitedly so“[18] ist. Dies bezieht sich zum einen darauf, daß Informationen nicht kostenlos zu erhalten sind, sondern mittels Zeit-

---

14 Vgl. Arrow (1994), S. 3.
15 Kirsch (1993), S. 6.
16 Vgl. Arrow/Debreu (1954).
17 Vgl. die Übersicht bei Conlisk (1996).
18 Simon (1976), S. XXVIII.

aufwand akquiriert werden müssen. Zweitens sorgt die begrenzte Informationsverarbeitungskapazität des menschlichen Verstandes dafür, daß ein Problem nicht auf optimale Weise gelöst werden kann, selbst wenn ein Problem klar strukturiert ist (z.B. eine Schachpartie). Begrenzte Rationalität umfaßt auch psychologisch begründete Phänomene wie Heuristiken,[19] kognitive Dissonanzen[20] oder „framing"-Effekte, d.h. der systematische Einfluß der Darstellung der Entscheidungssituation auf die Entscheidung selbst.[21]

Nur durch die Existenz begrenzt rationaler Individuen läßt sich das Vorhandensein von Institutionen überhaupt erklären. Regeln, die je nach Situation unterschiedliche Handlungsanweisungen geben, ersparen Individuen die stets von neuem beginnende Suche nach Alternativen, sie schränken den zu beurteilenden Möglichkeitenraum ein. Die Folge begrenzter Rationalität ist die Entstehung von Institutionen zur Reduzierung von Informationskosten. Die moderne Institutionentheorie in der Ausprägung der Transaktionskostentheorie stützt sich ausdrücklich auf den Begriff der „begrenzten Rationalität" und leitet daraus das Erfordernis von Individuen ab, einen sparsamen (transaktionskostenminimierenden) Umgang mit ihren begrenzten Humankapitalressourcen und kognitiven Fähigkeiten zu pflegen.[22] Das geschieht – wie schon erwähnt – durch die Schaffung von Institutionen, aber auch durch kollektives Handeln in Organisationen.

19 Vgl. Tversky/Kahneman (1982); Strack (1985).
20 Vgl. Akerlof/Dickens (1982); Brady/Clark/Davis (1995).
21 Vgl. Tversky/Kahneman (1987).
22 Vgl. z.B. Williamson (1991a), S. 79.

3. Institutionen und Organisationen

3.1 Allgemeines

Institutionen können auf drei unterschiedliche Arten definiert werden:

- Im alltäglichen Sprachgebrauch werden Institutionen oftmals mit Organisationen gleichgesetzt.[23] Eine Organisation ist eine Gruppe von Individuen, die sich zu einem gemeinsamen Zweck zusammengeschlossen hat, wie z.B. ein Unternehmen, ein Verband oder eine Bürokratie.
- Eine alternative Definition bezieht sich auf Institutionen als das gleichgewichtige Ergebnis eines Spiels.[24] Dieses Spiel besteht aus vorgegebenen Spielregeln, die die Struktur des Spiels bestimmen und aus Individuen, die ihre Handlungen an den Anreizen ausrichten, die von den Regeln ausgehen. Das Ergebnis der individuellen Handlungen wird als Institution bezeichnet. Im Gleichgewicht des Spiels sind Verhaltensregelmäßigkeiten zu beobachten, die *Schotter* als soziale Institutionen definiert.
- Institutionen können aber auch als die Spielregeln selber definiert werden. Institutionen sind demnach Regeln, die die Interaktionen der Individuen steuern und ihnen Handlungsanweisungen geben, wie in einer bestimmten Situation zu verfahren ist.[25]

Die drei Institutionenbegriffe widersprechen sich nicht unbedingt, sondern es kommt wesentlich auf das Erklärungsziel an, das entscheidet, welcher Begriff herangezogen wird. So wird die zweite Definition – eine Institution als Gleichgewicht – zweckmäßigerweise verwendet, wenn eine bestimmte Situation betrachtet wird und das aus der Interaktion von Individuen resultierende gleichgewichtige Arrangement beschrieben werden soll. Institutionen als exogen vorgegebene Spielregeln sind etwa dann der geeignete Bezugspunkt, wenn die effiziente Ressourcenallokation ermittelt werden soll, die sich aus verschiedenen Regelwerken ergibt.

23 Vgl. Matthews (1986), S. 905.
24 Vgl. Schotter (1981), S. 155.
25 Vgl. North (1990a), S. 3; Riker (1980), S. 432.

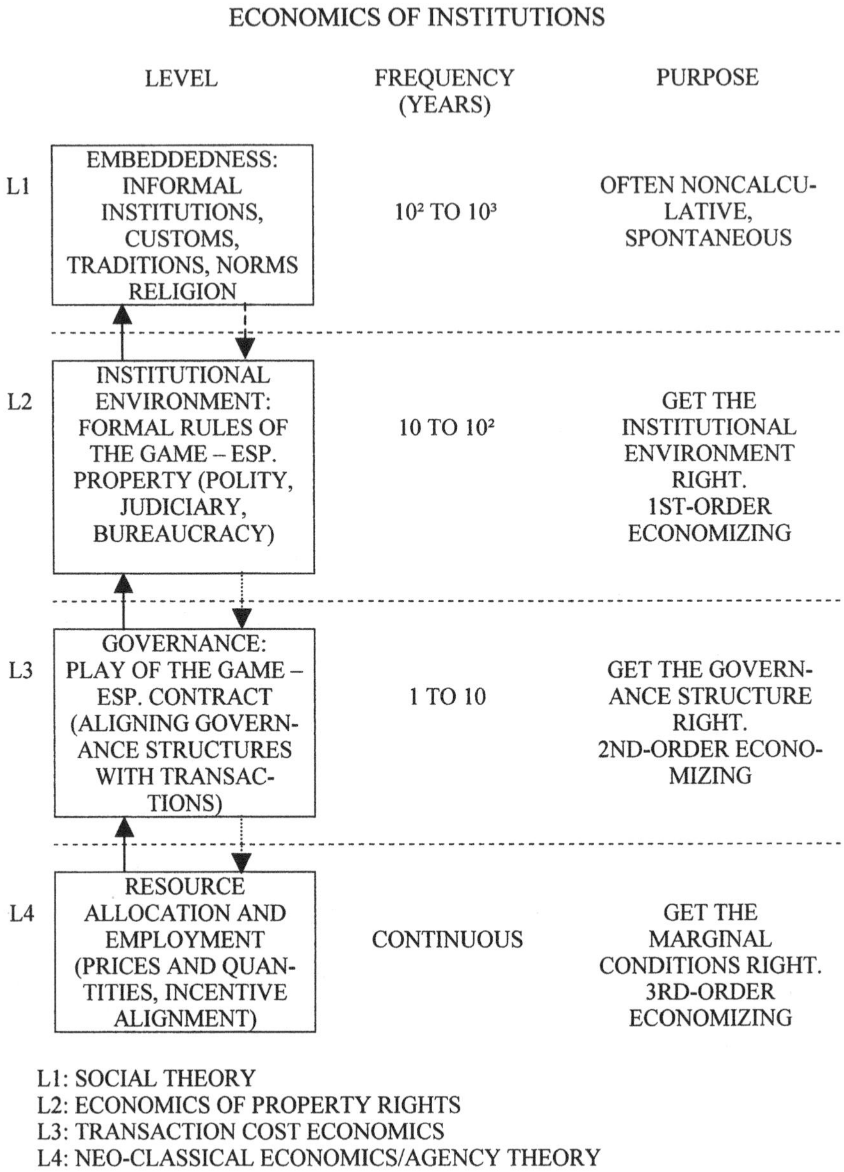

Abb. 1: Institutionelle Ebenen

Letztendlich stellt allerdings jede stabile Institution ein Gleichgewicht dar, was anhand Abbildung 1 erläutert werden soll.[26]

Auf der höchsten Ebene befinden sich über eine lange Zeit gewachsene Sitten und Traditionen, die den kulturellen Hintergrund einer Gesellschaft bilden ("embeddedness"). Ein Beispiel sind Konventionen.[27] Eine Konvention ist eine Verhaltensregelmäßigkeit, welche die Lösung eines Koordinationsspiels ist und folgende Kriterien erfüllt:[28]

a) Jedes Mitglied einer bestimmten Bevölkerungsgruppe beachtet die Regel,
b) jeder erwartet, daß alle anderen sich an die Regel halten,
c) es muß für jeden von Vorteil sein, sich an die Regel zu halten, vorausgesetzt, alle anderen tun es auch.

		B Groß	**B** Klein
A	Groß	2,2	-1,-1
A	Klein	-1,-1	1,1

Abb. 2: Koordinationsspiel

Eine solche Institution muß nicht von dritter Seite durchgesetzt werden, sie ist "selbstdurchsetzend" (self enforcing).[29] Der Nutzen, den die Individuen aus der Beachtung der Konvention haben (z.B. die Beachtung der Regel, im Straßenverkehr auf der rechten Seite zu fahren, verringert die Zahl der Unfälle, da jeder rechts fährt), ist größer als der Nutzen aus dem einseitigen Abweichen von der Konvention (fahren alle rechts und nur einer links, kommt es mit hoher Wahrscheinlichkeit zu einem Unfall, der die Nutzenposition des linksfahrenden Individuums schmälert). Wir halten also fest, daß auf der "embeddedness"-Ebene Institutionen existieren, die aufgrund ihrer selbstdurchsetzenden Eigenschaften stabil sind und von daher ein Gleichgewicht darstellen. Solche Institutionen der ersten Ebene (Sitten, Konventionen) sollen als informelle Institutionen bezeichnet

26 Vgl. Williamson (1998), S. 26.
27 Vgl. Young (1996); Sugden (1989).
28 Vgl. Schotter (1981), S. 11; Calvert (1995), S. 217.
29 Vgl. Alt/Alesina (1996), S. 648; Weingast (1996), S. 175.

werden. Hört die Institution auf, einen Nutzen zu stiften, wird sie nicht mehr beachtet.

Informelle Institutionen können der Lösung von Koordinations- oder Kooperationsproblemen dienen. Ein nützliches heuristisches Instrument zur Illustration dieser Probleme ist die Spieltheorie. Ein Beispiel für ein Koordinationsproblem sind zwei Unternehmen, die sich auf einen gemeinsamen Industriestandard einigen müssen. Die Pay-offs (z.B. Diskettenlaufwerke für große oder kleine Disketten), stellen sich wie folgt dar:[30]

Wird kein gemeinsamer Standard vereinbart, schadet dies beiden Unternehmen (jedes Unternehmen realisiert eine Auszahlung von -1), so daß ein Anreiz besteht, nach einer Koordinationslösung zu suchen, idealerweise ein Standard, der den Gebrauch großer Diskettenlaufwerke vorschreibt (= Auszahlung von 2,2). Ist Kommunikation möglich, ist es kein Problem, den Pareto-effizienten, gewinnmaximierenden Standard zu wählen. Die einmal etablierte Institution (Standard) ist selbstdurchsetzend, weil kein Unternehmen davon profitiert, unilateral von dem Standard abzuweichen und einen alternativen Standard einzuführen, weil sich sein Pay-off bei unverändertem Verhalten des anderen Unternehmens im Vergleich zum Ist-Zustand verringert. Die Frage ist, was passiert, wenn Kommunikation *nicht* möglich ist. *Young* gibt dazu folgendes Beispiel:[31] Im England des 18. Jahrhunderts begegnen sich zwei Kutschen auf einem Weg. Das Problem entsteht, welche Seite - links oder rechts - die Kutschen nehmen sollen, um der anderen auszuweichen. Weichen beide nach links oder nach rechts aus, können sie aneinander vorbeifahren; fährt die eine Kutsche hingegen nach rechts und die andere nach links (immer aus der Perspektive des Kutschers gesehen), kommen sie nicht weiter bzw. verursachen einen Unfall. Die Payoff-Struktur ist folgende:[32]

	Links	Rechts
Links	1,1	0,0
Rechts	0,0	1,1

Abb. 3: Kutschen-Spiel

30 Vgl. Rasmusen (1995), S. 26.
31 Vgl. Young (1996), S. 107f.
32 Young (1996), S. 107.

Das Spiel hat keine eindeutige Lösung. Es ist nämlich unbedeutend, welche Seite gewählt wird, solange beide Kutschen entweder nach links oder nach rechts ausweichen. In einer solchen Situation ist die Existenz von Fokuspunkten (focal points) wichtig.[33] Ist beiden Kutschern bekannt, daß üblicherweise (in England) links gefahren wird, werden beide Kutscher das linke obere Feld der Payoff-Matrix (links, links) wählen und aneinander vorbeikommen. Die Kombination "links – links" ist ein Fokuspunkt.

Das Kooperationsproblem ist eng verbunden mit der Situation des *Gefangenendilemmas*. Ein Gefangenendilemma ist durch das Auseinanderfallen von individueller und kollektiver Rationalität gekennzeichnet. Anders gesprochen führt eine individuell rationale Verhaltensweise zu einem Pareto-ineffizienten kollektiven Ergebnis:[34]

	Leugnen	Gestehen
Leugnen	-1,-1	-10,0
Gestehen	0,-10	-8,-8

Abb. 4: Gefangenendilemma

Leugnen beide Gefangenen in getrennten Verhören ihre Täterschaft, werden beide für ein geringfügiges Delikt zu einem Jahr Gefängnis verurteilt. Leugnet nur einer, und gesteht der andere, kommt dieser als Kronzeuge straffrei davon, während der andere zu zehn Jahren Haft verurteilt wird. Gestehen beide, erhalten sie jeweils acht Jahre Haft. Ein rationaler Gefangener wird immer gestehen, falls er sich nicht sicher sein kann, daß sein Mitgefangener leugnet. Das Nash-Gleichgewicht ist Pareto-ineffizient und resultiert in acht Jahren Gefängnis für jeden. Beide Spieler könnten ihre Nutzenposition verbessern, wenn sie kooperieren und sich beide glaubwürdig verpflichten könnten, nicht zu gestehen. Da in einer Gefangenendilemma-Situation eine "distributive" Komponente vorherrscht, ist eine einseitige Defektion - ganz im Gegensatz zu einer Koordinationsnorm - potentiell immer lohnend. Die Etablierung informeller Institutionen (z.B. Reziprozität[35]) hilft bei der Lösung des Kooperationsproblems.

33 Vgl. Schelling (1960); Young (1996), S. 108.
34 Vgl. Rasmusen (1995), S. 17.
35 Vgl. Calvert (1995), S. 227.

Sitten und Traditionen beeinflussen alle durch menschliches Handeln geschaffene Institutionen. Die informellen Institutionen bilden den Rahmen für die Entwicklung des institutionellen Umfeldes. Dieses institutionelle Umfeld ("institutional environment") ist Gegenstand der zweiten Untersuchungsebene. Die Regeln des institutionellen Umfeldes werden als formelle Institutionen bezeichnet. Dazu zählen die Verfassung und einfache Gesetze ebenso wie politische, bürokratische und judikative Strukturen. Auch die formellen Institutionen sind das Produkt menschlichen Handelns und stellen ein Gleichgewicht dar, das sich aus den Präferenzen der relevanten (politischen) Entscheidungsträger ergibt. Mit Gleichgewicht ist dabei gemeint, daß keine entscheidungsrelevante Gruppe die formelle Institution ändern kann oder will. Ein einfaches Beispiel soll dies erläutern: Ein Gesetz, das von einer parlamentarischen Mehrheit, z.B. den Regierungsfraktionen, verabschiedet worden ist, ist stabil und in einem politischen Gleichgewicht, selbst wenn die Oppositionsparteien dem Gesetz nicht zugestimmt haben. Die Gruppe, die in der Lage wäre, die Institution zu ändern – die Regierungsfraktionen – will dies nicht; die Gruppe, die das Gesetz ändern will – die Oppositionsfraktionen – kann dies nicht. Der Status Quo bleibt bestehen, bis ein exogener "Schock", z.B. ein Regierungswechsel, die Institution zu einer ungleichgewichtigen Lösung macht. Die **Property Rights-Theorie** trägt wesentlich zur Analyse formeller Institutionen bei.[36]

Informelle und formelle Institutionen bilden den Rahmen, in dem sich das menschliche Handeln vollzieht: die Spielregeln sind durch Institutionen definiert, und innerhalb der Spielregeln agieren Individuen und Gruppen, deren Organisationsstrukturen sich den Anreizen, die von den Institutionen ausgehen, anpassen. Organisationen sind die „Spieler" innerhalb der institutionellen Spielregeln.[37] Sie beeinflussen ihrerseits die Institutionenentwicklung. Begünstigt beispielsweise das institutionelle Regelwerk einer Volkswirtschaft redistributive Aktivitäten, werden sich Organisationen bilden, die ihren Tätigkeitsschwerpunkt auf den Erhalt von Transferzahlungen legen. Im Zeitablauf kommt so ein gegenseitiger Verstärkungsmechanismus in Gang: redistributiv tätige Organisationen setzen sich zum Ziel, die Institutionen so zu verändern, daß Redistribution noch profitabler wird. Sie betreiben "Rent seeking" (Rentenstreben) und versuchen ökonomische Renten abzuschöpfen, die im Gegensatz zur aus einer produktiven Tätigkeit erzielten Rente (z.B. durch Innovationen, die ein temporäres Monopol begründen und daher übernormale Gewinne bedingen) keine gesamtwirtschaftliche Wohl-

36 Vgl. Williamson (1998), S. 28 und Abschnitt 5.2.

37 Vgl. North (1990a), S. 4 f. Genauer und im Einklang mit dem methodologischen Individualismus müßte man ein für die Organisation repräsentatives Individuum postulieren.

fahrtssteigerung mit sich bringen.[38] Ziele eines solchen unproduktiven Rentenstrebens sind beispielsweise eine staatlich abgesicherte Monopolstellung auf einem Markt oder die Vergabe von Subventionen durch die öffentliche Hand. Um in den Genuß dieser Vorteile zu kommen, müssen die potentiell begünstigten Unternehmen Lobbying-Aktivitäten betreiben. Die Ausgaben für Lobbying (etwa Personalkosten für Lobbyisten) sind gesamtwirtschaftlich unproduktiv.

Die Entscheidung, vor der eine Organisation steht, wird in folgender Abbildung deutlich gemacht.[39]

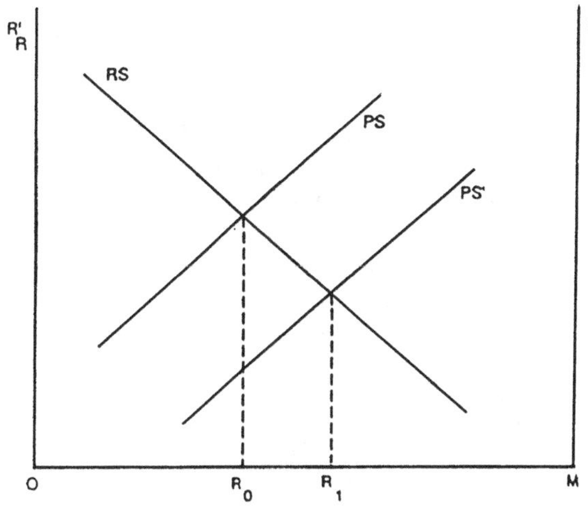

Abb. 5: Rent seeking und Profit seeking

Ausgehend von dem Gleichgewicht R_0, das durch gleich hohe Grenzerträge von Rent seeking (dargestellt durch die RS-Kurve) und produktivem Rentenstreben (PS-Kurve) gekennzeichnet ist, möge nun die Rendite privatwirtschaftlicher, im Rahmen der bestehenden Institutionen profitabler Investitionen sinken, z.B. durch einen staatlichen Eingriff in den Markt über Höchstpreise. Die neue Kurve der Grenzerträge des Profit seeking ist PS'. Im neuen Gleichgewicht R_1 haben sich die Rent seeking-Aktivitäten erhöht, weil die Rendite des Rent seeking nach dem staatlichen Markteingriff relativ gesehen gestiegen ist und zusätzliches Rent seeking betrieben wird, solange bis sich die Grenzerträge wieder angeglichen haben.

38 Zur Theorie des Rent seeking vgl. z.B. Tollison (1982, 1997).
39 Vgl. Märtz (1990), S. 27.

Gelingt die Institutionenänderung, bilden sich neue Organisationen, die auf Redistribution ausgerichtet sind, weil dies nach der institutionellen Änderung noch gewinnbringender zu werden verspricht. Im Endeffekt erstarrt eine solche Gesellschaft, sie wird immer unproduktiver.[40] Begünstigt das institutionelle Regelwerk dagegen produktive Aktivitäten, wirkt der Verstärkungsprozeß in umgekehrter Richtung; die Volkswirtschaft wird produktiver. Das Zusammenwirken von Institutionen und Organisationen erklärt somit die differentielle Entwicklung von Volkswirtschaften in der Wirtschaftsgeschichte.[41]

Neben dieser eher makrotheoretischen Analyse ist die Analyse der Organisationsstrukturen selbst von Interesse, etwa die Frage, warum Unternehmen entstehen und welche strukturellen Merkmale ein Unternehmen aufweist, das es günstiger erscheinen läßt, eine ökonomische Transaktion über das Unternehmen anstatt über den Markt abzuwickeln. Aspekte, die sich mit den Eigenschaften von alternativen Organisationsformen befassen, sind die Domäne der **Transaktionskostentheorie**. Institutionen werden in diesem Zusammenhang als Parameter verstanden, deren Änderung zu einer Anpassung der optimalen Organisationsformen führt.[42] Untersuchungsgegenstand der Transaktionskostentheorie ist aber nicht nur die Markt – Hierarchie – Dichotomie, sondern auch die institutionelle Struktur eines Unternehmens. Dies manifestiert sich beispielsweise in der Analyse des Übergangs von einer funktional organisierten Unternehmung auf eine nach Unternehmenssparten gegliederte Struktur.[43]

Unter Berücksichtigung der Institutionen und der Organisationsformen wird die endgültige Ressourcenallokation mit Hilfe vertraglicher Bindungen festgelegt. Die unterste Ebene ökonomischer Aktivitäten ist die Ebene, mit der sich die neoklassische Marginalanalyse befaßt. Hier werden Entscheidungen über Preise und Mengen getroffen, aber auch über andere mikroökonomische Aspekte wie die Einrichtung von Anreizsystemen in Unternehmen zur Motivierung der Arbeitnehmer. Mit letzterem beschäftigt sich die **Agency-Theorie**.[44] Sie ist damit im wesentlichen eine Theorie institutioneller Strukturen.
Wir halten an dieser Stelle fest:

- Institutionen der höchsten Ebene sind <u>informelle Institutionen</u>, deren Kennzeichen ihre ungeplante Entwicklung ist.

---

40 Vgl. auch Olson (1982).
41 Vgl. North (1990a).
42 Vgl. Williamson (1991b), S. 287.
43 Vgl. Williamson (1988b), S. 180-182.
44 Vgl. Williamson (1998), S. 29.

- Institutionen der zweiten Ebene sind formelle Institutionen, die bewußter Planung zugänglich sind. Informelle und formelle Institutionen sind zusammengenommen die **Institutionen** oder das **institutionelle Regelwerk**.
- Auf der dritten Ebene befinden sich Organisationen, die sich mit Hilfe unterschiedlicher Organisationsformen bestmöglich an die Institutionen anpassen.[45] Beispiele für Organisationsformen sind Unternehmen oder Bürokratien.
- Die Entscheidungen über Preise, Mengen und die konkrete Ausgestaltung innerhalb der Organisationen werden auf der vierten Ebene getroffen.

Die überragende Eigenschaft von Institutionen ist ihre relative Stabilität. Das rührt daher, daß Regeln, die sich auf einer höheren Ebene befinden (z.B. Verfassungsregeln) schwerer zu ändern sind als Regeln auf unteren Ebenen.[46] Je weiter man in der Institutionenhierarchie nach unten geht, um so intensiver ist eine Institution durch höherwertige Institutionen vorgeprägt. Ein Gesetz kann inhaltlich nur insoweit geändert werden als die Verfassung Spielraum für eine Änderung bietet, da ein Gesetz verfassungskonform sein muß. Stabile Institutionen haben positive Auswirkungen auf das gesellschaftliche Zusammenleben. Sie reduzieren die Unsicherheit im täglichen Leben und stabilisieren die Erwartungen der Individuen.[47] So kann ein Verkehrsteilnehmer in Deutschland von allen anderen Verkehrsteilnehmern erwarten, daß sie die rechte Straßenseite benutzen. Die Institution des Rechtsfahrens ist allgemein bekannt und reduziert die Kosten des Autofahrens. Falls Verhandlungen über die angemessene Straßenseite mit jedem entgegenkommenden Autofahrer geführt werden müßten, stiegen die Verhandlungskosten schnell ins Unermeßliche. Durch die Reduzierung von Unsicherheit über das Verhalten Anderer werden zudem wohlfahrtssteigernde Tauschakte ermöglicht, die ansonsten nicht zustande gekommen wären. Das wiederum hat mit Institutionen als Instrument zur Durchsetzung von Verträgen und zur Senkung von Transaktionskosten zu tun. Beispielsweise sichert die verfassungsrechtliche Bindung der Gerichte an Gesetz und Recht (Art. 20 Abs. 3 GG) und die Unabhängigkeit der Richter (Art. 97 Abs. 1 GG) weitestgehend ein konsequent durchgesetztes Vertragsrecht und verhindert so, daß ein Tauschpartner seinen Verpflichtungen aus dem Vertrag ungestraft nicht nachkommt. Auch informelle Normen wie "Tit for Tat"[48] sanktionieren Vertragsbrecher.

45 Die konstitutionelle Ökonomie kennt eine analoge Einteilung in Regelebene (= Institutionen) und Handlungsebene (= Handlungen der Individuen). Vgl. Vanberg (1996), S. 11.

46 Vgl. North (1990a), S. 83.

47 Vgl. Goodin (1996), S. 22f.

48 Vgl. Axelrod (1984).

Institutionen werden in der Literatur unterschiedlich abgegrenzt. Die oben vorgenommene Einteilung von Institutionen in formell und informell wird dabei am häufigsten angewandt.[49] Es gibt allerdings weitere Kategorisierungen, von denen drei untersucht werden: innere und äußere, interne und externe sowie fundamentale und sekundäre Institutionen.

3.2 Formelle und informelle Institutionen

Das Abgrenzungskriterium bei formellen versus informellen Institutionen ist die Schriftform. Formelle Institutionen bestehen aus schriftlich niedergelegten Regeln (eine geschriebene Verfassung, Gesetze, schriftliche Verträge).[50] Ihre Hauptfunktion besteht in der Erleichterung von Tauschgeschäften zwischen Individuen.[51] Informelle Institutionen sind ungeschriebene Sitten, Normen und Konventionen. Sie dienen der Erweiterung von Tauschmöglichkeiten, indem sie den Anwendungsbereich der formellen Regeln erweitern oder modifizieren.[52]

Sowohl formelle als auch informelle Institutionen sind gemäß *North* durch menschliches Handeln gestaltbar.[53] Das ist am Beispiel der formellen Gesetzgebung offensichtlich, weil die Eigenschaft formeller Institutionen als schriftlich festgelegte Regeln eine menschliche Gestaltungsmacht geradezu voraussetzt. Es scheint allerdings fraglich, ob informelle Institutionen bewußt gestaltbar sind. Die Entstehung und die Entwicklung von Sitten und Normen ist eher ein gradueller evolutorischer Prozeß.[54] Zwar sind am Zustandekommen informeller Institutionen Individuen beteiligt, die durch Imitation anderer aktiv an der Aufrechterhaltung von Sitten und Traditionen mitwirken. Die Frage ist nur, ob sie sich dessen bewußt sind oder ob sie die Normen unbewußt anwenden. Da diese Frage – ob Institutionen rational geplant entstehen oder ungeplant in einem evolutori-

---

49 Vgl. North (1990a), S. 4.

50 Vgl. North (1990a), S. 4.

51 Vgl. North (1990a), S. 47.

52 Es ist zu beachten, daß die *North*sche Abgrenzung informeller Institutionen nicht deckungsgleich ist mit der in dieser Arbeit gebrauchten Definition einer informellen Institution. Insbesondere wird das, was bei *North* als Ideologie bezeichnet wird, aus Konsistenzgründen unter den Begriff einer informellen Institution gefaßt, weil auch Ideologien ungeplant entstehen.

53 Vgl. North (1990a), S. 3; Kiwit/Voigt (1995), S. 123. Die generelle Planbarkeit von Institutionen betont auch Goodin, der Institutionen als "organized patterns of *socially constructed* norms and roles " definiert. Goodin (1996), S. 19. (Betonung von mir).

54 Vgl z.B. Axelrod (1986); Sugden (1989).

schen Prozeß - von essentieller Bedeutung für die Entstehung politischer Institutionen ist, soll sie ausführlicher in Abschnitt 3.6 diskutiert werden.

Das Zusammenspiel zwischen formellen und informellen Institutionen ist nicht besonders gut erforscht. Daß Sitten und Normen für den institutionellen Wandel eine große Rolle spielen, belegt schon allein die Tatsache, daß (nahezu) identische formelle Regelwerke in unterschiedlichen Staaten äußerst verschiedene Resultate produzieren.[55] Informelle Institutionen erlangen eine hohe Relevanz als Durchsetzungsmechanismus für formelle Institutionen, insbesondere wenn die Kontrolle über die Einhaltung von Gesetzen etc. sich schwierig gestaltet. So ist das Umweltbewußtsein von Individuen ein wichtiger Faktor bei der Durchsetzung von umweltrechtlichen Vorschriften, deren Befolgung ansonsten nicht gesichert wäre. Umgekehrt können aber auch formelle Institutionen informelle Normen bei der Durchsetzung unterstützen, wie *Milgrom*, *North* und *Weingast* anhand der mittelalterlichen "Lex mercatoria" zeigen.[56]

Ein "Institutionenbündel", das sich in einem Gleichgewichtszustand befindet, ist dadurch charakterisiert, daß die formellen und informellen Institutionen "zusammenpassen", d.h. bei gegebener Verhandlungsmacht der gesellschaftlichen Gruppen hat niemand ein Interesse, die bestehenden Regeln zu ändern.[57] Wohl können einzelne Gruppen unzufrieden mit dem Status quo sein, sie haben jedoch nicht den Einfluß – was bedeutet, daß ihre Rent seeking-Kosten zu hoch sind -, um die (formellen) Institutionen zu ändern. Für den wirtschaftlichen Erfolg einer Volkswirtschaft ist ein Gleichgewicht zwischen formellen und informellen Institutionen eine notwendige, nicht aber eine hinreichende Bedingung.[58] Gleichgewichtige Institutionen können wachstumsfördernd sein oder auch nicht. Formelle und informelle Institutionen, die allein auf Redistribution ausgerichtet sind, sind zwar komplementär, begünstigen aber nicht das Wirtschaftswachstum.

Falls sich die relative Verhandlungsmacht einer Interessengruppe erhöht, steigt die Wahrscheinlichkeit, daß Rent seeking dieser Gruppe erfolgreich sein wird und dies zu neuen formellen Institutionen führt. Die Änderung einer formellen Institution kann in bezug auf den Wandel informeller Normen theoretisch zu zwei Resultaten führen: entweder passen sich die informellen Normen an die neue formelle Institution an oder die informellen Institutionen besitzen ein so großes Beharrungsvermögen, daß die neu eingeführte formelle Institution nicht durchgesetzt werden kann. Dann ist eine Änderung der formellen Institution zur Wiederherstellung des institutionellen Gleichgewichts notwendig. Denkbar ist

---

55 Vgl. North (1990a), S. 36 und am Beispiel der Umweltpolitik der Europäischen Union Aguilar Fernández (1994).

56 Vgl. Milgrom/North/Weingast (1990).

57 Vgl. North (1990a), S. 86.

58 Vgl. North (1990a), S. 86; Aoki (1998), S. 3; Nee/Strang (1998), S. 709.

beispielsweise, daß die politische Gruppe (Partei), die die neue Institution eingeführt hat, aufgrund ihrer Mißachtung der in der Bevölkerung verankerten informellen Normen abgewählt wird und die neu an die Macht kommende Gruppe eine Änderung vornimmt. Ein Beispiel für ein offensichtliches institutionelles Ungleichgewicht ist die Lage in Rußland in den 90er Jahren, wo eine Öffnung hin zur Marktwirtschaft in weitverbreitetes wirtschaftliches Chaos mündete.[59] Die Gleichgewichtsbetrachtung gilt im übrigen auch für die institutionelle Struktur innerhalb einer Organisation, wo die formellen Regeln in die "Kultur" des Unternehmens eingebettet sind.

North kommt zu der Erkenntnis, daß informelle Institutionen von neuen formellen Regeln in Zeiten des Wandels verdrängt werden können, z.B. wenn die für die Schaffung formeller Institutionen relevanten politischen Akteure wechseln.[60] Andererseits ist die Stabilität informeller Normen in Perioden der gesellschaftlichen Stabilität am größten, so daß die Durchsetzung neuer formeller Institutionen, die den Normen in der Bevölkerung widersprechen, auf Schwierigkeiten stößt. Die formelle Regel erlangt keine gesellschaftliche Legitimität. Zur Wiederherstellung des institutionellen Gleichgewichts ist eine erneute Änderung der formellen Institution notwendig. Es hängt somit von den politischen und gesellschaftlichen Umweltbedingungen ab, welche Institution sich im Endeffekt behaupten wird. In jedem Fall läßt sich aber sagen, daß sich formelle Institutionen aufgrund ihrer Planbarkeit in der Regel schneller ändern als informelle Normen.[61]

3.3 Innere und äußere Institutionen

Eine aus dem Blickwinkel der deutschen ordnungsökonomischen Tradition, die besonders mit dem Namen Walter *Eucken* verbunden ist, entwickelte Kategorisierung in innere, äußere und neutrale Institutionen hat die Marktnähe zum Kriterium.[62] ***Äußere*** Institutionen stellen den notwendigen Rahmen einer marktwirtschaftlichen Ordnung dar. Sie bilden die Rechtsordnung, die sowohl die Eigentumsrechtestruktur definiert als auch die Durchsetzung der Eigentumsrechte regelt. Äußere Institutionen sind dem Markt vorgelagert und die Voraussetzungen

---

59 Vgl. auch Voigt/Kiwit (1995).

60 North (1990a), S. 88, gibt als Beispiel die Ersetzung konservativer Demokraten aus den Südstaaten der USA im amerikanischen Repräsentantenhaus durch liberale Demokraten mit einer anderen politischen Agenda, was zur Generierung neuer formeller Institutionen führte, die die vormals informellen Normen verdrängten.

61 Vgl. Kiwit/Voigt (1995), S. 142.

62 Vgl. Lachmann (1963), S. 67 f.

dafür, daß ein Markt überhaupt funktionsfähig ist. ***Innere*** Institutionen dagegen bilden sich in Abhängigkeit von der Rechtsordnung im Marktgeschehen heraus, sie sind "Geschöpfe ... des Marktes"[63]. Sie entwickeln sich evolutionär, wobei sich im Laufe der Zeit immer höherwertige innere Institutionen bilden, wie z.B. Börsen oder Versicherungen. ***Neutrale*** Institutionen sind vom Staat der Wirtschaft zur Verfügung gestellte Institutionen wie z.B. die Institution der Tarifautonomie. Sie haben den primären Zweck, die Standardisierung von Transaktionen zu ermöglichen.[64]

Eine eindeutige Trennung von Institutionen und Organisationen ist bei *Lachmann* nicht vorhanden. Äußere Institutionen sind das rechtliche Rahmenwerk ebenso wie die die Rechtsvorschriften durchsetzenden Organisationen (Gerichte, Kartellbehörde, Zentralbank). Andererseits fallen politische Organisationen wie das Parlament nicht unter den *Lachmann*schen Institutionenbegriff. Die Entstehung äußerer Institutionen wird nicht weiter problematisiert, abgesehen von der Aussage, daß die Zentralbank von einer ursprünglich neutralen Institution, deren Inanspruchnahme freiwillig war, zu einer äußeren, mit Zwangsgewalt (z.B. Mindestreservepflicht) versehenen Institution wurde.[65] Innere Institutionen umfassen ebenfalls Organisationen wie die Börse und Versicherungen. Sie haben keine Zwangsbefugnisse wie die äußeren Institutionen, sondern entstehen, um den Markterfordernissen Rechnung zu tragen. Sie verschwinden wieder, sobald sie den Ansprüchen des Marktes nicht mehr genügen. Insofern werden innere Institutionen aus einer funktionalistischen Perspektive heraus erklärt: sie entstehen, weil sie Marktbedürfnisse befriedigen. Die tiefere Ursache ist das individuelle Nutzenstreben, ohne das es keine kohärente Ordnung innerer Institutionen gäbe.[66]

Das Beispiel der Zentralbank zeigt, daß Organisationen auch neutrale Institutionen sein können. Ihre Entstehung wird ebenfalls funktionalistisch begründet, sie ermöglichen nämlich marktliche Tauschgeschäfte durch die Standardisierung von Transaktionen. Allerdings schränkt *Lachmann* ein, daß neutrale Institutionen wie die Lohnfestsetzung durch Arbeitgeberverbände und Gewerkschaften zwar "gesellschaftskonform", nicht aber "marktkonform" sein müssen.[67] Der Anpassungsprozeß an die Anforderungen einer marktwirtschaftlichen Ordnung, der im Falle der inneren Institutionen quasi automatisch abläuft, funktioniert bei den neutralen Institutionen nicht; sie werden durch die gesellschaftlichen Kräfte bestimmt, die nicht unbedingt mit einer freien Marktwirtschaft kompatibel sind.

---

63 Lachmann (1963), S. 67.
64 Vgl. Lachmann (1963), S. 68 f.
65 Vgl. Lachmann (1963), S. 72.
66 Vgl. Lachmann (1963), S. 75 f.
67 Vgl. Lachmann (1963), S. 69.

Das Abgrenzungskriterium der Marktnähe, das eng mit der Ausstattung mit Zwangsbefugnissen verknüpft ist (äußere Institutionen beeinflussen die Individuen durch Zwang, innere und neutrale Institutionen dagegen nicht), ist zur Analyse politischer Institutionen nicht unbedingt geeignet, da diese zu den äußeren Institutionen zählen, deren Entstehung nicht untersucht wird. Zudem sind die Strukturen der Legislative keine Institutionen im *Lachmann*schen Sinne, so daß wichtige politische Institutionen von dieser Kategorisierung nicht erfaßt werden.

3.4 Interne und externe Institutionen

Aufbauend auf dem Institutionenkonzept von *Lachmann* teilen *Kiwit* und *Voigt* Institutionen in *extern* und *intern* ein. Eine Institution setzt sich aus einer Verhaltensregel und deren Überwachungssystem zusammen.[68] Eine Regel wird in Anlehnung an *Ostrom* (1986) als gemeinhin bekannte Vorschrift zum Zwecke der Strukturierung wiederholter Interaktionen definiert, die nicht zwingend auf einen menschlichen Entwurf zurückgeht. Das Abgrenzungskriterium ist die Form der Überwachung bzw. Durchsetzung (staatlich oder privat). Eine externe Institution wird durch das staatliche Gewaltmonopol durchgesetzt, während sich interne Institutionen auf private Durchsetzungsmechanismen stützen.

Kiwit und *Voigt* unterscheiden vier durch verschiedene Überwachungsformen charakterisierte Arten von internen Institutionen (Konventionen, ethische Regeln, Sitten und formelle private Regeln wie z.B. das selbstgeschaffene Recht der Wirtschaft) und zwei Arten von externen Institutionen (bestimmte und unbestimmte Rechtsregeln).[69] ***Konventionen*** sind Verhaltensmuster, die durch Traditionen und gemeinsam geteilte Erwartungen gekennzeichnet sind.[70] Sie sind selbstdurchsetzend und erfüllen insbesondere eine Koordinationsfunktion. Paradigmatisch sind die Straßenverkehrsregeln zu nennen. Eine ***ethische Regel*** ist durch eine Selbstbindung aufgrund moralischer Überlegungen charakterisiert. Ein Individuum ist "intrinsisch motiviert", eine Handlungsanweisung zu befolgen.[71] Die Durchsetzungsinstanz ist das Individuum selber, wobei der Unterschied zur Konvention darin liegt, daß ein Individuum sich an die ethische Regel selbst dann hält, wenn sich dadurch die individuelle Nutzenposition verschlechtert. Eine ***Sitte*** wird informell durch die privaten Akteure überwacht. Ein Beispiel sind die Tischmanieren. Verstößt ein Individuum gegen die guten Sitten, wird er durch

68 Vgl. Kiwit/Voigt (1995), S. 122.
69 Vgl. Kiwit/Voigt (1995), S. 123f.
70 Vgl. die Definition bei Young (1996), S. 105.
71 Zum Begriff der intrinsischen Motivation vgl. Frey (1993), S. 637.

soziale Ächtung bestraft. Eine ***formelle private Regel*** schließlich wird durch private Überwachungsgremien durchgesetzt. Typisches Beispiel sind freiwillige Selbstverpflichtungen von Interessenverbänden auf dem Gebiet des Umweltschutzes, deren Durchsetzung in den Händen der Verbände liegt, die durch gezielte Anreize bzw. Sanktionen versuchen müssen, ihre Mitgliedsfirmen zur Einhaltung der Selbstverpflichtung zu bewegen.[72]

Externe Institutionen werden in zwei Unterkategorien aufgeteilt. Eine ***bestimmte*** Rechtsregel unterscheidet sich von einer unbestimmten dadurch, daß ihr Inhalt bei Interesse eindeutig bestimmbar ist.[73] Eine staatliche Verordnung, in der bestimmte Emissionsgrenzwerte festgeschrieben sind, ist für ein interessiertes Individuum nachvollziehbar und die Pflichten, die aus der Verordnung für die Betroffenen erwachsen, sind allein aus dem Text der Verordnung ersichtlich. ***Unbestimmte*** Rechtsregeln hingegen können auch durch hohen Aufwand nicht eindeutig beschrieben werden. Sie äußern sich in unbestimmten Rechtsbegriffen ("nach Treu und Glauben", "Billigkeit" etc.). Die Überwachung externer Institutionen erfolgt durch staatliche Zwangsgewalt und ist insofern mit den äußeren Institutionen vergleichbar.

Kiwit und *Voigt* haben nur am Wandel bereits bestehender Institutionen ein Erklärungsinteresse, nicht aber an der Entstehung von Institutionen *de novo*.[74] Institutionen verändern sich nicht unbedingt als Ergebnis eines rationalen Kalküls, sondern als Folge einer Diskrepanz zwischen dem Anspruchsniveau eines Individuums und der tatsächlichen Lage. Erst wenn die Opportunitätskosten der Regeleinhaltung eine gewisse Höhe erreichen, werden sie in den Kalkül einbezogen.[75]

Organisationen sind im Gegensatz zur *Lachmann*schen Einteilung keine Institutionen. Sie sind weder eine gemeinhin bekannte Regel noch kann man auf sie das Kriterium der Überwachung sinnvoll anwenden. Organisationen haben vielmehr eine Überwachungsfunktion. Das gilt insbesondere für die externen Institutionen, die von staatlichen Instanzen (Justiz) überwacht und durchgesetzt werden, aber auch für formelle private Regeln, wo es private Organisationen sind (z.B. Schiedsgerichte), die für die Einhaltung der Regeln sorgen.

Kritisch ist anzumerken, daß das Kriterium der Überwachungsform nicht in der Lage ist, eine einwandfreie Abgrenzung zu liefern, weil es Institutionen gibt, die sowohl staatlich als auch privat überwacht werden.[76] Ein Beispiel ist die Regel "Du sollst nicht töten", die sowohl einer sozialen Kontrolle (Mörder werden sozial geächtet) als auch einer staatlichen Sanktionierung unterliegt.

---

72 Zu umweltpolitischen Kooperationslösungen vgl. Wicke (1993), S. 267-279.
73 Vgl. Kiwit/Voigt (1995), S. 123.
74 Vgl. Kiwit/Voigt (1995), S. 125.
75 Vgl. Kiwit/Voigt (1995), S. 126.
76 Vgl. auch Wegner (1998), S. 42; Kiwit/Voigt (1995), S. 124.

3.5 Fundamentale und sekundäre Institutionen

Die letzte Kategorisierung von Institutionen stammt von *Dietl,* der zwischen fundamentalen und sekundären Institutionen unterscheidet.[77] *Fundamentale Institutionen* sind nicht rational planbare Institutionen, sie resultieren aus einem langfristigen evolutorischen Prozeß.[78] Als Beispiele werden das allgemeine Rechtsempfinden der Bevölkerung und das Umweltbewußtsein genannt.[79] In den fundamentalen Institutionen kumuliert sich das Wissen, das im Laufe der Evolution angesammelt wurde. Staatliche Eingriffe in fundamentale Institutionen sind zwar denkbar, münden aber in Konsequenzen, die nicht vorhersehbar sind. Staatliche

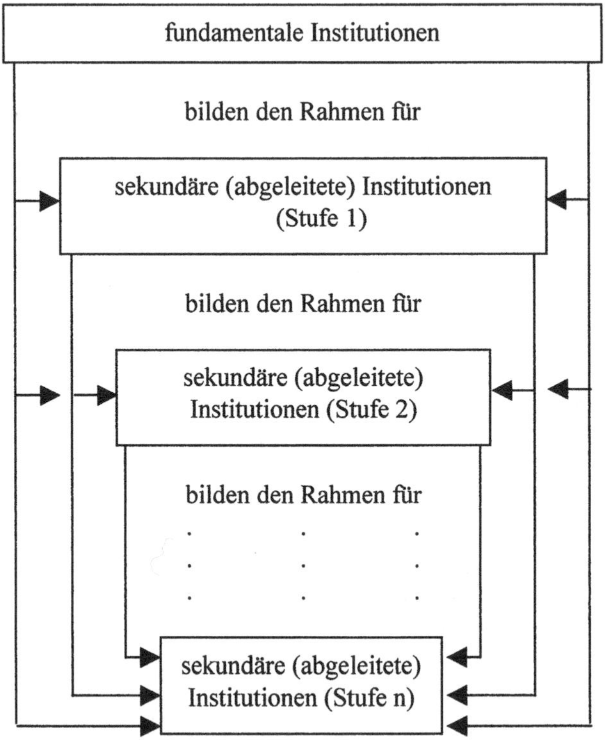

Abb. 6: Institutionenhierarchie nach Dietl

77 Vgl. Dietl (1993).
78 Vgl. Dietl (1993), S. 71 f.
79 Vgl. Bonus (1996), S. 29.

Repräsentanten können zwar versuchen, etwa die Einstellung der Bevölkerung in Umweltfragen zu beeinflussen und sie für Umweltprobleme zu sensibilisieren. Eine gezielte Planung ist aber nicht möglich, da die Versuche erfolglos sein können. In einem Land, in dem die Opportunitätskosten des Umweltschutzes sehr hoch sind (z.B. in einem Entwicklungsland, dessen Bevölkerung überwiegend unter der Armutsgrenze lebt), dürfte der Beeinflussungsversuch weniger erfolgreich sein als in entwickelten Ländern.

Fundamentale Institutionen bilden die Grundlage für die *sekundären Institutionen*. Diese sind rational gestaltbar, wie beispielsweise Rechtsvorschriften. Die Gestalter von sekundären Institutionen werden durch die fundamentalen Institutionen in ihrem Handlungsspielraum begrenzt. Rechtsvorschriften, die dem Rechtsempfinden der Bevölkerung zuwiderlaufen, verursachen hohe Kosten der Durchsetzung, weil jedes Individuum einen Anreiz hat, die Vorschrift zu unterlaufen. Die sekundären Institutionen sind in mehrere hierarchische Ebenen aufgeteilt, wobei die nächsthöhere Ebene den Handlungsrahmen für die jeweils niedrigere Ebene absteckt.[80]

Organisationen sind bei *Dietl* unter die sekundären Institutionen subsumiert, da sie ebenfalls menschlicher Gestaltung unterliegen.

Einen zusammenfassenden Überblick gibt Abbildung 7.

Autor(en)	Institutionelle Kategorisierung	Abgrenzungskriterium	Stellung von Organisationen
North	Informelle, formelle	Schriftform	"Spieler"
Lachmann	Innere, äußere, neutrale	Marktnähe	Institution
Kiwit/Voigt	Interne, externe	Überwachungsform	"Spieler"
Dietl	Fundamentale, sekundäre	Planbarkeit	Institution

Abb. 7: Institutionenkategorisierung

In dieser Arbeit wird – soweit sich aus dem Zusammenhang nichts anderes ergibt –, die übliche Einteilung in formelle und informelle Institutionen verwendet. Das Abgrenzungskriterium ist jedoch nicht die Schriftform, sondern das *Dietl*sche Kriterium der Planbarkeit, weil dieses Kriterium umfassender ist und auch nicht planbare Ideologien beinhaltet.

80 Vgl. Dietl (1993), S. 74.

3.6 Sind Institutionen das Ergebnis menschlichen Handelns, nicht aber menschlichen Entwurfs?[81]

Adam *Smith* hat in seiner berühmten Metapher von der unsichtbaren Hand darauf hingewiesen, daß die spontane Ordnung des Marktsystems unbeabsichtigt durch die zahlreichen, über Preise koordinierten Handlungen zustandekommt und daß die gesamtwirtschaftliche Wohlfahrt als Nebenprodukt individuellen Nutzenstrebens maximiert wird. Hinter den wohltätigen Wirkungen des Marktes steht kein benevolenter Planer, sondern der Eigennutz der Individuen. Ein anderes Beispiel für eine "spontan" entstandene Ordnung ist die Geldwirtschaft. Die Entstehung von Geld als Tauschmittel wurde ebenfalls nicht von einem einzelnen geplant, sondern entwickelte sich spontan. Was für die Entstehung des Markt- und Geldsystems gilt, könnte auch für Institutionen speziell informeller, aber auch formeller Art gelten.

Hayek hat darauf hingewiesen, daß es zwischen den "natürlichen" Erscheinungen, die vollkommen unabhängig von menschlichem Handeln sind, und den "künstlichen" Erscheinungen, die das Produkt menschlichen Entwurfs sind, eine dritte Kategorie gibt, die alle *ungeplanten* Regelmäßigkeiten erfaßt, die aus dem menschlichen Zusammenleben resultieren.[82] Die Individuen treffen ihre Entscheidungen selbständig, d.h. ohne eine zentrale Instanz. Was die ungeplante Entstehung und die Entwicklung informeller Institutionen angeht, müssen Koordinations- und Kooperationsnormen getrennt behandelt werden. Die Entstehung koordinierender informeller Institutionen – Konventionen – wird mit Hilfe der Theorie wiederholter Spiele modelliert.[83] Personen, die im wiederholten Kontakt zueinander stehen und die vor der Aufgabe stehen, ihre Handlungen zu koordinieren, entwickeln durch vergangene Erfahrungen miteinander und den daraus resultierenden Lerneffekten Konventionen, die alle Beteiligten besser stellen.[84] Die Konvention ist allerdings nicht bewußt geplant, sondern entsteht im Zuge der Koordinierungsbemühungen. Je mehr Individuen diese Konvention beachten, um so ungünstiger ist es für die verbleibenden Gruppenmitglieder, der Konvention nicht zu folgen: die Konvention ist selbstdurchsetzend, und niemand hat einen Anreiz zur Defektion. Diese Tatsache begründet auch das Fortbestehen der Konvention, die – falls sie einmal etabliert ist – eine hohe Stabilität aufweist. Konventionen können also mit Recht als ein Beispiel für informelle Institutionen an-

81 Vgl. Hayek (1994), S. 97, der sich auf *Adam Ferguson, An Essay on the History of Civil Society, London 1767, S. 187,* bezieht.
82 Vgl. Hayek (1994), S. 98; Ullmann-Margalit (1978), S. 263.
83 Vgl. Vanberg (1984), S. 134.
84 Vgl. Sugden (1989), S. 90.

gesehen werden, deren Entstehung und Fortbestehen durch menschliches Handeln, nicht aber menschlichen Entwurf erklärt werden kann.[85]

Etwas anders sieht es bei Kooperationsnormen aus, die dadurch gekennzeichnet sind, daß einseitiges Defektieren grundsätzlich einen Nutzenzuwachs für den Defektor ergibt. In einer solchen Situation sind informelle Kooperationsnormen wie etwa das Reziprozitätsprinzip für alle Teilnehmer gewinnbringend. Allerdings muß diese Norm auch durchgesetzt werden, da ansonsten der Anreiz zur Defektion weiterhin vorhanden ist. Dabei ergibt sich aber das "second-order free-rider"-Problem[86], das in der Schwierigkeit besteht, denjenigen, der zur Durchsetzung der Kooperationsnorm bestimmt ist, auch zur tatsächlichen Durchsetzung zu bewegen, da eine Bestrafung von Abweichlern von der Norm typischerweise kostspielig für den Bestrafer ist. Erst wenn dieses Problem überwunden wird, kommt eine effektive Kooperationsnorm zustande.[87] Die unsichtbare Hand im Kontext von Kooperationsnormen wirkt nur dann, wenn die Akteure eines wiederholten Kooperationsspiels im Rahmen eines Lernprozesses langfristig einen höheren Nutzen aus der Kooperation ziehen als durch eine kurzfristig wirksame Defektion, so daß die Kooperationsnorm selbstdurchsetzend ist.[88] Die Voraussetzungen dafür sind um so besser, je kleiner die Gruppe und je länger der Zeithorizont der Beteiligten ist. Sind diese Voraussetzungen nicht gegeben, besteht immer die Gefahr, daß eine Defektion individuell vorteilhaft ist und die Kooperationsnorm zusammenbricht. Informelle Kooperationsnormen müssen in diesem Fall durch formelle Institutionen als Mechanismus zur Überwindung des Durchsetzungsproblems unterstützt werden. Es bleibt festzuhalten, daß eine spontane Herausbildung von informellen Kooperationsnormen nur unter ganz bestimmten Umständen erfolgt.[89]

Formelle Institutionen könnten ebenfalls durch einen evolutionären Mechanismus hervorgebracht werden, wenn man dem Diktum *Schumpeter*s folgt, daß die Konkurrenz um politische Macht und Ämter genau wie der marktliche Wettbewerb eine soziale Funktion nur nebenher erfüllt, "im gleichen Sinne wie die Produktion eine Nebenerscheinung beim Erzielen von Profiten ist".[90] Das Produkt dieses Konkurrenzkampfes sind formelle Institutionen (z.B. Gesetze), mit denen um die Gunst der Wähler geworben wird. Auch Carl *Menger* hat eine "unintendierte Entwicklung von Rechtsregeln" angenommen.[91] Dagegen spricht

---

85 Vgl. auch Hechter (1990), S. 15; Vanberg (1984), S. 135.
86 Vgl. Coleman (1990), S. 52.
87 Vgl. Coleman (1990), S. 53.
88 Vgl. Vanberg (1984), S. 139.
89 Vgl. Vanberg (1984), S. 139.
90 Vgl. das Zitat von Schumpeter bei Rosen/Windisch (1992), S. 184.
91 Vgl. Menger (1969), zitiert nach Vanberg (1984), S. 137.

indes die ausgeprägte Planungskomponente, die bei allen formellen Institutionen zu finden ist. Zwar kann jede formelle Institution nicht beabsichtigte Nebenwirkungen haben, die Institution selber ist jedoch bewußt geplant worden. Zudem befassen sich viele rechtliche Regelungen mit Kooperationsproblemen (z.B. bei der Bereitstellung öffentlicher Güter), bei denen – wie bereits erwähnt – Defektionsanreize existieren. Öffentliche Güter werden aufgrund des Trittbrettfahrerproblems nicht in ausreichendem Maße bereitgestellt, wenn nicht (geplante) staatliche Eingriffe in Form von rechtlichen Vorschriften die Finanzierung der öffentlichen Güter sicherstellen würden. Es mag zwar sein, daß Politiker aufgrund des politischen Wettbewerbs versuchen, ihr Angebot bestmöglich auf die Präferenzen der Wähler auszurichten: sie tun dies aber durch das Anbieten von politischen Programmen und Gesetzen, die eine weitaus überwiegende Planungskomponente haben. Formelle Institutionen sind somit das Ergebnis menschlichen Entwurfs, sie unterliegen keiner "Unsichtbaren Hand"-Erklärung.

Das eingangs erwähnte Beispiel des Marktes als spontane Ordnung von Adam *Smith* steht im Gegensatz zu anderen Organisationsformen, mit denen Tauschgeschäfte abgewickelt werden können. Ohne der Diskussion der Transaktionskostentheorie vorgreifen zu wollen, sei an dieser Stelle bemerkt, daß Organisationsformen wie Unternehmen oder die Regelung von Transaktionen durch langfristige Verträge – die zwar auch im gewissen Sinne dem Markt zuzurechnen sind, aber etwa durch eine privatwirtschaftliche Instanz, z.B. eine unternehmensübergreifende Schiedsstelle, durchgesetzt werden -, nicht spontan entstehen, sondern durch rationales Handeln von Individuen. Organisationen sind demnach auch das Produkt menschlichen Entwurfs. Davon zu unterscheiden sind organisationsinterne institutionelle Strukturen. Sie sind teilweise geplant (z.B. eine Betriebsvereinbarung) und teilweise ungeplant wie z.B. die Herausbildung bestimmter "Dienstwege", die auch von der Position einzelner Individuen im Unternehmen abhängig sein können. Im weiteren Verlauf der Diskussion stehen allerdings formelle und informelle Institutionen im Vordergrund der Analyse. Organisationsinterne Strukturen spielen vor allem im Rahmen der Transaktionskostentheorie, aber auch der Agency-Theorie eine Rolle.

Selbst wenn festgestellt worden ist, daß einige Institutionen das Produkt menschlichen Handelns, nicht aber menschlichen Entwurfs sind, ist damit noch nichts über die Effizienz dieser Institutionen ausgesagt. *Hayek* hat kritisiert, daß Adam *Smith* die "Ordnung, die sich spontan von selbst gebildet hatte, zu selbstverständlich auch als die beste aller möglichen Ordnungen" angesehen habe.[92] Der Problemkreis der Effizienz von Institutionen soll daher im nächsten Ab-

---

92 Vgl. Hayek (1994), S. 102.

schnitt untersucht werden. Zuvor muß allerdings klargestellt werden, was "Effizienz" überhaupt bedeutet.

3.7 Zur Effizienz von Institutionen und Organisationen

3.7.1 Allgemeines zur Effizienz von Institutionen

In der neoklassischen Theorie wird zur Beurteilung von ökonomischer Effizienz das Pareto-Kriterium herangezogen. Eine Ressourcenallokation ist effizient, wenn keine andere Allokation ein Individuum besser stellt, ohne daß mindestens ein anderes Individuum schlechter gestellt wird. Die neoklassische allgemeine Gleichgewichtstheorie zeigt, daß ein System von Märkten eine Pareto-effiziente Güterallokation gewährleistet.[93] Dieses Ergebnis wird allerdings mit Hilfe von sehr restriktiven Bedingungen (z.B. vollständige Information, unbegrenzte Rationalität der Individuen) abgeleitet, die realistischerweise nicht vorhanden sind. Da die tatsächliche Allokation nie das Pareto-Optimum erreicht, ist jede Allokation im neoklassischen Sinne ineffizient.[94] Das hat oft dazu geführt, daß ein "Marktversagen" konstatiert wird, falls die tatsächlichen Marktergebnisse von dem hypothetischen Ergebnis der Neoklassik abweichen. Es ist aber schnell einsichtig, daß eine solche Effizienzdefinition kein sinnvoller Vergleich für reale Allokationen darstellen kann. Es ist äußerst problematisch, eine tatsächliche Alternative mit einer rein hypothetischen zu vergleichen und aus der Unterlegenheit ersterer auf ihre Ineffizienz zu schließen.[95] In bezug auf Institutionen ist das Pareto-Kriterium schon deshalb wenig brauchbar, weil Institutionen gerade aufgrund unvollständiger Information und begrenzter Rationalität der Individuen entstehen und somit die Funktionsvoraussetzungen des Pareto-Kriteriums nicht vorhanden sind.

Ein sinnvollerer Ansatz, die Effizienz von Institutionen zu untersuchen, ist es, am Beitrag der Institutionen für das gesamtwirtschaftliche Wirtschaftswachstum anzusetzen. Ein institutionelles Regelwerk ist demnach effizient, wenn es einen positiven Beitrag zum Wirtschaftswachstum einer Volkswirtschaft leistet. Genauer gesprochen geht es um die adaptive Effizienz eines Institutionenbündels und damit um den institutionellen Wettbewerb.[96] Regeln, die nach dem "trial-and-error"-Prinzip die Experimentierfreude und die Suche nach innovativen Lösun-

93 Vgl. Arrow/Debreu (1954).
94 Vgl. Furubotn (1998), S. 5.
95 Das ist der "Nirwana-Ansatz". Vgl. Demsetz (1969), S. 1.
96 Vgl. North (1990a), S. 80 f.

gen unterstützen, sind adaptiv effizient. "Adaptive efficiency ... is concerned with the kinds of rules that shape the way an economy evolves over time."[97] Beispielsweise sind föderalistisch organisierte Staaten besser in der Lage, eine Vielzahl von Institutionen hervorzubringen und zu testen, von denen idealerweise diejenige, die am innovationsfreundlichsten ist, im Wettbewerbsprozeß ausgewählt wird. Effiziente Institutionen begünstigen innovative, risikobereite Unternehmer und tragen somit maßgeblich zum wirtschaftlichen Wohlstand bei. Diese Effizienzdefinition ist zur Beurteilung der institutionellen Struktur einer Volkswirtschaft geeigneter als die neoklassische Definition, da sie auch eine relative Effizienz zuläßt. Institutionen, die das Wirtschaftswachstum einer Volkswirtschaft fördern, sind effizient, was indes nicht bedeutet, daß es keine anderen Alternativen gäbe, die das Wachstum noch stärker beeinflussen könnten.[98]

Auf der Ebene eines Institutionenbündels ist das Konzept der adaptiven Effizienz also durchaus adäquat. Daher meint *North*, daß "clearly the *overall institutional structure* plays the key role in the degree that the society and the economy will encourage the trials, experiments, and innovations that we can characterize as adaptively efficient."[99] Die Frage ist allerdings, ob dieser Effizienzbegriff auch für die isolierte Betrachtung informeller bzw. formeller Institutionen geeignet ist.

3.7.2. Die Minimierung institutioneller Transaktionskosten als Effizienzkriterium für Institutionen

Formelle und informelle Institutionen sind effizient, wenn sie die Transaktionskosten minimieren.[100] Die institutionellen Transaktionskosten bestehen aus den Kosten der Spezifizierung und der Durchsetzung von Verträgen bzw. Vereinbarungen.[101] Im Rahmen einer Transaktion müssen die Eigenschaften des Transaktionsgegenstandes relativ leicht bestimmbar sein. Bei einfachen Transaktionen wie beispielsweise dem Kauf eines Apfels sind die Attribute des Apfels – insbesondere dessen Qualität – leicht ermittelbar, so daß nur geringe Spezifizierungskosten entstehen. Auch die Durchsetzung der Transaktion bereitet aufgrund der Bestimmungen des Vertragsrechts keine großen Probleme. Zusätzliche informelle Durchsetzungsmechanismen sind prinzipiell nicht nötig. Werden die Transakti-

97 North (1990a), S. 80.

98 Das korrespondiert mit der *Alchian*schen Aussage, demzufolge die im Markt überlebenden Unternehmen relativ effizient sind, da sie zumindest positive Gewinne erzielen müssen, um langfristig überleben zu können. Vgl. Alchian (1950), S. 213.

99 North (1990a), S. 81; Betonung von mir.

100 Vgl. z.B. North (1990b), S. 362.

101 Vgl. North (1993), S. 18.

onsgegenstände komplexer (Kauf eines Automobils oder einer Immobilie), steigen die Transaktionskosten an. Die Qualität einer Immobilie ist nur unter großem Zeitaufwand zu ermitteln, viele Faktoren wie die Lage oder die Nachbarn spielen dabei eine Rolle. Durch die grundsätzliche Unmöglichkeit, Verträge zu schließen, die alle Eventualitäten berücksichtigen, ist das Bedürfnis um so größer, die Transaktionskosten zu senken. Neben den einschlägigen rechtlichen Vorschriften sind informelle Institutionen zur Reduzierung der Transaktionskosten geeignet, indem etwa ein Reputationsmechanismus unseriöse Immobilienmakler aus dem Markt entfernt.

Auf dem politischen Markt sind die Spezifizierungs- und Durchsetzungskosten aufgrund der Komplexität einer politischen Transaktion viel größer. Gegenstand einer politischen Transaktion ist die Wählerstimme einerseits, die im Austausch gegen Wahlversprechen des die Stimme erhaltenden Politikers andererseits hergegeben wird.[102] Eine politische Transaktion im *North*schen Sinne ist folglich der Tausch einer Wählerstimme gegen politische Versprechen. Für einen Wähler ist die Spezifizierung eines Wahlversprechens – wie hoch dessen Glaubwürdigkeit ist, welche Folgen das Wahlversprechen für seine Nutzenposition hat – weitaus schwerer vorzunehmen. Die Durchsetzung politischer Transaktionen ist ebenfalls schwieriger als bei ökonomischen Transaktionen, in denen der Wettbewerb eine viel größere Rolle spielt und die Justiz grundsätzlich eine glaubwürdige Instanz zur Vertragsdurchsetzung ist. Jeder Partner einer ökonomischen Transaktion hat zudem einen materiellen Anreiz, den ordnungsgemäßen Verlauf der Transaktion zu überwachen, weil ein Nichterbringen von Leistung oder Gegenleistung einen Beteiligten direkt finanziell schlechter stellt. Ein Wähler hat keinen annähernd so großen Antrieb zur Kontrolle seines Repräsentanten, da die Kontrolle ein öffentliches Gut ist und die Kosten auf den Wähler konzentriert werden, der Kontrollnutzen jedoch breit streut.

Ein Institutionenbündel, dessen Institutionen transaktionskostenminimal sind, braucht nicht unbedingt adaptiv effizient zu sein. Es kommt vor allem auf die relevante Gruppe an, innerhalb der die Transaktionen abgewickelt werden. Bei einer Gruppe wie der Mafia sind die Transaktionskosten bei einer internen Transaktion (z.B. ein Auftragsmord) aufgrund der Schweigepflicht und der harten Sanktionen bei Verletzung dieser Pflicht gering. Für die gesamte Volkswirtschaft ergibt sich daraus aber ein Schaden, der das Wirtschaftswachstum hemmt. Die Erwartung eines Unternehmers, bei der Durchführung eines Investitionsprojekts Schutzgelder an die Mafia entrichten zu müssen, läßt diesen wohl in den meisten Fällen von dem Projekt Abstand nehmen. "Oppositionsnormen" dieser mafiosen

---

102 Vgl. North (1993), S. 18.

Art wirken sich negativ auf die Leistungsfähigkeit einer Gesellschaft aus.[103] Umfaßt eine transaktionskostensenkende Institution hingegen die gesamte Bevölkerung, wie es beispielsweise bei der informellen Institution eines allgemeinen Rechtsempfindens der Fall ist, wird das Wachstum gefördert, weil diese Institution die Durchsetzungskosten in der Gesellschaft insgesamt senkt. Vereinbarungen sind glaubwürdig durchführbar, da ein Bruch der Vereinbarung durch einen Geschäftspartner soziale Sanktionen hervorruft, die die Nutzenposition des vertragbrechenden Individuums schmälern. Eine gesamtwirtschaftliche Minimierung der Spezifizierungs- und Durchsetzungskosten ist also auch adaptiv effizient.

In der politischen Sphäre sind Institutionen effizient, wenn sie politische Transaktionen wirksam spezifizieren und durchsetzen. Dies wird im weiteren Verlauf der Arbeit am Beispiel der institutionellen Struktur eines parlamentarischen Ausschußsystems gezeigt.[104] Politische Institutionen werden durch die politischen Akteure geschaffen und modifiziert, deren oberstes Ziel nicht die Effizienz dieser Institutionen ist, sondern Ziele wie Unterstützungs- oder Budgetmaximierung.[105] Je nach Verhandlungsstärke der betroffenen Parteien werden Strukturen geschaffen, die die Transaktionskosten der Gegenseite im Interesse der stärkeren Gruppe bewußt *erhöhen*.[106] Institutionen können sowohl die Spezifizierungskosten als auch die Durchsetzungskosten in die Höhe treiben, um z.B. politische Widerstände zu verhindern:[107]

- Die gesetzlich vorgeschriebene hälftige Aufteilung der Sozialversicherungsabgaben auf Arbeitgeber und Arbeitnehmer verdeckt den Umstand, daß es allein von der Preiselastizität von Angebot und Nachfrage abhängt, wer die Abgabenlast tatsächlich trägt. Die hälftige Teilung suggeriert eine gleichmäßige "faire" Lastenverteilung und steigert die Akzeptanz der Abgabenpflicht, sie trägt aber gleichzeitig zur Erhöhung der Informationskosten bei.
- Die gezielte Ungleichverteilung von Kosten und Nutzen durch eine Rechtsvorschrift – etwa ein Gesetz zur Subventionierung landwirtschaftlicher Betriebe, das durch allgemeine Steuereinnahmen finanziert wird – reduziert die politische Opposition gegen das Gesetz und erhöht somit die Durchsetzungskosten für die benachteiligte Gruppe der Steuerzahler.

Daher sind Institutionen oftmals transaktionskostenerhöhend und damit ineffizient. *Levi* zeigt anhand der Institution des "tax farming" im alten Rom, wie ei-

103 Vgl. Nee/Strang (1998), S. 710.
104 Vgl. Abschnitt 5.2.5.3.
105 Vgl. Kapitel 4.
106 Vgl. auch Goldberg (1974), S. 482.
107 Vgl. Twight (1994), S. 203.

ne vormals effiziente Institution im Zeitablauf ineffizient wird, aber aufgrund der Interessen der politischen Machthaber nicht abgeschafft wird.[108] Seit dem 3. Jahrhundert vor Christus hat der römische Senat private Steuereintreiber ("tax farmer") mit der Einziehung der Steuerzahlungen beauftragt. Die Steuereintreiber waren für ein abgegrenztes Gebiet zuständig und mußten eine bestimmte Summe vorab an Rom abliefern. Sie erwarben dafür das Recht, die Steuern bei den Bewohnern ihres Gebietes zu kassieren. Ihr Gewinn ergab sich aus der Differenz zwischen der Vorabzahlung und der später tatsächlich eingetriebenen Summe. Um den großen Kapitalbedarf zu decken, der aus dem Kredit an Rom resultierte, schlossen sich die Steuereintreiber zu größeren Sozietäten zusammen. Mit dem Ausdehnen des römischen Reiches kamen Probleme auf: zum einen waren die Bürger der römischen Provinzen nicht gewillt, widerstandslos Steuern zu zahlen, übrigens im Gegensatz zu den römischen Bürgern, die als Gegenleistung für hohe Steuerzahlungen die Möglichkeit eröffnet bekamen, eine bedeutende politische Position in Rom zu erhalten. Zum anderen ließen sich die Steuereintreiber schlechter kontrollieren, weil die Kommunikationskanäle und Verkehrswege in den Provinzen in einem schlechten Zustand waren. Zwar wurden die Transaktionskosten bei der Einführung des tax farming minimiert[109] – es gab noch keine abgelegenen Provinzen, deren Einwohner zu besteuern waren. Der Anstieg der Durchsetzungs- und Spezifizierungskosten durch die räumliche Erweiterung des römischen Reiches trug zu einer wachsenden Ineffizienz der Institution bei. Da aber die Sozietäten im Laufe der Jahrzehnte aber immer mächtiger wurden und die Politiker in Rom als Teilhaber in den Sozietäten teilweise persönlich von der Eintreibung der Steuern profitierten, wurde die Rolle des tax farming erst unter Julius Caesar bzw. Augustus stark reduziert.[110] *Levi* resümiert: "Although socially inefficient, the tax farming of the last years of the Republic was efficient for rulers and agents devoted to lining their own pockets."[111]
Das Beispiel zeigt, daß

- der Wandel informeller Institutionen – die andere Einstellung der neurömischen Provinzbewohner zur Besteuerung – das institutionelle Gleichgewicht gestört hat und daß
- politischer Einfluß die Ersetzung ineffizienter formeller Institutionen verzögert hat.

Während ineffiziente informelle Institutionen ohnehin nicht planmäßig geändert werden können, sind also auch ineffiziente formelle Institutionen nicht im-

108 Vgl. Levi (1988), S. 71-94.
109 Vgl. Levi (1988), S. 92.
110 Vgl. Levi (1988), S. 92.
111 Levi (1988), S. 93 f.

mer zeitnah änderbar. Das hat zwei wesentliche Gründe: Erstens versagt die Kraft des Wettbewerbs, die in der ökonomischen Sphäre bestimmend ist, großenteils beim politischen Wettbewerb, so daß einmal errichtete ineffiziente Institutionen auf absehbare Zeit unverändert bleiben können. Solange die an der Macht befindliche Gruppe keinen Anreiz hat, die Institution zu ändern, d.h. solange sich die Institution in einem politischen Gleichgewicht befindet, besteht wenig Hoffnung auf eine effizientere Institution. Zweitens spielt das Phänomen der Pfadabhängigkeit von Institutionen eine wichtige Rolle.[112]

3.7.3 Trägt der politische Wettbewerb zur Effizienz formeller Institutionen bei?

Verantwortlich für die formellen Institutionen sind die politischen Akteure. Werden sie von gesellschaftlichen Gruppen beeinflußt, die z.B. aus Gründen der Besitzstandswahrung an redistributiv ausgerichteten Institutionen festhalten, können sich effiziente Institutionen im politischen Prozeß nicht durchsetzen. Die Funktionsfähigkeit des politischen Wettbewerbs als Selektionsmechanismus ist entscheidend für die Effizienz formeller Institutionen. Politischer Wettbewerb ist der Wettbewerb von Politikern und Parteien um die Unterstützung durch Wähler und Interessengruppen mit dem Ziel der (Wieder-)Wahl.[113] *Wittman* schreibt dem politischen Wettbewerb in einer Demokratie eine ebenso hohe Effizienz zu wie dem Wettbewerb auf Märkten.[114] Unter Effizienz versteht er in diesem Zusammenhang eine Vermögensmaximierung. Er weist auf mehrere Aspekte hin, die die Wirksamkeit des politischen Wettbewerbs unterstreichen sollen.

Genau wie sich für einen Unternehmer der Aufbau einer Reputation auszahlt, hat ein Politiker den Anreiz, seine Wahlversprechen zu halten und eine Reputation aufzubauen, die ihn als verläßlich ausweist.[115] Das erhöht seine Chance, wiedergewählt zu werden bzw. in höhere politische Positionen zu gelangen. Somit wird opportunistisches Verhalten des Politikers zwar nicht gänzlich verhindert, wohl aber abgemildert. Allerdings gibt es in dem Zusammenhang ein Problem: während die Reputation eines Unternehmens kapitalisiert werden kann, wenn der Unternehmer aus dem Berufsleben ausscheidet und er daher einen Anreiz hat, die Reputation seines Unternehmens zu bewahren, gilt dies nur stark eingeschränkt für den Politiker. Seine politische Reputation wird großenteils entwertet, wenn er

112 Vgl. North (1990a), Kap. 11; North (1994), S. 365 f.
113 Zu den Motivationen der politischen Akteure (Unterstützungsmaximierung, Wiederwahl etc.) vgl. Kapitel 4.
114 Vgl. Wittman (1989, 1995).
115 Vgl. Wittman (1989), S. 1397.

sein politisches Leben beendet und sich in die Privatsphäre zurückzieht. *Wittman* sieht die Möglichkeit für den Politiker, seine Reputation an seine politisch aktiven Nachkommen, Vize-Präsidenten etc. zu vererben und damit zumindest teilweise zu "kapitalisieren".[116] Die Wirksamkeit dieses Reputationstransfers wird von *Wittman* aber wohl überschätzt. Unabhängig von dem daraus resultierenden Problem, daß der Politiker einen gewissen Altruismus an den Tag legen müßte, zeigt die Realität, daß zumindest in Deutschland politisch tätige Nachkommen eher selten anzutreffen sind. Selbst in den USA, wo die Söhne des ehemaligen Präsidenten *Bush* eine erfolgreiche eigene politische Karriere gestartet haben, ist die Möglichkeit der Übertragung von politischer Reputation wohl nicht so ausgeprägt wie die Kapitalisierung von ökonomischer Reputation durch den Verkauf eines Unternehmens.

Wittman weist auf die Existenz "politischer Unternehmer" hin, die seiner Ansicht nach durch ihre Aktivitäten die Einführung ineffizienter formeller Institutionen verhindern. Falls ein Politiker nicht den Interessen seiner Wähler gemäß handelt, nutze es einem Gegenkandidaten, die Wähler über das Fehlverhalten aufzuklären und sich damit in eine gute Position für die nächste Wahl zu bringen.[117] Dieser Mechanismus funktioniert analog zu der Übernahme eines Unternehmens durch einen Wettbewerber, die wahrscheinlich ist, falls das Management des Unternehmens die Interessen der Gesellschafter mißachtet und dadurch z.B. den Börsenkurs des Unternehmens drückt. Voraussetzung für die Gültigkeit der Analogie ist, daß die Wähler die Information des politischen Unternehmers wahrnehmen und bei der nächsten Wahl sich entsprechend für den Gegenkandidaten entscheiden. Das aber ist einigermaßen zweifelhaft, weil es für einen Wähler, der die Kosten und Nutzen eines Wahlgangs abwägt, in den meisten Fällen nicht rational ist, überhaupt zur Wahl zu gehen.[118] Die Glaubwürdigkeit des Gegenkandidaten steht ebenfalls auf dem Prüfstand. Wer garantierte es denn den Wählern, daß der siegreiche Kandidat nicht auch versuchen wird, die Wählerinteressen zugunsten seiner persönlichen Nutzenmaximierung zu vernachlässigen? Selbst wenn aber die Wahlbeteiligung hoch ist und die Glaubwürdigkeit des Kandidaten feststeht: eine Institution, deren Einführung im Wählerinteresse ist, braucht nicht vermögensmaximierend zu sein. Die informelle Normenstruktur kann vielmehr dazu führen, daß gerade Politiker gewählt werden, die ein hohes Maß an Umverteilung versprechen. In diesem Fall liefe die Aktivität des politischen Unternehmers ins Leere. Zudem wurde bereits gezeigt, daß Politiker einen

116 Vgl. Wittman (1989), S. 1397.
117 Vgl. Wittman (1989), S. 1398.
118 Vgl. auch Rowley/Vachris (1993), S. 577. Dieses "Wahlparadoxon" wird in Abschnitt 4.3 näher erläutert.

Anreiz zur Implementation transaktionskosten*erhöhender* Institutionen haben können.

Dem Interessengruppenmodell von *Becker* (1983) folgend stellt *Wittman* die These auf, daß der Wettbewerb von Interessengruppen um politische Vorteile zu einem effizienten Ergebnis führt.[119] Vor diesem Hintergrund versucht er anhand eines Beispiels zu erklären, warum kleine Gruppen mit homogenen Interessen, die nach *Olson* (1965) einen komparativen Vorteil gegenüber großen Gruppen (z.B. Steuerzahler) haben, in einer Demokratie benachteiligt sind. Gesetzt den Fall, ein Politiker nähme jeweils eine Geldeinheit von einer Million Wähler und verteilte es auf 1.000 Mitglieder einer Interessengruppe um. Falls aus diesem Grund nur 0,5 % der Wähler bei der nächsten Wahl gegen anstatt für den Politiker stimmten, verlöre der Politiker 5.000 Stimmen, erhielte aber nur 1.000 Stimmen von den Mitgliedern der Interessengruppe, so daß er dieses politische Geschäft rationalerweise nicht machen wird. Damit ist allerdings eine adaptive Effizienz nicht gewährleistet. Im Gegenteil ist es denkbar, daß eine Interessengruppe (z.B. ein Wirtschaftsverband) für die Einführung einer marktwirtschaftlichen Umgestaltung formeller Regeln eintritt (z.B. für die gesetzliche Lockerung des Kündigungsschutzes für kleine Unternehmen), dabei aber in der Bevölkerung auf großen Widerstand stößt.[120]

Den Argumenten *Wittman*s steht die empirische Beobachtung entgegen, daß ökonomische Ratschläge in den wenigsten Fällen in der Gesetzgebung berücksichtigt werden. Nur ein Beispiel ist das 1996 verabschiedete Arbeitnehmer-Entsendegesetz[121], mit dem ein Mindestlohn für die Bauindustrie eingeführt wurde. Ein Mindestlohn liegt über dem Gleichgewichtslohn, der auf dem Arbeitsmarkt gezahlt wird. Daraus resultiert der aus der Wohlfahrtsanalyse bekannte Totverlust, ein gesamtwirtschaftlicher Verlust an Konsumenten- und Produzentenrente. Folgte man *Wittman*s Analyse, dürfte das Mindestlohngesetz erst gar nicht verabschiedet worden sein, weil ein politischer Unternehmer die Wähler auf die Ineffizienz des Gesetzes aufmerksam gemacht und somit Stimmen gewonnen hätte. Ein anderes Beispiel für eine offensichtlich nicht vermögensmaximierende Maßnahme ist die Subventionierung der Zuckergewinnung in den USA.[122] *Stigler* zufolge wurden jährlich rund 3 Mrd. US-$ ausgegeben, um den Zuckerprodu-

119 Vgl. Wittman (1989), S. 1406.

120 Das war die Erfahrung aus dem Jahr 1996, in dem sich die Lockerung des Kündigungsschutzrechts für kleine Unternehmen bis 10 Mitarbeitern nicht durchsetzen konnte und schließlich nach Amtsantritt der SPD/Grünen-Koalition im Jahre 1998 wieder rückgängig gemacht wurde.

121 Gesetz über zwingende Arbeitsbedingungen bei grenzüberschreitenden Transaktionen vom 26. Februar 1996 (BGBl. I S. 227).

122 Vgl. Stigler (1992), S. 459.

zenten ein Einkommen in Höhe von etwa einem Viertel der Summe (750 Mio. US-$) zukommen zu lassen. Drei Viertel der Summe sind als Totverlust zu verbuchen, so daß das Zuckerprogramm im *Wittman*schen Sinne ineffizient ist.[123]

Dieses Effizienzkriterium ist jedoch ein anderes und weist auf das entscheidende Problem der *Wittman*schen Analyse hin, nämlich die Inkonsistenz, mit der er den Effizienzbegriff gebraucht. Ausgangspunkt ist seine These, daß "...democratic political markets are organized to promote wealth-maximizing outcomes...".[124] An anderer Stelle gebraucht *Wittman* den Effizienzbegriff jedoch im Sinne einer Minimierung von Transaktionskosten. Er begründet die Effizienz von Unterstützungszahlungen an Landwirte über Mindestpreise, kombiniert mit einer Beschränkung der landwirtschaftlichen Anbaufläche, mit der Ersparnis von Transaktionskosten.[125] Eine Veränderung der Anbaufläche sei leichter zu überwachen als alternativ die Angebotsreaktion der Landwirte (z.B. Produktionserhöhung). Eine vermögensmaximierende Lösung jedoch würde den Preismechanismus ungehindert arbeiten lassen, ohne über staatliche Mindestpreise zusätzliche Marktverzerrungen hervorzurufen. Damit ist nichts gegen die Relevanz einer Transaktionskostenbetrachtung gesagt; dieser Effizienzbegriff ist aber eben nicht mit einer Vermögensmaximierung zu verwechseln. Trotz der Argumentation *Wittman*s sind vermögensmaximierende formelle Institutionen nicht quasi automatisch gewährleistet.[126]

Die übrige theoretische und empirische Literatur kommt überwiegend zu dem Ergebnis, daß politischer Wettbewerb nicht funktionsfähig genug ist, um effiziente formelle Institutionen hervorzubringen, und spricht von "Staatsversagen".[127] Entscheidend ist die andere Qualität der Wahlstimme im Vergleich zur "Kaufstimme" auf dem Markt:

- Der Tausch zwischen Käufer und Verkäufer am Markt begründet einen gerichtlich durchsetzbaren Anspruch auf Leistung und Gegenleistung. Der Tauschgegenstand ist klar spezifiziert. Hingegen ist es ungleich schwerer, den politischen Tauschgegenstand zu definieren.[128] Zudem ist ein Wähler, der

123 Da indes das Zuckerprogramm seit mehr als fünfzig Jahren Geltung besaß, bezeichnet es *Stigler* ironischerweise als effizient: "It has met the test of time." (Stigler (1992), S. 459).

124 Vgl. Wittman (1989), S. 1395 f.

125 Vgl. Wittman (1995), S. 34.

126 Kirchgässner (1999), S. 146, nennt die Wittmansche Analyse "the politics of Dr. Pangloss."

127 Unschwer erkennbar z.B. an der "Leviathan"-Theorie von Brennan/Buchanan (1980), die den Staat als einnahmenmaximierenden Leviathan sieht, der durch institutionelle Vorkehrungen im Zaum gehalten werden muß.

128 Vgl. North (1993), S. 18.

seine Stimme einem Politiker aufgrund seiner Wahlversprechen gegeben hat, ohne eine direkte Eingriffsmöglichkeit, wenn der Politiker nach seiner Wahl das Versprechen bricht.

- Das Stimmrecht (one man – one vote) berücksichtigt nicht die unterschiedliche Intensität der individuellen Präferenzen. Ein an einem Abstimmungsgegenstand nur mäßig interessierter Wähler hat den gleichen Einfluß wie ein sehr Interessierter. Auch ist das Stimmrecht nicht an andere übertragbar.
- Zur Abstimmung steht nicht ein einzelnes Gut wie auf dem Markt, sondern ein Güterbündel, das sich aus verschiedenen Politikangeboten zusammensetzt. Die Zustimmung eines Wählers zu einem Politikprogramm bedeutet nicht, daß er alle Bestandteile des Programms gutheißt. Die Signalfunktion, die in einer Marktwirtschaft von den Preisen übernommen werden, und die die Ursache für das gesamtwirtschaftlich vorteilhafte Ergebnis sind, wird von dem individuellen Stimmverhalten nur unvollkommen erfüllt.
- Der Wettbewerb auf der Anbieterseite ist aufgrund der relativ geringen Anzahl der Anbieter anfällig für Kollusion und Kartellbildung. Das zeigt sich deutlich, wenn Parteien Koalitionen eingehen, um an die Macht zu gelangen. Dann müssen sich die Koalitionsparteien auf ein gemeinsames Programm einigen, das naturgemäß nicht alle Wahlversprechen aller Parteien einlösen kann. Zudem gibt es manche Politikbereiche (z.B. Diätenanhebungen), in denen ein Allparteienkartell relativ einfach zustandekommt.
- Wähler, die eine Verlierer-Partei gewählt haben, sind nichtsdestotrotz gezwungen – wollen sie nicht die "exit"-Option wahrnehmen und auswandern – die politischen Maßnahmen der gewählten Mehrheitsparteien zu erdulden. Dieses Zwangselement fehlt in einem marktlichen Umfeld.

Der für die Effizienz des Marktes entscheidende Wettbewerb zwischen Anbietern und Nachfragern ist also in der politischen Sphäre von gänzlich anderer Qualität und vor allem stark eingeschränkt. Daher ist es unwahrscheinlich, daß politischer Wettbewerb ausschließlich effiziente formelle Institutionen hervorbringt. Das schließt natürlich nicht aus, daß Politiker Gesetze verabschieden, die für das Wachstum der Volkswirtschaft förderlich sind. Zwar kommen wirtschaftshistorische Analysen zu dem Schluß, daß formelle Institutionen vielfach ineffizient ausgestaltet wurden, weil Herrscher oder andere mächtige Gruppen ihre Gestaltungsmacht zur Durchsetzung unproduktiver Gesetze nutzten.[129] Es gibt jedoch auch historische Beispiele wie die "Glorious Revolution" des Jahres 1688 in England, in deren Folge institutionelle Regelungen geschaffen wurden, die die

129 Vgl. North (1990a), S. 7.

privaten Verfügungsrechte absicherten und auf diese Weise den Grundstein für den wirtschaftlichen Erfolg in England legten.[130]

3.7.4 Pfadabhängigkeit und die Effizienz informeller Institutionen

Insbesondere informelle Institutionen unterliegen einer pfadabhängigen Entwicklung. Pfadabhängigkeit ist im Zusammenhang mit der Entwicklung konkurrierender Technologien untersucht worden und ist dadurch gekennzeichnet, daß ein zufälliges Ereignis oder ein zeitlich begrenzter Vorteil, den eine Technologie über alternative Technologien besitzt, irreversible Konsequenzen für die zukünftige Allokation marktlicher Ressourcen hat.[131] Es kommt entscheidend auf die Anfangsbedingungen eines Prozesses an, welcher Pfad beschritten wird.[132] Entscheidungen, die in der Vergangenheit getroffen wurden, sind nur schwer wieder rückgängig zu machen, weil diese Entscheidungen einen bestimmten Entwicklungspfad vorgeben. Eine Technologie kann sich im Marktgeschehen durchsetzen, obwohl sie den konkurrierenden Technologien unterlegen ist. Pfadabhängige Prozesse sind durch einen sich selbst verstärkenden Mechanismus gekennzeichnet. Hat eine Technologie einmal eine bestimmte Schwelle der Nutzerzahl überschritten, setzt sich die Technologie mit hoher Wahrscheinlichkeit durch. Ein oft zitiertes Beispiel ist die Entwicklung des heutigen Schreibmaschinen-Tastatursystems.[133] Die Anordnung „QWERTY“ auf der Schreibmaschine war - so *David* - einer alternativen Anordnung der Tasten im Hinblick auf die Schnelligkeit des Schreibens deutlich unterlegen. Dadurch aber, daß zufällig mehr Typistinnen auf der QWERTY-Tastatur ausgebildet wurden, setzte sich das QWERTY-System durch, obwohl es nicht die effizienteste Alternative war.

Liebowitz und *Margolis* bezweifeln allerdings die Ineffizienz pfadabhängiger Prozesse und unterscheiden drei Arten von Pfadabhängigkeiten:[134] Eine Pfadabhängigkeit *ersten Grades* liegt vor, wenn die Entscheidungen eines Individuums oder einer Gruppe von seinen vorherigen Entscheidungen abhängt, die Effizienz dieser Entscheidungen aber nicht berührt wird, weil das Individuum alle notwendigen Informationen berücksichtigt hat. Bei seiner ursprünglichen Entscheidung hat das Individuum alle zukünftigen Entwicklungen korrekt antizipiert, so daß von einer Ineffizienz nicht die Rede sein kann. Pfadabhängigkeit *zweiten Grades* liegt vor, wenn das Individuum im Rückblick bedauert, daß es die Entscheidung

130 Vgl. North/Weingast (1989).
131 Vgl. Liebowitz/Margolis (1995), S. 205; Arthur (1989).
132 Vgl. David (1994), S. 208.
133 Vgl. David (1986).
134 Vgl. Liebowitz/Margolis (1995), S. 206.

so und nicht anders getroffen hat. Es besteht jedoch keine Möglichkeit, die Entscheidung zurückzunehmen, ohne daß die Kosten der Rücknahme den Nutzen übersteigen. Da eine vollständige Information aber realitätsfern ist, und wenn man nicht der Nirwana-Problematik anheimfallen will, kann auch hier nicht sinnvoll von ineffizientem Verhalten gesprochen werden. Echtes ineffizientes Verhalten existiert nur bei der Pfadabhängigkeit *dritten Grades*. Sie setzt voraus, daß der eingeschlagene Pfad relativ zu anderen alternativen Pfaden ineffizient ist, daß dies allgemein bekannt ist und - das ist das Entscheidende - dieser ineffiziente Pfad ohne übermäßige Kosten verlassen und ein effizienterer Pfad betreten werden könnte. Die Kandidaten, vor allem der QWERTY-Standard und der Videorecorder-Standard VHS, die sich trotz angeblich geringerer Effizienz im Markt als überlegen erwiesen haben, sind allerdings nicht sehr sattelfest.[135]

David betont in bezug auf die Pfadabhängigkeit von Konventionen insbesondere einen Aspekt.[136] Die Stabilität von Institutionen ermöglicht die *Herausbildung gemeinsam geteilter Erwartungen*, die das Koordinationsproblem auf dezentrale Weise lösen.[137] Durch Lernprozesse werden Erfahrungen über die Wirkungen von Institutionen gesammelt, die zukünftigen Handlungen von Individuen werden berechenbar. Konventionen werden also durch Netzwerkeffekte pfadabhängig.[138] Netzwerkeffekte resultieren aus der positiven Korrelation zwischen der Anzahl der Teilnehmer eines Netzwerks und dem Nutzen, den die Teilnehmer aus dem Netzwerk ziehen. Eine "Konvention", die nur von einer Person befolgt wird, ist keine Konvention, und deren Befolgung dürfte dieser Person eher schaden. Falls aber viele oder gar alle Mitglieder einer Gruppe sich an die Konvention halten, kommt eine wirksame Verhaltenskoordination zustande. Da eine einseitige Abweichung von einer allseits beachteten Konvention dem Individuum eine Nutzeneinbuße beschert, ist sie selbstdurchsetzend und senkt die Transaktionskosten.

Für Kooperationsnormen ist eine pfadabhängige Entwicklung weniger wahrscheinlich, da hier im Gegensatz zu Koordinationsnormen ohne einen wirksamen (formellen) Durchsetzungsmechanismus eine einseitige Defektion wahrscheinlich ist und es zu verbreitetem Trittbrettfahrerverhalten kommt. Nur eine derart "in-

135 Vgl. zu QWERTY Liebowitz/Margolis (1990) und zu VHS/Beta Liebowitz/ Margolis (1995).

136 Vgl. David (1994), S. 209.

137 Vgl. auch den Kommentar von Lewis: "Our experience of general conformity in the past leads us, by force of precedent, to expect a like conformity in the future. And our expectation of future conformity is a reason to go on conforming, since to conform if others do is to achieve a coordination equilibrium and to satisfy one's own preferences." (Lewis (1969), S. 41 f., zitiert nach David (1994), S. 210).

138 Vgl. Kiwit/Voigt (1995), S. 132.

ternalisierte" Norm, die ohne großes Überlegen von den Individuen befolgt wird, hat eine reelle Überlebenschance. Das ist eine Institution vom Typ 2 bei *Kiwit* und *Voigt*: eine ethische Regel. Eine ethische Regel kann indes durchaus Pfadabhängigkeiten in Form einer "kognitiven Verankerung" aufweisen, die aufgrund der begrenzten Rationalität und der unvollständigen Information existiert.[139] Informationen werden vor dem Hintergrund eigener Erfahrungen selektiv ausgewählt. Ist aus irgendwelchen Gründen – die bei *Kiwit* und *Voigt* nicht näher problematisiert werden[140] - in der Vergangenheit ein kooperatives Verhalten beobachtet worden, etwa durch eine allgemein gespielte "Tit-for-Tat"-Strategie[141], und ziehen die Teilnehmer einen positiven Nutzen daraus, verstärkt sich die Bereitschaft zu kooperativem Handeln in der Zukunft. Bei hinreichend langem Zeithorizont und einer hinreichend kleinen Gruppe ist der langfristige Kooperationsnutzen größer als der kurzfristige Anreiz zur Defektion, so daß eine Pfadabhängigkeit möglich ist.

Der tiefere Grund für die Pfadabhängigkeit von Institutionen liegt in der Existenz von mentalen Modellen und Ideologien. Ein <u>mentales Modell</u> besteht aus repräsentativen Abbildungen der Wirklichkeit, die von dem Individuum zum Verständnis und zur Erklärung dieser Wirklichkeit erzeugt werden.[142] In ein solches Modell fließen vergangene Erfahrungen, kulturelle Normen und Ideologien ein. <u>Ideologien</u> sind definiert als mentale Modelle, deren Aussagen von einer Gruppe von Individuen geteilt werden und die die Realität interpretieren sowie eine normative Vorstellung über das gewünschte Erscheinungsbild der Realität liefern.[143] Der wesentliche Bestandteil einer Ideologie sind Gerechtigkeits- und Fairnessüberlegungen.[144] Ideologien können dem Wirtschaftswachstum zuträglicher sein (Kapitalismus) oder nicht (Sozialismus). Die ideologische Entwicklung in einer Volkswirtschaft ist daher ein wesentlicher Einflußfaktor für die Effizienz informeller Institutionen.

Folgt man einem Evolutionsoptimismus, so sind zumindest die Institutionen, die spontan entstanden sind, effizient. Durch Evolutionsprozesse entstandene und fortbestehende Institutionen verkörpern Wissen, das während einer langen Zeitspanne angesammelt wurde. Sie haben den "Test der Zeit" bestanden, so daß z.B. *Hayek* solchen Institutionen eine hohe Effizienz zuschreibt.[145] Beispielhaft sei

139 Vgl. Kiwit/Voigt (1995), S. 134.
140 Vgl. die Kritik bei Leipold (1996), S. 109.
141 Vgl. Axelrod (1984).
142 Vgl. Denzau/North (1994), S. 4.
143 Vgl. Denzau/North (1994), S. 4.
144 Vgl. North (1984), S. 10.
145 Vgl. von Hayek (1991), S. 74.

auf einen Bericht von *Sugden* hingewiesen.[146] In einem englischen Fischerdorf gab es die ungeschriebene Regel, daß Treibholz, das nach einem Sturm an Land geschwemmt wurde, demjenigen gehört, der als erster das Holz aufsammelt, es oberhalb der Gezeitenlinie stapelt und zwei Steine als Zeichen auf den Holzstapel legt. Dann wurde dieses Holz, das jederzeit von dem Eigentümer weggetragen werden konnte, als Privateigentum von allen Dorfbewohnern anerkannt. Wie diese Regel entstand, ist nicht weiter bekannt. Staatliche Hilfe scheint jedoch nicht notwendig gewesen zu sein, was auf eine selbstdurchsetzende Regel hinweist: Jeder Dorfbewohner hat ein Interesse an der Aufrechterhaltung der Norm, da ansonsten andere – womöglich ineffizientere – Allokationsmechanismen zum Tragen kämen, beispielsweise ein Kampf um das Treibholz.

Wie effiziente informelle Institutionen entstehen, ist ein weitgehend ungeklärter Prozeß. Traditionen, die "harte und ehrliche Arbeit" betonen, wie etwa die protestantische Ethik, entwickeln sich durch den inkrementellen Wandel der Einstellungen und Ideologien in einer Gesellschaft.[147] Relative Preisänderungen, die eine Entstehung wachstumsfördernder Institutionen begünstigen, insbesondere die Freiheit, seine Überzeugungen offen vertreten zu können, und sinkende Informationskosten sind dafür verantwortlich. Hier sind aber weitere Forschungsarbeiten notwendig, die in der Tendenz ökonomische und psychologische Erkenntnisse kombinieren müßten.

Informelle Institutionen weisen durch ihre Stabilität eine starke Resistenz gegen Änderungen auf, so daß auch ursprünglich effiziente informelle Institutionen mit geänderten Umständen, wie sie etwa im Transformationsprozess der ehemals sozialistischen Staaten zu beobachten sind, ihre Effizienzeigenschaften verlieren können. Das betrifft vor allem Koordinationsnormen. Ein wesentliches Merkmal von Konventionen ist ja, daß eine einseitige Abweichung von dem gleichgewichtigen Verhalten in einer Nutzeneinbuße für den Abweichler resultiert. Selbst wenn also mit der Zeit die Institution ihre Eignung zur Lösung von Koordinationsproblemen verliert, ist es dennoch möglich, daß die Institution überlebt.

Nicht nur informelle, sondern auch formelle Institutionen sind pfadabhängig. Ineffiziente formelle Institutionen sind gegenüber Änderungswünschen resistent, solange keine politische Koalition zustandekommt, die eine Änderung der formellen Institutionen vornimmt. Einen gewichtigen Beitrag zur Pfadabhängigkeit leisten spezifische Investitionen in Sach- und Humankapital, die private Wirtschaftssubjekte im Vertrauen auf die Gültigkeit der Institution getätigt haben.[148] Spezifische Investitionen in Sach- und Humankapital, die beispielsweise als Fol-

146 Vgl. Sugden (1989), S. 85.
147 Vgl. North (1990a), S. 138.
148 Vgl. Kiwit/Voigt (1995), S. 131.

ge der Verabschiedung eines Gesetzes getätigt worden sind, bedingen Widerstand gegen spätere Änderungen des Gesetzes, weil diese Investitionen entwertet würden, wenn sich das Gesetz änderte. Weiterhin ist zu beachten, daß vielfältige Zusammenhänge und *Komplementaritäten* zwischen den einzelnen Elementen des formellen institutionellen Rahmens bestehen. Die Elemente müssen aufeinander abgestimmt sein, um die Funktionsfähigkeit des Systems zu sichern. Eine neue rechtliche Regelung muß sich in die bestehende Rechtssystematik einfügen. Rechtliche Vorschriften dürfen sich nicht widersprechen, sondern müssen einander ergänzen, da ansonsten Unsicherheit über deren Anwendung erzeugt wird. Jede neue Komponente des institutionellen Systems muß an die existierenden Bestandteile angepaßt werden.[149] Je mehr aufeinander abgestimmte Komponenten existieren, um so schwieriger ist die Einführung systemfremder, möglicherweise aber effizienterer Komponenten.

3.7.5 Die Anwendung des Heilbarkeitskriteriums zur Beurteilung formeller Institutionen

Eine vormals effiziente Institution kann im Zeitablauf ihre Effizienzeigenschaft verlieren und ineffizient werden, wenn sie dem zu lösenden Problem nicht mehr gerecht wird. Dies gilt sowohl für formelle wie für informelle Institutionen. Formelle Regeln können durch die politischen Akteure bewußt ineffizient gestaltet werden, während informelle Normen vor allem durch Pfadabhängigkeit ineffizient werden. Mit Bezug auf formelle Regeln formuliert *Williamson* die Ansicht, daß ein zusätzliches Kriterium zur Anwendung kommen muß, um Ineffizienz tatsächlich feststellen zu können. Dies wird von ihm remediableness-("Heilbarkeits-)Kriterium genannt.[150] Eine formelle Institution ist ihm zufolge effizient, wenn keine andere Institution eingeführt werden kann, die zu Nettoerträgen führt. Relevant sind insbesondere die Implementationskosten, die einer bereits existierenden Institution einen Startvorteil gegenüber einer neu einzuführenden Institution geben. Er analysiert das *Stigler*sche Zuckerprogramm-Beispiel und kommt anhand des Heilbarkeitskriteriums zu dem Ergebnis, daß das Programm effizient ist. Um einer tautologischen Aussage zu entgehen, muß das Kriterium allerdings die Möglichkeit ineffizienter Institutionen zulassen.[151] Dazu meint *Williamson* u.a., daß das Programm ineffizient wäre, wenn der Totverlust weitaus größer als

149 Vgl. David (1994), S. 215.
150 Vgl. Williamson (1996a), S. 195; Williamson (1999), S. 315.
151 Vgl. dazu Oberschall/Leifer (1986), S. 250 f.

bislang angenommen sei.[152] War den Entscheidungsträgern im Zeitpunkt der Implementation des Zuckerprogramms bekannt, daß es einen hohen Totverlust geben würde, wäre dies nicht als Ineffizienz zu qualifizieren, weil die gewählte Methode der Einkommensübertragung an die Zuckerproduzenten und damit auch der Totverlust politisch gewollt war.

Williamson ist zuzustimmen, wenn er vor voreiligen Schlüssen auf die Ineffizienz einer formellen Institution warnt. Nichtsdestotrotz soll in dieser Arbeit an dem oben skizzierten Effizienzbegriff für Institutionen (Transaktionskostenminimierung) festgehalten werden. Der prinzipielle Grund, weshalb eine Institution zwar ineffizient ist, eine Alternative aber nicht implementiert werden kann, sind politische Blockaden.[153] Wie die Neue Politische Ökonomie, die im nächsten Kapitel behandelt wird, postuliert, sind Politiker Stimmen- bzw. Unterstützungsmaximierer. Eine allein regierende Partei und ihre Abgeordneten werden bei der Verabschiedung eines Gesetzes darauf achten, per saldo Unterstützung zu gewinnen. Legen die Wähler großen Wert auf Redistribution, maximiert eine Regierung die Wählerstimmen, wenn sie – zumindest in der Tendenz – den Schwerpunkt ihrer politischen Arbeit bei eben diesen Aktivitäten setzt. Es spricht viel dafür, daß formelle Institutionen, die von einer Alleinregierung beschlossen werden, im Zeitpunkt ihrer Verabschiedung zwar nicht unbedingt transaktionskostenminimierend, aber politisch opportun sind. Anders ist es bei einer Koalitionsregierung: dort müssen Kompromisse geschlossen werden, die weder für die eine noch die andere Seite unterstützungsmaximierend sind. Auch wird es schwieriger, auf einen Wandel der informellen Institutionen mit einer Änderung der formellen Institutionen zu reagieren, da es mehr Veto-Möglichkeiten als in einer Alleinregierung gibt. Aus dem gleichen Grund ist eine Änderung schwierig, wenn eine zweite Kammer im Gesetzgebungsverfahren zustimmen muß: die Zahl der Veto-Möglichkeiten steigt.

In dieser Arbeit wird die Analyse von Institutionen grundsätzlich in zwei Schritten durchgeführt: erstens wird festgestellt, ob eine Institution die institutionellen Transaktionskosten (Durchsetzungs- und Spezifizierungskosten) senkt. Ist dies nicht der Fall, muß im zweiten Schritt geklärt werden, ob die Institution durch eine andere ersetzt werden kann, die zu einer Senkung der Transaktionskosten führt, ohne daß die Kosten der Implementation eine Einführung sinnlos machen. Wir werden sehen, daß die *politische Glaubwürdigkeit* ein entscheidender Faktor ist: eine ineffiziente Institution ist vor allem deshalb nicht heilbar, weil sie den politischen Entscheidungsträgern einen zusätzlichen Nutzen stiftet, der in ei-

152 Vgl. Williamson (1996a), S. 203-205.

153 "(F)easible superior alternatives that are blocked by the political process – hence cannot be implemented – are irremediable." (Williamson (1996a), S. 207.)

ner erhöhten politischen Glaubwürdigkeit besteht. Dies wird sich bereits bei der Diskussion um die Effizienz von politischen Organisationen im nächsten Abschnitt zeigen.

3.7.6 Zur Effizienz von Organisationen

Organisationen sind die Spieler innerhalb der gegebenen institutionellen Spielregeln. Sie nehmen die vom institutionellen Rahmen ausgehenden Wirkungen auf und passen sich den Spielregeln an. Dies bedeutet, daß Organisationen adaptiv effizient sind, wenn das institutionelle Regelwerk in einer Volkswirtschaft adaptiv effizient ist. Bei *North* findet sich jedoch ein etwas anderer Effizienzbegriff. Eine Organisation ist demzufolge effizient, falls sie sich durch die Ansammlung von Wissen und "learning by doing" bestmöglich an die Institutionen anpaßt.[154] Damit ist allerdings auch eine auf Rent seeking ausgerichtete Organisation effizient, falls die institutionellen Anreize Rent seeking begünstigen. Je vertrauter der Umgang mit einer Regel ist, um so "effizienter" werden die Individuen und Organisationen die von der Regel ausgehenden Anreize ausnutzen.[155] Wird beispielsweise eine Steuervergünstigung in einem Gesetz institutionalisiert, passen sich die Individuen und Interessengruppen an, indem sie verstärkt nach Möglichkeiten suchen, diese Vergünstigung in Anspruch zu nehmen. Auch unproduktiv tätige Organisationen können also nach dieser Definition effizient sein. Das widerspricht etwa der Aussage von *Milgrom* und *Roberts*, daß Organisationen effizient seien, wenn sie zu jeder Zeit eine effiziente Ressourcenallokation hervorbringen.[156] Dahinter steht allerdings das bereits oben diskutierte problematische Pareto-Kriterium.

Die *North*sche Sichtweise ist eine dynamisierte Variante des Effizienzbegriffs, den manche neoklassischen Ökonomen verwenden, die das Pareto-Kriterium zur Effizienzbeurteilung ablehnen. Effizienz ist diesen Ökonomen zufolge mit einer Maximierungsaufgabe unter Nebenbedingungen verbunden. Setzt man voraus, daß Individuen das Nutzenmaximierungspostulat befolgen, ist jede Allokation effizient, die die Nebenbedingungen erfüllt.[157] Dazu ein Beispiel: Es gibt bestimmte Güter und Ressourcen, die sich in Gemeineigentum befinden, d.h. an denen niemand Privateigentum besitzt. Es ist aus der ökonomischen Theorie bekannt, daß Gemeineigentum die Übernutzung dieses Gutes begünstigt, wie et-

154 Vgl. North (1990a), S. 74.
155 Vgl. North (1990a), S. 9.
156 Vgl. Milgrom/Roberts (1992), S. 24.
157 Vgl. De Alessi (1983), S. 69.

wa ein Fischgrund, der überfischt wird. Stünde der Fischgrund in Privatbesitz und könnte die Nutzung des Fischgrundes kontrolliert werden, hätte der private Eigentümer den Anreiz, die Regenerationsfähigkeit der Fischschwärme in seinen Kalkül einzubeziehen und nur solange zu fischen, wie die Grenzkosten (Boote, Personal etc.) gleich dem nachhaltig erwirtschaftbaren Wertgrenzprodukt (Erlös des Fischfangs) ist. Gehört allerdings der Fischgrund niemandem bzw. lassen sich Verfügungsrechte nicht abgrenzen, wird jeder Fischer solange fischen, bis seine Grenzkosten dem *Durchschnitts*wertprodukt entsprechen.[158] Daher ist nach üblicher neoklassischer Logik die Allokation ineffizient.

Dem widersprechen nun diejenigen, die Effizienz als Maximierung unter Nebenbedingungen sehen.[159] Die aus dem Gemeineigentum resultierende Allokation sei effizient – *bei gegebenen Institutionen, hier: Eigentumsrechten.*[160] Warum Gemeineigentum und nicht Privateigentum an der Ressource besteht, ist unwichtig. Allgemeine moralische Bedenken könnten eine effiziente Allokation verhindern oder die Kosten eines Wechsels hin zu privaten Verfügungsrechten könnten zu hoch sein. Letzteres wäre etwa der Fall in einer Diktatur, in der Privateigentum verboten ist. Ein Wechsel des Eigentumsregimes hin zu Privateigentum ist im Extremfall nur durch eine Revolution zu erreichen, die für ein Individuum grundsätzlich sehr hohe Kosten (Gefängnis, Tod) mit sich bringt, falls es nicht genug Unterstützung von anderen Individuen bekommt.[161]

Bei einem Fischschwarm ist es nahezu unmöglich – abgesehen von einem Netz, das Bewegungen des Schwarms aus dem Fischgrund heraus verhindert –, privates Eigentum zu spezifizieren. Die Transaktionskosten der Eigentumsrechteabgrenzung und die Kosten der Netzauslegung müssen als Nebenbedingungen in die Effizienzberechnung einbezogen werden. Unter den Bedingungen des Gemeineigentums ist also auch eine Übernutzung durch die Fischereiunternehmen "effizient".

---

158 Vgl. das analoge Beispiel des Gemeineigentums an einer Kuhweide bei Richter/ Furubotn (1996), S. 109 f.

159 Kuran (1995), S. 193, meint, daß eine vormalig ineffiziente Maßnahme, z.B. eine staatliche Regulierung, im Zeitablauf allein dadurch effizient wird, daß die Mehrzahl der Individuen ihre privaten Präferenzen an die Regulierung anpaßt (zur Kritik vgl. Frank (1996), S. 119 f.). Das impliziert, daß die individuellen Präferenzen durch Institutionen beeinflußt werden, was im Gegensatz zur herkömmlichen ökonomischen Analyse steht. Diese Sichtweise steht dem soziologischen Institutionalismus näher (siehe dazu Abschnitt 6.2).

160 Vgl. De Alessi (1990), S. 15.

161 Allerdings kann der Meinungsumschwung bereits einzelner Gruppen eine erfolgreiche Revolution auslösen. Zu einer auf kognitiven Faktoren basierenden Theorie der Revolution vgl. Kuran (1995), Kap. 15.

Diese Sichtweise wird als tautologisch kritisiert.[162] Jede Allokation kann als effizient bezeichnet werden, wenn nur alle relevanten Handlungsbeschränkungen als Nebenbedingungen erfaßt worden sind. Wird angenommen, daß die Individuen ihren Nutzen maximieren, ergibt sich die Effizienz der Ressourcenallokation quasi automatisch. Es stellt sich jedoch das Problem, daß die Nebenbedingungen nicht ad hoc aufgestellt werden dürfen, sondern "unvermeidbar" sein müssen.[163] Ansonsten kommt man zu dem Schluß, daß alles, was in der Wirklichkeit vorgefunden wird, effizient ist. Erweist sich nämlich im Zeitablauf, daß eine Handlung suboptimale Ergebnisse erzielt, ließe sich dies dadurch erklären, daß das Individuum zum Zeitpunkt seines Handelns unvollständig informiert gewesen sei, die Informationskosten als Restriktion einkalkuliert habe und unter Berücksichtigung dieser Kosten die Entscheidung aus damaliger Sicht doch effizient gewesen sei. Ein Individuum, das eine Entscheidung trifft, deren Folgen ihm scheinbar eine Nutzeneinbuße einbringen, habe effizient gehandelt, weil dem externen Beobachter ein oder mehrere Elemente der Nutzenfunktion des Individuums entgangen seien. Um einer Tautologie zu entgehen, müssen die Elemente der Nutzenfunktion und die zu beachtenden Nebenbedingungen allerdings *ex ante* spezifiziert und begründet werden, was ein unmögliches Unterfangen sein dürfte. Es stellen sich bei dieser Methode aber auch logische Probleme: Zum einen wird vorausgesetzt, daß die Individuen die Menge aller relevanten Alternativen und Nebenbedingungen kennen, zum anderen wird impliziert, daß die Alternativenmenge beschränkt ist. Ersteres bedeutet, daß korrekte Informationen über die relevanten Nebenbedingungen und die zur Verfügung stehenden Optionen zu minimalen Kosten akquiriert werden können.[164] Das ist jedoch wegen der begrenzten individuellen Rationalität grundsätzlich nicht möglich. Letzteres schließt die Entdeckung neuer Alternativen in einem evolutorischen Prozeß aus. De facto gibt es aber in einer dynamischen Wirtschaft keine in sich abgeschlossene Alternativenmenge.

Das *North*sche Effizienzpostulat für Organisationen beantwortet noch nicht die konkrete Frage nach der Effizienz ökonomischer und politischer Organisationen, sondern geht nur von deren Anpassungsfähigkeit an die institutionellen Anreize aus. Es gibt mehrere Möglichkeiten, die Effizienz einer *ökonomischen* Organisation zu definieren:

1. Eine effiziente ökonomische Organisation maximiert ihren <u>Gewinn</u> unter der Nebenbedingung der jeweiligen Institutionen. Einen Ansatzpunkt bietet die Aussage, daß Organisationen "are purposive entities designed by their crea-

---

162 Vgl. Furubotn (1998), S. 5.
163 Vgl. Richter/Furubotn (1996), S. 69.
164 Vgl. Furubotn (1998), S. 6.

tors to *maximize wealth, income, or other objectives* defined by the opportunities afforded by the institutional structure of the society."[165] Ein schwächeres Kriterium ist die Erzielung positiver Gewinne als Effizienzmaßstab.[166]

2. Die Alternative ist das im Rahmen der Neuen Institutionenökonomik herangezogene Kriterium der (ökonomischen) Transaktionskostenminimierung.[167] Die ökonomischen Transaktionskosten bestehen aus den Such- und Informationskosten, den Verhandlungs- und Entscheidungskosten sowie den Überwachungs- und Kontrollkosten.[168] Ökonomische Akteure stehen vor der grundsätzlichen Entscheidung, eine Transaktion entweder über den Markt oder in einem Unternehmen durchzuführen. Die fundamentale These der Transaktionskostentheorie lautet, daß die Organisationsform gewählt wird, die die Transaktion transaktionskostenminimal administriert. Opportunistisches Verhalten wird bestmöglich verhindert und die Grenzen der individuellen Rationalität werden im größtmöglichen Umfang beachtet.[169]

Wie bei formellen Institutionen kann im zweiten Schritt das *Williamson*sche Heilbarkeits-Kriterium Anwendung finden.[170] Ist die gewählte Organisationsform aus irgendwelchen Gründen ineffizient, muß geprüft werden, ob eine alternative Organisationsform gefunden werden kann, die im Vergleich zur existierenden Organisationsform mit positiven erwarteten Nettoerträgen eingeführt werden kann. Dabei müssen die Kosten für die Errichtung der neuen Organisation in den Kalkül einbezogen werden, so daß bereits bestehende Organisationen einen deutlichen Vorteil gegenüber allen anderen Alternativen besitzen. Gäbe es eine andere Form, die die bestehende kostengünstig ersetzen kann, so gäbe es allen Grund, die überlegene Alternative einzuführen, weil der status quo ineffizient wäre. Eine Schwierigkeit bei dem Heilbarkeitskriterium ergibt sich allerdings, wenn man bedenkt, daß begrenzt rationale Individuen keinen vollständigen Überblick über alle möglichen Alternativen haben können.[171] Es mag zwar eine Organisationsform geben, die - wenn zur Auswahl gestellt – eine gute Chance zur Implementierung hätte, da sie einen gesamtwirtschaftlichen Nettonutzen mit sich brächte, die

165 North (1990a), S. 73; Betonung von mir.
166 Vgl. Alchian (1950), S. 213. Die Voraussetzung dafür ist natürlich, daß die Gewinne nicht aufgrund staatlicher Einflußnahme (z.B. Subventionszahlungen) entstanden sind.
167 Vgl. dazu Abschnitt 5.4.1.
168 Vgl. Dahlman (1979), S. 148; Coase (1960), S. 15.
169 Zu weiteren Einzelheiten vgl. Abschnitt 5.4.1.
170 Vgl. Williamson (1996a), S. 195; Williamson (1999), S. 315.
171 Vgl. Furubotn (1998), S. 11.

aber von niemandem "entdeckt" wird. Daher kann sich das Heilbarkeitskriterium immer nur auf bekannte Organisationen beziehen.

Weder das Gewinn- noch das ökonomische Transaktionskostenkriterium lassen sich ohne weiteres auf *politische* Organisationen wie etwa eine Bürokratie übertragen, nicht zuletzt, weil der Wettbewerb zwischen politischen Organisationen stark eingeschränkt ist. Außerdem ist die Gewinnhöhe kein geeignetes Kriterium für nicht-gewinnorientierte Organisationen. Es gibt jedoch ein spezielles, wiederum auf Transaktionskosten basierendes Effizienzkriterium, nämlich die Minimierung der *politischen* Transaktionskosten.[172] Politische Transaktionskosten bestehen im wesentlichen aus den Entscheidungskosten, den "Agency"-Kosten und den Kosten der glaubwürdigen Bindung. Sie hängen von den Merkmalen des politischen Prozesses ab: von der Notwendigkeit, politische Kompromisse zu schließen, von der Delegation von Aufgaben an eine staatliche Bürokratie und von der politischen Unsicherheit, die durch die unsicheren politischen Verfügungsrechte ins Spiel kommen.[173] Auf eine genauere Erörterung der politischen Transaktionskostentheorie soll an dieser Stelle verzichtet und auf Abschnitt 5.4.4 verwiesen werden.

Auch im Kontext von Organisationen kann es durch Pfadabhängigkeiten zu Anpassungsverzögerungen kommen. Mit dem Fortbestand einer Organisation jeder Art sind nämlich Interessen verknüpft, die sich gegen eine Anpassung an veränderte Umstände zur Wehr setzen. Es sind immer auch organisationsinterne (Mitarbeiter) und –externe (z.B. Kunden, Lieferanten) Interessen verbunden, die bei einer Änderung der Organisationsform möglicherweise negativ betroffen sind. Auch investieren Individuen in einer Organisation ihr Humankapital in die Aneignung von Wissen über organisationsspezifische Informationskanäle und "Codes".[174] Die Kosten einer Änderung der "eingefahrenen" Informationskanäle sind hoch, so daß der Ist-Zustand begünstigt wird. Daher sind in vielen Fällen ineffiziente Organisationen nicht "heilbar".

Die Ergebnisse aus den vorangegangenen Ausführungen werden in der Abbildung auf der folgenden Seite zusammengefaßt.

Im Rahmen der Diskussion spielen die Präferenzen der politischen Entscheidungsträger (insbesondere Politiker, Interessengruppenvertreter und Bürokraten) eine wichtige Rolle. Daher ist es an der Zeit, die Handlungsmotivationen dieser Individuen näher zu beleuchten. Diese Aufgabe leistet die Neue Politische Ökonomie.

---

172 Vgl. Horn (1995); Dixit (1996).
173 Vgl. Moe/Calwell (1994), S. 174.
174 Vgl. David (1994), S. 212 f.

Gegenstand der Analyse	**Effizienzkriterium**
Institutionenbündel	Adaptive Effizienz
Formelle und informelle Institutionen	Minimierung der institutionellen Transaktionskosten (Durchsetzungs- und Spezifizierungskosten)
Ökonomische Organisationen	Minimierung der ökonomischen Transaktionskosten
Politische Organisationen	Minimierung der politischen Transaktionskosten

Abb. 8: Effizienzkriterien

4. Die Neue Politische Ökonomie

4.1 Vorbemerkung

Die Neue Politische Ökonomie (NPÖ) oder Public Choice-Theorie geht grundlegend davon aus, daß Individuen, die sich politisch betätigen, ihren eigenen Nutzen maximieren und untersucht die Ergebnisse, die aus den Handlungen nutzenmaximierender Akteure resultieren.[175] "Altruistisches" Verhalten ist damit nicht ausgeschlossen, weil in die Nutzenfunktion auch die Wohlfahrt anderer Individuen eingehen kann.[176] Eine wesentliche Frage ist also, was genau die politischen Akteure maximieren.

4.2 Politiker und Parteien

Politiker ziehen einen Nutzen aus ihrem Amt, in das sie gewählt worden sind, z.B. als Parlamentsabgeordneter. Sie haben Macht, Prestige und ein relativ hohes Einkommen. All dies ginge bei einem Verlust des politischen Mandats verloren. Daher ist das politische Ziel der Wiederwahl grundsätzlich unstreitig.[177] Es gibt im wesentlichen zwei Möglichkeiten, sich die Wiederwahl zu sichern. Zum einen können Politiker die absolute Zahl der Wählerstimmen maximieren.[178] Zum anderen mag es genügen, eine "minimum winning coalition" zusammenzubringen, d.h. nur so viele Stimmen zu bekommen, wie minimal zur Wiederwahl benötigt werden.[179] Allerdings ist die erste Möglichkeit wohl die wahrscheinlichere: Die exakte Größe der "minimum winning coalition" ist ex ante nur bei vollständiger Information erkennbar, so daß bei unvollständiger Information allein eine sub-

---

175 Vgl. z.B. Rosen/Windisch (1992), S. 184.

176 Vgl. Kirsch (1993), S. 5 f.

177 Kirsch (1993), S. 222, drückt es so aus: "Ein Politiker, der nicht primär auf die Machterringung und den Machterhalt fixiert ist, landet über kurz oder lang im politischen Nichts." Da Machterringung bzw. Machterhalt in einer Demokratie durch Wahlen entschieden wird, ergibt sich automatisch die Wiederwahl als vorrangiges politisches Ziel.

178 Vgl. Downs (1957/1968).

179 Vgl. Riker (1962), S. 32.

jektiv erwartete Größe ermittelt werden kann.[180] Nur bei zahlenmäßig relativ überschaubaren potentiellen Koalitionen ist diese Schätzung so genau, daß man sich auf sie hinreichend verlassen kann. Da bei allgemeinen Wahlen, an denen sich Millionen von Wählern beteiligen, aber die Varianz der Größenschätzung der zum Gewinn gerade ausreichenden Koalition nicht gering sein wird, steht ein Politiker auf der sicheren Seite, wenn er so viele Stimmen wie möglich sammelt.[181] Ein zweiter Grund kommt hinzu: Je mehr Stimmen ein Politiker erhält, um so mehr Einfluß ist damit verbunden. Es macht einen Unterschied aus, ob ein Politiker in seinem Wahlkreis mit 30% oder mit 60% der Stimmen (bei jeweils mehreren Kandidaten) gewinnt.

Im bundesrepublikanischen System der repräsentativen Demokratie ist indes nicht der einzelne Politiker der Hauptakteur. Der wesentliche Akteur ist die Partei, die im Parlament durch ihre Abgeordneten vertreten wird. Der Grund, weshalb hier vom Prinzip des methodologischen Individualismus abgewichen werden kann, ist die starke *Fraktionsdisziplin.*[182] Fraktionsdisziplin bedeutet, daß eine Partei bei Abstimmungen im Parlament grundsätzlich einheitlich abstimmt, abgesehen von Abstimmungen über Grundsatzfragen (z.B. Abtreibungsrecht, Hauptstadtbeschluß), bei denen die Abstimmung von der Fraktionsführung "freigegeben" wird.[183] Ein rational handelnder Abgeordneter hat durch die Sanktionsmechanismen, die der Fraktionsführung zur Verfügung stehen, einen Anreiz, diese Fraktionsdisziplin zu beachten. Beispielsweise werden die einer Fraktion zustehenden Ausschußsitze durch die Fraktion selber, beispielsweise durch den Fraktionsvorstand[184] oder einen Ausschuß zur Besetzung der Ausschüsse[185] besetzt (§ 57 Abs. 2 der Geschäftsordnung des Deutschen Bundestages). Fällt ein Fraktionsmitglied mehrmals durch eine abweichende Stimmabgabe auf, droht ihm im

180 Vgl. Riker (1962), S. 48.

181 Auch Riker (1962), S. 80 f., räumt ein, daß Politiker in demokratischen Wahlen oder im Parlament dazu tendieren, Koalitionen zu schmieden, deren Größe oberhalb derer einer minimal gewinnenden Koalition liegt.

182 Manchmal auch als (unzulässiger) Fraktionszwang bezeichnet.

183 Kasten (1985), S. 484, definiert Fraktionsdisziplin als "Bestreben der Fraktion, ein einheitliches Agieren in der politischen Arbeit durch vorbereitende intrafraktionelle Willensbildung zu erreichen, ohne dem Abgeordneten im Konfliktfall die Freiheit zum abweichenden Verhalten zu nehmen." Allerdings ist die Grenze zwischen dem "Bestreben" und einem "Druck" der Fraktion(sführung) fließend.

184 Der Fraktionsvorstand der SPD-Fraktion im Bundestag schlägt die Kandidaten für die Ausschüsse vor. Vgl. Dexheimer (1982), S. 264.

185 So die CDU/CSU-Fraktion. Vgl. Dexheimer (1982), S. 268.

äußersten Fall ein Fraktionsausschluß.[186] Eine Fraktion kann somit grundsätzlich als ein Handlungssubjekt betrachtet werden.[187]

Auch eine Partei wird versuchen, die größtmögliche Stimmenzahl zu erhalten, weil insbesondere in einem System mit mehr als zwei Parteien ein paar Prozentpunkte mehr oder weniger über eine Alleinregierung entscheiden. Erhält eine Partei nur 30 % der Stimmen, ist sie gezwungen, eine Koalitionsregierung zu bilden, wenn sie mitregieren will. Falls sie 60 % erhält, kann sie eine Alleinregierung bilden. Zudem wirkt sich ein gutes Ergebnis bei einer Wahl auch auf das Ergebnis bei der nächsten Wahl aus.[188] Deshalb ist die Maximierung der absoluten Stimmenzahl sowohl in bezug auf einzelne Politiker als auch auf Parteien die vergleichsweise realistischere Annahme.

Eine Partei benötigt zur Maximierung der Stimmenzahl Ressourcen sowohl finanzieller als auch sachlicher Art. Um (wieder)gewählt zu werden, müssen die Leistungen der Partei der wahlberechtigten Bevölkerung nähergebracht werden. Dies gelingt jedoch nur, wenn Öffentlichkeitsarbeit betrieben wird, was wiederum nur bei Vorhandensein entsprechender Mittel möglich ist. Deshalb benötigt ein Politiker bzw. dessen Partei nicht nur Wählerstimmen, sondern auch Unterstützung in Form von finanziellen Ressourcen, die über die Mitgliederbeiträge und die staatliche Wahlkampferstattung hinausgehen. Insbesondere bei den kleineren Parteien spielen Spenden eine gewichtige Rolle.[189] Theoretisch wird eine "Umrechnung" von Ressourcen in Wählerstimmen dadurch modelliert, daß die Mittel zu politischer Werbung bzw. zur Schwächung der Opposition verwendet werden.[190] Daher verfolgt eine Partei das Ziel einer Maximierung ihrer Unterstützung, die sowohl aus Stimmen als auch anderen Ressourcen besteht.[191] Ein weiterer wichtiger Faktor ist die Existenz korrekter *Informationen* sowohl über die Folgen einer politischen Maßnahme als auch über die Interessenlage der verschiedenen Wählergruppen.[192] Besitzt eine Partei korrekte Informationen über die Auswirkungen einer politischen Maßnahme auf verschiedene Bevölkerungs-

---

186 Vgl. Kasten (1985), S. 482.

187 Vgl. auch Thomassen (1991), S. 274: "However, in a parliamentary system the executive has no other basis than its majority in parliament. This makes party discipline essential for the survival of the government. In this situation political parties and not individual members of parliament are the key actors in the system of political representation." Im weiteren werden die Begriffe "Fraktion" und "Partei" synonym verwendet.

188 Vgl. Denzau/Munger (1986), S. 91.

189 Der Spendenanteil an den gesamten Einnahmen reichte 1998 von 12,1% (SPD) bis zu 44,3% (FDP). Vgl. die Tabelle in der FAZ vom 16 März 2000, S. 11.

190 Vgl. Peltzman (1976), S. 214; Denzau/Munger (1986), S. 99.

191 So auch Horbach (1992), S. 87.

192 Vgl. Vanberg/Buchanan (1994), S. 169.

gruppen, ist sie eher in der Lage, die möglichen Stimmengewinne und -verluste zu kalkulieren. Je besser und genauer die Informationen sind, um so wertvoller sind diese Informationen für die Politiker. Hinreichend genaue Informationen sind somit eine Nebenbedingung für eine erfolgreiche Unterstützungsmaximierung.

Es ist bereits die Rolle von Ideologien kurz angesprochen worden, die eine normative Sicht der Welt impliziert. Jede Partei entwickelt im Laufe ihres Bestehens grundsätzlich eine ideologische Ausrichtung, die allerdings nicht nur dem Zweck der Befriedigung von Parteimitgliedern dient. Bereits *Downs* hat eine Parteiideologie als Instrument zur Senkung von Informationskosten der Wähler und folglich als Mittel zum Gewinn von Wählerstimmen betrachtet.[193] Mit einer Ideologie signalisiert die Partei, mit welchem Abstimmungsverhalten ihrer parlamentarischen Repräsentanten zu rechnen ist. Das verringert die Unsicherheit der Wähler über das Verhalten der Politiker, so daß es von Vorteil für eine Partei ist, eine Ideologie zu entwickeln (und sei es nur die "Ideologie", ideologiefrei zu sein).[194]

Eine Parteiideologie ist aber nicht nur ein transaktionskostensparendes Signal an die Wähler, sondern sie spielt eine wichtige Rolle bei der Überwindung des Trittbrettfahrerproblems.[195] Beispielsweise mag eine politische Entscheidung anstehen, die relativ unpopulär ist (z.B. die Einführung einer an ökologischen Kriterien anknüpfenden Steuer). Ein rationaler Abgeordneter der Regierungskoalition, der streng nach einem Stimmenmaximierungskalkül verfährt, müßte dieses Vorhaben im Parlament ablehnen, weil es mit hoher Wahrscheinlichkeit per Saldo Stimmenverluste mit sich bringen wird. Was aber hindert einen Koalitionsabgeordneten daran, im Parlament gegen das Vorhaben zu stimmen? Neben der Fraktionsdisziplin ist es die Parteiideologie, die zu einer erfolgreichen Abstimmung führt: Die Mitglieder der Koalition teilen ein bestimmtes Weltbild (z.B. die Einstellung, etwas für den Umweltschutz tun zu müssen), und sind auch bereit, dafür Stimmenverluste in Kauf zu nehmen. Durch eine funktionierende Ideologie wird verhindert, daß ein Abgeordneter die Koalitionslinie verläßt und sich gegen das Vorhaben ausspricht, um Stimmen zu gewinnen. Für einen Koalitionsabgeordneten wäre es geradezu ideal, mit seinem Nein zu dem Vorhaben – das er im Grunde befürwortet – Wähler in seinem Wahlkreis zufriedenzustellen. Gleichzeitig würde eine Stimme weniger im Parlament bei ausreichenden Mehrheitsverhältnissen nichts ausmachen, und die Ökosteuer würde dennoch Gesetz. Die-

---

193 Vgl. Downs (1968), S. 93.

194 Der Ruf einer Partei, "unideologisch", d.h. pragmatisch an eine Sache heranzugehen und ihre Politiker so als "Macher" darstellen zu können, hilft sicherlich beim Gewinn von Wählerstimmen.

195 Vgl. North (1981), Kap. 5.

ses Trittbrettfahrerverhalten wird mit Hilfe einer Ideologie bekämpft. Es ist zu betonen, daß "Ideologie" in diesem Zusammenhang wertfrei gemeint ist: Eine normative Aussage darüber, ob Umweltschutz wünschenswert ist oder nicht, wird nicht getroffen.

4.3 Wähler

Ein rationaler Wähler basiert seine Wahlentscheidung auf dem erwarteten Nutzen, den er aus der Wahl einer Partei zieht.[196] Er wird folglich diejenige Partei wählen, die seinen (abdiskontierten) Nettonutzenstrom über die Wahlperiode maximiert. Das lenkt den Blick auf die Frage, wie der Wähler seinen Nettonutzen bestimmt. Realistischerweise ist anzunehmen, daß kein Wähler den aus einem Parteiprogramm erwarteten Nutzenstrom auch nur annähernd genau abschätzen kann. Vielmehr ist es wahrscheinlich, daß er sich in den Politikbereichen, die ihn am ehesten persönlich betreffen (z.B. Steuerpolitik), in groben Zügen über seinen erwarteten Nutzen im klaren ist und entsprechend die Partei wählt, die seinen Präferenzen in diesen zentralen Bereichen am nächsten kommt. Dabei erleichtert ihm die ideologische Position einer Partei die Entscheidung. Aufgrund der hohen Informationskosten ist ein typischer Wähler "*rational ignorant*", d.h. er informiert sich nur dann über ein politisches Thema, wenn der Nutzen aus der Information die Kosten der Informationsbeschaffung übertrifft.[197] Die Kosten der Informationsbeschaffung sind insbesondere dann niedrig, wenn die Medien (TV, Zeitungen) eine intensive Berichterstattung leisten, wie es beispielsweise bei Naturereignissen und Katastrophen der Fall ist. Der Nutzen aus einer zusätzlichen Information hängt von den sich eröffnenden neuen Handlungsmöglichkeiten ab. So läßt sich oftmals ex post der Nutzen einer zusätzlichen Information bestimmen, z.B. wenn der Blick in die Gebrauchtwagenannoncen einer Tageszeitung zu einem günstigeren Kauf eines Gebrauchtautos verhilft.[198]

In politischen Angelegenheiten liegt der Nutzen einer rationalen Wahlentscheidung nicht zuletzt darin, mit Hilfe der auf der Grundlage einer zusätzlichen und kostspieligen Information getroffenen Entscheidung einer bestimmten Partei zum Sieg zu verhelfen. Das führt zum "Paradox des Wählens", d.h. die Frage, warum ein Wähler überhaupt zur Wahl geht, obwohl seine Kosten (Zeitaufwand, Kosten der Informierung über die Parteiprogramme) weit über dem erwarteten

196 Vgl. Horbach (1992), S. 62.
197 Vgl. Downs (1957/1968); Aranson (1989/90), S. 26.
198 Zum informationsökonomischen Paradigma des Ausgleichs von Grenznutzen und Grenzkosten der Information vgl. Stigler (1961).

Nutzen (der von der Wahrscheinlichkeit abhängt, daß seine Stimme die wahlentscheidende ist) liegen.[199] Dieses Paradox ist bislang nicht befriedigend beantwortet worden, so daß man sich bei dessen Erklärung auf Hilfskonstruktionen wie einem "sozialen Nutzen" des Wahlganges oder der Erfüllung einer "Bürgerpflicht" stützen muß.[200]

Es kommt auf das politische Thema an, ob es die Aufmerksamkeit der allgemeinen Wählerschaft findet. Während gewisse Themen eine hohe Reizwirkung in der Bevölkerung haben (Kindesmißbrauch, Transport atomarer Brennelemente), sind Wähler z.B. an Fragen der Organisation und Struktur staatlicher Einrichtungen weitestgehend uninteressiert. Ob die Bankenaufsicht durch eine selbständige Bundesoberbehörde oder durch eine Abteilung im Finanzministerium erfolgt, dürfte kein für die Wähler interessantes und wahlentscheidendes Problem sein. Kein Wähler, der nicht ein ganz spezielles Interesse an diesem Amt hat, wird Einzelheiten der organisatorischen Struktur kennenlernen wollen, weil der Nutzen aus dieser Information einfach zu gering ist. An einem anderen Beispiel skizziert, "whether the Consumer Product Safety Commission should be moved into the Commerce Department ... is hardly the stuff that political campaigns are made of."[201]

Festzuhalten ist an dieser Stelle, daß Wähler rational ignorant sind, was zur Folge hat, daß Politiker zwar bei öffentlichkeitswirksamen Ereignissen auf die öffentliche Meinung Rücksicht nehmen müssen, in strukturellen Fragen Wähler indes keinen entscheidenden politischen Einfluß ausüben.

4.4 Interessengruppen

Interessengruppen spielen eine wichtige Rolle im Nutzenmaximierungskalkül von Politikern. Sie haben im Vergleich zu einzelnen Wählern mehr anzubieten. Sie liefern zum einen wertvolle Informationen über die Auswirkungen von Politikmaßnahmen auf ganze Bevölkerungsgruppen und über die Wünsche ihrer Mitglieder, die ja zugleich Wähler sind. Politiker nehmen diese Informationen oft dankbar auf oder suchen gezielt bei Interessengruppen nach Informationen.[202] Nicht zuletzt wegen dieser Informationsfunktion ist die Beteiligung der Interessengruppen ausdrücklich in verschiedenen Geschäftsordnungen kodifiziert.[203]

199 Vgl. z.B. Barzel/Silberberg (1973).
200 Vgl. Riker/Ordeshook (1968), S. 28.
201 Moe (1990a), S. 129.
202 Vgl. am Beispiel des Haushaltsausschusses Sturm (1988), S. 31.
203 § 70 der Geschäftsordnung des Deutschen Bundestages (GOBT) regelt die öffentlichen Anhörungen, § 24 der Gemeinsamen Geschäftsordnung der Bundesministerien,

Weiterhin beeinflussen Interessengruppen ihre Mitglieder und haben dadurch einen gezielten Einfluß auf deren Abstimmungsverhalten. Ein Landwirt wird sich in bezug auf die Agrarpolitik in erster Linie auf Informationen und Empfehlungen des Bauernverbandes stützen. Schließlich fungieren Partei- und Wahlkampfspenden der Gruppen als Druckmittel. Das ist besonders im politischen System der USA wichtig, in dem die Abgeordneten viel mehr auf finanzielle Unterstützung Dritter angewiesen sind als in Deutschland.[204]

In Fragen politischer Strukturen dominieren Interessengruppen. Die Administration und Implementation eines Gesetzes stellt ein Präjudiz für staatliche Leistungen dar und induziert bestimmte Beeinflussungsmöglichkeiten, schließt andere wiederum aus. Daher sind solche Fragen unter Beteiligung von Interessengruppen immer äußerst hart umkämpft.[205] Nicht jedes Interesse ist allerdings gleichermaßen gut im politischen Prozeß vertreten. Es ist eine Frage der Organisationsfähigkeit, wie stark der Einfluß einer Interessengruppe ist. Eine Gruppe ist um so einfacher zu organisieren (die Kosten der Organisation sind relativ niedriger), je kleiner sie ist und je homogener die Interessen ihrer Mitglieder sind.[206] Große Gruppen haben ein Organisationsproblem, da Lobbying ein Kollektivgut darstellt, das auch Nichtmitgliedern zugute kommt. Deshalb wird ein rationales Wirtschaftssubjekt nur dann in einer (großen) Interessengruppe organisiert sein, wenn sein persönlicher Nutzen durch *selektive Anreize* wie eine Mitgliederzeitschrift, verbilligte Urlaubsreisen etc. sichergestellt ist.[207] Sind selektive Anreize nicht möglich und können auch Zwangsmaßnahmen nicht angewendet werden, wird in bezug auf große Gruppen grundsätzlich keine Interessenvertretung zustandekommen. Hingegen haben kleine Gruppen mit homogenen Interessen keine Schwierigkeiten, das Trittbrettfahrerproblem unter Kontrolle zu halten. Auch sind die Kosten der Organisierbarkeit deutlich geringer als in großen Gruppen. Das Ergebnis der Lobbyarbeit verteilt sich auf weniger Mitglieder, ist pro Mitglied also höher als in großen, schlecht organisierbaren Gruppen - was einen höheren Aufwand pro Person für Lobbying-Aktivitäten rechtfertigt.

Eine große Gruppe leidet folglich unter dem "*Trittbrettfahrerproblem*": der Erfolg der politischen Lobby-Arbeit ist ein öffentliches Gut, keiner kann von den

---

Teil II (GGO II) die Einflußmöglichkeit der - allerdings nur bundesweit tätigen - Interessengruppen in der Ministerialbürokratie.

204 In Deutschland ist die Höhe der Spenden gesetzlich beschränkt (vgl. § 25 Parteiengesetz).

205 Moe kommt zu dem Schluß: "...they (die Interessengruppen, R.P.) are normally the only source of political pressure when structural issues are at stake. Structural politics is interest group politics" (Moe (1989), S. 269).

206 Vgl. Olson (1965).

207 Vgl. Olson (1965).

Vorteilen ausgeschlossen werden. Eine Verbesserung der Umweltqualität durch schärfere Umweltauflagen kommt jedem zugute, gleichgültig, ob er in einem Umweltverband tätig ist oder nicht. Daher übersteigen die Kosten der Aktivität den Nutzen aus der marginalen Umweltverbesserung grundsätzlich bei weitem. Weitaus einfacher in bezug auf die Organisierung haben es die Unternehmen. Die Unternehmen einer Branche haben homogene Interessen, ihre Anzahl ist überschaubar und - was mindestens genauso wichtig ist - sie können Trittbrettfahrer besser kontrollieren und sanktionieren als eine große Gruppe. Große Gruppen wie Konsumenten, Steuerzahler oder Umweltschützer, in denen das Trittbrettfahrerproblem sehr stark ausgeprägt ist, müssen höhere Hindernisse überwinden, um sich organisieren zu können, während sich relativ kleine Gruppen mit homogenen Interessen (Industrieverbände, Landwirte) besser organisieren und im politischen Prozeß einen höheren Einfluß ausüben können.

Es läßt sich folglich sagen, daß in strukturellen Fragen Interessengruppen dominieren und gut organisierbare Interessengruppen durch homogene Interessen und relativ kleine Mitgliederzahlen gekennzeichnet sind. Den Einfluß von Interessengruppen auf dem Gebiet der *Regulierung* hat die ökonomische Theorie der Regulierung herausgestellt.[208] Die ökonomische Theorie der Regulierung setzt einen Kontrapunkt zu der bis dahin allgemein akzeptierten These, staatliche Regulierung diene im wesentlichen dem Allgemeinwohl. In einem bahnbrechenden Artikel hat George *Stigler* gezeigt, daß ein „Markt" für Regulierung existiert, auf dem Anbieter (Parteien) und Nachfrager (Interessengruppen) interagieren. Regulierung ist danach vorteilhaft für die regulierte Industrie, die sich im Regulierungsprozeß aus bereits genannten Gründen gegen die schlecht organisierten Konsumenteninteressen durchsetzt. *Stigler* stellt die Hypothese auf, daß „every industry or occupation that has enough political power to utilize the state will seek to control entry".[209] Die Errichtung von Markteintrittsbarrieren wird gegenüber der Zahlung direkter Transfers bevorzugt, da die Transfers auch neu auf den Markt drängenden Unternehmen zugutekommen, während Zutrittsschranken den Wettbewerb beschränken und den alteingesessenen Unternehmen durch die Setzung von Preisen oberhalb der Grenzkosten übernormale Gewinne bescheren. Als Anbieter von Regulierung fungieren nicht einzelne Politiker, sondern die (Regierungs-)Partei, die in Form von Stimmen und anderen Ressourcen entlohnt wird.[210]

Kritisch ist zur ökonomischen Regulierungstheorie anzumerken, daß Entscheidungen der Politiker über Vergünstigungen entweder durch sie selbst oder

---

208 Vgl. Stigler (1971); Posner (1974); Peltzman (1976); Becker (1983).
209 Stigler (1971), S. 5.
210 Vgl. Stigler (1971), S. 12.

durch Beauftragte ausgeführt werden, die diese Entscheidung ganz im Sinne der Politiker implementieren. Politiker fungieren als bloßer Transmissionsriemen für die Wünsche der Interessengruppen. Die Rolle institutioneller Arrangements wird ausgeblendet, eine ausführende Bürokratie kommt in dem Modell nicht vor. Da die Bürokratie aber eine bedeutende Rolle im politischen Prozeß spielt, ist es notwendig, auf die Bedeutung der Bürokratie einzugehen und ihre Anreize zu analysieren.

4.5 Die Bürokratie

Eine Regierung ist bei der Ausarbeitung und Implementation von Gesetzen auf die Mitarbeit der Bürokratie angewiesen. Die ökonomische Theorie der Bürokratie postuliert, daß in die Nutzenfunktion eines Chefbürokraten sein Einkommen, Nebeneinkünfte, öffentliches Ansehen, Macht, Einfluß, der Output des Büros und die Schwierigkeit, das Büro zu leiten bzw. die Schwierigkeit, Veränderungen vorzunehmen, eingehen.[211] Nach *Niskanens* Ansicht hängen diese Variablen bis auf die letzten beiden positiv von der absoluten Höhe des Budgets ab, so daß ein Chefbürokrat seinen Nutzen maximiert, wenn er das *Budget* seines Büros *maximiert.* Eine Budgetmaximierung ist zudem eine Notwendigkeit, weil der Chefbürokrat ansonsten nicht lange auf seinem Posten verbleiben wird:[212] Die Mitarbeiter des Chefbürokraten haben ein großes Interesse an Arbeitsplatzsicherheit und Beförderungsmöglichkeiten. Das erhalten sie jedoch nur, wenn ein ausreichend hohes Budget vorhanden ist. Je höher das Budget ist, um so besser sind die Aufstiegsmöglichkeiten und um so höher ist die Sicherheit ihres Arbeitsplatzes. Falls der Chefbürokrat das Budget nicht maximiert, können seine Mitarbeiter durch Zurückhaltung wichtiger Informationen und unkooperatives Verhalten dafür sorgen, daß er bei den Politikern und anderen Klienten des Büros in Ungnade fällt und dadurch seine beruflichen Aufstiegsmöglichkeiten minimiert werden.

Als Folge der Budgetmaximierung und unter der Annahme, daß Bürokraten ihren politischen "Sponsoren" gegenüber einen Informationsvorsprung in bezug auf die Produktionskosten des Büros besitzen, so daß erstere eine *Optionsfixierungsmacht* haben, leitet *Niskanen* eine Outputmaximierung ab: Bürokraten erhalten nur dann das größtmögliche Budget von ihren Sponsoren, wenn die Produktion der bürokratischen Leistung unter den gegebenen Umständen maximal

211 Vgl. Niskanen (1971), S. 38.
212 Vgl. Niskanen (1971), S. 39.

wird.[213] Bürokraten sind demnach "Eiferer" (zealots).[214] Im Vergleich zu einem Unternehmen, das sich auf dem Markt im Wettbewerb befindet, produziert ein Büro zuviel und ist damit im neoklassischen Sinne ineffizient. Das läßt sich an folgender Abbildung deutlich machen.[215]

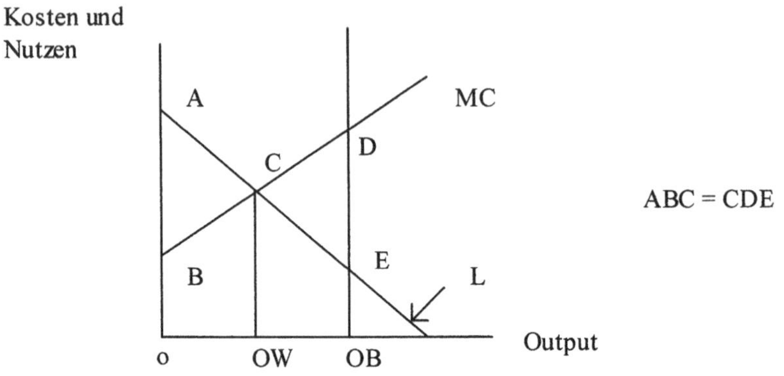

Abb. 9: Vergleich zwischen einem Büro und einem Unternehmen

L ist die Nachfragekurve nach den Leistungen des Büros und setzt sich aus der marginalen Zahlungsbereitschaft des Sponsors zusammen. MC ist die (minimale) Grenzkostenkurve des Büros. Ein Unternehmen, das im Wettbewerb steht, würde Output OW anbieten, der im Schnittpunkt von Grenzkosten- und Nachfragekurve liegt. Ein budgetmaximierendes Büro bietet den Output an, bei dem die totalen Kosten gleich dem Gesamtnutzen des Sponsors sind. Das ist der Fall im Punkt OB. Die Fläche oAEOB (= Gesamtnutzen der Nachfrager = bewilligtes Budget) entspricht der Fläche oBCDOB (= totale Kosten des Outputs). Die Konsumentenrente ABC wird vom Büro vollständig zur Produktion zusätzlichen Outputs verwendet.[216]

Nachfolgende Arbeiten haben insbesondere kritisiert, daß die Budgetmaximierung nicht in einem Modell abgeleitet, sondern nur ad hoc angenommen wurde, ohne daß überzeugende Gründe für ihre Korrektheit vorliegen.[217] Da eine generelle Outputmaximierung der Realität zu widersprechen scheint und dieses Ergebnis wesentlich auf die Budgetmaximierungsannahme zurückzuführen ist, wur-

213 Eine detailliertere Begründung für dieses Ergebnis liefert Roppel (1979), S. 114.
214 Vgl. Downs (1967), S. 109 f.; Niskanen (1994), S. 275.
215 Vgl. Orzechowski (1977), S. 232.
216 Vgl. Orzechowski (1977), S. 232.
217 Vgl. dazu Niskanen (1975), S. 618.

de als Alternative die Maximierung des *diskretionären Budgets* vorgeschlagen.[218] Ein diskretionäres Budget ist die Differenz zwischen den minimalen Produktionskosten und dem tatsächlich bewilligten Budget und steht den Bürokraten zur freien Verfügung. Da der Chefbürokrat diesen "Gewinn" nicht als Geldzahlung aneignen kann, muß das diskretionäre Budget für Annehmlichkeiten wie ein schöneres Büro, einen größeren Dienstwagen etc. verwendet werden. Wird das diskretionäre Budget vollständig zur zusätzlichen Produktion öffentlicher Güter verwendet, resultiert die *Niskanen*sche Outputmaximierung. Ansonsten wird nicht der maximale Output erzeugt, sondern das Budget wird mehr oder weniger für Annehmlichkeiten ausgegeben. Ein zweiter Kritikpunkt an der *Niskanen*schen Theorie ist die Passivität des Sponsors in seinem Modell.[219] Empirische Untersuchungen zeigen, daß Politiker vielfältige Kontrollmechanismen haben und auch ausüben.[220]

4.6 Die Justiz

Über die Motivation von Richtern ist in der ökonomischen Literatur keine so umfangreiche Literatur wie im Falle von Politikern, Wählern, Interessengruppen und Bürokraten erschienen. In vielen polit-ökonomischen Untersuchungen etwa zur Umweltpolitik fehlen Gerichte vollständig.[221] Dennoch ist die Aktivität von Gerichten in der Politik von großer Bedeutung. Sie geben wichtige Impulse für die Gesetzgebung, und das Bundesverfassungsgericht hat wiederholt als "Ersatzgesetzgeber" fungiert. *Posner* stellt die Hypothese auf, daß Richter ihren Nutzen maximieren, indem sie der Gesellschaft ihre persönlichen Präferenzen aufprägen.[222] Da die Notwendigkeit einer Wiederwahl nicht besteht, sind sie in der Lage, ihre Ansichten ohne große Rücksichtnahme auf Politiker in den Gerichtsurteilen niederzulegen, möglicherweise mit der Einschränkung, daß sie eine Abneigung gegen eine das Urteil korrigierende Gesetzgebung haben, so daß extreme Fälle der Präferenzdivergenz zwischen Gericht und (Regierungs-) Politikern aus-

---

218 Vgl. Migué/Bélanger (1974); Niskanen (1975), S. 618 f.

219 Vgl. Thompson (1973), S. 951; Breton/Wintrobe (1975), S. 199; Miller/Moe (1983), S. 298.

220 Dazu siehe Abschnitt 5.3.3.

221 In der Abbildung zum umweltpolitischen Entscheidungsprozeß bei Horbach (1992), S. 40, tauchen Gerichte nicht auf. Auch Gawel (1995), S. 55 f., listet Gerichte im polit-ökonomischen Zusammenhang nicht auf. Schließlich werden Gerichte auch bei Endres/Finus (1996), S. 91, vernachlässigt, wobei sie immerhin zugeben, daß die Rolle der Gerichte in einer verfeinerten Analyse des umweltpolitischen Entscheidungssystems berücksichtigt werden müßte.

222 Vgl. Posner (1993a), S. 341.

geschlossen werden.[223] Monetäre Interessen spielen bei Gerichtsurteilen keine Rolle, da eine Gerichtsentscheidung keine Auswirkungen auf das Einkommen des Richters hat.[224]

Damit zusammen hängt die Frage, ob Gerichte in bezug auf ein bestimmtes Gesetz eher die Intention der das Gesetz ursprünglich verabschiedenden Legislative oder die Intention der gegenwärtig an der Macht befindlichen Legislative durchsetzen.[225] *Landes* und *Posner* begründen ihre Ansicht, Gerichte würden weniger die Absicht der gegenwärtigen Legislative, sondern primär die Intention des historischen Gesetzgebers durchsetzen, mit dem Hinweis, die Kosten der Beeinflussung der Gerichte seien für die momentane Legislative zu hoch.[226] Würde sie beispielsweise versuchen, das Budget eines Gerichts zu beschneiden und dadurch die Arbeitsfähigkeit des Gerichts negativ beeinflussen, würden auch Interessengruppen betroffen, die zu der Klientel der Regierung und ihren Fraktionen gehören. Die Folge wären Unterstützungsverluste.

Dieser Hinweis mag zwar genügen, um die Unabhängigkeit der Gerichte von der *gegenwärtigen* Legislative zu belegen, reicht aber nicht aus, um die Dominanz des historischen Gesetzgebers zu erklären. Zwar ist es korrekt, daß ein politischer "Tausch" in Form eines Gesetzes zwischen Politikern und Interessengruppen durch die Judikative "wertvoller" gemacht wird, wenn die Gerichte diesen Handel auch wortgetreu durchsetzen, dazu müssen aber geeignete Anreize für die Richter vorhanden sein, da nicht anzunehmen ist, daß Richter allein aus diesem Wertsteigerungsgrund Recht im Sinne des ursprünglichen Tausches sprechen werden.[227] *Landes* und *Posner* versuchen diese Anreize durch folgende Argumentationskette zu belegen:[228] Werden Gerichte geringgeschätzt, haben die Politiker weniger Hemmungen, mittels Budgetkürzungen, Beschneidung der gerichtlichen Kompetenzen etc. die Gerichte zu gängeln. Die Wertschätzung hängt unter anderem von der Vorhersehbarkeit gerichtlicher Entscheidungen ab: sind Gerichte unberechenbar in ihren Urteilen, vermindert sich ihr politischer Wert. Wenden aber nun die Gerichte die historische Auslegungsmethode an, werden sie berechenbar und verhindern somit Budgetkürzungen und andere Einschränkungen. Das Argument setzt allerdings voraus, daß die Richter ihre eigenen Vorstellungen von einer "guten" Rechtsprechung im Zweifel zurückstellen müssen, falls nämlich ihre Vorstellungen nicht der Intention des historischen Gesetzgebers entsprechen. Enthält die Nutzenfunktion eines Richters nicht nur das Budget des Ge-

223 Vgl. Gely/Spiller (1990), S. 267 f.
224 Vgl. Posner (1993a), S. 340; Kimenyi/Shugart/Tollison (1985), S. 181.
225 Vgl. Landes/Posner (1975), S. 879.
226 Vgl. Landes/Posner (1975), S. 885.
227 Vgl. auch Rowley (1989), S. 374.
228 Vgl. Landes/Posner (1975), S. 885.

richts, möglichst weitreichende Kompetenzen etc., sondern auch die eigenen Überzeugungen, fällt das Argument in sich zusammen. Es besteht kein stichhaltiger Grund, warum Richter nicht auch ihre eigenen Überzeugungen in ihre Urteile einfließen lassen, so daß die *Landes/Posner*-Hypothese zwar nicht direkt widerlegt ist, aber doch auf eher schwachen Füßen steht. Empirisch konnte sie bislang nicht eindeutig bestätigt werden.[229] Die Hypothese mag allerdings für den angelsächsischen Raum größere Bedeutung haben als für die deutsche Rechtstradition, da das angelsächsische "common law" stark auf Präzedenzfällen aufbaut und dadurch die historische Sichtweise dominiert.

In der juristischen Methodenlehre herrschen zwei Theorien über die Methode einer Gesetzesauslegung vor, zum einen die Absichten des historischen Gesetzgebers und zum anderen die einem Gesetz objektiv innewohnende Bedeutung.[230] In der Realität dominiert aber nicht die Auslegung eines Gesetzes gemäß der Intention des historischen Gesetzgebers,[231] sondern ein "pragmatischer Methodenpluralismus"[232], d.h. mal wird die eine, mal die andere Auslegungsmethode verwendet. Der pragmatische Methodenpluralismus begünstigt die Aufprägung der Präferenzen der Richter auf die Gesellschaft, da je nach Richterpräferenz die subjektive oder die objektive Auslegungsmethode (oder beide zugleich) zur Begründung verwendet werden können. Zwar ist die *Posner*sche Hypothese der Präferenzenaufprägung - manche Autoren umschreiben die Hypothese mit "ideologischem Handeln" - nicht unbestritten, aber wohl doch die überwiegende Meinung.[233] Damit ist natürlich nicht gesagt, welche genauen Präferenzen denn die Richter haben. Sind sie ein Abbild der vorherrschenden gesellschaftlichen Meinungen oder verfechten sie Spezialinteressen? Eine generelle Antwort scheint nicht möglich und ist in der Literatur auch nicht versucht worden. Wir werden im weiteren annehmen, daß Richter ihre eigenen Präferenzen durchsetzen wollen und damit ihren Nutzen maximieren.[234]

---

229 Vgl. Rowley (1989), S. 374. Auch Landes und Posner selbst räumen ein, daß ihre empirischen Resultate nicht eindeutig seien ((1975), S. 899).

230 Vgl. Larenz/Canaris (1995), S. 137. Kramer (1998), S. 88, meint, der Streit zwischen "Subjektivisten", die auf die Absicht des historischen Gesetzgebers abstellen, und "Objektivisten", die auf den dem Gesetz *heute* zuzumessenden Sinn abstellen, durchziehe die ganze methodologische Dogmengeschichte.

231 Vgl. Landes/Posner (1975), S. 883.

232 Kramer (1998), S. 93.

233 Vgl. z.B. Gely/Spiller (1992), S. 47.

234 Unter der Nebenbedingung, daß ein Gericht, das aus mehreren Richtern besteht, gegebenenfalls einen Kompromiß zwischen ihren divergierenden Präferenzen finden wird.

Wichtig ist an dieser Stelle, daß Richter unabhängig von Interessengruppen ihre eigenen Ansichten durchsetzen können,[235] indes nicht gesagt werden kann, ob Gerichte ein Gesetz gemäß dem Willen des historischen, d.h. ursprünglichen Gesetzgebers interpretieren oder ihre Interpretation den veränderten Umständen seit Inkrafttreten des Gesetzes Rechnung trägt. Das resultiert in einer relativen Unabhängigkeit von den derzeit im Amt befindlichen Parlamentariern und der Exekutive. Allerdings ist zu beachten, daß in Deutschland hohe Richter wie etwa Verfassungsrichter im Rahmen eines politischen Einigungsprozesses zwischen Regierungs- und Oppositionsparteien zur Wahl vorgeschlagen werden.

Besonders amerikanische Autoren betonen, daß zwar gesetzliche Regelungen häufig ineffizient seien, im Gegensatz dazu das angelsächsische "common law", das hauptsächlich auf Richterrecht beruht, jedoch überproportional viele effiziente Regeln enthalte.[236] Das grundlegende Argument ist, daß ineffiziente Urteile, d.h. Urteile, die gesamtwirtschaftlich höhere Kosten verursachen, von vergleichsweise mehr Individuen angefochten werden, so daß sich mit großer Wahrscheinlichkeit letztendlich ein effizientes Urteil einstellt.[237] Insbesondere wird gesagt, daß dieses Ergebnis unabhängig von den persönlichen Präferenzen der Richter sei.[238] Im Common Law-Prozeß spielt der Wettbewerb die entscheidende Rolle, um die Effizienz zu sichern.[239] Allerdings ist ein Problem dabei nicht zu vernachlässigen: ein Prozeß gegen ineffiziente richterliche Entscheidungen verursacht bei den Prozeßparteien Kosten. Fallen die Erträge aus dem (effizienten) Urteil indes nicht ausschließlich bei dem Kläger, sondern wesentlich bei der Allgemeinheit an, wird das Anfechten von ineffizienten Urteilen zu einem öffentlichen Gut[240] mit der Konsequenz, daß solche Urteile möglicherweise nicht in einem gesamtwirtschaftlich ausreichenden Maße angegriffen werden. Zudem mag die informelle Institutionenstruktur stark auf Redistribution ausgerichtet sein, so daß gerichtliche Urteile, die redistributive Wirkungen haben, möglicherweise nicht angefochten werden. Als Sanktionsmechanismus käme etwa eine soziale Ächtung des Klägers in Betracht.

Um die Ergebnisse der NPÖ an einem konkreten Beispiel festzumachen, soll sie im folgenden Abschnitt auf die Wahl umweltpolitischer Instrumente – Auflagen, Abgaben, Umweltzertifikate - angewendet werden. Dazu wird zunächst auf die normative Umweltökonomik eingegangen.

---

235 Vgl. auch Schwartz/Spiller/Urbiztondo (1994), S. 58.

236 Vgl. z.B. Priest (1977); Posner (1980), S. 502-507. Zur Kritik vgl. Rowley (1989).

237 Vgl. Cooter/Ulen (1988), S. 494.

238 So Priest (1977), S. 66.

239 Vgl. Williamson/Ouchi (1981), S. 363 f.; Cooter/Ulen (1988), S. 493, meinen, daß "Common law adjudication has some elements of a competitive market".

240 So auch Cooter/Ulen (1988), S. 496.

4.7 Die Beurteilung umweltpolitischer Instrumente aus polit-ökonomischer Sicht

4.7.1 Ökonomische Aspekte der Umweltpolitik

Normative Grundlage der Regulierung des Umweltschutzes ist die Marktversagenstheorie.[241] Der Markt versagt, weil die Verschmutzung der Umweltmedien (Luft, Wasser, Boden) nicht in das privatwirtschaftliche Kosten-Nutzen-Kalkül einbezogen wird. Es entstehen *negative externe Effekte* der Umweltnutzung: Da die Nutzung der Umweltmedien nicht mit einem Preis verbunden ist, wird die Umwelt übernutzt, und andere Individuen werden durch die Verschmutzung geschädigt. Würde die Nutzung mit einem Preis belegt (die externen Effekte internalisiert), könnten die tatsächlichen Knappheitsverhältnisse deutlich gemacht werden. Die dahinterstehende Gemeingutproblematik wurde bereits angesprochen.

In der Literatur finden sich zwei Vorschläge zur Internalisierung der externen Effekte.[242] Der eine geht auf *Coase* (1960) zurück, der andere auf *Pigou* (1932). Unter sehr restriktiven Annahmen (u.a. vollständige Spezifizierung von Eigentumsrechten, Abwesenheit von Transaktionskosten) zeigt *Coase*, daß negative externe Effekte durch Verhandlungsprozesse zwischen dem Verursacher und dem Geschädigten in ihren Entscheidungskalkül einfließen und somit internalisiert werden.[243] Die Allokation der Ressourcen ist unabhängig von der Ausgangsverteilung der Eigentumsrechte ökonomisch effizient (vermögensmaximierend). In diesem Szenario fällt dem Staat die Aufgabe zu, für die Zuordnung der Eigentumsrechte zu sorgen, d.h. die geeigneten formellen Institutionen bereitzustellen (Privateigentumsregeln). Dazu sind allgemeine, abstrakte Regeln in der Lage.[244] Der Verhandlungsprozeß selber läuft ohne staatliche Beteiligung ab. In der Realität wird dieser bei mehr als zwei Beteiligten aber schnell an seine Grenzen stoßen, da die Verhandlungskosten zu hoch würden.

Die zweite Möglichkeit, umweltpolitische negative externe Effekte zu internalisieren, ist eine *Pigou*-Steuer.

In diesem Preis-Mengen-Diagramm sind die privaten Grenzkosten der Produktion (PGK), die sozialen Grenzkosten (SGK), der bei der Produktion anfallende Grenzschaden (GS) und der Grenzvorteil (GV) aus der Produktion abgebildet. Das sozial optimale Produktionsniveau ist dort zu finden, wo der Grenz-

---

241 Vgl. Kemper (1989), S. 5 f.

242 Vgl. z.B. Kemper (1989), S. 17 f.

243 Für ein Lehrbeispiel vgl. Rosen/Windisch (1992), S. 247-249. Siehe ausführlicher Abschnitt 5.2.2.

244 Vgl. Wegehenkel (1981), S. 8; Hayek (1991).

vorteil gleich den SGK ist, also in Punkt *d*. Ohne eine staatliche Intervention würde jedoch nur Punkt *a*, der Schnittpunkt von Grenzvorteil und privaten Grenzkosten erreicht. Die produzierte Menge des Gutes wäre im Vergleich zum sozialen Optimum suboptimal, der Preis des Gutes zu niedrig. Zur Berücksichtigung der sozialen Grenzkosten erhebt der Staat nun eine Steuer in Höhe der im Optimum bestehenden Differenz zwischen privaten und sozialen Grenzkosten, so daß der Grenzschaden in den monetären Kalkül des Produzenten bzw. Konsumenten eingeht.

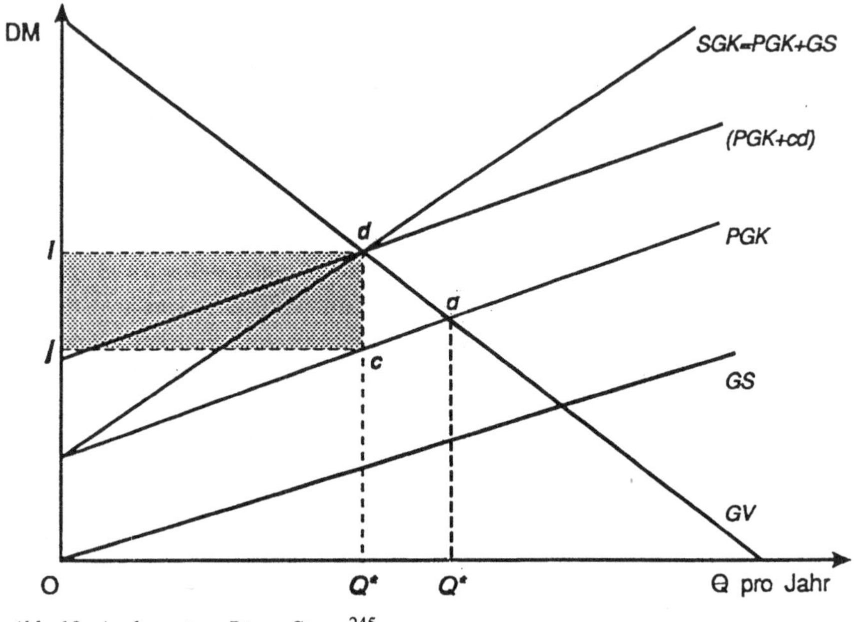

Abb. 10: Analyse einer Pigou-Steuer[245]

Die *Pigou*-Lösung ist jedoch nicht praktikabel: woher wissen staatliche Instanzen, wie hoch der Steuersatz bemessen sein muß? Die Antwort lautet: sie können es grundsätzlich nicht wissen, weil der Grenzschaden nur in Ausnahmefällen zu ermitteln ist. Unter Berücksichtigung von Informationskosten des Staates ist Punkt *d* nicht optimal. Zudem wird unterstellt, daß die Repräsentanten des Staates ein ureigenes Interesse an der Internalisierung der negativen externen Effekte haben. Zwar ist es richtig, daß Umweltschutzmaßnahmen Stimmengewinne

245 Angelehnt an Rosen/Windisch (1992), S. 239.

bringen, aber die neue Steuer realisiert Stimmenverluste. Falls der Umweltschutz im Vergleich zur Steuerbelastung kein so drückendes Thema für die Wähler ist – was in Zeiten einer schlechten Konjunktur denkbar wäre – könnte die Steuer mehr Wähler abschrecken als der Umweltschutz dazugewinnen vermag.

Da die Implementierungshürden sowohl einer Verhandlungslösung nach *Coase* als auch einer *Pigou*-Steuer nahezu unmöglich zu überwinden sind, wurden in der Praxis zwei Instrumente vorgeschlagen, die realistischere Chancen haben, implementiert zu werden: eine *Umweltabgabe* gemäß dem Standard-Preis-Ansatz von *Baumol* und *Oates* bzw. handelbare Verschmutzungslizenzen, auch *Umweltzertifikate* genannt.[246] Das dritte, hier zu untersuchende umweltpolitische Instrument sind staatliche Ge- und Verbote (*Auflagen*). Üblicherweise werden diese drei Instrumente im Hinblick auf ihre ökologische Wirksamkeit, ökonomische Effizienz, Innovationseffizienz und ihre politische Akzeptanz untersucht.[247] Für letzteres ist die Neue Politische Ökonomie "zuständig", so daß die politische Akzeptanz der Instrumente separat analysiert wird. Zusätzlich wird die adaptive Effizienz der umweltpolitischen Instrumente behandelt.

4.7.2 Ökologische Treffsicherheit, ökonomische Effizienz und Innovationseffizienz umweltpolitischer Instrumente

4.7.2.1 Auflagen

Mit umweltpolitischen **Auflagen** werden Ge- und Verbote bezeichnet, die verhaltenssteuernd auf Produzenten und andere die Umwelt beeinträchtigenden Wirtschaftssubjekte wirken, um die umweltpolitischen Ziele umzusetzen.[248] Auflagen können je nach Ansatzpunkt weiter untergliedert werden.[249] Sie können einmal als Emissionsauflagen ausgestaltet werden, im wesentlichen über Grenzwerte. Diese Grenzwerte beziehen sich üblicherweise auf die Massenkonzentration (z.B. Gramm je m^3 Abluft) bzw. auf Massenstrom (= Frachtwerte, z.B. Gramm pro Stunde). Zum zweiten können dem Produzenten umweltverschmutzender Produkte Auflagen hinsichtlich des Produktionsprozesses gemacht werden, beispielsweise durch die Verwendungsbegrenzung bestimmter Input-Faktoren oder durch das Vorschreiben der anzuwendenden Produktionstechnolo-

246 Vgl. Baumol/Oates (1971) und Dales (1968).
247 Vgl. z.B. Hartwig (1992), S. 153-162.
248 Vgl. Wicke (1991), S. 169.
249 Zum folgenden vgl. Wicke (1991), S. 169-173.

gie. Drittens können Produktions- oder Ansiedlungsverbote für eine Minderbelastung der Umwelt sorgen.

Die *ökologische Wirksamkeit* von Auflagen ist im Prinzip hoch. Grundsätzlich besteht bei der Vorgabe von Grenzwerten kein Interpretationsspielraum für den Produzenten. Werden Produktionsprozesse vorgeschrieben, kann das umweltpolitische Ziel - unter der Voraussetzung, daß der Produktionsprozeß in der Lage ist, dieses zu erreichen - erfüllt werden. Schließlich sind auch Produktions- und Ansiedlungsverbote wirksame Methoden zu Reduzierung von Schadstoffausstößen und damit ökologisch effektive Maßnahmen. Berücksichtigt werden muß allerdings die Problematik, die sich aus Höchstwerten für die Massenkonzentration bzw. den Massenstrom ergibt.[250] Durch Variation der Betriebsdauer und des gesamten Rein- bzw. Abluftvolumens kann die absolute Schadstoffmenge prinzipiell beliebig erhöht werden.[251] Auch die Vorgabe von Frachtwerten trägt nur zur Entlastung der Umwelt bei, wenn gleichzeitig eine Begrenzung der zulässigen Betriebsdauer einer Maschine vorgeschrieben wird, da die Schadstoffmenge sonst durch die Verlängerung der Betriebsdauer erhöht werden kann. Es kommt also auf die Ausgestaltung der Auflage im Einzelfall an. Die ökologische Wirksamkeit einer Auflage ist nur gegeben, wenn jedem Emittenten eine absolute Emissionshöchstgrenze vorgeschrieben wird.[252] Um die ökologische Schlagkraft zu gewährleisten, muß die Erfüllung der Auflagen allerdings auch kontrolliert werden. In der Bundesrepublik wird der Gesetzesvollzug im Umweltschutz seit über zwanzig Jahren als mangelhaft kritisiert.[253] Nicht zuletzt durch den unzureichenden Personalbestand der Umweltbehörden entsteht ein Vollzugsdefizit, das die ökologische Treffsicherheit von Auflagen abschwächt.

Die *ökonomische (Pareto-)Effizienz* von Auflagen wird in der Literatur durchweg als Hauptproblem bezeichnet.[254] Ein vorgegebenes Umweltschutzziel wird nicht zu den geringstmöglichen Kosten erreicht. Aus Sicht einer einzelnen Unternehmung ist das Vorschreiben eines bestimmten Produktionsprozesses ineffizienter als eine Emissionsauflage, weil bei letzterer zumindest ein Anreiz besteht, die für das Unternehmen kostengünstigste Lösung zu finden.[255] Gesamtwirtschaftlich gesehen berücksichtigt eine Auflagenlösung nicht die unterschiedlichen unternehmensspezifischen Möglichkeiten zur Reduzierung der Emissionen.[256]

---

250 Vgl. dazu Kemper (1989), S. 106.
251 Vgl. Weimann (1995), S. 260.
252 Vgl. Endres (1994), S. 152.
253 Vgl. Mayntz/Hucke (1978); Lahl (1993); Lübbe-Wolff (1993).
254 Vgl. z.B. Wicke (1991), S. 174.
255 Vgl. Endres (1994), S. 119.
256 Vgl. Weimann (1995), S. 261.

Die *Innovationseffizienz* von Auflagen wird unterschiedlich beurteilt. Zwar können Innovationen mit ordnungsrechtlichen Mitteln durch die Setzung bewußt niedriger Grenzwerte forciert werden.[257] Für Unternehmen besteht kein Anreiz, über die vorgeschriebenen Grenzwerte und Produktionsprozesse hinaus die Umwelt zu entlasten. Begünstigt werden die sog. "end-of-pipe"-Technologien, d.h. nachgeschaltete Reinigungstechniken. Der Anreiz zur Entwicklung einer neuen Technik ist daher schon *ex ante* nicht gegeben. Folglich werden einmal genehmigte emittierende Anlagen nicht durch neuere ersetzt, weil Altanlagen grundsätzlich einen hohen Bestandsschutz genießen und mit ihr ein Recht auf kostenlosen Schadstoffausstoß verbunden ist. Eine neue Anlage hingegen müßte den neuesten Stand der Technik[258] erfüllen, um eine Betriebsgenehmigung zu erhalten. Das dürfte für das Unternehmen höhere Kosten verursachen, so daß die alte Anlage so lange wie möglich genutzt wird.[259] Die Anforderung, Anlagen mit dem neuesten Stand der Technik auszurüsten, wird Emittenten, die selber umweltschonende Technologien entwickeln, dazu veranlassen, die Erfolge ihrer Entwicklungsbemühungen so lange wie möglich zu verschweigen bzw. erst gar nicht versuchen, technologisch aktiv zu werden. Die Gefahr ist nämlich groß, daß die neue, überlegene Technologie zu einer Verschärfung der Auflage führt, indem diese Technologie zum Stand der Technik erklärt wird und daher in die Anlage eingebaut werden muß. In der Literatur spricht man von einem "Schweigekartell der Oberingenieure".[260] Gegen die Wirksamkeit dieses Kartells spricht hingegen die Anreizstruktur der spezialisierten umwelttechnischen Industrie, die ihre neu entwickelten Produkte sehr gern zum Stand der Technik erheben lassen würde.[261] Insgesamt kann jedoch gesagt werden, daß die derzeitigen Auflagenregelungen die Innovationseffizienz nicht unbedingt fördern.

4.7.2.2 Umweltabgaben

Umweltabgaben dienen dem Umweltschutz durch die Schaffung von Anreizen und/oder Finanzierungsmöglichkeiten zur Verwirklichung der umweltpolitischen

---

257 Beispiele sind die deutsche Großfeuerungsanlagenverordnung aus dem Jahre 1983 (vgl. Menke-Glückert (1985)) oder der 1970 Clean Air Act in den USA (vgl. Brown et al. (1995), S. 78).

258 § 5 Abs. 1 Nr. 2 BImSchG: "Genehmigungsbedürftige Anlagen sind so zu errichten und zu betreiben, daß Vorsorge gegen schädliche Umwelteinwirkungen getroffen wird, insbesondere durch die dem Stand der Technik entsprechenden Maßnahmen zur Emissionsbegrenzung."

259 Vgl. Kemper (1989), S. 106.

260 Vgl. Wicke (1991), S. 177.

261 Vgl. Streissler (1993), S. 100.

Ziele.[262] Nach *Wicke* lassen sich Umweltabgaben im engeren und im weiteren Sinne unterscheiden.[263] Bei Umweltabgaben im engeren Sinne dominiert die Anreizfunktion, d.h. die Umweltnutzer sollen primär dazu angehalten werden, umweltverschmutzende Tätigkeiten einzuschränken oder einzustellen. Eine erfolgreiche Umweltabgabe im engeren Sinne hat ein Aufkommen von Null, was bedeuten würde, daß keinerlei von der Abgabe betroffene Schadstoffe in die Umwelt emittiert würden. Die Umweltabgabe im weiteren Sinne hingegen hat eine primäre Finanzierungsfunktion. Mit ihr sollen dauerhaft gesicherte Staatseinnahmen erzielt werden. Die Bemessungsgrundlage einer solchen Abgabe kann nicht - wie im Falle der Umweltabgabe im engeren Sinne - der Schadstoffausstoß sein, sondern muß allgemeiner sein, z.B. am Mineralölverbrauch ansetzen. Im folgenden wird ausschließlich die lenkende Umweltabgabe, also die Umweltabgabe im engeren Sinne, behandelt.

Die größte Schwachstelle von Umweltabgaben ist deren mangelnde *ökologische Treffsicherheit.* Zwar kann der politische Entscheider bei vollständiger Information über den Grenzschaden und die Grenzkosten der Vermeidung von Schadstoffen (Grenzvermeidungskosten; GVK) den Pareto-optimalen Steuersatz ermitteln, diese first-best-Lösung wird bei unvollständiger Information allerdings nicht erreicht, so daß sich als pragmatische second-best Alternative der Standard-Preis-Ansatz von *Baumol* und *Oates* anbietet.[264] Als Ziel wird ein Umweltstandard bestimmt, der durch eine Abgabe auf den entsprechenden Schadstoff erreicht werden soll. Ein Abgabesatz wird festgelegt; die Reaktionen der Emittenten bestimmen dann die Menge des Schadstoffausstoßes. Ist der Schadstoffausstoß zu hoch im Vergleich zum gesetzten Ziel, wird der Abgabesatz solange erhöht, bis das Ziel erreicht wird. Entsprechend umgekehrt wird bei einem "zu geringen" Ausstoß verfahren. Der Standard-Preis-Ansatz ist also keine reine Preislösung, sondern nur in Kombination mit einer Auflagenlösung praktikabel. Allerdings wird ein solcher "trial-and-error"-Prozeß eine längere Zeit in Anspruch nehmen. Wenn ein Schadstoff innerhalb kurzer Zeit abgebaut werden soll - vor allem in Krisenfällen -, ist eine solche Abgabenlösung nicht geeignet.

In bezug auf die *ökonomische Effizienz* ist hingegen die Umweltabgabe vorteilhafter. Gesetzt den Fall, das Umweltziel würde erfüllt, sorgt eine Abgabenlösung für dessen kostenminimale Erfüllung, weil sie auf die unterschiedlichen Vermeidungsfähigkeiten der Emittenten Rücksicht nimmt. Sind seine Grenzvermeidungskosten niedriger als der Abgabensatz, kann der Emittent seine Kosten minimieren, indem er solange vermeidet, bis seine GVK gleich dem Abgabensatz

262 Vgl. Wicke (1991), S. 356 f.
263 Vgl. Wicke (1991), S. 357.
264 Vgl. Baumol/ Oates (1988), S. 159-176.

sind.[265] Das Unternehmen, das relativ kostengünstig eine Vermeidungstechnologie einbauen kann, wird weniger Schadstoffe emittieren als ein anderes, nicht so kostengünstig vermeidendes Unternehmen. Ein Problem, das aus dynamischer Sicht die ökonomische Effizienz von Abgaben schwächt, ist die zur Erhaltung des Optimums notwendige ständige Anpassung des Abgabensatzes an geänderte Rahmenbedingungen. Ist die Höhe des Abgabensatzes durch die Emittenten nicht antizipierbar, kommt ein Unsicherheitselement in ihre Kalkulation. Eine mögliche Reaktion ist ein suboptimales Investitionsverhalten, indem von vornherein zu wenig oder zuviel in Umweltschutztechnologien investiert wird, weil die Abgabenbelastung nicht vorhersehbar ist.[266] Ein weiteres Problem ist der im Vergleich zu Auflagen höhere Anreiz, die Steuer zu umgehen, weil ja ab der ersten Emissionseinheit die Abgabe gezahlt werden muß, so daß nicht zu unterschätzende Vollzugsprobleme auftreten können.[267]

Die *Innovationseffizienz* von Abgaben ist - bei glaubwürdiger Durchsetzung und Kontrolle des Schadstoffausstoßes - grundsätzlich hoch. Da der Emittent für jede Einheit Schadstoffausstoß eine Abgabe zahlen muß, ist der Anreiz vorhanden, durch innovative Techniken den Ausstoß weiter zu senken, bis die Grenzvermeidungskosten gleich dem Abgabesatz sind. Aufgrund der oben bereits erwähnten Unsicherheit über die zukünftige Höhe des Abgabesatzes lohnt es sich, Neuinvestitionen von Anfang an emissionsarm zu planen und Altanlagen entsprechend umzurüsten.

4.7.2.3 Umweltzertifikate

Umweltzertifikate (handelbare Verschmutzungslizenzen) berechtigen zur Emission einer bestimmten Menge von Schadstoffen. Dabei wird das maximale Emissionsniveau politisch vorgegeben. Die Zertifikate können auf einem Markt gehandelt werden, so daß sich ein Marktpreis herausbildet, der die relative Knappheit des Gutes "saubere Luft" oder "sauberes Wasser" anzeigt. Insbesondere in den USA findet die Zertifikatsidee Anwendung.[268] Es gibt prinzipiell zwei Arten der Erstausgabe der Zertifikate.[269] Zum einen können den Emittenten gemäß ihrer bisherigen Emissionen oder nach einem anderen Schlüssel Zertifikate kostenlos zugeteilt werden. Zum anderen können die Zertifikate an den Meistbietenden versteigert werden. Werden sie zeitlich unbefristet herausgegeben, bietet sich eine periodisch stattfindende Abwertung der Zertifikate an, um die Gesamtemissi-

---

265 Voraussetzung ist natürlich eine steigende GVK-Kurve.
266 Vgl. Michaelis (1996), S. 39.
267 Vgl. Michaelis (1996), S. 41.
268 Vgl. Hahn (1989).
269 Vgl. Endres (1994), S. 106.

onsmenge im Zeitablauf zu senken. Bei einer zeitlichen Befristung der Gültigkeit (z.B. ein Jahr) ist eine Abwertung nicht notwendig, da die gesamte Emissionsmenge durch eine geringere Anzahl ausgegebener Zertifikate jährlich verringert werden kann.

Bezüglich der *ökologischen Wirksamkeit* von Zertifikaten läßt sich das gleiche sagen wie bei Auflagen. Das politisch vorgegebene Emissionsziel wird - unter Vernachlässigung eines möglichen Kontrolldefizits - erreicht. Allerdings wird das Ziel auch nicht unterschritten, es sei denn, es würden Zertifikate vom Markt genommen, beispielsweise durch Rückkauf oder Abwertung.[270] Wichtig ist, daß "hot spots" vermieden werden müssen, die bei einer räumlich undifferenzierten Anwendung entstehen können. Insbesondere in Ballungsgebieten mit einer hohen Industriedichte kann ein freier Zertifikatehandel zur Übernutzung der Luft oder des Wassers führen, wenn nämlich die örtliche Industrie zusätzlich zu ihren bereits gehörenden Zertifikaten weitere Zertifikate aufkauft und nutzt.

Die Stärke von Zertifikaten liegt in ihrer *ökonomischen Effizienz*. Wie *Montgomery* theoretisch gezeigt hat, führt ein Handel mit Zertifikaten auf einem Wettbewerbsmarkt stets zu einer ökonomisch effizienten Erreichung des vorgegebenen Ziels, unabhängig von der Ausgangsverteilung der Zertifikate.[271] Dieses Niveau wird mit Hilfe der Zertifikatslösung zu minimalen Kosten erreicht, da ein Emittent zwischen der Nutzung seiner Zertifikate mit entsprechender Schadstoffemission und dem Verkauf dieser Zertifikate abwägt. Er wird solange emittieren, bis die GVK - die durch die Kosten der Reinigung bestimmt werden - gleich dem Preis der Zertifikate sind. Kann ein Emittent relativ kostengünstig Reinigungsmaßnahmen durchführen, kann er die dadurch freiwerdenden Zertifikate am Markt verkaufen. Ein langfristiges Gleichgewicht am Zertifikatsmarkt stellt sich ein, wenn die Grenzvermeidungskosten aller Emittenten sich angleichen und diese gleich dem Marktpreis sind.[272] Es gibt allerdings dann Effizienzprobleme, wenn sich die Emittenten strategisch verhalten. Bei nur wenigen Emittenten auf einem Zertifikatsmarkt besteht ein Anreiz, Zertifikate strategisch zurückzuhalten, um Neueinsteigern den Marktzutritt zu verwehren. Die Bedingung GVK = Zertifikatspreis ist nicht erfüllt. Durch eine spezielle Ausgestaltung der Erstausgabe der Zertifikate und Rückfluß der Einnahmen aus der Versteigerung durch eine "lump sum"-Zahlung kann die ökonomische Effizienz aber auch bei dünnen Märkten gesichert werden.[273]

270 Vgl. Hartwig (1992), S. 155.
271 Vgl. Montgomery (1972).
272 Vgl. Weimann (1995), S. 227.
273 Vgl. Weimann (1995), S. 232.

Ein weiterer Pluspunkt ist die hohe *Innovationseffizienz* von Zertifikaten. Auf einem gegebenen Markt haben neue Produktionsanlagen nur dann eine Chance, wenn sie emissionsarm produzieren und das Unternehmen die nötigen Lizenzen hat. Ein Emittent spart Kosten ein, wenn er billigere Methoden zur Vermeidung von Emissionen entdeckt. Die freiwerdenden Zertifikate kann er dann zum Marktpreis verkaufen. Eine gewisse Gegenwirkung kommt allerdings dadurch zustande, daß die durch die Innovation freigesetzten Verschmutzungsrechte zu einem größeren Marktangebot führen und den Anreiz zur schadstoffemissionssenkenden Innovation wieder abschwächen, weil der Marktpreis sinkt. In diesem Fall würde der Innovationsanreiz gedämpft, weil es sich nun verstärkt lohnt, Zertifikate zu erwerben anstatt neue Technologien zu entwickeln. Um den Anreiz zu Innovationen aufrechtzuerhalten und den Marktpreis zu stützen, müßten die Zertifikate abgewertet werden.[274]

Aus der voranstehenden Diskussion ergibt sich, daß Abgaben und Zertifikate in bezug auf ihre ökonomische Effizienz und ihre Innovationseffizienz den Auflagen vorgezogen werden sollten. Allein die ökologische Treffsicherheit bietet gewisse Vorteile für eine Auflagenlösung. Ökonomen präferieren daher eindeutig Zertifikate und Abgaben. In der deutschen Umweltschutzpolitik dominiert jedoch der regulative Ansatz mittels Auflagen. Die wesentlichen gesetzlichen Grundlagen sind durch eine Fülle von Spezialgesetzen sowie eine Vielzahl von Rechtsverordnungen und Verwaltungsvorschriften ergänzt worden, die zusammen ein komplexes Normengeflecht ergeben, das im Detail nur mehr Spezialisten zugänglich ist. Nun soll anhand einer Transaktionskostenbetrachtung die institutionelle Effizienz untersucht werden.

4.7.3 Zur institutionellen Effizienz der umweltpolitischen Instrumente

Umweltpolitische Instrumente sind politische Institutionen, die nun anhand des Kriteriums der Transaktionskostenminimierung beurteilt werden können. Zunächst soll geprüft werden, bei welchem Instrument die Spezifizierungs- und Durchsetzungskosten relativ am geringsten sind. Kommt heraus, daß Auflagen als das Umweltinstrument der Wahl in Deutschland relativ ineffizient sind, ist in einem weiteren Schritt zu fragen, ob dieses Ergebnis heilbar ist.

Spezifizierungskosten entstehen durch die Festlegung, wann und wo und in welcher Höhe Emissionen in die Umwelt abgegeben werden dürfen. Da die Emittenten grundsätzlich nicht bereit wären, Umweltschutzmaßnahmen freiwillig selber durchzuführen, bedarf es einer staatlichen Genehmigung der Produktions-

---

274 Vgl. auch Kemper (1989), S. 169.

aktivitäten, die eine Umweltnutzung mit einschließt. Im Rahmen eines *ordnungsrechtlichen* Genehmigungsprozesses fallen Kosten zeitlicher und materieller Art an.[275] Der materielle Verfahrensaufwand hängt z.B. vom Umfang der benötigten Genehmigungsunterlagen und Informationsmaterial sowie von der Anzahl der für die Genehmigung beschäftigten Personen ab. Der zeitliche Aufwand ist mit der Dauer des Genehmigungsverfahrens verbunden und umfaßt u.a. den Zeitbedarf für Verhandlungen zwischen Antragsteller und Behörde, der Informationssuche und der Werbung um Akzeptanz bei Politikern und Bürgern für die Genehmigung.[276] Die Kosten von umweltrechtlichen Genehmigungsverfahren in Deutschland werden oft beklagt und die "Beschleunigung" der Verfahren verlangt, um den Wirtschaftsstandort Deutschland nicht zu gefährden.[277] Die Spezifizierungskosten bei Umweltabgaben und Zertifikaten sind dagegen relativ gering: die Genehmigung einer umweltnutzenden Produktionsanlage ist im Idealfall nur an den Kauf der entsprechenden Zertifikatemenge bzw. der Zahlung der Abgabe gekoppelt. Ohne behördliche Intervention kommen diese Instrumente aber selbstverständlich nicht aus. Auch hier müssen Zeit- und materielle Kosten aufgewendet werden. Ihr Umfang ist aber wohl um einiges geringer als im langwierigen ordnungsrechtlichen Genehmigungsprozeß.[278]

Die *Durchsetzungskosten* ergeben sich aus den Kosten für die Kontrolle und Sanktionierung im Vollzug des Umweltrechts. *van Mark* definiert die umweltpolitischen Vollzugskosten als "gesamtwirtschaftlichen Werteverzehr, der im öffentlichen und privaten Sektor durch die umweltpolitisch motivierte Kontrolle der Adressaten der Umweltpolitik sowie hieraus resultierende Bestrafungsmaßnahmen anfällt."[279] Die Durchsetzungskosten sind für Auflagen vergleichsweise hoch. Zwar müssen in jedem Fall die Emissionen kontrolliert und Überschreitungen sanktioniert werden, egal ob ein Emittent eine ordnungsrechtliche Genehmigung hat, eine entsprechend hohe Abgabe bezahlt oder die passende Anzahl an Zertifikaten besitzt. Gerade der Anreiz zur Steuerhinterziehung ist groß, weil die Abgabenbelastung bereits mit der ersten Schadeneinheit beginnt, während eine

---

275 Vgl. Gawel (1996), S. 203.

276 Vgl. Gawel (1996), S. 203.

277 Vgl. Wagner (1995), S. 1049. Zur Beschleunigungsgesetzgebung vgl. z.B. Koch (1996).

278 In der Praxis dürften sich die Spezifizierungskosten von Abgaben und Zertifikaten allerdings dem der Auflage annähern, nicht aber erreichen. Eine genaue Bestimmung der Spezifizierungskosten ist im Falle dieser Instrumente allerdings schwierig: während eine Zertifikatslösung in Deutschland noch nicht erprobt worden ist, zeigt die 1976 beschlossene Abwasserabgabe, daß mit ihr ein durchaus hoher Aufwand verbunden ist. Das liegt indes vor allem an der Einbettung der Abgabe in das bestehende Ordnungsrecht. Vgl. zur Abwasserabgabe den nächsten Abschnitt.

279 van Mark (1994), S. 106. Vgl. auch Gawel (1993), S. 603.

Auflage eine bestimmte Emissionsmenge kostenfrei erlaubt. Allerdings kann die Kontrolle der Einhaltung des Standes der Technik, der für das Ordnungsrecht maßgebend ist, erheblich problematischer sein als die Messung von Emissionen, die mit Abgaben sanktioniert werden.[280] Zudem bestehen im Vollzug des Ordnungsrechts Ermessensspielräume für die Vollzugsbürokratie, die bei gesetzlich festgelegten Abgabensätzen bzw. sich am Markt bildenden Zertifikatepreisen so nicht ergeben. Das hat zur Folge, daß im Zuge von informalen Verhandlungsprozessen zwischen Verwaltung und Emittenten in vielen Fällen der Vollzug der Auflage abgeschwächt wird.[281] Die Kosten der Durchsetzung sind bei Zertifikaten wohl am geringsten. Vor allem werden Kosten eingespart, weil die Emittenten nicht mehr mit den Behörden verhandeln müssen, sondern über den weniger aufwendigen Kauf bzw. Verkauf von Zertifikaten das vorgegebene Umweltziel erreichen können.[282] Die nachfolgende Graphik faßt das Ergebnis zusammen:

	Spezifizierungskosten	**Durchsetzungskosten**
Auflagen	Hoch	Hoch
Umweltabgaben	Gering	Mittel
Zertifikate	Gering	Gering

Abb. 11: Institutionelle Transaktionskosten umweltpolitischer Instrumente

Die Transaktionskosten sind somit bei Auflagen am höchsten, gefolgt von Abgaben und schließlich Zertifikaten. Ist diese Situation heilbar, d.h. können Auflagen durch Abgaben oder Zertifikate ersetzt werden, so daß es zu volkswirtschaftlichen Nettogewinnen kommt? Dem widerspricht vor allem, daß das Ordnungsrecht pfadabhängig ist und daß das Ordnungsrecht ein institutionelles Gleichgewicht mit den bestehenden informellen Institutionen der Bevölkerung bildet.

1. Das Umweltrecht ist aus mehreren Gründen *pfadabhängig*. In den Anfängen der deutschen Umweltpolitik – Ende der 60er Jahre - herrschten ordnungsrechtliche Vorstellungen von Umweltschutz vor. Die Theorie handelbarer Umweltzertifikate befand sich noch in den Kinderschuhen und das für die Umweltpolitik zuständige Bundesinnenministerium war von Juristen dominiert, die naturgemäß einen besseren gedanklichen Zugang zu den auf anderen Rechtsgebieten bereits bewährten (polizeirechtlichen) Strukturen besaßen. Es

280 Vgl. Horbach (1996), S. 126.

281 Zum informalen Verwaltungshandeln und dem damit verbundenen Vollzugsdefizit vgl. z.B. Hucke/Ullmann (1980); Lahl (1993), S. 252 f.

282 Vgl. Hucke (1996), S. 71.

war also weder ein theoretisch entwickelter Unterbau für ökonomische Instrumente vorhanden noch hatten Ökonomen einen großen Einfluß auf die politischen Entscheidungsträger. Nachdem einmal der ordnungsrechtliche Pfad eingeschlagen wurde, verengte sich der Möglichkeitenraum für die Einführung ökonomischer Instrumente stetig. Je feinziselierter das Umweltrecht wurde, um so weniger Spielraum gab es für die ökonomischen Instrumente.

Emittenten und Bürokraten verbinden mit einer Auflage hohe spezifische Sach- und Humankapitalinvestitionen. Die Ersetzung von Auflagen durch Zertifikate oder Abgaben würde zum einen die erworbenen Kenntnisse über Ordnungsrecht und dessen Anwendung bei der Verwaltung entwerten, zum anderen könnten Abgaben und Zertifikate die Glaubwürdigkeit ordnungsrechtlicher Genehmigungen nicht ersetzen. Zwar ist der Genehmigungsprozeß sehr zeitaufwendig, aber wenn die Genehmigung einmal erteilt worden ist, erhält der Emittent einen hohen Bestandsschutz.[283] Dementsprechend erhält der Emittent für seine Investitionen eine hohe Planungssicherheit. Zwar hat die Genehmigungsbehörde die Möglichkeit, über eine nachträgliche Anordnung (§ 17 BImSchG) schärfere Auflagen durchzusetzen. Mit deren erfolgreicher Durchsetzung kann die Behörde jedoch nicht ohne weiteres rechnen, weil sie damit einen Konflikt mit dem Emittenten heraufbeschwören würde, der schwierig zu gewinnen ist. In der Praxis sind nachträgliche Anordnungen dementsprechend selten.[284] Im Falle einer Abgabe müßte der Abgabesatz für einige Zeit im voraus festgelegt werden, um die gleiche unternehmerische Planungssicherheit zu erreichen. Bei Lizenzen ist das Problem der Planungssicherheit noch gravierender, weil der Preis für ein Zertifikat durch Angebot und Nachfrage bestimmt wird und damit tagtäglichen Schwankungen unterliegt. Die Unsicherheit müßte durch einen Terminmarkt für Zertifikate verringert werden. Zudem läßt sich nur durch eine periodische Abwertung der Zertifikate eine nachhaltige umweltschutzbezogene Anreizwirkung erzielen. Machen die Politiker die Abwertungsquote von den Fortschritten bei der Verringerung der Umweltbelastung abhängig, kommt - da die Fortschritte ex ante nicht im einzelnen korrekt vorhergesagt werden können - ein zusätzliches Unsicherheitselement ins Spiel.

Insbesondere die Einführung von Zertifikaten ist mit einmaligen, hohen Kosten verbunden.[285] So fallen Kosten für die instrumentelle Ausgestaltung (Befristung und Inhalt der Zertifikate, Abgrenzung des Lizenzmarktes, Erstvergabeverfahren etc.) und für die Zuweisung von Aufgaben an die Büro-

---

283 Vgl. Gawel (1996), S. 199; Sach (1994).
284 Vgl. Wicke (1991), S. 188.
285 Vgl. Bonus/Häder (1998), S. 37.

kratie an. Auch die Einführung einer Umweltabgabe verursacht zusätzliche Kosten z.B. für neues Personal zur Eintreibung der Steuern. Das etablierte Ordnungsrecht hat daher einen klaren Startvorteil.

2. Auflagen und die informellen Institutionen der Akteure bilden zusammen ein *institutionelles Gleichgewicht*. Ökonomische Instrumente laufen den mentalen Modellen der Individuen zuwider, daß die Umwelt nicht mit einem Preis versehen werden darf.[286] Staatliches Handeln mit Hilfe von Ge- und Verboten, wie es bei Auflagen der Fall ist, kommen diesem Verständnis von Umweltschutz entgegen. In jahrzehntelanger Praxis hat sich somit ein institutionelles Gleichgewicht herauskristallisiert, so daß ein abrupter Wechsel des umweltpolitischen Instrumentariums zu einem Ungleichgewicht führen würde, das nur in Zeiten hoher politischer Instabilität die informellen Institutionen schnell verdrängen könnte. Die Einstellungen in der Bevölkerung müßten sich durch ständige, inkrementelle Interventionen der politischen Akteure verändern, um Umweltabgaben und Zertifikaten wirklich zum Durchbruch zu verhelfen. Ein erstes Signal war sicherlich die 1999 eingeführte Stromsteuer durch die rot-grüne Bundesregierung.

Wir kommen zu dem Schluß, daß die ordnungsrechtliche Behandlung des Umweltschutzes zwar eine ineffiziente Lösung des Umweltproblems im Vergleich zu den anderen Instrumenten darstellt, eine Heilbarkeit aufgrund von Pfadabhängigkeit und informellen Institutionen zur Zeit aber denkbar geringe Chancen hat. Damit ist die von *Frey* und *Schneider* gestellte Frage, warum die Umweltökonomik kaum angewendet wird, beantwortet.[287] Die gleiche Frage wird auch von der Neuen Politischen Ökonomie untersucht. Dabei überschneidet sich die Argumentation teilweise mit der in diesem Abschnitt vorgebrachten. Dies spiegelt die Verbindung von institutioneller Theorie und NPÖ wider: das institutionelle Gleichgewicht wird von den Handlungen und Einstellungen aller politischen Akteure bestimmt.

4.7.4 Die Neue Politische Ökonomie umweltpolitischer Instrumente

In der praktischen Umsetzung der Umweltpolitik spielen Politiker, Bürokraten, Wähler, Wirtschafts- und Umweltschutzverbände sowie Gerichte eine Rolle. Die *Wähler*, bei denen Detailkenntnisse über umweltpolitische Zusammenhänge aufgrund ihrer rationalen Ignoranz nicht zu erwarten sind, können die Wirkung von

286 Vgl. Bonus/Häder (1998), S. 42.
287 Vgl. Frey/Schneider (1996).

Ge- und Verboten gut nachvollziehen.[288] Hingegen entfalten Abgaben und Zertifikate indirekte Wirkungen über Preise, so daß ihre Wirkungsweise möglicherweise von den Bürgern nicht verstanden wird.[289] Insbesondere Umweltzertifikate, die als Lizenz zum Verschmutzen der Umwelt apostrophiert werden, werden grundsätzlich abgelehnt.[290] Von der Bevölkerung wird ein Handel mit Verschmutzungsrechten als "unmoralisch" angesehen. Generell stößt der Preismechanismus zur Allokation von Umweltnutzungsrechten auf breites Mißtrauen in der Bevölkerung.[291] Hingegen signalisiert der Erlaß eines Ge- oder Verbotes, daß die staatlichen Instanzen handlungsfähig sind und aktiv die Umwelt vor Verschmutzung schützen.

Die produzierenden *Unternehmen und ihre Verbände* ziehen aus mehreren Gründen eine Auflagenlösung gegenüber einer Abgaben- bzw. Zertifikatslösung vor. Schon Mitte der 70er Jahre haben *Buchanan* und *Tullock* die Hypothese aufgestellt, daß von seiten der Emittenten Auflagen gegenüber Abgaben vorgezogen werden, weil Umweltauflagen eine Markteintrittsbarriere für neu auf den Markt kommende Unternehmen darstellen.[292] Mit Hilfe von Auflagen ist es möglich und wird auch allgemein praktiziert, daß neue Unternehmen grundsätzlich anspruchsvollere Emissionsbegrenzungen erfüllen müssen als alteingesessene Unternehmen. Durch diese Marktzutrittsschranke wird es letzteren ermöglicht, höhere Preise zu setzen und somit übernormale Gewinne zu erzielen. Bei einer Abgabe, die jedes Unternehmen pro emittierter Schadstoffeinheit in gleicher Höhe bezahlen muß, werden die Neuankömmlinge hingegen besser gestellt, wenn sie auf neueste Umwelttechnologien zurückgreifen können und keine kostspieligen Umbaumaßnahmen bei älteren Anlagen durchführen müssen. Eine Umweltabgabe wird - um ihre Wirkung voll entfalten zu können - ab der ersten "Verschmutzungseinheit" (z.B. x DM pro Tonne CO_2) berechnet. Im Unterschied dazu gewährt eine Auflage dem Emittenten das kostenlose Recht zur Verschmutzung der Umwelt bis zur genehmigten Emissionsmenge. Eine Abgabe ist für die Emittenten also mit höheren Kosten verbunden als eine Auflage. Je nach Ausgestaltung einer Zertifikatslösung (Versteigerung) müssen auch dort die Emittenten ab der ersten Verschmutzungseinheit Zertifikate erwerben, so daß die so gestaltete Zertifikatslösung durch die Emittenten und ihre Verbände abgelehnt wird. Ein weiterer Grund für die Befürwortung einer Auflagenlösung liegt im Vollzug. Die Emittenten haben regelmäßig einen Verhandlungsspielraum mit den Vollzugsbehörden. Im Vollzug werden die Anforderungen an die Emittenten regelmäßig ab-

288 Vgl. Michaelis (1996), S. 94.
289 Vgl. Bohm/Russell (1985), S. 437 f.
290 Vgl. Stavins (1998), S. 72 und ausführlicher Gawel (1997), S. 496 f.
291 Vgl. Hansmeyer (1993), S. 77; Goodin (1994), S. 578-587.
292 Vgl. Buchanan/Tullock (1975).

geschwächt, weil die Konfliktbereitschaft der Vollzugsbehörden ihre Grenzen hat und die für die lokale Wirtschaft bedeutenden Unternehmen mit Abwanderung drohen oder den Vollzug mittels Widerspruch und Klage vor den Verwaltungsgerichten um Monate oder Jahre hinauszögern können.[293] Hingegen ist der Verhandlungsspielraum bei Umweltabgaben und Zertifikaten sehr viel geringer. Es besteht für die wirtschaftlichen Interessenverbände praktisch nur die Möglichkeit, im Gesetzgebungsprozeß auf eine Lockerung der Bestimmungen hinzuwirken; im späteren Vollzug sind bei entsprechend klarer gesetzlicher Regelung Verhandlungen mit den Behörden kaum mehr durchführbar. Schließlich ist die Planungssicherheit für die Emittenten bei einer Auflage höher als bei Abgaben oder Zertifikaten. Ist eine Genehmigung erst einmal erteilt worden, dient sie als Schutz vor weitergehenden umweltschutzbezogenen Anforderungen.

Umweltverbände vertreten in Zeiten eines ausgeprägten öffentlichen Umweltbewußtseins die Ansichten der meisten Bürger. Die Vertreter von Umweltverbänden haben entsprechend die gleichen Vorbehalte gegen Abgaben und Zertifikate. Zwar stehen sie mittlerweile einer abgabenorientierten Umweltpolitik relativ aufgeschlossen gegenüber (Stichwort: ökologische Steuerreform), haben indes das Handicap, im Vergleich zu den Wirtschaftsverbänden über viel weniger Schlagkraft zu verfügen. Das bezieht sich auf den internen Sachverstand ebenso wie auf die Mobilisierungsfähigkeit ihrer Anhänger, die im wesentlichen nur bei Umweltkatastrophen zum Tragen kommt. Trittbrettfahrerverhalten ist in Umweltverbänden ein akutes Problem, da der Nutzen aus einer sauberen Umwelt allen zugute kommt, die Kosten aber bei einigen wenigen Aktiven anfallen. Im politischen Prozeß ist daher die Wahrscheinlichkeit hoch, den wirtschaftlichen Interessen zu unterliegen.[294]

Auflagen werden durch Gesetze, Rechtsverordnungen und Verwaltungsvorschriften geregelt, die von der *Ministerialbürokratie* entworfen werden. Auflagenlösungen verschaffen den Ministerialbürokraten eine auf besseren Informationen begründete Machtposition. Meistens können nur Experten die Regelungen durchschauen, und durch den hohen Arbeitsaufwand läßt sich die Forderung nach mehr Personal und einem höherem Budget, der sich aus dem Vorschreiben von Emissionsnormen und Prozessen ergibt, viel eher rechtfertigen.[295] Die Ministerialbürokratie verlöre mit der Erhebung einer Abgabe an Einfluß, weil damit tendenziell weniger Rechtsvorschriften verbunden sind als mit einer Auflage. Nur wenn möglichst viele Ausnahmen von der Abgabeerhebung zugelassen werden, läßt sich die Einflußposition der Ministerialbürokratie aufrechterhalten. Das glei-

293 Ein typischer Ablauf ist bei Lübbe-Wolff (1993), S. 226 f., zu finden.
294 Dies wird durch die Ausführungen bei Pehle (1998), S. 194, untermauert.
295 Vgl. Bonus (1985), S. 363.

che gilt für Zertifikate, bei denen der Markt einen Großteil der Aufgaben übernimmt, den ansonsten die Ministerialbürokraten erledigten. Es kommt hinzu, daß die Administrative von Juristen dominiert wird, so daß ökonomische Effizienz als Beurteilungskriterium keinen großen Stellenwert einnimmt.[296] Die im *Vollzug* arbeitenden *Bürokraten* sind an Auflagen interessiert, die nicht nur im Einzelfall, sondern generelle Gültigkeit haben.[297] Andererseits eröffnen Auflagen mit Ermessensspielraum Verhandlungsmöglichkeiten mit den Emittenten, der eine Machtposition der Vollzugsbehörde begründen könnte. Eine empirische Untersuchung hat indes ergeben, daß die weit überwiegende Mehrzahl der Vollzugsbehörden klare Vorgaben der übergeordneten Ebene wünscht.[298] Bei einer Abgabenlösung verlöre die Vollzugsbürokratie ihre diskretionäre Entscheidungsbefugnis. Als Aufgabe fiele ihr nur noch das Eintreiben und Verwalten der Einnahmen sowie die Kontrolle der Emittenten zu. Sie hat nicht mehr die Möglichkeit, mit den Emittenten zu verhandeln und büßt ihren Einfluß fast vollständig ein. Auch in bezug auf Zertifikate trifft dieser Sachverhalt zu.

Unterstützungsmaximierende *Politiker* reagieren auf die Meinungsäußerungen der übrigen Akteure. Um die richtige Balance zwischen dem Druck der Wähler einerseits, die öffentlichkeitswirksame Erfolgsmeldungen und Maßnahmebeschlüsse positiv honorieren, und den dem Umweltschutz eher skeptisch gegenüberstehenden Wirtschaftsinteressen andererseits zu finden, bieten sich Auflagen geradezu an: Durch Auflagen beweisen die Politiker den Wählern und Umweltverbänden ihre Tatkraft. Wirtschaftliche Interessen werden durch Einfluß im Gesetzgebungs- bzw. Verhandlungsprozeß mit den Vollzugsbehörden zufriedengestellt. Anders ausgedrückt, ist das Resultat einer polit-ökonomischen Betrachtung des Umweltschutzes eine symbolische Umweltpolitik,[299] wie sie des öfteren beklagt wird: mit viel Öffentlichkeitsaufmerksamkeit werden Gesetze präsentiert, deren Wirkung im Vollzug wieder stark abgeschwächt wird.[300]

Gerichtsentscheidungen spielen in der Umweltpolitik eine bedeutende Rolle.[301] Indes dürften von *Gerichten* keine besonderen Aktivitäten hin zu Abgaben oder Zertifikaten ausgehen, da sie sich in ihrer Rechtsprechung naturgemäß an den vorhandenen umweltpolitischen Instrumenten, d.h. Auflagen ausrichten. Zudem ist es zu erwarten, daß die Richter durch ihre juristische Ausbildung Aufla-

296 Vgl. Bohm/Russell (1985), S. 437.
297 Vgl. Holzinger (1987), S. 379.
298 Vgl. Holzinger (1987), S. 381.
299 Vgl. z.B. Karl (1999).
300 Hahn (1990), S. 24, wirft die Frage auf, ob Umweltverbände nicht eher an einer symbolträchtigen Politik als an den tatsächlichen Ergebnissen der Umweltpolitik interessiert sind.
301 Vgl. Wicke (1994), S. 184.

gen bevorzugen, weil dies ein "juristisches" Instrument ist, wohingegen Abgaben und Zertifikate "ökonomische" Instrumente sind.

Alle Ergebnisse der NPÖ weisen somit in die gleiche Richtung: Auflagen werden den Umweltabgaben und Zertifikaten gegenüber bevorzugt. Die wenigen existierenden ökonomischen Instrumente in der Umweltpolitik werden in ihrer Anwendung zumeist so sehr durch das Ordnungsrecht verwässert, daß sie ihre Lenkungsfunktion kaum mehr ausüben können. In Deutschland ist das Paradebeispiel hierfür die von Ökonomen anfänglich mit großen Hoffnungen verbundene, später aber hart kritisierte *Abwasserabgabe*, die 1976 von der Legislative beschlossen wurde[302] und auf einem Sondergutachten des Rates von Sachverständigen für Umweltfragen aus dem Jahre 1974 beruhte.[303] Schon im Gesetzgebungsprozeß zeigte sich, daß die ursprüngliche Intention des Gesetzes nicht erreicht werden würde: Stand im Regierungsentwurf noch, daß ein Betrag von 80 DM pro Schadeneinheit nötig wäre, um die Ziele, die mit der Abwasserabgabe verfolgt wurden, zu erreichen, legte die Bundesregierung im gleichen Entwurf eine Abgabenhöhe von maximal 40 DM pro Schadeneinheit fest. Die Begründung lautete, daß "zu starke Friktionen des deutschen Wirtschaftsgefüges zu vermeiden seien" und daß die Abwasserabgabe durch Auflagen und Subventionen ergänzt werde. Damit wurde der Abwasserabgabe bereits im Frühstadium die ökonomische Legitimität quasi abgesprochen.[304] Im tatsächlich verabschiedeten Gesetz blieb ein Abgabesatz von ganzen 12 DM pro Schadeneinheit übrig, der zwar im Zeitablauf anstieg, aber erst mit Beginn des Jahres 1981 zu zahlen war, also fünf Jahre nach Abschluß des Gesetzgebungsverfahrens. Die im Gesetz festgelegten Abgabesätze "sind mittlerweile nahezu rein symbolischer Natur"[305] und wurden in einigen Gesetzesnovellierungen teilweise weiter abgesenkt. Die Abwasserabgabe war von Anfang an wesentlich als flankierende Vollzugsunterstützung des Wasserhaushaltsgesetzes gedacht. Aufgrund ihrer ursprünglichen Ausgestaltung als Restverschmutzungsabgabe (nur die Emissionen, die über den ordnungsrechtlichen Grenzwert hinausgehen, wurden voll besteuert; die im Rahmen der durch Auflagen festgesetzten Mindestanforderungen anfallenden Emissionen nur zu 50 %) war sie damit nicht mehr als ein Hilfsinstrument im Vollzug des Ordnungs-

---

302 Gesetz über Abgaben für das Einleiten von Abwasser in Gewässer (Abwasserabgabengesetz) vom 15.9.1976 (BGBl. I, S. 2721). Die Wirkungen und Probleme bei der Abwasserabgabe sind von Ökonomen ausgiebig untersucht worden. Vgl. nur Hansmeyer (1976, 1989) und Karl/Ranné (1995).

303 Vgl. Rat von Sachverständigen für Umweltfragen (1974).

304 Vgl. Hansmeyer (1976), S. 82.

305 Gawel (1995), S. 82.

rechts.[306] Damit wurde das ökonomische Effizienzpotential der Abgabe bei weitem nicht ausgeschöpft.

Als Hauptgründe für die "Deformation" (*Karl/Ranné*) der Abwasserabgabe im Gesetzgebungsprozeß nennt *Hansmeyer* die Gegnerschaft der Industrie, der von seiten der Administrative und Legislative wenig entgegengesetzt worden sei: "... die breite Mehrheit des Parlaments hat von der Abwasserabgabe einschließlich der reibungslosen Verabschiedungsprozedur wenig Kenntnis genommen. Auch die federführende Exekutive hat im Verlauf der langanhaltenden Ausschußarbeiten wenig getan, die politische Bedeutung der Abwasserabgabe zu betonen."[307] Vor allem die Drohung der chemischen Industrie mit dem Abbau von Arbeitsplätzen zeigte Wirkung. *Karl* und *Ranné* resümieren: "Faßt man zusammen, zeigt das Schicksal der Abwasserabgabe, daß das parlamentarische Gesetzgebungs- und Novellierungsverfahren auf dem Gebiet des Gewässerschutzes keineswegs effiziente Ergebnisse produziert hat."[308]

Eine ablehnende Haltung gegenüber Umweltabgaben und Zertifikaten läßt sich mehr oder weniger für alle Staaten feststellen, wobei es allerdings Unterschiede in der Intensität gibt, mit der ökonomische "Experimente" in der Umweltpolitik durchgeführt werden. Beispielsweise werden in den USA Umweltzertifikate intensiver erprobt als in Deutschland.[309] Dieser Unterschied in der Anwendung der Instrumente kann mit Rückgriff auf die von der NPÖ vernachlässigten informellen Institutionen erklärt werden. Zwar ist es möglich, daß die Beteiligten der amerikanischen Umweltpolitik – insbesondere die Vertreter der Environmental Protection Agency (EPA) – überlegenere ökonomische Kenntnisse haben oder amerikanische Ökonomen als Politikberater einen größeren Einfluß als in Deutschland besitzen. Es kommt aber vor allem auch auf die breite Akzeptanz dieser Instrumente in der Bevölkerung an. Die unterschiedlichen "Kulturen" – in den USA eher ein Effizienzdenken, in Deutschland eher ein Gerechtigkeitsdenken –erklären, warum ökonomische Instrumente in den USA "beliebter" sind als in Deutschland.

Die NPÖ bildet das Fundament einer realistischeren Betrachtung der politischen Sphäre als die früher dominierende "Public-Interest"-Theorie, die annimmt, daß Politiker und Bürokraten in ihrem Handeln ausschließlich das Allgemeinwohl verfolgen. Allerdings legt die NPÖ ihr Gewicht auf die Analyse politischen Handelns bei *gegebenen* Institutionen. Institutionen werden aber auch von den Aktivitäten vieler Individuen beeinflußt, sind also selber *endogen*. Die nun

306 Vgl. Karl/Ranné (1995), S. 34 f.
307 Vgl. Hansmeyer (1976), S. 83.
308 Karl/Ranné (1995), S. 42.
309 Vgl. Hahn (1989), S. 97-103.

darzustellende Neue Institutionenökonomik nimmt sich – allerdings nicht nur - der endogenen Erklärung von Institutionen an, so daß sich aus dieser Sicht eine Komplementarität der Theorien insofern ergibt, daß die NPÖ das Verhalten und die Motive der politischen Akteure analysiert, während die Neue Institutionenökonomik die Rolle von Institutionen untersucht.

5. Neue Institutionenökonomik

5.1 Überblick

Die Untersuchung von Institutionen hat in den letzten fünfundzwanzig Jahren zu einer Flut von Beiträgen geführt, die unter dem Begriff der Neuen Institutionenökonomik (NIÖ) zusammengefaßt werden. Er wurde erstmals von *Williamson* für seine damals neuentwickelte Transaktionskostentheorie verwendet.[310] Im Laufe der Zeit sind aber weitere theoretische Ansätze unter die NIÖ subsumiert worden. *Richter* und *Bindseil* unterscheiden acht Teilgebiete der modernen Institutionenökonomik:[311]

- Property Rights-Theorie: Ihre Wurzeln datieren in die frühen sechziger Jahre zurück, beginnend mit dem Artikel von Ronald *Coase* "The Problem of Social Cost" und weitergeführt insbesondere von *Alchian* und *Demsetz*.[312] Die Property Rights-Theorie analysiert zum einen die Entstehung von Verfügungsrechten wie z.B. Eigentums- oder Nutzungsrechte als Ergebnis individuell rationalen Verhaltens. Beispielhaft sei die *Demsetz*sche Erklärung für die Entstehung von Privateigentum an den Jagdgründen der Labrador-Indianer im 18. Jahrhundert genannt.[313] Zum anderen untersucht sie die ökonomischen Auswirkungen bestehender Verfügungsrechtearrangements, wobei besonders der Vergleich von Privat- und Gemeineigentum im Vordergrund steht.
- Transaktionskostentheorie: Sie ist maßgeblich von Oliver *Williamson* auf der Grundlage eines *Coase*schen Artikels zur Theorie der Firma entwickelt worden.[314] Das Erklärungsziel der Transaktionskostentheorie ist die ökonomische Organisation von Transaktionen, die grundsätzlich entweder über den Markt oder in einem Unternehmen ablaufen. Je nachdem, wie unsicher das Transaktionsumfeld ist, wie häufig die Transaktion zwischen den Transaktionspartnern wiederholt wird und wie spezifisch die Investitionen sind, die speziell für eine Transaktion getätigt werden müssen, ist der Markt oder die Hierar-

310 Vgl. Williamson (1975), S. 1.
311 Vgl. Richter/Bindseil (1995), S. 134.
312 Vgl. Coase (1960); Alchian (1965); Demsetz (1967).
313 Vgl. Demsetz (1967).
314 Vgl. z.B. Williamson (1975, 1985, 1998), Coase (1937).

chie (Unternehmen) der geeignete Ort für die Durchführung der Transaktion. Mittlerweile ist das Untersuchungsgebiet der Transaktionskostentheorie weit über den ursprünglichen Anwendungsbereich hinaus gediehen.[315]

- Agency-Theorie: Sie wurde zu Beginn der siebziger Jahre entwickelt und konzentriert sich auf die Beziehung zwischen einem Prinzipal und einem Agenten (Agency-Beziehung), der typischerweise den Weisungen des Prinzipals unterliegt, wie etwa die Beziehung Arbeitgeber (Prinzipal) – Arbeitnehmer (Agent).[316] Die Agency-Theorie spaltet sich in zwei Teilbereiche auf, wobei die Trennung nicht immer sauber vorgenommen werden kann. Die positive Agency-Theorie erklärt die tatsächlich vorkommenden Agency-Beziehungen und deren institutionelles Umfeld, während die normative Agency-Theorie ("Prinzipal-Agent-Theorie") auf einer relativ abstrakten Ebene Anreizsysteme entwirft, mit deren Hilfe der Prinzipal die Handlungen des Agenten in Einklang mit seinen Präferenzen bringt.
- Ökonomische Analyse des Rechts: Auch hier stand der Artikel von *Coase* (1960) Pate. Die ökonomische Analyse des Rechts nimmt Rechtsgebiete wie das Haftungsrecht, das Vertragsrecht oder das Strafrecht und analysiert die entsprechenden juristischen Bestimmungen auf ihre ökonomische Bedeutung hin. Prominente Vertreter dieses Teilgebiets sind Guido *Calabresi* und Richard *Posner*.[317]
- Theorie des institutionellen Wandels: Sie untersucht die Rolle von Institutionen bei der historischen Entwicklung von Staaten. Dabei steht die Frage im Vordergrund, warum manche Staaten Perioden der wirtschaftlichen Stagnation bzw. Rückschritts erleben müssen, während andere Staaten prosperieren. Die insbesondere von dem Nobelpreisträger Douglass *North* vertretene These ist, daß geeignete institutionelle Arrangements das wirtschaftliche Wachstum von Staaten fördern.[318] Zentral ist die glaubwürdige Bindung von Regierungen und Herrschern an wirtschaftsfördernde Institutionen wie das Privateigentum und eine Marktwirtschaft allgemein.
- Neue Politische Ökonomie (Public Choice): Sie wird von *Richter* und *Bindseil* als Teilgebiet der modernen Institutionenökonomik behandelt, weil sie sich mit der Anwendung der ökonomischen Analyse auf politikwissenschaftliche Fragen befaßt.[319]

---

315 Einen Überblick über die empirische Transaktionstheorie geben Shelanski/Klein (1995).

316 Vgl. Ross (1973), Jensen/Meckling (1976).

317 Vgl. z.B. Calabresi (1965) und Posner (1993a).

318 Vgl. North (1981, 1990a).

319 Anders z.B. Horbach (1992), S. 79, der die NPÖ als Teilmenge der Neuen Institutionenökonomik betrachtet.

- Konstitutionelle Ökonomie: Die Verfassungsökonomie, deren Wegbereiter der Nobelpreisträger James *Buchanan* ist, analysiert Verfassungsregeln hauptsächlich aus normativer Sicht im Hinblick auf ihren Einfluß auf das individuelle Verhalten.[320] Daneben hat sich in jüngster Zeit eine positive Richtung entwickelt, die tatsächliche Verfassungen und deren Entstehungsprozeß erforscht.[321]
- Neo-österreichische Schule: Die mit dem Namen Israel *Kirzner* verbundene neo-österreichische, evolutorisch ausgerichtete Theorie untersucht die Bedeutung unternehmerischer Tätigkeit für den wirtschaftlichen Prozeß.[322] Sie stellt sich bewußt als Kontrastprogramm zur herkömmlichen (neoklassischen) Preistheorie dar, indem sie die statische Betrachtungsweise der Preistheorie ablehnt und durch einen dynamischen Wettbewerbsprozeß ersetzt.

Von den acht Spezialgebieten der modernen Institutionenökonomik sind die **Property Rights- und Transaktionskostentheorie sowie die positive Agency-Theorie zur Neuen Institutionenökonomik zusammengefaßt.** Daher sind diese drei Theoriegebiete auch Bestandteil der Analyse dieser Arbeit.[323] Gemeinsam ist allen Gebieten der NIÖ, daß sie Institutionen auf der Grundlage des neoklassischen Ansatzes in die Analyse einbeziehen. Insbesondere halten sie an den traditionellen Annahmen der neoklassischen Theorie (Rationalitätspostulat, methodologischer Individualismus) fest, wobei allerdings bei der Theorie des institutionellen Wandels Abstriche diesbezüglich gemacht werden.

Der Vollständigkeit halber wird noch auf die Systematik von *Williamson* hingewiesen, die eine etwas andere Struktur als diejenige von *Richter* und *Bindseil* hat.[324]

Er kontrastiert die herkömmliche Neoklassik, die ein Unternehmen ausschließlich als Produktionsfunktion charakterisiert, mit den institutionellen Theorien, zu denen sowohl die Property Rights-Theorie als auch Transaktionskosten- und Agency-Theorie zählen. Die Public Choice-Theorie (NPÖ) unterscheidet sich von der Agency-Theorie und der Transaktionskostentheorie durch ihre Regelorientierung. Die Property Rights-Analyse ist auch auf der Regelebene zu finden, bezieht sich aber auf Regeln des privaten Sektors.

Im folgenden werden die drei Theoriegebiete der Neuen Institutionenökonomik auf politische Institutionen angewendet. Dazu wird zunächst die jeweilige ökonomische Theorie (Property Rights-, Agency- und Transaktionskostentheorie)

---

320 Vgl. Buchanan/Tullock (1962).
321 Vgl. Elster (1996), Voigt (1998).
322 Vgl. Kirzner (1978).
323 Zweckmäßigerweise wird auch die normative Agency-Theorie mitbehandelt.
324 Vgl. Williamson (1990a), S. 62.

vorgestellt und danach Übertragungsmöglichkeiten in die politische Sphäre geprüft.

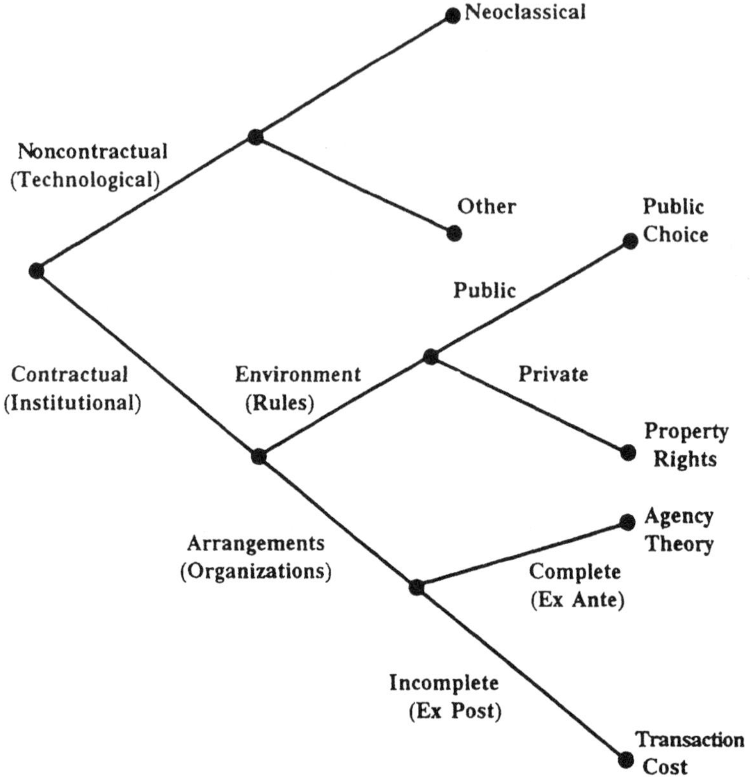

Abb. 12: Ökonomische Organisationstheorien

5.2 Property Rights-Theorie

5.2.1 Ökonomische Definition von Property Rights

Verfügungsrechte (property rights) sind die Rechte am Gebrauch von Ressourcen und Gütern.[325] Sie bestehen aus drei Komponenten:

1. Dem Recht zur beliebigen *Nutzung* eines Gutes. Dazu zählt auch dessen Wegwerfen oder Zerstören. Das Verfügungsrecht an einer Limonadendose bedeutet nicht nur die Möglichkeit einer Leerung ihres Inhalts durch den Besitzer, sondern auch die Möglichkeit, die Dose auf die Straße oder ins Gebüsch zu werfen. In diesem Fall schränken allerdings informelle Normen (z.B. die soziale Ächtung aufgrund eines ausgeprägten Umweltbewußtseins) das Verfügungsrecht ein.

- Dem Recht, aus dem Gut einen *Einkommensstrom* zu erzielen. Auf einem freien Wohnungsmarkt hat der Eigentümer einer Mietwohnung das Recht, die Höhe der Miete festzulegen und zu kassieren. Wird staatlicherseits eine Mietpreisbindung eingeführt, werden die Verfügungsrechte des Vermieters eingeschränkt.
- Dem Recht, das Gut zu *veräußern* bzw. zu *übertragen.* Ein Beispiel für eine beschränkte Übertragungsmöglichkeit von Verfügungsrechten ist ein Abtretungsverbot für Forderungen, die zur Kreditabsicherung bei einer Geschäftsbank dienen.

Sind alle drei Komponenten uneingeschränkt vorhanden, spricht man von einem exklusiven Verfügungsrecht.[326] Der Inhaber eines exklusiven Verfügungsrechts hat die vollständige und lückenlose Entscheidungsgewalt über das Gut. Ein Verfügungsrecht steckt also die Handlungsspielräume seines Inhabers in bezug auf das Gut ab.

Verfügungsrechte sind keine Institutionen, die Verfügungsrechtestruktur in einer Gesellschaft wird indes durch formelle und informelle Institutionen sowie durch Organisationen definiert.[327] Nicht nur formelle Gesetze, mit deren Hilfe Eigentumsrechte zugeordnet werden, sondern ebenso informelle Normen beeinflussen, wer welche Verfügungsrechte hat. Daher ist das ökonomische Verfügungsrechtekonzept umfassender als die juristische Definition von Eigentumsrechten. Dies läßt sich am Beispiel eines Individuums erläutern, das sich über-

---

325 Vgl. z.B. De Alessi (1990), S. 8.
326 Vgl. Windisch (1996), S. 2.
327 Vgl. Libecap (1989), S. 6.

legt, ein etwas ausgefalleneres und möglicherweise anderen Individuen mißfallendes Kleidungsstück zu tragen.[328] Juristisch gesehen hat die Person das Eigentum an der Sache mit ihrem Kauf erworben. Auch formelle Institutionen hindern das Individuum nicht daran, das Kleidungsstück zu tragen. Schließlich ist beispielsweise das Anziehen zerrissener Hosen nicht gesetzlich verboten. Nun hängt es allerdings von den informellen Institutionen ab, ob das Verfügungsrecht (teilweise) entwertet wird oder nicht: möchte das Individuum auf einen festlichen Ball gehen, dürfte der Grad an sozialer Ächtung durch die anderen Ballteilnehmer sehr hoch sein und das Tragen dieses Kleidungsstücks nahezu unmöglich machen. Die Struktur formeller und informeller Institutionen bestimmt folglich den Handlungsspielraum, den der Verfügungsrechteinhaber hat. Organisationen verändern in inkrementaler Weise die Institutionen und haben insofern einen mittelbaren Einfluß auf die Verfügungsrechtestruktur.

Ein weiteres Beispiel zeigt, daß das ökonomische Verfügungsrechtekonzept weiter geht als das juristische Eigentumskonzept. Es seien zwei Grundstückseigentümer mit gleich großen Grundstücken gegeben. Juristisch hat der Käufer eines Grundstücks das Eigentum an diesem Grundstück mit der entsprechenden Eintragung in das Grundbuch erworben. Ökonomisch besteht das Grundstück aber nicht nur aus dem erworbenen Grund und Boden, sondern auch aus anderen Rechten, die das Grundstück betreffen. Das eine Grundstück kann z.B. direkt neben einem Flughafen gelegen sein, oder eine angrenzende Fabrik kann das Recht haben, den durch ihre Produktionsaktivität entstehenden Ruß über dem Grundstück abzulassen. Der Grundstücksinhaber, der weder der Flughafengesellschaft noch der Fabrik ihre Aktivitäten untersagen kann, muß einen im Vergleich zu einem unbelasteten Grundstück erheblichen Wertverlust hinnehmen, da seine Verfügungsrechte durch die Aktivitäten Anderer eingeschränkt sind. Zusätzlich mag auf dem Grundstück ein durch staatliche Gesetze oder Verordnungen geschütztes Biotop gelegen sein, was die Nutzung dieses Teils des Grundstücks insofern verteuert oder gar unmöglich macht, als eine unerlaubte Nutzung zu Geld- oder Freiheitsstrafen führen könnte. Schließlich könnte der Staat ein Vorkaufsrecht an dem Grundstück haben, das den Verkauf des Grundstücks erschwert. Der Wert des Grundstücks wird folglich von der Gesamtheit der Nutzungs- und Veräußerungsrechte bestimmt. Je weniger Entscheidungsgewalt der Verfügungsrechteinhaber über seinen Besitz hat, um so geringer ist der Wert des Verfügungsrechts für seinen Inhaber. Dabei ist allerdings zu beachten, daß - selbst wenn der Inhaber von Verfügungsrechten auf dem Papier frei über sein Eigentum bestimmen kann - die Durchsetzung seiner Rechte gewährleistet sein muß. In einer Gesellschaft, in der Diebstahl nicht geahndet wird, weil die staatlichen und privaten

---

328 Man denke an zerrissene Jeans oder Miniröcke.

Überwachungskapazitäten (z.B. Polizei, Justiz, Alarmanlagen, informelle Normen) nicht ausreichen, ist der Wert des Eigentums trotz exklusiver Verfügungsrechte stark herabgesetzt.[329] Allgemein spricht man von "verdünnten" Verfügungsrechten, wenn die Exklusivität der Verfügungsrechte durch Eingriffe in die individuelle Verfügungsrechteposition, z.B. durch staatliche Nutzungsbeschränkungen, nicht mehr besteht. Das Verfügungsrecht wird im Ergebnis entwertet.

5.2.2 Das Coase-Theorem und die effiziente Allokation privater Verfügungsrechte

Das *Coase*-Theorem beschreibt einen theoretischen Grenzfall und wird im Kontext (negativer) externer Effekte verwendet. Negative externe Effekte resultieren wie bereits erwähnt in einem Wohlfahrtsverlust des Geschädigten, den der Schädiger nicht in seinen Kostenkalkül einbezieht. Unter der Voraussetzung vollständig spezifizierter Verfügungsrechte zeigt das *Coase*-Theorem, daß die externen Effekte durch Verhandlungen zwischen den Konfliktparteien internalisiert werden und die resultierende Ressourcenallokation effizient ist, unabhängig von der Distribution der Verfügungsrechte, die sich letztendlich einstellt.[330] Die wesentlichen Annahmen des Theorems sind folgende:[331]

- Vollständige Informationen aller Beteiligten über alle Produktions- bzw. Nutzenfunktionen,
- Abwesenheit von Transaktionskosten,
- ein Justizsystem, das die Transaktionen ohne Kosten durchsetzt,
- gewinnmaximierende Produzenten bzw. nutzenmaximierende Konsumenten,
- keine Vermögenseffekte, d.h. die Höhe des Vermögens der Beteiligten spielt für ihre Entscheidungen keine Rolle.[332]

Sind die Verfügungsrechte an Ressourcen vollständig spezifiziert, spielt aus allokativer Sicht die Frage der Haftung – wer also für den Schaden verantwortlich gemacht werden kann - in bezug auf die Externalität keine Rolle. Die resultierende Allokation der Verfügungsrechte ist ökonomisch effizient, gleichgültig ob der Schädiger oder der Geschädigte ursprünglich die Verfügungsrechte besessen hat: Da annahmegemäß Verhandlungen kostenlos möglich sind (keine Trans-

329 Vgl. Eggertsson (1990), S. 35.
330 Vgl. Coase (1960).
331 Eine vollständige Auflistung der dem Coase-Theorem zugrundeliegenden Annahmen findet sich bei Hoffman/Spitzer (1982), S. 73.
332 Vgl. dazu auch Milgrom/Roberts (1992), S. 35-38.

aktionskosten), werden die Verfügungsrechte solange den Besitzer wechseln, bis jedes Gut in die Verwendungsrichtung gelenkt worden ist, in der es den größten Nutzen stiftet und die Externalität internalisiert wird. Das steht in einem Gegensatz zu der wohlfahrtsökonomischen Empfehlung einer Pigou-Steuer zur Internalisierung externer Effekte. Anders als im Pigou-Modell ist bei *Coase* ein Eingriff des Staates nicht notwendig. Vielmehr beschränkt sich die Rolle des Staates darauf, geeignete Rahmenbedingungen für Verhandlungen bereitzustellen, d.h. die privaten Verfügungsrechte zu definieren und sie durchzusetzen.

Coase berichtet beispielhaft über die auf einem Gerichtsurteil beruhende Situation, die einen Konditor und einen neben dem Konditor wohnenden und praktizierenden Arzt betraf.[333] Der Konditor betrieb in seiner Küche zwei schwere Mörser. Der Arzt baute seine Praxis bis unmittelbar neben die Küche des Konditors aus, war jedoch in der Folgezeit aufgrund des Lärms, den die Mörser des Konditors verursachten, nicht in der Lage, seine Patienten auf Brustkrankheiten abzuhorchen. Der Arzt klagte deshalb gegen den Konditor auf Unterlassung und erhielt vor Gericht Recht. Die Verfügungsrechte über die uneingeschränkte Nutzung der Praxis wurden damit dem Arzt zugewiesen. Gleichzeitig wurden dem Konditor seine Verfügungsrechte über den Gebrauch seiner Mörser in der Küche entzogen.

In der *Coase*schen Null-Transaktionskosten-Welt gäbe es die Möglichkeit für eine für beide Seiten vorteilhafte Reallokation von Verfügungsrechten. Die durch das Gericht klargestellte Verfügungsrechtekonstellation könnte den Konditor veranlassen, dem Arzt eine Transaktion – verstanden als die Übertragung von Verfügungsrechten[334] - vorzuschlagen. Stellte die Benutzung der Mörser für den Konditor einen höheren Einkommenszuwachs dar als die gleichzeitige Einkommensreduzierung für den Arzt, die sich aus dem Mörserbetrieb ergäbe, würde der Konditor dem Arzt dessen Recht auf Nutzung des Teils seiner Praxis abkaufen.[335] Solange der Grenzertrag aus dem Betrieb der Mörser über dem Grenzertrag der ärztlichen Tätigkeit liegt, lohnt sich eine Transaktion für den Konditor. Da jeder Beteiligte annahmegemäß vollständige Informationen besitzt, ist ein strategisches Verhalten durch Täuschung des Transaktionspartners ausgeschlossen. Hätte hingegen der Konditor das Verfügungsrecht über die uneingeschränkte Nutzung seiner Mörser, würde der Arzt dem Konditor das Verfügungsrecht abkaufen, wenn das Einkommen des Arztes ohne das Abhorchen stärker fiele als das Einkommen des Konditors durch die Benutzung der Mörser stiege. In beiden

333 Vgl. Coase (1960), S. 8-10.
334 Vgl. schon Commons (1931), S. 652.
335 Vgl. Coase (1960), S. 9.

Fällen wandern die Verfügungsrechte dorthin, wo ihr Gebrauch am effizientesten ist.

Die obigen Ausführungen belegen, daß bei Abwesenheit von Transaktionskosten das Urteil des Gerichts, wem von beiden die entsprechenden Verfügungsrechte zustehen, die effiziente Allokation der Verfügungsrechte nicht berührt, sondern eine reine Verteilungsfrage regelt. Die Analyse setzt insoweit voraus, daß die Haftungsfrage klar entschieden ist, d.h. die relevanten Verfügungsrechte eindeutig entweder dem Schädiger oder dem Geschädigten zugewiesen sind. Sie setzt weiterhin voraus, daß die Verfügungsrechte kostenlos durchgesetzt werden können. Es muß also ausgeschlossen sein, daß der Konditor seine Mörser weiterhin betreibt, obwohl die Verfügungsrechte bei dem Arzt liegen. In einer dynamischen, durch unvollständige Informationen geprägten Welt werden viele potentiell wohlfahrtssteigernde Tauschgeschäfte verhindert. Dabei spielt strategisches Verhalten seitens der Tauschpartner eine große Rolle.[336] Ein Käufer, der den Wert eines Gutes für ihn selber auf maximal 3 $ taxiert, könnte versucht sein, dem Verkäufer zu suggerieren, daß er höchstens 1 $ für das Gut bezahlen wird, in der Hoffnung einen günstigeren Preis zu erzielen. Der Verkäufer wiederum, der das Gut mit 0,5 $ wertschätzt, könnte – um einen höheren Preis zu erhalten – dem Käufer mitteilen, daß er nicht bereit sei, das Gut unter 2 $ zu verkaufen. Gelingt es keinem von beiden, den jeweils anderen zum Nachgeben zu bewegen, findet der Tausch nicht statt, obwohl das Potential für eine beiderseitige Wohlfahrtsverbesserung vorhanden ist. Anders gesprochen verhindern Transaktionskosten eine first-best-Allokation. Eine kostenlose Transaktion ist nur in einer Welt möglich, in der jedermann vollständige Informationen über alle Tauschmöglichkeiten besitzt, Verhandlungen ohne Kosten durchgeführt werden können und die Kosten der Durchsetzung der Transaktion gleich Null sind. Entsprechend werden Transaktionskosten in Such- und Informationskosten, Verhandlungs- und Entscheidungskosten sowie Kontroll- und Durchsetzungskosten eingeteilt.[337] In dem Käufer-Verkäufer-Beispiel spielen Informations- und Verhandlungskosten die entscheidende Rolle. Transaktionskosten können verhindern, daß die Verfügungsrechte zu den Individuen gelangen, die ihnen den größtmöglichen Nutzen bringen.

336 Zum folgenden Beispiel vgl. Milgrom/Roberts (1992), S. 141.
337 Vgl. Dahlman (1979), S. 148.

5.2.3 *Die Problematik staatlicher Eingriffe und die Durchsetzung privater Verfügungsrechte*

Der Verkäufer eines Verfügungsrechts kann für das Verfügungsrecht nur eine relativ geringe Summe verlangen, wenn der Käufer zusätzliche Sicherungsmaßnahmen zum Schutz dieses Rechts treffen muß. Der Wert privater Property Rights hängt daher nicht nur von ihrer adäquaten Spezifikation, sondern auch von ihrer Durchsetzung ab. Der Wert eines Gebäudes, das in einer Gegend mit hoher Kriminalität steht und ständig beschädigt wird, ist viel geringer als ein vergleichbares Gebäude, das in einem "besseren" Viertel steht. Aus diesem Grund ist es nicht erstaunlich, daß die Eigentümer eines Gebäudes in einer "high crime area" teilweise ihr Eigentum aufgeben, da die hohen Durchsetzungskosten den Wert des Gebäudes gegen Null tendieren lassen.[338]

Zur Durchsetzung privater Verfügungsrechte bedarf es staatlicher und/oder privater Organisationen bzw. Institutionen. Die wichtigste Durchsetzungsinstanz sind Gerichte, die sich wiederum auf institutionelle Regelungen wie Verfassungsartikel (so Art. 14 GG) oder Gesetze stützen können. Die Benutzung der Gerichte verursacht indes Transaktionskosten, so daß eine first-best-Lösung, wie sie in einer Null-Transaktionskosten-Welt möglich ist, nicht erreicht wird. Zudem gibt es oftmals Verträge, bei denen die Möglichkeit vor Gericht zu klagen allein nicht ausreicht, um ein Wohlverhalten beider Vertragsparteien zu sichern, etwa bei mündlich abgeschlossenen Verträgen oder bei schriftlich fixierten, aber auslegungsbedürftigen Verträgen. Die Partner eines mündlich abgeschlossenen Vertrages laufen Gefahr, von ihrem Transaktionspartner betrogen zu werden, falls sie selber zwar ihre Leistung erbringen, der Partner jedoch seinerseits die Gegenleistung nicht liefert. Ein schriftlich fixierter Vertrag wiederum kann nicht jede Eventualität berücksichtigen, und es ist häufig Auslegungssache, ob ein Transaktionspartner den Vertrag gebrochen hat oder nicht.[339] Wo formelle Institutionen nicht ausreichen, um Verträge effektiv durchzusetzen, spielen informelle Institutionen eine Rolle. Sie sind vor allem dort bedeutsam, wo die Kontrolle des individuellen Verhaltens nicht durch eine staatliche Instanz geleistet werden kann, weil die Kontrollkosten zu hoch sind. So verhindert der informelle Mechanismus der sozialen Ächtung eines Umweltsünders zumindest einen Teil der Umweltverschmutzung. Das Umweltbewußtsein der Bevölkerung entlastet die Aufgabe der formellen Institutionen als Durchsetzungsmechanismus.

---

338 Vgl. Eggertsson (1990), S. 36.

339 Zur Theorie unvollständiger Verträge vgl. etwa Milgrom/Roberts (1992), S. 129-140.

Für den Wert von Verfügungsrechten ist es entscheidend, daß es eine glaubwürdige staatliche Zusicherung gibt, die Verfügungsrechte durchzusetzen.[340] Dazu ist in erster Linie eine politisch unabhängige Judikative erforderlich. Eine politisch beeinflußbare Justiz ist einer glaubwürdigen Durchsetzung privater Verfügungsrechte abträglich, da sich das politische Unterstützungsmaximierungskalkül je nach der relativen Machtstellung einzelner Interessengruppen ändern kann, was dann auf die Gerichtsurteile durchschlüge. *Levy* und *Spiller* zeigen anhand der Regulierung der Telekommunikationsindustrie in ausgewählten Ländern, daß diejenigen Länder einen ineffizient niedrigen Leistungsstand besaßen, deren Justiz von Bestechlichkeit und politischer Willkür gekennzeichnet war.[341] Am Beispiel Argentiniens und den Philippinen wird dargelegt, daß Investitionen in das Telekommunikationsnetz, die einen hohen Anteil versunkener Kosten aufweisen und damit – da sie keine alternative Verwendung fänden - anfällig für eine staatliche Enteignung sind, eine sehr hohe kurzfristige Rendite erbringen mußten, um private Investoren für die politischen Risiken zu kompensieren. Die Gerichte fielen als unabhängige Durchsetzungsinstanz aus, so daß die Verfügungsrechte der Investoren nicht wirksam vor einer politisch motivierten Enteignung geschützt werden konnten.

Aber auch Regierungen, die bei den Investoren als berechenbar und zuverlässig gelten, stehen immer vor einem zentralen Dilemma: Wenn eine Regierung Verfügungsrechte zuteilen und durchsetzen kann, kann sie prinzipiell niemand daran hindern, sie ihren Inhabern wieder zu entziehen und sie beispielsweise zum Zwecke der Unterstützungsmaximierung anderen Individuen oder Interessengruppen zu geben.[342] Solange dies nicht durch geeignete Institutionen ausgeschlossen wird, wird es eine Fehlallokation von Sach- und Humankapital geben:

Erstens wird ein mobilerer bzw. leicht veräußerbarer Kapitalstock einem spezialisierten Zwecken dienenden und schwer verkäuflichen Kapitalstock vorgezogen. Ist die Wahrscheinlichkeit eines politisch bedingten Entzuges von Verfügungsrechten am Kapitalstock hinreichend groß, lassen sich so die Verluste eher begrenzen. Ansonsten könnte die Regierung drohen, die Quasi-Rente aus der Sachinvestition abzuschöpfen.[343] Die Quasi-Rente ist der Teil des Einkommens, der den zum Verbleib in dieser Verwendungsrichtung minimal benötigten Betrag

340 Vgl. North (1993), S. 12.
341 Vgl. Levy/Spiller (1994), S. 238 f.
342 Vgl. Weingast (1995), S. 1, der von einem "fundamentalen" Dilemma spricht.
343 In der Property Rights-Theorie wird eine solche Drohung als "Hold-up" bezeichnet, was mit "Raubüberfall" übersetzt werden kann, im staatlichen Kontext am ehesten mit einem staatlichen Rent seeking, einem "Verteilungsfeldzug" (Rosen/Windisch (1992), S. 204), gleichzusetzen ist. Zum Hold-up-Problem vgl. Milgrom/Roberts (1992), S. 269; Klein/Crawford/Alchian (1978), S. 298; Hart (1995), Kap. 4.

übersteigt, um einen Investor zu halten. Man stelle sich eine Fabrik vor, die für die Produktion spezieller Teile für die Automobilfertigung eines bestimmten Automobilherstellers errichtet wurde. Für die Nutzung in einer anderen Verwendungsrichtung wäre die Fabrik nahezu wertlos. Das gibt dem Hersteller die Macht, Preisnachlässe zu fordern, da die Kosten für die Errichtung der Fabrik versunken sind und die Fabrik nicht anders verwendbar ist. Die Quasi-Rente ergibt sich folglich im Kontext spezifischer Investitionen. Das gilt ebenso für Humankapital: der "Leviathan"-Staat schöpft durch übermäßige Besteuerung die Quasi-Renten aus dem Humankapital ab und beschneidet somit de facto die Verfügungsrechte des Individuums aus seiner Arbeitskraft.

Zweitens werden sich organisierte Gruppen bemüßigt fühlen, Rent seeking zu betreiben, um über eine Umdefinition von Verfügungsrechten einen geldwerten Vorteil zu erzielen.[344] Der Staat, genauer: Bürokraten und Politiker, greift nicht als benevolente Instanz zur Korrektur eines Marktversagens ein, sondern ist Vermittler und aktiver Gestalter von Verteilungskonflikten. Eine unterstützungsmaximierende Regierung wird die Wünsche von Interessengruppen bei der Allokation von Verfügungsrechten berücksichtigen. Die Rent seeking-Theorie und die ökonomische Regulierungstheorie gehen davon aus, daß Interessengruppen durch Lobbying-Ausgaben und der nachfolgenden Institutionalisierung von Regulierungsmaßnahmen und Monopolstellungen einen gesamtwirtschaftlichen Wohlfahrtsverlust erzeugen. Auch Forschungsergebnisse aus der Theorie des institutionellen Wandels zeigen, daß viele Regierungen oder Herrscher eine Verfügungsrechtestruktur aufrechterhalten, die Anreize zu unproduktivem Rent seeking erzeugt.[345]

Gegen diese falschen Anreize hilft eine glaubwürdige Zusicherung des Staates, weder direkt noch indirekt in private Verfügungsrechtepositionen einzugreifen, zumindest nicht ohne eine angemessene Entschädigung. Um eine glaubwürdige Bindung an ein solches Versprechen zu erreichen, bieten sich institutionelle Möglichkeiten wie eine Verfassungsgarantie an. Eine Verfassung kann im Gegensatz zu einem einfachen Gesetz nur durch eine qualifizierte Mehrheit geändert werden. In Deutschland müssen der Änderung des Grundgesetzes zwei Drittel der Mitglieder des Bundestages und zwei Drittel der Stimmen des Bundesrates zustimmen (Art. 79 Abs. 2 GG). Diese Regelung gewährleistet, daß eine Verfassungsbestimmung nur im weitgehenden Konsens geändert werden kann und in der Verfassung niedergelegte Regelungen (z.B. Art. 14 GG: Eigentumsgarantie) dauerhaft Geltung besitzen, so daß anerkannte Verfügungsrechte nicht enteignet oder straflos entwendet werden dürfen. Eine andere Möglichkeit zur Institutiona-

344 Vgl. Benson (1984).
345 Vgl. North (1990a), S. 52.

lisierung einer glaubwürdigen staatlichen Zusicherung ist ein Zwei-Kammer-System, bei dem ein Gesetz, das enteignenden Charakter besitzt, nicht nur in einer, sondern in zwei Parlamentskammern bestätigt werden muß.[346] Insbesondere wenn (mindestens) eine Kammer aus geachteten, unparteiischen Persönlichkeiten besteht, ist die Gefahr einer ersatzlosen Enteignung von Verfügungsrechten nahezu ausgeschlossen.[347]

Gerade die Institution des Zwei-Kammer-Systems macht deutlich, daß transaktionskostenminimale Institutionen in einem Zielkonflikt mit einer glaubwürdigen politischen Bindung stehen können. Die Durchsetzungskosten steigen im Vergleich zu einem Ein-Kammer-System an, wenn ein Gesetz nicht nur z.B. vom Bundestag, sondern auch vom Bundesrat beschlossen werden muß. Bei unveränderten Spezifizierungskosten ist ein solches System unter Transaktionskostengesichtspunkten ineffizient. Umgekehrt bedeutet dies aber, daß sich ein einmal verabschiedetes Gesetz nur mit großem Aufwand wieder rückgängig machen läßt. Die Institution trägt somit zur politischen Glaubwürdigkeit dieses Gesetzes bei. Die Ineffizienz ist sozusagen der Preis für die Glaubwürdigkeit. Dementsprechend erfüllt ein Zwei-Kammer System nicht das Heilbarkeitskriterium: neben der Pfadabhängigkeit dieser Institution würde der Verlust an politischer Glaubwürdigkeit sehr schwer wiegen und das politische Gleichgewicht zerstören. Ein Vorschlag, den Bundesrat zugunsten eines schnelleren Gesetzgebungsverfahrens in einer einzigen parlamentarischen Kammer abzuschaffen, wäre daher von vornherein zum Scheitern verurteilt.

5.2.4 Zur Entstehung von Verfügungsrechten

Transaktionskosten werden durch ein institutionell verankertes Arrangement von Verfügungsrechten gesenkt. Institutionen erweitern somit das Spektrum profitabler Tauschgeschäfte. Der Anreiz, neue Verfügungsrechte zu etablieren, ist folglich dort besonders groß, wo hohe Transaktionskosten wohlfahrtssteigernde Tauschgeschäfte blockieren, wie etwa im Zusammenhang mit der Existenz negativer externer Effekte. Die grundlegende These der frühen Property Rights-Theorie lautet, daß die Definition von Verfügungsrechten erfolgt, wenn die negativen externen Effekte einen so großen Schaden anrichten, daß sich eine Internalisierung der externen Effekte lohnt, d.h. wenn der Nutzen aus der Internalisie-

346 Vgl. Levmore (1992).

347 Vgl. dazu den Vorschlag von Hayek (1969b), S. 47 und den Kommentar von Rupp (1979).

rung deren Kosten übersteigt.[348] Als Kostenbestandteil sind insbesondere Verhandlungskosten signifikant, der Internalisierungsnutzen besteht aus Wohlfahrtsgewinnen für die Beteiligten. *Demsetz* illustriert diese These mit der Entstehung von Privateigentum an Jagdgründen bei den Labrador-Indianern im achtzehnten Jahrhundert.[349] Die Indianer jagten Biber, um ihr Fleisch zu essen und in einem geringen Umfang zur Verarbeitung des Fells. Die Biberpopulation ist durch eine relativ geringe Mobilität gekennzeichnet. Da das Eigentum an den Jagdgründen nicht definiert war, wurde der Biberbestand durch die Jagd dezimiert. Es traten negative externe Effekte auf, da ein Jäger keine Rücksicht auf die Auswirkungen seiner Jagdtätigkeit auf die anderen Jäger nahm. Diese Externalitäten waren allerdings so gering, daß sich der Aufwand für eine Internalisierung nicht lohnte. Erst als der Handel mit Biberfellen lukrativ wurde, der Wert der Felle beträchtlich anstieg und als Folge dessen die Jagd auf Biber rapide zunahm, lohnte sich die Inkaufnahme von Verhandlungskosten zur Spezifikation von Verfügungsrechten an der Biberpopulation durch die Zuweisung von Privateigentum an den Jagdgründen. Dadurch entstand der Anreiz für die Indianer, die langfristige Überlebensfähigkeit der Biber in ihren Jagdgründen zu sichern. Die neue Verfügungsrechtestruktur resultierte aus Kosten-Nutzen-Überlegungen rationaler Individuen und war effizient.

Ein anderes Beispiel für die durch Effizienzüberlegungen gelenkte Entstehung privater Verfügungsrechte ist der kalifornische Goldrausch in der Mitte des neunzehnten Jahrhunderts.[350] Damals gab es kein privates Eigentum an den Ländereien, weil ihr Wert noch nicht erkannt wurde. Als Gold gefunden wurde, stieg die Zahl der Goldsucher von August 1848 (5.000-10.000) bis August 1849 (ca. 250.000) dramatisch an.[351] 1848 war es noch nicht notwendig, Verfügungsrechte am Land zu spezifizieren, weil es wenige Goldsucher und eine große Fläche Land gab. Das änderte sich im folgenden, und es entstanden innerhalb kürzester Zeit Gruppen von Goldsuchern, die insgesamt über 600 lokale "Regierungen" bildeten und Claims absteckten, auf denen bestimmte Goldsucher das exklusive Recht zur Ausbeutung der Goldvorräte hatten.[352] Naturgemäß waren die Verhandlungskosten auch hier nicht gering, aber sie wurden durch den resultierenden Nutzen (Vermeidung von kostspieligen Kämpfen um die Claims) überkompen-

348 Die grundlegende Quelle ist Demsetz (1967), S. 348. Diese Ansicht ist allerdings von Eggertsson als "naiv" bezeichnet worden, weil sie davon ausgeht, daß die neue effizientere Verfügungsrechtestruktur quasi automatisch hervorgebracht wird. Vgl. Eggertsson (1990), S. 249-251.

349 Vgl. Demsetz (1967), S. 351-353.

350 Vgl. Umbeck (1981); Libecap (1989), S. 13-15.

351 Vgl. Umbeck (1981), S. 41.

352 Vgl. Libecap (1989), S. 13.

siert. Wiederum waren es Effizienzüberlegungen (zunehmende Knappheit des Landes), die eine Spezifizierung von Verfügungsrechten ermöglichten. Die Verfügungsrechtestruktur wurde später in staatlichen Vorschriften festgeschrieben.

Auch der "technologische" Fortschritt ermöglicht die Spezifizierung von Verfügungsrechten, wo es vormals nicht effizient war. Bei Umweltgütern wie Luft und zu einem geringeren Teil Wasser ist eine Spezifizierung der Verfügungsrechte an ihnen schwierig. Bis vor einiger Zeit war die Notwendigkeit auch noch nicht unbedingt vorhanden, da saubere Luft und sauberes Wasser im Überfluß vorhanden waren. Im Zuge der Industrialisierung wurden diese Güter aber zunehmend knapper, so daß es sich mehr und mehr "lohnte", Verfügungsrechte an den Umweltgütern im Sinne von Umweltnutzungsrechten zu spezifizieren.

Nach diesem Überblick über die ökonomische Property Rights-Theorie wird im folgenden versucht, ihre wesentlichen Erkenntnisse auf die Analyse politischer Verfügungsrechte zu übertragen. Dazu muß als erstes geklärt werden, was unter dem Begriff der politischen Verfügungsrechte verstanden wird.

5.2.5 Politische Verfügungsrechte

5.2.5.1 Grundlagen

Politische Verfügungsrechte sind die Rechte zur Ausübung von Staatsgewalt.[353] Sie teilen politische Entscheidungsmacht zu und unterscheiden sich von den privaten Verfügungsrechten durch ein Befehls- bzw. Subordinationsverhältnis.[354] Während ein Tausch privater Verfügungsrechte grundsätzlich ohne Zwang und nur dann stattfindet, wenn sich alle Transaktionspartner einen Nutzenzuwachs versprechen, braucht der Inhaber eines politischen Verfügungsrechts auf die Präferenzen der von einer politischen Entscheidung Betroffenen wenig Rücksicht zu nehmen. Das staatliche Gewaltmonopol erzwingt die Beachtung politischer Direktiven.

Es kann zwischen einer bloß formellen und einer tatsächlichen Entscheidungsgewalt unterschieden werden.[355] Formelle Entscheidungsgewalt bedeutet, daß dessen Inhaber die letzte Entscheidungsbefugnis über die Durchführung einer konkreten Maßnahme hat, während die materielle Entscheidungsgewalt demjenigen gehört, der de facto die Kontrolle über die Entscheidung hat. Beides kann in

353 Vgl. Richter/Furubotn (1996), S. 461.

354 Vgl. Windisch (1984), S. 577.

355 Die folgenden Ausführungen orientieren sich an der Diskussion formeller und tatsächlicher Autorität in Organisationen bei Aghion/Tirole (1997).

einer Person zusammenfallen; dies muß jedoch nicht so sein. Ein Abteilungsleiter in einem Unternehmen, der einem ihm vorgelegten Vorschlag zustimmen muß, hat die formelle Entscheidungsbefugnis. Tatsächlich aber wird die Entscheidung von einem oder mehreren Spezialisten seiner Abteilung vorbereitet, die über die notwendige Detailkenntnis verfügen. Es ist durchaus möglich, daß diese Spezialisten ihre eigenen Vorstellungen durchsetzen können, die nicht unbedingt auch im Interesse des Abteilungsleiters sein zu brauchen, weil nur sie die Sachlage überblicken. In diesem Fall haben die Spezialisten zwar keine formelle Befugnis, die Entscheidung zu treffen – die hat der Abteilungsleiter -, wohl aber die materielle Entscheidungsgewalt, was sich darin ausdrückt, daß der Abteilungsleiter die Vorschläge seiner Mitarbeiter "abnicken" wird, weil er sich nicht in der Lage sieht, Korrekturen vorzunehmen.

Um die folgende Diskussion zu strukturieren, soll auf die Definition einer ökonomischen Transaktion als der Übertragung von ökonomischen Verfügungsrechten zurückgegriffen werden. Eine *politische* Transaktion ist entsprechend die Übertragung von *politischen* Verfügungsrechten. Da die Definition politischer Verfügungsrechte auf den Besitz politischer Entscheidungsgewalt abstellt, kann man in diesem Zusammenhang auch von einem formellen bzw. einem materiellen politischen Verfügungsrecht sprechen. Ein formelles politisches Verfügungsrecht besitzen diejenigen, die die letztliche Entscheidungsbefugnis über eine konkrete politische Maßnahme haben - etwa über die Verabschiedung eines Gesetzes. Das materielle politische Verfügungsrecht haben diejenigen inne, die in der Lage sind, durch sachbezogene Beiträge – z.B. im Entwurf eines Gesetzes – den Lauf der Dinge zu präjudizieren, ohne unbedingt die formelle Entscheidungsbefugnis zu haben. Es lassen sich drei politische Transaktionen unterscheiden:

- Die politische Transaktion zwischen den Wählern und den Politikern, die durch eine Wahl erfolgt. Mit dieser Transaktion wird grundsätzlich das formelle politische Verfügungsrecht, das in einer Demokratie bei den Wählern liegt, auf gewählte Repräsentanten übertragen.[356]

---

356 Ein einzelner Wähler hat allerdings nur einen Bruchteil der Staatsgewalt inne, da er den Wahlausgang nur in einem geringen Ausmaß beeinflussen kann. In einer Wahl, in der 40 Millionen Menschen kollektiv über den Wahlausgang entscheiden, beträgt die Wahrscheinlichkeit, daß ein Wähler pivotal, d.h. ausschlaggebend ist, eins zu vierzig Millionen. Der Wert des politischen Verfügungsrechts ist für einen einzelnen Wähler daher sehr gering. Es kommt hinzu, daß der Wert des politischen Verfügungsrechts nicht nur durch die verschwindend geringe Einflußmöglichkeit eines Wählers gemindert wird, sondern auch durch die Existenz von Interessengruppen, die – wie bereits diskutiert wurde – im politischen Prozeß einen großen Einfluß besitzen, insbesondere wenn sie gut organisiert sind.

- Politische Programme werden zumeist durch Gesetze verwirklicht. Zwar ist das gesamte Parlament das oberste Gesetzgebungsorgan, das Gesetzgebungsverfahren ist aber durch eine signifikante Mitwirkung spezialisierter Parlamentsausschüsse sowie der Ministerialbürokratie gekennzeichnet.[357] Die zweite Transaktion ist somit das Gesetzgebungsverfahren, in dem das formelle politische Verfügungsrecht beim gesamten Parlament verbleibt, das materielle politische Verfügungsrecht indes auf Ausschüsse und Ministerialbürokratie übergeht.
- Die dritte wesentliche Transaktion ist die Durchführung des verabschiedeten Gesetzes, die von Behörden – Ministerien oder anderen Behörden – oder Gerichten vorgenommen wird. Viele Gesetze sind nicht direkt anwendbar, sondern müssen durch zusätzliche Vorschriften oder Gerichtsurteile konkretisiert werden. In den meisten Fällen gehen sowohl das formelle als auch das materielle politische Verfügungsrecht auf das Durchführungsorgan über.

Diese drei zeitlich aufeinanderfolgenden politischen Transaktionen bilden das Gerüst für die nachfolgende Behandlung der politischen Verfügungsrechte. Am ausführlichsten wird auf die beiden ersten Transaktionen eingegangen.

5.2.5.2 Die Übertragung der formellen politischen Verfügungsrechte auf Politiker

5.2.5.2.1 Vorbemerkung

In diesem Abschnitt werden zwei Aspekte behandelt: zum einen wird das institutionelle Verfahren untersucht, mit dessen Hilfe die formellen politischen Verfügungsrechte in einer Demokratie üblicherweise übertragen werden: das Mehrheitswahlrecht. Zum anderen stellt sich die Frage, welcher Wähler bzw. welche Wählergruppe wahlentscheidend ist. Dazu wird auf ein weitverbreitetes Modell aus der Literatur zurückgegriffen: das Medianwählermodell.

5.2.5.2.2 Die Mehrheitswahl

Die Allokation politischer Verfügungsrechte erfolgt grundsätzlich durch eine Wahl, bei der die (absolute) Mehrheit der abgegebenen Stimmen entscheidet. Die grundsätzliche Frage in diesem Zusammenhang lautet, warum die Mehrheitswahl die am häufigsten gebrauchte Institution ist und nicht etwa das Einstimmigkeit-

357 Circa 80% aller Gesetzentwürfe werden von der Ministerialbürokratie ausgearbeitet. Vgl. Ossenbühl (1988), S. 357.

sprinzip oder beispielsweise 20% der Stimmen. Die Vertreter der konstitutionellen Ökonomie, speziell *Buchanan* und *Tullock*, geben eine Antwort auf diese Frage.[358] Ausgangssituation ist eine Gesellschaft, deren Mitglieder rationalerweise die Kosten bzw. Nutzen verschiedener Mehrheitserfordernisse abwägen. Entscheidend sind die "Interdependenzkosten" (I), d.h. die Summe von Entscheidungskosten und erwarteten externen Kosten.[359]

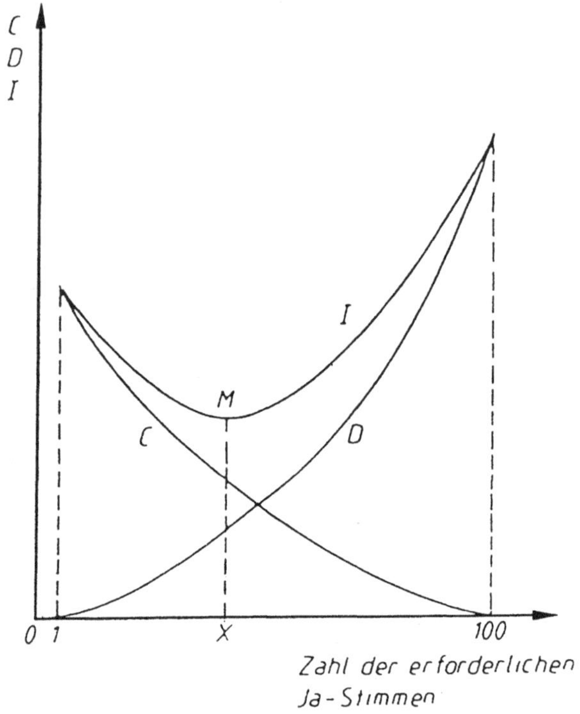

Abb. 13: Interdependenzkosten

Die Entscheidungskosten (D) bestehen aus den Kosten der Verhandlung über die zur Wahl stehenden Alternativen und sind bei Einstimmigkeit am höchsten: jedes Mitglied der Gemeinschaft muß von der Vorteilhaftigkeit einer bestimmten Alternative überzeugt werden. Auch ohne eine ökonomisch durchaus rationale

358 Vgl. Buchanan/Tullock (1962).

359 Vgl. Buchanan/Tullock (1962), Kap. 6. Die Graphik entstammt Kirsch (1993), S. 116.

strategische Verschleierung der individuellen Präferenzen sind die Entscheidungskosten extrem hoch. Sie sind dagegen am niedrigsten, wenn ein Diktator die Entscheidungen bestimmt. Dann nämlich fallen - wenn überhaupt - nur sehr geringe Verhandlungskosten an, weil allein die Präferenz des Diktators entscheidet. Zwischen den beiden Extremlösungen steigen die Entscheidungskosten stetig an. Sind nur 20 Prozent der Stimmen für eine Entscheidung notwendig, brauchen relativ wenig Verhandlungen geführt zu werden, während die absolute Mehrheit entsprechend mehr Verhandlungen und damit Entscheidungskosten verursacht. Ginge es allein nach dem Kriterium der Entscheidungskosten, wäre eine Diktatorlösung kostenminimal.

Neben den Entscheidungskosten gibt es aber eine zweite Kostenart, die erwarteten externen Kosten (C). Sie bestehen aus den Kosten, die einem Einzelnen durch die Entscheidungen anderer entstehen und die ihm eine Nutzeneinbuße einbringen. Eine Nähe zu dem Konzept der externen Effekte ist unverkennbar. Im Falle der Einstimmigkeitsregel sind die erwarteten externen Kosten gleich Null, weil niemand von einer noch so großen Mehrheit überstimmt werden kann und ein rationaler Bürger nur dann seine Zustimmung gibt, wenn er sich selber einen Nutzen davon verspricht. Allerdings schließt dies nicht aus, daß externe Kosten anfallen, die nicht erwartet worden sind, beispielsweise wenn ein Parteiprogramm, für das ein Wähler in Hoffnung seiner vollständigen Umsetzung gestimmt hat, nur unvollständig umgesetzt wird. Daher sind die für die Wahlentscheidung relevanten externen Kosten immer eine Erwartungsgröße. Die externen Kosten sind am höchsten bei der Diktatorlösung. Da nur die Präferenzen des Diktators zählen und seine Präferenzen in den wenigsten Fällen mit denen der anderen Bürger übereinstimmen, erleiden die Bürger durch die Entscheidungen des Diktators Nutzeneinbußen.

In Abbildung 13 liegt die optimale Abstimmungsregel bei rund 40 Prozent (= X). Es ist also keineswegs zwingend, daß die erforderliche Mehrheit genau 50 Prozent plus eine Stimme betragen muß. Vielmehr sind je nach dem Verlauf der Kostenkurven andere Mehrheitserfordernisse optimal. Ersichtlich ist jedoch, daß sowohl die Einstimmigkeits- als auch die Diktatorregel die Ausnahmen darstellen. Nur wenn die Minimierung der Entscheidungskosten absoluten Vorrang besitzt, z.B. bei militärischen Entscheidungen, die ohne Diskussion und unter Zeitdruck gefällt werden müssen, wird das entscheidungskostenminimierende Verfahren, also die Diktatorlösung, gewählt. Sind dagegen die erwarteten externen Kosten so groß, daß sie die Entscheidungskosten in ihrer Bedeutung weit übertreffen – man denke an Vorhaben von grundlegendster Bedeutung für ein Gemeinwesen wie etwa die Aufnahme neuer Mitgliedstaaten in die Europäische Union -, läßt sich die Einstimmigkeitsregel auch aus ökonomischer Sicht rechtfertigen. Damit läßt sich auch begründen, warum das Grundgesetz nur mit einer

Zwei-Drittel-Mehrheit geändert werden darf: In der Verfassung werden Regeln von hoher Relevanz für das gesellschaftliche Zusammenleben beschlossen, und die erwarteten externen Kosten sind relativ hoch.[360] Demgegenüber kann ein einfaches Gesetz, das in den meisten Fällen die Bevölkerung nicht als Ganzes betrifft, schon mit der absoluten Mehrheit der Stimmen beschlossen werden.

Läßt sich die Institution der Mehrheitswahl als effizient in dem Sinne bezeichnen, daß mit Mehrheitswahlrecht getroffene Entscheidungen die institutionellen Transaktionskosten minimieren? Vergleichsgegenstände sind das Einstimmigkeitsprinzip einerseits und die Diktatorregel andererseits. Ein praktisches Beispiel ist etwa die Wahl eines neuen Parteivorsitzenden durch eine Urwahl aller Parteimitglieder. Ein Diktator (z.B. der alte Vorsitzende) würde seinen Nachfolger unabhängig von den Präferenzen der Parteimitglieder selber bestimmen. Bei Einstimmigkeit muß der Kandidat von ausnahmslos allen Mitgliedern gewählt werden. Die Kosten der Spezifizierung des formellen politischen Verfügungsrechts fallen bei der Organisation der Wahl und bei der Feststellung des Wahlergebnisses an. Die Organisation der Wahl (Aufstellung von Wahlurnen bzw. Einsammeln von Stimmzetteln, Bereitstellung von Wahlpersonal etc.) würde keine Probleme für einen Diktator darstellen, der keine Wahl zuläßt und wo das Wahlergebnis von vornherein feststeht. Dagegen sind die hohen Kosten der Feststellung des Wahlergebnisses ausschlaggebend für die ungünstige Kostensituation des Einstimmigkeitsprinzips. Nur in kleinen Gruppen wird ein Kandidat realistischerweise die Stimmen aller Wahlberechtigten erhalten können. Die Spezifizierungskosten liegen im Mehrheitswahlsystem zwischen den Extremen und sind zwar größer als bei der Diktatorlösung, aber geringer als beim Einstimmigkeitsprinzip.

Die Diktatorregel hat dafür hohe Durchsetzungskosten, falls der Nachfolgekandidat nicht ohnehin von der Mehrheit der Parteimitglieder gewählt worden wäre. Ein neuer Parteivorsitzender, der bei den Mitgliedern sehr unbeliebt ist, wird seine Präferenzen nur unter großen Schwierigkeiten und mit starker Unterstützung ihm ergebener Helfer durchsetzen können. Sein formelles politisches Verfügungsrecht ist ständig in Gefahr, durch die Widerstände unzufriedener Mitglieder verdünnt oder gar entzogen zu werden. Ein einstimmig gewählter Vorsitzender hingegen wird zumindest in der ersten Zeit nach seiner Wahl so gut wie

---

360 Einige Bestimmungen des Grundgesetzes sind sogar so bedeutend, daß sie mit einer "Ewigkeitsgarantie" versehen sind, d.h. auch nicht durch einen einstimmigen Beschluß der legitimierten Organe zu Fall gebracht werden können. Gemäß Artikel 79 Abs. 3 GG sind dies die in Artikel 1 und 20 GG festgelegten Grundsätze (u.a. Menschenwürde, Bindung der Gesetzgebung an die verfassungsmäßige Ordnung) bzw. jede Änderung, durch welche die Gliederung des Bundes in Länder oder die grundsätzliche Mitwirkung der Länder bei der Gesetzgebung berührt wird.

keine Schwierigkeiten haben, sein Verfügungsrecht auszuüben und seine Vorhaben durchzusetzen. Der "nur" mit Mehrheit gewählte Vorsitzende hat es da schon etwas schwerer: er muß immer wieder neu für seine Vorschläge werben, auch abhängig davon, mit welcher Mehrheit er gewählt wurde.

In der Summe ist die Effizienz des Mehrheitswahlrechts zwar nicht eindeutig, es deutet aber einiges auf seine Effizienz hin. Entscheidend ist vor allem, wie hoch der Widerstand der Mitglieder gegen den diktatorisch bestimmten Vorsitzenden ausfällt. Im Falle eines benevolenten Diktators ist die Diktatorlösung sicherlich am effizientesten. Da dies aber eine eher hypothetische Annahme ist, dürfte das Mehrheitswahlrecht eine effiziente Übertragung des formellen politischen Verfügungsrechts gewährleisten.

Diese Transaktionskostenbetrachtung hat einige Ähnlichkeit mit der *Buchanan-Tullock*schen Interdependenzkostenanalyse. Die Spezifizierungskosten stehen sachlich den Entscheidungskosten nahe, während die Durchsetzungskosten und die erwarteten externen Kosten ebenfalls einen sachlichen Zusammenhang aufweisen. Ein Unterschied besteht jedoch: während *Buchanan* und *Tullock* das Mehrheitswahlrecht endogen erklären, gründet die Transaktionskostenanalyse in einem Vergleich exogen vorgegebener institutioneller Alternativen. Eine Transaktionskostenbetrachtung kann also nicht begründen, wann eine einfache und wann eine qualifizierte Mehrheit verwendet werden sollte. Die Analyse von Institutionen ist immer komparativer Natur.

Der Zusammenhang zwischen politischen Institutionen in einer repräsentativen Demokratie (z.B. Mehrheitswahlrecht) und dem Wirtschaftswachstum ist weder theoretisch noch empirisch eindeutig geklärt. Zwar wird die Hypothese von *Lipset* (1959) empirisch bestätigt, daß wohlhabende Länder empfänglicher für demokratische Institutionen sind. Umgekehrt zeigt eine Untersuchung von Robert *Barro* allerdings, daß der Nettoeffekt der Demokratie auf das Wirtschaftswachstum eines Landes theoretisch unbestimmt ist, d.h. unter Umständen können demokratische Institutionen dem Wachstum sogar abträglich sein.[361] Autokratien wie Chile unter dem Militärregime von General Pinochet sind ein Beispiel dafür, daß auch undemokratisch organisierte Volkswirtschaften wirtschaftliche Freiheiten gewähren und Deregulierungsprozesse vorantreiben. Beispielsweise hat Chile in den 80er Jahren seinen Elektrizitätssektor grundlegend restrukturiert.[362] Mit Hilfe innovativer gesetzlicher Regelungen wurde unter anderem eine Definition eines effizienten Unternehmens festgelegt und unter Zugrundelegung des Capital Asset Pricing Model die angemessene Rendite eines

---

361 Vgl. Barro (1997), S. 51.
362 Vgl. Spiller (1996b), S. 501-503.

Energieversorgers kalkuliert.[363] Chile hat zudem Anfang der 80er Jahre sein Rentenversicherungssystem vom auch in Deutschland praktizierten Umlagesystem auf ein kapitalgedecktes System umgestellt, das von den meisten Ökonomen als das effizientere von beiden angesehen wird.[364]

Auch empirisch gibt es keinen eindeutigen Anhaltspunkt für eine positive Wirkung der Demokratie auf das Wachstum einer Volkswirtschaft, wie folgende Graphik zeigt.[365]

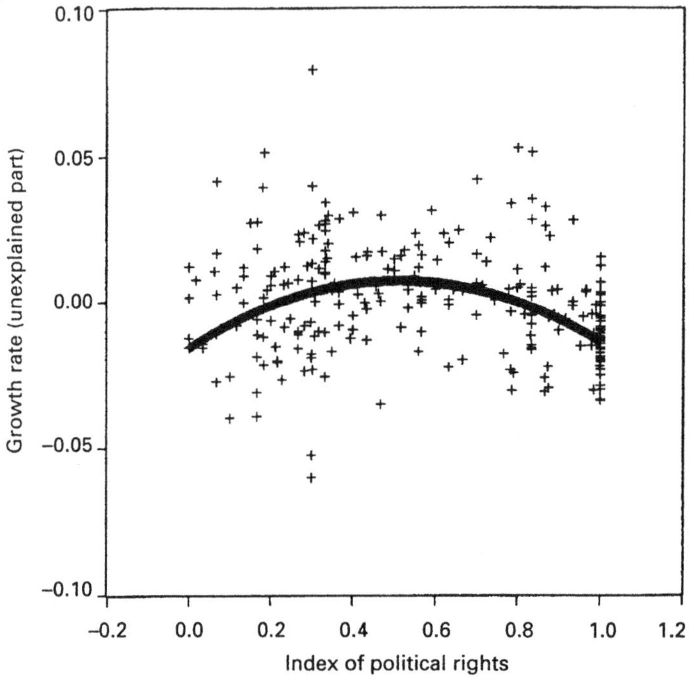

Abb. 14: Zusammenhang zwischen Wachstum und Demokratie

Die graphische Darstellung zeigt den Zusammenhang zwischen einem normierten Index politischer Rechte (IPR) und einer bereinigten Wachstumsrate des Bruttoinlandsprodukts, jeweils bezogen auf ein Land. In den IPR geht unter anderem das Wahlrecht für die Bürger und die Intensität des Einflusses demokra-

363 Vgl. auch Abschnitt 5.4.4.7.

364 Vgl. z.B. Neumann (1998); Börsch-Supan (1998). Eine Situationsbeschreibung für Chile bietet Edwards (1998).

365 Vgl. Barro (1997), S. 60.

tisch gewählter Abgeordneter auf den politischen Entscheidungsprozeß ein.[366] So hatte Westdeutschland 1994 einen Indexwert von 1, d.h. einen maximalen Demokratisierungsgrad, während Länder wie Indonesien, Irak und Algerien einen Indexwert von 0 hatten. Demokratische Institutionen existierten in diesen Ländern praktisch nicht.

Die in der Graphik ermittelte nichtlineare Beziehung zwischen Demokratie und Wachstum zeigt, daß ein moderates Niveau an Demokratie (ein Indexwert von ca. 0,5) tendenziell am wachstumsförderndsten ist. Dagegen begünstigen sowohl extrem niedrige als auch extrem hohe Indexwerte das Wachstum nicht. Dieser auf den ersten Blick erstaunliche Befund läßt sich allerdings theoretisch erklären.[367] In sehr undemokratischen Regimen (Indexwert = 0) bewirkt ein Aufbau politischer Rechte einen Anstieg des Wirtschaftswachstums, weil die diskretionäre Macht des Regimes durch demokratische Institutionen besser unter Kontrolle gebracht wird. Der Herrscher kann nun nicht mehr ohne Rücksichtnahme auf andere seine Präferenzen durchsetzen und z.B. Unternehmer und Bürger "nach Gutsherrenart" enteignen. Damit wird das Vertrauen potentieller Investoren in das entsprechende Land gestärkt, und die Investitionsneigung dürfte zunehmen. In vollständig entwickelten Demokratien (Indexwert = 1) dominiert hingegen die Einkommensumverteilung und schwächt so die Wachstumskräfte. In diesen Ländern wird den Bedürfnissen im Namen der sozialen Gerechtigkeit wie einer großzügigen Absicherung gegen Krankheit, Arbeitslosigkeit oder Altersarmut vermehrt Rechnung getragen und dafür auf ein zusätzliches Wirtschaftswachstum verzichtet. Der positive Zusammenhang von demokratischen Institutionen auf das Wirtschaftswachstum ist also empirisch nicht gesichert. Folglich gibt es auch in Demokratien Institutionen, die adaptiv ineffizient sind (wie etwa Institutionen mit einer übermäßigen Umverteilungsfunktion).

Die Mehrheitswahl als Allokationsverfahren politischer Verfügungsrechte ist in der Theorie nicht ohne Mängel, da sie einen Defekt hat, der als "*Condorcet-Paradox*" bekannt ist.[368] Es seien beispielsweise drei Wähler (1, 2, 3) gegeben, die über drei Alternativen (A, B, C) mit Mehrheit abstimmen. So könnten die Alternativen sich auf den Grad der staatlichen Regulierung in der Umweltpolitik beziehen. Alternative A mag eine Umweltpolitik mit Hilfe intensiver staatlicher Eingriffe sein (z.B. Ge- und Verbote), Alternative B eine ausgewogenere Mischung zwischen staatlicher Regulierung und privater Initiative (z.B. Umweltabgaben) und Alternative C eine rein private Lösung (z.B. freiwillige Selbstver-

---

366 Vgl. Barro (1997), S. 53, der sich auf Gastil (1986/87), S. 7 bezieht

367 Vgl. Barro (1997), S. 59.

368 Condorcet war ein französischer Mathematiker und Philosoph des späten achtzehnten Jahrhunderts. Zum Condorcet-Paradox vgl. z.B. Shepsle/Bonchek (1997), S. 49-56 oder Rosen/Windisch (1992), S. 166.

pflichtungen privater Wirtschaftssubjekte). Wähler 1 habe die Präferenz A > B > C, Wähler 2 die Präferenz B > C > A und Wähler 3 die Präferenz C > A > B.[369] Wird nun in paarweiser Mehrheitsabstimmung versucht, eine Alternative auszuwählen, so erkennt man, daß "zyklische Majoritäten" auftreten, die dazu führen, daß eine Alternative immer von einer anderen Alternative geschlagen wird, so daß keine Alternative eine eindeutige Stimmenmehrheit erhält. Steht A gegen B zur Wahl, gewinnt A mit 2:1 Stimmen; tritt dann der Sieger A gegen die Alternative C an, gewinnt C mit 2:1 Stimmen. Wird aber nun zur Probe C gegen B zur Wahl gestellt, müßte C dem Transitivitätserfordernis entsprechend ebenfalls gewinnen. Es zeigt sich aber, daß C gegen B unterliegt. Die Wahrscheinlichkeit, daß es zu zyklischen Mehrheiten kommt, ist bei drei Alternativen und drei Personen 5,6%, bei sechs Alternativen und drei Personen erhöht sich diese Wahrscheinlichkeit auf über 20%.[370] Es besteht also die nichttriviale Gefahr, daß die Mehrheitswahl inkonsistente Entscheidungen hervorbringt.[371] Das aber eröffnet Spielraum für strategische Manipulationen: Ein Individuum ("agenda setter"), das in der Lage ist, die Abstimmungsreihenfolge zu bestimmen, vermag jede beliebige zur Wahl stehende Alternative ganz nach seiner Präferenz zu erreichen.[372] Dazu braucht er in einer Serie von Abstimmungen nur über seine favorisierte Alternative als letzte abstimmen zu lassen. Ist der Vorschlag des A angenommen worden, wird er keine weiteren Vorschläge mehr auf die Tagesordnung setzen, weil jeder alternative Vorschlag nachteilig für ihn wäre.

Das Condorcet-Paradox kann indessen nur auftreten, falls mindestens ein Wähler mehrgipflige Präferenzen hat.[373] Als Beispiel sollen drei Parteiprogramme zur Wahl stehen, von denen eines als "links", das zweite als "mittel" und das dritte als "rechts" bezeichnet werden kann. Die zweitbeste Alternative eines

---

369 A > B bedeutet: Alternative A wird der Alternative B vorgezogen.

370 Vgl. Shepsle/Bonchek (1997), S. 54.

371 Allerdings hat Kenneth *Arrow* in seiner Dissertation gezeigt, daß kein Wahlverfahren bestimmten minimalen ("vernünftigen") Bedingungen genügt, ohne gegen mindestens eine der folgenden Bedingungen zu verstoßen (Arrow (1951)):
- Keine Alternative darf von vornherein von der Abstimmung ausgeschlossen werden (universal admissibility);
- bevorzugt jedes Gruppenmitglied Alternative A vor Alternative B, muß Alternative A auch die Gruppenpräferenz sein (Pareto optimality);
- fällt eine für die Entscheidung irrelevante Alternative weg, darf sich die Gruppenpräferenz nicht ändern (independence from irrelevant alternatives);
- kein Individuum darf als Diktator seine Präferenzen den anderen Individuen vorschreiben (nondictatorship).

Die Aggregation individueller zu einer kollektiven Präferenz stößt folglich auf grundsätzliche Schwierigkeiten.

372 Vgl. das "Chaos-Theorem" von McKelvey (1976).

373 Vgl. Rosen/Windisch (1992), S. 168.

Wählers mit einer mehrgipfligen Präferenzstruktur, dessen bevorzugte Alternative ein linkes Parteiprogramm ist, ist nicht etwa das mittlere Programm, sondern das rechte Programm. Graphisch läßt sich dies wie folgt verdeutlichen:[374]

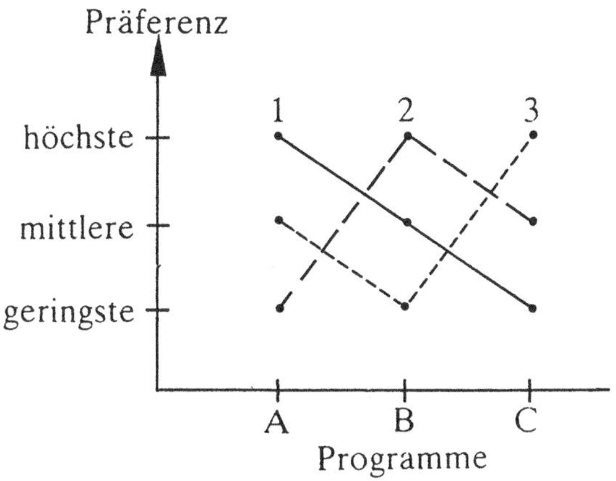

Abb. 15: Mehrgipflige Präferenzen

Haben dagegen alle Wähler eingipflige Präferenzordnungen, tritt das Condorcet-Paradox nicht auf.[375]

Die theoretische Implikation der Mehrheitswahl, es komme zu "chaotischen" Abstimmungen und zyklischen Mehrheiten, scheint in der Realität jedoch nicht einzutreten. Vielmehr zeichnen sich politische Entscheidungen durch eine relativ hohe Stabilität aus. Das gilt sowohl für allgemeine Wahlen wie auch für parlamentarische Abstimmungen. Bei allgemeinen Wahlen liegt die Ursache nicht zuletzt in den Beschränkungen bei der Festsetzung der Wahltermine. Da Wahlen grundsätzlich nur alle vier oder fünf Jahre wiederholt werden, kann niemand nach erfolgter Wahl gleich eine neue Abstimmung ansetzen, um "seinen" favorisierten Kandidaten durchzusetzen. Es ist zwar möglich, Wahlen anzufechten, aber solange nicht grobe Formfehler bei der Durchführung der Wahl nachgewiesen werden können, hat dies wenig Aussichten auf Erfolg.

Die Mehrheitswahl wird bei einer Übertragung formeller politischer Verfügungsrechte verwendet und wird im weiteren als gegeben betrachtet. Nun stellt sich die Frage, ob Aussagen über das Resultat der Mehrheitswahl getroffen wer-

374 Vgl. Brümmerhoff (1992), S. 107.
375 Vgl. Rosen/Windisch (1992), S. 168 mit Bezug auf Black (1958).

den können, insbesondere, welche Präferenzen ausschlaggebend sind. Diese Frage wird anhand des Medianwählermodells diskutiert.

5.2.5.2.3 Das Medianwählermodell

Das Medianwählermodell hat eine lange Tradition in der politischen Ökonomie. Es wurde bereits Ende der 50er Jahre von Anthony *Downs* entwickelt und in der Folgezeit sowohl theoretisch als auch empirisch verfeinert.[376] Der Medianwähler hat die Eigenschaft, daß sich seine Präferenz in einer eindimensionalen Politikdimension (z.B. links – rechts) genau "in der Mitte" befindet. Bei 101 Wählern, deren Präferenzen sich entlang eines Links-Rechts-Schemas zuordnen lassen, wobei links für "mehr Staat" und rechts für "mehr Markt" stehen mag, ist der Medianwähler an 51. Position. Das führt dazu, daß sich die Präferenz des Medianwählers im politischen Prozeß durchsetzt. Ein Beispiel von fünf Personen, die eine Party feiern möchten, soll dies verdeutlichen.[377] Alle Personen haben unterschiedliche Präferenzen über die Höhe der Ausgaben für die Party. Person A ist höchstens bereit, 20 DM auszugeben, B maximal 400 DM, C maximal 600 DM, D höchstens 640 DM und E maximal 2800 DM. Bei einer Mehrheitsabstimmung setzt sich die Präferenz des C durch: Ausgehend von dem Vorschlag des A, dem alle Personen zustimmen, wird B höhere Ausgaben vorschlagen (400 DM), dem nunmehr vier Personen (B, C, D und E) zustimmen. C schlägt daraufhin sein gewünschtes Ausgabenvolumen vor, das eine Mehrheit findet (C, D und E). Jeder Betrag, der über die von C vorgeschlagene Summe hinausgeht, gewinnt keine Mehrheit. C ist der Medianwähler.

Das Grundmodell von *Downs* geht von folgenden Voraussetzungen aus:[378]

1. Zwei stimmenmaximierende Politiker werben mit jeweils einem politischen Programm um die Gunst der Wähler. Diese sind Nutzenmaximierer, die den Politiker wählen, dessen Programm ihnen präferenzmäßig am nächsten liegt. Alle Wähler gehen zur Wahl, es gibt keine Enthaltungen. Wahlen werden permanent abgehalten. Sieger ist der Politiker, der die Mehrheit der Stimmen erhält.
2. Die Alternativen können auf einer eindimensionalen Skala abgebildet werden, z.B. ein Links-Rechts-Schema oder alternative Ausgabenhöhen für ein Politikfeld. Geht es um die Wahl eines Politikprogramms, das Aussagen zu meh-

---

376 Vgl. Downs (1957/1968) und die kritische Würdigung bei Romer/Rosenthal (1979) und Rowley (1984).

377 Vgl. Rosen/Windisch (1992), S. 170 f.

378 Vgl. auch Rowley (1984), S. 105.

reren Politikfeldern trifft, ist das Links-Rechts-Schema adäquat. Würde über eine bestimmte Maßnahme innerhalb eines Politikfeldes abgestimmt (z.B. über die Erhöhung der Ausgaben für Verteidigungszwecke) ist die Ausgabenhöhe geeignet.[379]

3. Jeder Wähler hat eine eingipflige Präferenzfunktion. Mit dieser Annahme werden zyklische Mehrheiten ausgeschaltet.
4. Es besteht vollständige Information sowohl auf seiten des Wählers, der die Parteiprogramme beider Parteien kennt und sie korrekt bewerten kann, als auch auf seiten der Politiker, die den politischen "Standort" der Wähler kennen. Die Wählerverteilung ist symmetrisch um den Median herum.
5. Implizit wird vorausgesetzt, daß der gewählte Politiker die Maßnahmen seines Programms *sine ira et studio* durchführen wird. Der Politiker ist mit anderen Worten ein perfekter Agent seiner Wähler. Die Rolle der Bürokratie wird im Grundmodell vernachlässigt.

Unter diesen stilisierten Bedingungen hat Anthony *Downs* gezeigt, gestützt auf die theoretische Vorarbeit von *Hotelling*, daß sich die Parteiprogramme im Ergebnis annähern und sich im politischen Gleichgewicht der Präferenz des Medianwählers anpassen.[380]

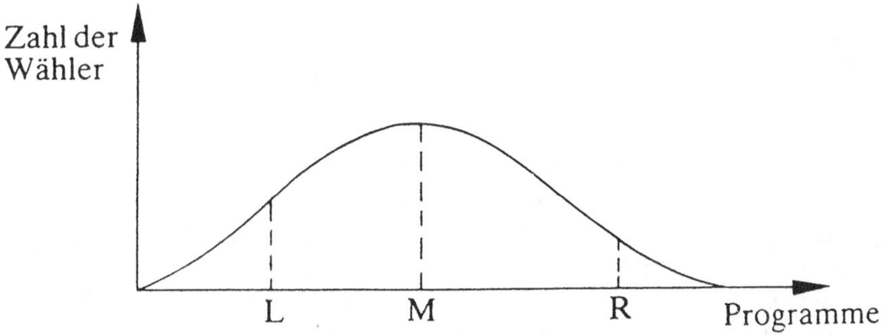

Abb. 16: Angleichung an die Präferenz des Medianwählers[381]

Ideologischer Ausgangsort der beiden Politiker sei rechts (R) bzw. links (L) außen, während der Wähler eine mittlere Präferenz (M) habe. Falls sich nun – unter der Annahme, daß der rechte und der linke Politiker zu Beginn gleich weit

379 Zu einem Beispiel vgl. Rosen/Windisch (1992), S. 170.
380 Vgl. Downs (1957/1968) und Hotelling (1929).
381 Vgl. Brümmerhoff (1992), S. 114.

vom ideologischen Standort des Wählers entfernt sind – der rechte Politiker ein klein wenig nach links bewegt, hätte er Stimmen gewonnen, die gleichzeitig dem linken Politiker fehlen. Da jedoch auch der linke Politiker vollständig informiert ist, wird er seinerseits in die Mitte rücken, um mehr Wählerstimmen zu erhalten. Das geht so lange, bis sich beide Politiker genau im Punkt der Präferenz des Medianwählers treffen. Im Gleichgewicht ist der Medianwähler indifferent zwischen den Politikern, weil die Parteiprogramme identisch sind. Ansonsten wäre einer der beiden Politiker der sichere Sieger.

Die wesentliche Schlußfolgerung, die aus dem Medianwählermodell gezogen werden kann, lautet, daß unter den genannten Annahmen der Medianwähler sowohl der Inhaber des formellen als auch des materiellen politischen Verfügungsrechts ist. Er besitzt das formelle Verfügungsrecht, weil das Modell als permanenter Abstimmungsprozeß funktioniert (Annahme permanenter Wahlen), so daß der Medianwähler jede politische Entscheidung praktisch formell genehmigt. Wichen die Politiker von seiner Präferenz ab, würden sie sofort abgewählt. Der Medianwähler hat auch das materielle Verfügungsrecht inne, weil der gewählte Politiker annahmegemäß sein politisches Programm buchstabengetreu durchsetzt. Da das Programm aber genau die Präferenz des Medianwählers widerspiegelt, übt dieser damit de facto die vollständige Staatsgewalt aus. Wenn das der Fall ist, gibt es keinen qualitativen Unterschied mehr zwischen dem Medianwähler und einem Diktator.[382] An dieser Stelle läßt sich eine Analogie zur privaten Sphäre ziehen. Ein Inhaber exklusiver privater Verfügungsrechte ist ebenfalls in der Lage, die Entscheidungsgewalt über ein Gut bedingungslos auszuüben. So wie der Eigentümer eines Apfels ihn essen, verschenken oder wegwerfen kann, kann der Inhaber eines exklusiven politischen Verfügungsrechts seine Präferenzen beliebig in politische Entscheidungen umsetzen. Allerdings ist selbst ein Diktator grundsätzlich auf Ausführungsgehilfen angewiesen, wie z.B. Bürokraten. Daraus resultiert ein Agency-Problem (s. unten), so daß sich selbst die Präferenzen eines Diktators nicht vollständig in der praktischen Politik widerspiegeln.

Bemerkenswert ist ebenfalls, daß das Ergebnis des *Downs*schen Medianwählermodells eine hohe Ähnlichkeit mit dem *Coase*-Theorem besitzt. Die wesentlichen Annahmen, die beiden Modellen zugrunde liegen, sind identisch: Abwesenheit von Transaktionskosten, vollständige Informationen und kostenlose Durchsetzung der Verfügungsrechte. Auch das Ergebnis ist vergleichbar: die Grundaussage des *Coase*-Theorems war ja, daß alle Tauschmöglichkeiten ausgenutzt werden, bis die Allokation effizient ist. Einen Unterschied gibt es nur in der Distri-

382 Das ist natürlich der idealtypische Fall. Grundsätzlich muß auch ein Diktator auf bestimmte Gruppen achten, die ihm die Macht entreißen könnten. Vgl. Kirsch (1993), Kap. VII.

bution der Ressourcen. Auch im *Downs*schen Modell ist die Allokation der formellen Verfügungsrechte unabhängig von Verteilungsfragen, also davon, wer die meisten Stimmen erhält, da sich die Programme im Gleichgewicht ja nicht unterscheiden. Es gibt allerdings auch Unterschiede. Bei *Coase* sind alle externen Effekte im Gleichgewicht durch Verhandlungen internalisiert worden. Im Medianwählermodell dagegen sind externe Kosten insoweit vorhanden als die Präferenz des Medianwählers nicht mit den Präferenzen der übrigen Wähler übereinstimmt. Nur wenn die Präferenzen aller Wähler identisch sind, gibt es keine externen Effekte. Der Grund für diese Abweichung ist der fundamentale Unterschied zwischen der privaten und der politischen Sphäre: Der Antrieb für einen Tausch privater Verfügungsrechte beruht auf Kosten-Nutzen-Überlegungen, die auf freiwilliger Basis verwirklicht werden. Dagegen wirkt sich die Ausübung von Staatsgewalt auch auf diejenigen aus, deren Präferenzen im politischen Prozeß nicht berücksichtigt werden. Der Medianwähler zwingt allen anderen Wählern seine Präferenzen auf.

Das Grundmodell des Medianwählers ist selbstverständlich eine rigorose Vereinfachung, nicht zuletzt weil außer der Mehrheitswahl keine weiteren Institutionen vorhanden sind. Dies ist aufgrund der Null-Transaktionskosten-Annahme jedoch nicht weiter verwunderlich. Nun sollen die dem Modell zugrunde liegenden restriktiven Annahmen gelockert werden. Allerdings sind die Annahmen 2 (Eindimensionalität) und 3 (eingipflige Präferenzen) essentiell notwendig, weil es ansonsten überhaupt keinen Medianwähler gibt. Nimmt man anstatt einer Politikdimension ein ganzes "Politikbündel" an, gibt es keinen eindeutigen Medianwähler mehr. Läßt man mehrgipflige Präferenzen zu, kann es zu zyklischen Majoritäten kommen, so daß sich unter Umständen auch hier kein eindeutiger Medianwähler ergibt. Der entscheidende Punkt in bezug auf das formelle Verfügungsrecht ist die Annahme permanenter Wahlen. Nähert man sich der Realität dadurch an, daß Wahlen in regelmäßigen Abständen erfolgen, verliert der Medianwähler sein formelles Verfügungsrecht. Die politischen Entscheidungsträger sind dann nämlich nicht mehr gezwungen, jede Entscheidung implizit dem Medianwähler zur Genehmigung vorzulegen, sondern haben die formelle Entscheidungsbefugnis, d.h. das formelle politische Verfügungsrecht ist auf die Politiker übergegangen. Beläßt man es bei der Annahme permanenter Wahlen, dann behält der Medianwähler das formelle Verfügungsrecht. Werden die übrigen Annahmen gelockert, zeigt sich folgendes Bild:

- *Nicht alle Wähler gehen zur Wahl*: Ein Bestandteil von Annahme 1 ist, daß alle Wähler zur Wahl gehen. Gibt es jedoch Stimmenthaltungen, verliert der ursprüngliche Medianwähler das formelle politische Verfügungsrecht. Der Einfachheit halber sei angenommen, daß die gesamte Hälfte der Wähler rechts des Medianwählers nicht zur Wahl geht. Dann ist der Medianwähler der Wähler mit der am weitesten rechts stehenden Präferenz. Der Median der *abgegebenen* Stimmen befindet sich weiter links auf der Skala, so daß die Präferenz des eigentlichen Medianwählers für die praktische Politik keine Rolle mehr spielt. Es gibt einen neuen Medianwähler, der eine weiter links stehende Politik wünscht und auf den ceteris paribus das formelle Verfügungsrecht übergeht.[383]

- *Mehr als zwei Parteien bzw. Politiker*: Werden nicht mehr zwei, sondern z.B. drei Parteien zugelassen, kann dies zu dem Ergebnis führen, daß die Partei der Mitte durch die linke und die rechte Partei quasi erdrückt wird.[384] Im Gleichgewicht erhält die rechte Partei alle rechts von ihrem Standort gelegenen Stimmen und die linke Partei die links von ihr befindlichen Stimmen. Für die mittlere Partei ist kein Platz mehr vorhanden. Am politischen Gleichgewicht, das die Präferenz des Medianwählers widerspiegelt, ändert das indes nichts. Aus dynamischer Sicht könnten allerdings nun neue Parteien, die an der rechten oder linken Seite eintreten, das Potential zu erheblichen Stimmengewinnen ausnutzen, weil zwar die Mitte stark besetzt ist, die Ränder des Parteienspektrums dagegen verwaist sind. Aber auch in diesem Fall läuft alles auf die Präferenz des Medianwählers hinaus.[385] Er behält folglich sowohl das formelle als auch das materielle politische Verfügungsrecht. Es kann allerdings sein, daß keine Partei die zum Wahlsieg nötige absolute Mehrheit erhält und die Partei des Medianwählers gezwungen ist, eine Koalitionsregierung mit einer oder mehreren anderen Parteien einzugehen. Im Zuge der Koalitionsverhandlungen wird jede Partei Kompromißfähigkeit zeigen müssen, um an die Regierung zu gelangen. Deshalb geht das materielle politische Verfügungsrecht des Medianwählers verloren, da nun nicht mehr ausschließlich Politiker regieren, die seinen Präferenzen entsprechen, sondern Koalitionspolitiker Staatsgewalt ausüben, die von ihm nicht gewählt worden sind.

- *Unvollständige Informationen*: Die Modifikation der Annahme, die Politiker und Wähler hätten vollständige Informationen, führt ebenfalls zu vom Grundmodell abweichenden Resultaten. Generell kann nicht davon ausgegan-

383 Damit ist erklärbar, warum viele Allgemeine Studentenausschüsse (Asten) von Vertretern "linker" Gruppen bevölkert werden. Die Wahlbeteiligung bei Studentenwahlen liegt regelmäßig weit unter 50%. Der studentische Medianwähler geht oftmals einfach nicht zur Wahl, während eher links angesiedelte Studenten eine höhere Wahlbeteiligung aufzuweisen scheinen.

384 Vgl. Kirsch (1993), S. 228 f.

385 Vgl. Kirsch (1993), S. 231.

gen werden, daß Politiker oder Wähler vollständige Informationen über die Wählerpräferenzen einerseits und die Inhalte der politischen Programme andererseits besitzen. Das verhindert schon die rationale Ignoranz der Wähler. *Downs* hat mehrere Konsequenzen der Unsicherheit diskutiert. Zum einen wird nun die Ideologie als Markenzeichen einer Partei wichtig.[386] Das dient der Einsparung von Informationskosten der Wähler. Zweitens bedarf es aufgrund der bruchstückhaften Informationslage "Vermittler" auf beiden Seiten, die als Informationsbroker zur besseren und sachgerechten Informierung beitragen können. In diesem Zusammenhang weist *Downs* auf die Rolle von spezialisierten Agenturen bzw. Interessengruppen hin, die die Grenzkosten der Informationsbeschaffung senken.[387] Beispielsweise kann der Bauernverband seinen Mitgliedern kostengünstig Informationen über die agrarpolitischen Vorhaben der Parteien geben. Ein Landwirt braucht sich folglich nicht mehr persönlich die Parteiprogramme durchzulesen. Es kann auch passieren, daß die Politiker nicht genau über die Präferenz des Medianwählers informiert sind und daher Parteiprogramme zur Wahl stellen, die nur vermeintlich die Medianwählerpräferenz treffen. Das Wahlergebnis weicht dann von dem vom Medianwähler gewünschten Ergebnis ab. Beispielsweise wünscht der Medianwähler eine relativ rechte Politik.[388] Aufgrund unvollständiger Informationsübermittlung – entweder verzerrt durch Interessengruppen oder einfach aus Unwissenheit – bieten alle Parteien aber Programme an, die eine Mitte-links-Politik reflektieren. Der Medianwähler hat dann nur die Wahl zwischen dem kleineren Übel, nämlich dem Programm, das noch relativ weit rechts plaziert ist. Das Wahlergebnis ist dann aber nicht mehr repräsentativ für den Medianwähler; er verliert das *materielle* politische Verfügungsrecht.

- *Politiker sind keine perfekten Agenten des Medianwählers*: Eine Lockerung dieser Annahme generiert ebenfalls Aussagen über das *materielle* politische Verfügungsrecht. Wie erwähnt sind im politischen Gleichgewicht des einfachen Medianwählermodells die angebotenen Parteiprogramme identisch und entsprechen den Präferenzen des Medianwählers. Wahlversprechen können aber nicht gerichtlich durchgesetzt werden, anders als Verträge zwischen Privaten. Es handelt sich hier um einen impliziten Vertrag zwischen Wähler und Politiker, der auf das das Problem der glaubwürdigen Bindung ("credible commitment") an ein Versprechen stößt.[389] "In ordinary language, a commit-

386 Vgl. Downs (1957/1968), S. 93-138.
387 Vgl. Downs (1957/1968), S. 231. Vgl. auch Wittman (1989), S. 1400.
388 In diesem Fall sind die Wählerpräferenzen nicht gleichverteilt, sondern linksschief.
389 Vgl. z.B. North (1993), Williamson (1983), Shepsle (1991).

ment is a promise, pledge, vow, covenant, guarantee, or bond to perform in a specified fashion."[390] Ein Versprechen allein reicht nicht aus, das Versprechen muß von politischer Seite auch glaubwürdig gemacht werden. Zwar können Politiker bei der nächsten Wahl mit dem Entzug der Staatsgewalt bestraft werden, ob diese Drohung ausreicht, ist aber mehr als fraglich.[391] Zum einen kann sich der Wähler nicht sicher sein, ob die anderen zur Wahl stehenden Politiker die Wahrheit sagen, zum anderen ist immer die Ausrede denkbar, die "Umstände" hätten die Erfüllung des Versprechens unmöglich gemacht. Wenn die Politiker keine perfekten Agenten des Medianwählers sind - und es spricht viel dafür, daß es in der Realität so ist -, nutzt dem Medianwähler sein formelles Verfügungsrecht nur begrenzt. Gründe für die Abweichung gibt es viele, wie etwa ideologisches Handeln durch den Politiker oder die vom Politiker divergierenden Präferenzen der ausführenden Bürokratie. Damit kommen wir schon auf das Gebiet der Agency-Theorie, die in Abschnitt 5.3 ausführlicher behandelt wird.

Zusammenfassend läßt sich sagen:

- Im Grundmodell von *Downs* ist der Medianwähler Inhaber des formellen und materiellen politischen Verfügungsrechts.
- Der Medianwähler verliert das formelle Verfügungsrecht, wenn er keine Kontrolle durch permanente Wahlen ausübt.
- Der Medianwähler hat zwar das formelle, nicht aber das materielle politische Verfügungsrecht, wenn eine Koalitionsregierung gebildet wird, innerhalb der politische Kompromisse geschlossen werden, Politiker unvollständig über die Präferenzen des Medianwählers informiert sind und Politiker keine perfekten Agenten des Medianwählers sind.

Die entscheidende Größe, die den Unterschied zwischen dem formellen und dem materiellen politischen Verfügungsrecht ausmacht, ist die asymmetrische Verteilung von Informationen.[392] Wie in dem Abteilungsleiter-Beispiel gezeigt, ist es nur den fehlenden Informationen des Abteilungsleiters zu "verdanken", daß er das materielle Verfügungsrecht verliert. Genauso ist es, wenn der Medianwähler eine politische Maßnahme abnicken muß, weil ihm aufgrund mangelnder Informationen quasi gar nichts anderes übrigbleibt.

Es bleibt festzuhalten, daß in der praktischen Politik die Wähler – bis auf den Zeitpunkt der Wahl, wo sie zumindest das formelle Verfügungsrecht haben - we-

390 Shepsle (1991), S. 247.
391 Vgl. auch Johnson/Libecap (1999), S. 8.
392 Vgl. auch Aghion/Tirole (1997), S. 2.

der ein formelles noch ein materielles politisches Verfügungsrecht besitzen. Die Entscheidungsträger, die letztendlich über konkrete politische Maßnahmen entscheiden und somit die eigentlichen Inhaber politischer Verfügungsrechte sind, sind die gewählten Politiker. Hier setzt die zweite politische Transaktion ein: das Gesetzgebungsverfahren.

5.2.5.3 Das Gesetzgebungsverfahren als politische Transaktion

5.2.5.3.1 Die Rolle von Ausschüssen im Gesetzgebungsprozeß

Ein Gesetz wird – grob skizziert - in Deutschland idealtypischerweise folgendermaßen entworfen und verabschiedet:[393]

- Der *Impuls* zum Erlaß eines Gesetzes kann von Verbänden und Bürgern, vom Parlament selber, von einer Bürokratie oder auch von Gerichtsurteilen kommen.[394]
- In dem zuständigen Ministerium wird ein *Referentenentwurf* erarbeitet, der nach intensiver koordinierender Tätigkeit dem Bundeskabinett zugeleitet wird, das den Entwurf verabschiedet.[395]
- Der Entwurf wird dem Bundesrat zugeleitet, der eine Stellungnahme abgeben kann. Diese Stellungnahme wird zusammen mit der Gegenäußerung der Bundesregierung dem Bundestag zugesendet, der in *erster Lesung* den Gesetzentwurf einem oder mehreren Ausschüssen zuweist, wobei ein Ausschuß die Federführung übernimmt.[396]
- Die Ausschüsse geben eine Beschlußempfehlung ab, über die das gesamte Parlament in *zweiter und dritter Lesung* entscheidet. Nach der dritten Lesung wird über den Gesetzentwurf abgestimmt. Bei einfachen Gesetzen genügt die einfache Mehrheit, um das Gesetz zu verabschieden, bei verfassungsändernden Gesetzen ist eine Zwei Drittel-Mehrheit erforderlich, die zwingend in Bundestag und Bundesrat bestehen muß.
- Schließlich erfolgt die Ausfertigung des Gesetzes durch den Bundespräsidenten und die Veröffentlichung im Bundesgesetzblatt.

---

393 Es wird der Einfachheit halber von einem nicht im Bundesrat zustimmungsbedürftigen Gesetz ausgegangen. Zum Ablauf eines Gesetzgebungsverfahrens vgl. z.B. Leonhardt (1983), Hill (1982) oder Ossenbühl (1988).

394 Vgl. Hill (1981).

395 Vgl. König (1987).

396 Zur Gesetzesberatung im Bundestag vgl. Kretschmer (1986).

Die politischen Hauptakteure sind das gesamte Parlament, seine Ausschüsse und die Ministerialbürokratie. Zwar wird jedes Gesetz vom Parlamentsplenum bestätigt und verabschiedet; insoweit kommt in einer repräsentativen Demokratie dem gesamten Parlament die formelle politische Entscheidungsgewalt zu.[397] Indes sind die Arbeitsabläufe innerhalb des Parlaments durch einen hohen Grad an Arbeitsteilung gekennzeichnet, was sich in der Existenz spezialisierter Parlamentsausschüsse widerspiegelt.[398] Ein politisches Verfügungsrecht bezieht sich daher immer auf ein konkretes Politikfeld wie Umweltpolitik, Außenpolitik etc.

Die Inhaber des materiellen politischen Verfügungsrechts über ein bestimmtes Politikfeld sind zum einen das zuständige Ministerium und zum anderen der jeweilige Parlamentsausschuß. In ihnen sammelt sich die nötige Fachkenntnis, um ein praktikables Gesetz zu entwerfen und zu verabschieden (was die Praktikabilität eines Gesetzes allerdings nicht garantiert). Die Vorprägung eines Gesetzes geschieht vor allem durch die Ministerialbürokratie.[399] "*Die Ministerialbürokratie ist der entscheidende Filter parlamentarischer Gesetzgebung*; der Bundestag ist ein primär reagierender Gesetzgeber."[400] Ausschüsse und Ministerien bereiten die Gesetzentwürfe so vor, daß ein Entwurf in aller Regel in den Ausschußberatungen seine endgültige Fassung erhält und das Parlamentsplenum keine Änderungen mehr vornimmt.[401] Nur ganz wenige Änderungsanträge werden in der zweiten Lesung aus dem Plenum heraus gestellt.[402] Im folgenden werden wir uns auf die Analyse von Parlamentsausschüssen konzentrieren, die Bürokratie ist ein Gegenstand des Abschnitts zur Agency-Theorie.

Ausschüsse sind aus der Notwendigkeit parlamentarischer Arbeitsteilung entstanden. Sie bewältigen den quantitativ größten Teil der Arbeit im Vergleich zum gesamten Plenum.[403] Auch wenn die Daten älteren Ursprungs sind, so zeigt doch die Tatsache, daß zwischen 1949 und 1976 insgesamt 1.580 Plenarsitzungen des

---

397 Es gibt aber auch Staaten, in denen dem Parlament nicht einmal das formelle politische Verfügungsrecht besitzen (z.B. Italien), sondern wo die Gesetzgebung gänzlich den Ausschüssen überlassen wird. Vgl. Schulze-Fielitz (1986), S. 106.

398 Vgl. § 54 Abs. 1 der Geschäftsordnung des Bundestages (GOBT). In den Art. 45, 45a und 45c GG wird die Bestellung bestimmter Ausschüsse durch den Bundestag vorgeschrieben.

399 "Was die Regierung mit ihren Entwürfen vorgibt, prägt den Zeitpunkt, den Gegenstand und den Stil der Gesetzgebung." Grawert (1991), S. 107.

400 Schulze-Fielitz (1986), S. 82 (kursiv im Original).

401 Vgl. Zeh (1993), S. 359. Grawert (1991), S. 108, drückt es so aus, daß "die maßgebende Gestaltungsfreiheit des Parlamentes ... eigentlich nur dann aktuell (wird), wenn es um Gesetzesvorhaben geht, die bedeutsame Strukturprobleme von Staat und Gesellschaft betreffen oder die in der politischen Öffentlichkeit umstritten sind."

402 Vgl. Rudzio (1996), S. 256.

403 Vgl. Zeh (1989), S. 1088.

Bundestages, im gleichen Zeitraum jedoch 21.240 Ausschußsitzungen stattgefunden haben,[404] daß den Ausschüssen ein großes Gewicht im bundesdeutschen parlamentarischen Entscheidungsprozeß zukommt. Die Bedeutung der Ausschüsse manifestiert sich etwa in der empirischen Beobachtung aus der 7. Wahlperiode, daß rund zwei Drittel der Gesetzentwürfe in den Ausschußberatungen geändert wurden.[405] In Deutschland gibt es zur Zeit (14. Wahlperiode) 23 ordentliche Ausschüsse, wobei Unterausschüsse und ad hoc-Ausschüsse, die sich mit eng umgrenzten Themenkomplexen befassen, nicht mitgezählt sind. Die Ausschüsse orientieren sich von ihrem Zuschnitt her an den Bundesministerien. Außer dem Ausschußsystem sind allerdings auch andere institutionelle Strukturen denkbar, wie etwa im schwedischen System, in dem Gesetzesvorlagen außerparlamentarischen Kommissionen vorgelegt werden, denen die Prüfung der Vorlagen obliegt.[406]

Die Arbeitsteilung zwischen dem Parlament und seinen Ausschüssen bringt es mit sich, daß es für jedes Politikfeld in den Parlamentsfraktionen nur wenige Experten gibt. Das liegt nicht zuletzt an den hohen Investitionen in spezifisches Humankapital, die zu einem tiefergehenden Verständnis der Materie gebraucht werden. Ein Mitglied beispielsweise des Umweltausschusses, das in den Finanzausschuß wechselt, kann zwar Teile seines erworbenen Wissens weiter verwenden – z.B. Wissen betreffend einer Ökosteuer-Reform – Detailwissen über den Ausweis von Nationalparks dagegen ist im Finanzausschuß grundsätzlich unbrauchbar. Die Experten für spezifische Themen in einem Ausschuß – auch Berichterstatter genannt[407] – sind bei inhaltlich komplexen Angelegenheiten in der Lage, die Meinungsbildung innerhalb ihrer Fraktion entscheidend zu prägen.[408]

Die institutionelle Struktur von Ausschüssen wird sowohl von formellen als auch von informellen Institutionen bestimmt. Nicht nur die geplanten Regeln, die z.B. in einer Geschäftsordnung niedergelegt sind, bestimmen die Ausschußarbeit. Es sind auch informelle Normen, die eine Stärkung des Einflusses des Ausschusses bewirken, indem sie als zusätzlicher Durchsetzungsmechanismus fungieren.[409] Dies kann z.B. im Zuge von Vereinbarungen innerhalb der Regierungskoalition geschehen, deren Umsetzung durch entsprechende Gesetze ja vom zuständigen Ausschuß, in der die Koalitionsparteien die Mehrheit haben, gewährleistet sein muß. "Funktionsmerkmale sind dabei (bei der Konkretisierung der Koalitionsvereinbarungen, R.P.) die vertrauenschaffende Kontinuität und Selbstbindung

404 Vgl. Weng (1984), S. 34.
405 Vgl. Zeh (1983), S. 63.
406 Vgl. Zeh (1989), S. 1088 f.
407 Vgl. Weng (1984).
408 Vgl. Melzer (1989), S. 1141.
409 Vgl. North (1990a), S. 40; Shepsle/Weingast (1987).

der Partner an politische Absprachen und eine reziproke Tauschgerechtigkeit der Vereinbarungen."[410]

Aus polit-ökonomischer Sicht erfüllen Ausschüsse neben der Arbeitsteilung zwei weitere Funktionen: Sie ermöglichen Tauschgewinne für Politiker, und sie schaffen eine solide Informationsgrundlage für Parlamentsentscheidungen.[411] Dementsprechend haben sich zwei Theoriezweige gebildet, die nacheinander behandelt werden sollen: die "gains-from-exchange"- (oder "Tauschgewinn"-) Theorie und die Informationstheorie. Der wesentliche Unterschied in der methodischen Vorgehensweise liegt darin, daß die Tauschgewinn-Theorie exogen gegebene institutionelle Strukturen behandelt, während die Informationstheorie diese Strukturen endogenisiert.

5.2.5.3.2 Tauschgewinne als Motivation legislativer Organisation[412]

Kennzeichnend für die im Kontext des amerikanischen Parlamentarismus entwikkelte "gains-from-exchange"- (oder "Tauschgewinn"-) Theorie (kurz: TT) ist die Existenz potentieller politischer Tauschgewinne, mit deren Hilfe Politiker ihre Wiederwahlaussichten verbessern. Die Theorie stützt sich auf folgende Annahmen:[413]

1. Die Abgeordneten repräsentieren jeweils die Klientel eines Wahlkreises. Zu dieser Klientel zählen nicht nur Wähler, sondern auch Interessengruppen. Diese Annahme impliziert, daß ein Politiker aus einem ländlichen Wahlkreis die bäuerlichen Interessen vertritt,[414] ebenso wie ein Politiker, in dessen Wahlkreis die Rüstungsindustrie oder die Tabakproduktion starke Interessenvertretungen haben, eben diese Interessen repräsentiert. Die Wahl von Politikern über Listenplätze, wie es in Deutschland möglich ist, scheidet damit aus.
2. Es gibt für einen Politiker keine Handlungsbeschränkungen, die aus der Existenz von Parteien herrühren. Jedem Abgeordneten steht es somit frei, mit anderen Abgeordneten seiner Wahl zu verhandeln und Verabredungen über das Stimmverhalten zu treffen.
3. Die Verabschiedung eines Gesetzes erfordert die Zustimmung einer Mehrheit des gesamten Parlamentes.
4. Jeder Ausschuß ist für ein genau spezifiziertes Politikfeld zuständig. Innerhalb dieses Politikfeldes besitzt der Ausschuß das Monopol, Gesetzentwürfe

410 Schulze-Fielitz (1986), S. 89.
411 Vgl. Mattson/Strom (1995), S. 250.
412 Vgl. Shepsle/Weingast (1994); Gilligan/Krehbiel (1994); Weingast/Marshall (1988).
413 Vgl. Weingast/Marshall (1988), S. 136 f., 143.
414 Vgl. Dexheimer (1982), S. 275.

zur Abstimmung an das Parlamentsplenum weiterzuleiten und über sie abstimmen zu lassen.

5. Das Verfügungsrecht über einen Ausschußsitz ist durch das Senioritätsprinzip charakterisiert, d.h. ein Politiker, der Sitz und Stimme in einem bestimmten Ausschuß hat, kann diesen Sitz – naturgemäß abhängig von seiner Wiederwahl – solange behalten wie er möchte. Der Ausschußvorsitz unterliegt ebenfalls dem Senioritätsprinzip: der Politiker mit der längsten Amtszeit im Ausschuß hat einen Anspruch auf den Vorsitz. Das Recht an einer Ausschußmitgliedschaft ist weder verkäuflich noch handelbar.

Aus diesen Annahmen lassen sich fünf Schlußfolgerungen ziehen:[415]

1. Die geschilderte Ausschußstruktur sichert die Durchführung politischer Tauschgeschäfte (Logrolling). Die Notwendigkeit eines politischen Logrolling ergibt sich aus den unterschiedlichen Präferenzintensitäten, die im politischen Prozeß unter der Regel "one man, one vote" nicht genügend Berücksichtigung finden. Angenommen, ein Parlamentarier P habe ein Lieblingsprojekt, das er unbedingt durchsetzen will, wie etwa ein öffentliches Bauvorhaben in seinem Wahlkreis, das Einkommen und Arbeitsplätze schafft und somit seine Wiederwahl begünstigt.[416] Alle anderen Parlamentarier stehen dem Projekt leicht ablehnend gegenüber, weil sie die entsprechenden Haushaltsmittel lieber für ihre eigenen Lieblingsprojekte einsetzen möchten. Würde P sein Projekt im Parlamentsplenum zur Abstimmung stellen, erlitte er eine Niederlage. Es wäre für ihn vorteilhafter, für das jeweilige Projekt der anderen Abgeordneten zu stimmen, falls sie im Gegenzug sein Projekt unterstützen. Wenn er die Mehrheit der Abgeordneten hinter sich bringt, kann er mit der Verabschiedung seines Projektes rechnen. Logrolling stößt allerdings auf ein gravierendes Problem: der Stimmentausch läuft in vielen Fällen nicht simultan ab. Zwar ist die Verabschiedung einer "omnibus bill" - vergleichbar einem Artikelgesetz - theoretisch möglich, in dem sachlich nicht zusammenhängende Gesetze bzw. Gesetzesänderungen zusammengeschnürt und simultan verabschiedet werden. Grundsätzlich werden aber Gesetzentwürfe nicht gleichzeitig zur Abstimmung gestellt. Beispielsweise seien zwei Subventionsprogramme gegeben, die zur Abstimmung stehen. Subventionsprogramm A beinhaltet Agrarsubventionen, Programm B Transfers an sozial Schwache. Zuerst wird über A abgestimmt, dann über B. Was hindert aber einen Abgeordneten aus einem agrarisch geprägten Wahlkreis, der einen positiven Nut-

415 Vgl. Weingast/Marshall (1988), S. 143-148.

416 Ein Zahlenbeispiel für Logrolling findet sich bei Rosen/Windisch (1992), S. 174 f.

zen aus Programm A (Agrarsubventionen) zieht, in einer geheimen Abstimmung *gegen* das Subventionsprogramm B zu stimmen, nachdem die Agrarsubventionen verabschiedet worden sind? Der "Städter" kann nicht herausfinden, ob der Agrarier sein Versprechen gehalten hat, falls keine namentliche Abstimmung beantragt wurde. Er wird diese Schwierigkeiten daher antizipieren und ex ante einem Stimmentausch nicht zustimmen, so daß potentielle politische Tauschgewinne nicht realisiert werden. Ein weiteres Problem ist, daß - selbst wenn beide Maßnahmen verabschiedet werden - die Gruppe der Agrarier sich mit einer anderen Gruppe von Abgeordneten zusammenschließen könnte und ex post die Programme für sozial Schwache durch Verabschiedung eines neuen Gesetzes wieder rückgängig gemacht werden. Die Gefahr ist besonders groß, wenn die dritte Gruppe mehr politische Vorteile "anbietet" als die Gruppe städtischer Abgeordneter, z.B. die Unterstützung noch höherer Agrarsubventionen.

Weingast und *Marshall* geben ein weiteres Beispiel:[417] Eine Abgeordnetengruppe X aus dem Ausschuß für öffentliche Investitionen möchte bestimmte Investitionsprojekte durchsetzen, die Gruppe Y aus dem Ausschuß für Verbraucherfragen wünscht sich eine neue Regulierungsbehörde zur Unterstützung der Verbraucher. Das Problem für Gruppe Y besteht darin, daß Gruppe X ein neues Gesetz zur Abstimmung bringen könnte, das die Regulierungsbehörde wieder auflöst, sobald die Investitionsprojekte fertiggestellt worden sind.[418] Dieses Problem wird durch Annahme 4 ausgeschaltet. Da jeder Ausschuß ein Monopol – das materielle politische Verfügungsrecht – über sein Politikfeld besitzt, ist Gruppe X nicht befugt, ein Gesetz in das Plenum zu bringen, das sich auf einen außerhalb ihres originären Politikfeldes liegenden Bereich bezieht. Gegen den Willen der Gruppe Y kann niemand eine entsprechende Initiative starten, so daß Logrolling-Geschäfte glaubwürdig verankert sind.

2. Der Besitz materieller politischer Verfügungsrechte der Ausschüsse über ihren Bereich führt auch dazu, daß es sehr schwer ist, ein Gesetz zu ändern, so daß ein einmal verabschiedetes Gesetz die gute Chance hat, dauerhaft Geltung zu entfalten. Ein Gesetz kann nur geändert werden, wenn der den entsprechenden Einfluß besitzende Ausschuß die Initiative ergreift. Da aber der Ausschuß nur Gesetze zur Abstimmung bringen wird, die seinen Mitgliedern einen Nutzenzuwachs gegenüber dem Status Quo bringen, bedarf es besonde-

417 Vgl. Weingast/Marshall (1988), S. 144.

418 Rationalerweise geschieht das allerdings nur dann, wenn die Behörde der ersten Gruppe Nutzeneinbußen verursacht.

rer Umstände, damit eine Gesetzesänderung erfolgen kann. Diese Umstände können etwa in einem signifikanten Wechsel der Ausschußmitglieder durch Abgeordnete mit anderen Präferenzen bestehen.[419]

3. Die Struktur des Ausschußsystems institutionalisiert die Kontrolle über die Tagesordnung, da de facto jeder Ausschuß auf seinem Gebiet über die Tagesordnung bestimmen kann. Dadurch werden politische Tauschgeschäfte auch über Ausschußgrenzen hinweg möglich, wie die obigen Beispiele zeigen. Dies ist ein Ersatz für die fehlende Möglichkeit, Stimmen zu kaufen.[420] Zudem verhindert eine wirksame Kontrolle der Tagesordnung zyklische Mehrheiten.

4. Die TT stützt ihre Argumentation auf die Heterogenität der Interessen der Parlamentarier und auf das Vorhandensein von mehr als einer Politikdimension.[421] Hätten alle Parlamentarier homogene Interessen, gäbe es überhaupt keinen Spielraum für Tauschgewinne, weil kein "Tauschmaterial" existierte. Bei der Existenz von nur einer Politikdimension (z.B. Umweltpolitik) findet das Modell keine Anwendung, da für ein Logrolling über die Ausschußgrenzen hinweg mindestens zwei Politikbereiche vorhanden sein müssen. Tauschgewinne bei heterogenen Interessen lassen sich am ehesten realisieren, wenn die Ausschüsse durch Abgeordnete besetzt sind, die starke Präferenzen für das zugehörige Politikfeld besitzen (sog. preference outliers).[422] Mittels eines Selbstselektionsmechanismus gelangen Abgeordnete in den Ausschuß, in dem sie die größtmöglichen Vorteile für ihre Klientel erzielen können. Zudem kann sich ein Abgeordneter, der einmal in den Ausschuß gelangt ist, aufgrund des Senioritätsprinzips sicher sein, daß ihm der Ausschußsitz nicht gegen seinen Willen wieder genommen wird.

5. Das Mehrheitswahlrecht verhindert den Versuch eines Ausschusses, das Budget vollständig für seine Zwecke zu extrahieren. Die Mehrheit der Abgeordneten des gesamten Parlaments müßte dem zustimmen. Da dies aber nur passiert, falls die letzte Geldeinheit ihnen einen höheren Nutzen verspricht als die erste Geldeinheit, die die Abgeordneten für eigene Zwecke ausgeben, ist eine solche Möglichkeit nicht wahrscheinlich.[423]

---

419 Vgl. das Beispiel bei Weingast/Moran (1983), S. 783.
420 Vgl. Weingast/Marshall (1988), S. 145.
421 Vgl. Shepsle/Weingast (1994), S. 167.
422 Dazu vgl. Krehbiel (1990); Niskanen (1971), S. 139.
423 Vgl. Weingast/Marshall (1988), S. 147 f.

Aufgrund der politischen Institutionen, die eine Kooperation zwischen den Ausschüssen gewährleisten, werden zyklische Mehrheiten verhindert. Institutionelle Restriktionen bürgen für die Stabilität politischer Entscheidungen und führen zu einem "strukturinduzierten" Gleichgewicht.[424] Ein einmal verabschiedetes Gesetz wird grundsätzlich nicht sofort wieder durch ein anderes Gesetz ersetzt, was nicht zuletzt auf die Kontrolle der Tagesordnung durch den jeweiligen Ausschuß zurückzuführen ist. Aber auch andere Institutionen sind bei der Verhinderung von zyklischen Mehrheiten hilfreich. Da zyklische Mehrheiten nur zustande kommen, wenn jedes Individuum mit jedem anderen koalieren darf, sind institutionelle Restriktionen bei der Bildung von Mehrheiten nützlich. Die herausragende Institution in Deutschland ist dabei die Fraktionsdisziplin. Fraktionsübergreifende einvernehmliche Abstimmungen sind eher die Ausnahme denn die Regel. Im amerikanischen Kongress, in dessen politischem System eine Fraktionsdisziplin nur sehr abgeschwächt zu beobachten ist, gibt es andere Methoden wie etwa einen Regelausschuß (Rules Committee), der mittels einer "closed rule" für eine bestimmte Gesetzesvorlage verhindern kann, daß im Plenum Änderungsanträge zu dieser Vorlage gestellt werden können.[425]

Festzuhalten ist, daß jeder Ausschuß das materielle politische Verfügungsrecht über seinen Politikbereich besitzt. Implizit nimmt die TT an, daß das gesamte Parlament den Ergebnissen des Logrolling zwischen den Ausschüssen ohne Änderungen zustimmt. Das Plenum hat also das formelle politische Verfügungsrecht. Die Gesamtheit der Abgeordneten – das Plenum – gibt aber freiwillig das materielle politische Verfügungsrecht ab, weil es der Wiederwahl am förderlichsten ist. Das grundlegende Argument ist also funktionalistischer Natur.

Im Unterschied zur TT versucht die "informationsbezogene" Theorie, verschiedene Institutionen im Kontext eines Ausschußsystems zu *endogenisieren.*

5.2.5.3.3 Spezialisierung und Wissen: die informationsbezogene Theorie

Die informationsbezogene Theorie (IT) sieht den Grund für die Existenz eines spezialisierten Ausschußsystems nicht im Bedürfnis der Abgeordneten nach Tauschgewinnen, sondern in dem Verlangen nach korrekten Informationen über die Folgen einer politischen Entscheidung.[426] Quantitativ und qualitativ bessere Informationen wirken sich positiv auf die Wiederwahlchancen und den Einfluß von Abgeordneten aus, und sie verringern die Unsicherheit über das Ergebnis

---

424 Vgl. dazu Shepsle/Weingast (1981); Shepsle (1986).

425 Vgl. Shepsle/Bonchek (1997), S. 120-125.

426 Vgl. Krehbiel (1991); Gilligan (1993); Gilligan/Krehbiel (1987); Bimber (1991); Shepsle/Weingast (1994), S. 158-161.

politischen Handelns, was sich für risikoaverse Politiker ebenfalls positiv bemerkbar macht.[427] Das Ausschußsystem stellt Anreize für die Abgeordneten zur Verfügung, sich zu spezialisieren und die Vorteile der Arbeitsteilung zu nutzen, die in informierteren und daher die Unsicherheit über die Folgen einer bestimmten Politik reduzierenden Entscheidungen bestehen. Es werden also nicht die der TT inhärenten unterschiedlichen Interessen der Abgeordneten betont, sondern deren gemeinsame Suche nach besseren Informationen. Betrachtungsgegenstand der IT ist eine einzige Politikdimension, Parteien werden vernachlässigt.

Die IT stützt sich auf zwei zentrale Prämissen.[428] Erstens nimmt sie an, daß die Existenz parlamentarischer Institutionen auf den Willen der Parlamentsmehrheit zurückzuführen ist (Mehrheitsprinzip). Die Mehrheit der Abgeordneten kann bestehende Institutionen gegen den Willen der Minderheit ändern, neue Institutionen errichten oder alte abschaffen. Das setzt einen gewissen Kontrapunkt zu den Schlußfolgerungen der TT im Hinblick auf die Zusammensetzung der Ausschüsse und des Senioritätsprinzips als Ausschußsitz-Garantie. Warum sollte eine Mehrheit sich dem Willen einer extremen Ansichten zuneigenden Minderheit in den Ausschüssen oder einigen Abgeordneten, die gemäß dem Senioritätsprinzip einen Anspruch auf Ausschußsitze erheben, beugen? Warum ändert die Mehrheit der Abgeordneten nicht einfach die "Spielregeln"?

Die zweite Prämisse ist die Unsicherheit über die Folgen einer politischen Maßnahme. Während die TT keinen Unterschied zwischen einer bestimmten Politik und deren Ergebnis macht, ist für die IT klar, daß die Abgeordneten nicht in die Zukunft blicken und daher die Effekte ihres Handelns nicht vorhersagen können. Es liegt folglich im eigenen Interesse der Parlamentsmitglieder, in den Entscheidungsprozeß möglichst viele bzw. möglichst genaue Informationen einzubinden.

Aus den beiden Prämissen entwickelt *Krehbiel* fünf Hypothesen:[429]

1. Ausschüsse werden nicht - wie von der TT behauptet - vorwiegend aus Mitgliedern mit extremen Präferenzen bestehen. Von ihnen muß nämlich erwartet werden, daß sie gezielt Informationen verfälschen, da sie an einem möglichst hohen Nutzen für ihre Klientel interessiert sind, was zu Lasten der übrigen Bevölkerungsgruppen geht (z.B. eine höhere Steuerbelastung, um die Subventionierung ihrer Klientel zu finanzieren).[430]

---

427 Vgl. Krehbiel (1991), S. 73.

428 Vgl. Shepsle/Weingast (1994), S. 158.

429 Vgl. Krehbiel (1991), S. 95-98.

430 Die empirische Untersuchung von Krehbiel (1990) für den amerikanischen Kongreß zeigt, daß nur der für das Verteidigungswesen zuständige Ausschuß (Armed Services Committee) aus einseitig präferenzintensiven Abgeordneten besteht.

2. Ein Ausschuß besteht nur dann ausnahmsweise aus im Vergleich zum Plenum präferenzintensiven Mitgliedern, falls sie sich mit einem geringeren Aufwand spezialisieren können als gemäßigte Mitglieder. Das ist beispielsweise der Fall bei Abgeordneten mit landwirtschaftlicher Erfahrung, die in den Agrarausschuß gehen oder ehemaligen Bankmanagern, die den Bankenausschuß bevorzugen.[431] Sie haben bereits spezielles Vorwissen, das sie vorteilhaft in die politische Entscheidungsfindung einbringen können.

3. Ein Ausschuß besteht grundsätzlich aus Mitgliedern mit heterogenen Präferenzen von beiden Seiten des politischen Spektrums. Ein Umweltausschuß wird dieser Hypothese gemäß sowohl Umweltschützer auf der einen Seite als auch Industrielle und Landwirte auf der anderen Seite als Mitglieder haben. Dadurch ergibt sich eine ausgewogenere Informationsbasis. Individuen, die weniger die Vergünstigungen für die Landwirte als die Probleme, die mit den modernen landwirtschaftlichen Techniken (Dünger, gentechnisch manipulierte Agrarerzeugnisse) zusammenhängen, im Blickfeld haben, sind der IT zufolge im Agrarauschuß an ihrem richtigen Platz, da nur so die Vor- und Nachteile einer geplanten gesetzlichen Maßnahme unter Ausnutzung möglichst vielseitiger Informationen gegeneinander abgewogen werden können.

4. Um den Abgeordneten einen hinreichenden Anreiz zur Spezialisierung zu geben, muß dafür gesorgt werden, daß die Vorlagen, die im Ausschuß unter Berücksichtigung der verfügbaren Informationen erarbeitet werden, nicht einfach durch das Plenum in einer Abstimmung zunichte gemacht werden. Wäre dies der Fall, entfiele der Anreiz zur Spezialisierung, weil die Kosten der Spezialisierung deren Nutzen überstiegen. Ein arbeitsteiliges Parlament erfordert hohe spezifische Investitionen jedes Abgeordneten in seine Ausschußarbeit. Diesen Kosten steht der Nutzen der Spezialisierung gegenüber, der für einen Abgeordneten in der Entscheidungsrelevanz seines speziellen Wissens liegt. Um der Abschöpfung seiner durch die spezifischen Investitionen erzielten Quasi-Rente durch das Plenum entgegenzutreten, sind institutionelle Absicherungen notwendig, wie etwa die Vereinbarung *restriktiver Abstimmungsregeln*. So verhindert die Regel, daß über Ausschußvorlagen, die dem Plenum zugeleitet werden, nur im Ganzen abgestimmt werden kann - ohne die Möglichkeit, Änderungsanträge zu stellen (*closed rule*) -, daß das Plenum die Vorlage in seiner Substanz verändert. Solche Selbstbeschränkungen des Plenums - das ja gemäß dem Mehrheitsprinzip den restriktiven Regeln zustimmen muß - sind um so vorteilhafter, je repräsentativer der Ausschuß für das

---

431 Vgl. Krehbiel (1991), S. 136.

Plenum ist.[432] Durch die Anwendung einer closed rule ist gewährleistet, daß das Plenum zwar das formelle, die Ausschüsse aber das jeweilige materielle politische Verfügungsrecht haben.

5. Die Verfahrensregeln sind nicht formell festgeschrieben, sondern sie können in Einzelfällen außer Kraft gesetzt werden. Beispielsweise wurde das Senioritätsprinzip im amerikanischen Kongreß generell beachtet, es gab allerdings auch Ausnahmen, die Politiker betrafen, deren Fähigkeiten angezweifelt wurden.[433] Ein Mindestmaß an Flexibilität bei der Handhabung der Regeln muß also gegeben sein.

Welches ist überhaupt der Anreiz für einen Politiker, sich zu spezialisieren und Expertise zu erwerben? Schließlich ist informiertes Handeln an sich nur dann wertvoll, wenn man einen wohlmeinenden, gemeinwohlorientierten Politiker unterstellt. Nimmt man aber mit der Neuen Politischen Ökonomie an, daß Politiker primär ihre Wiederwahl sichern wollen, muß eine andere Erklärung für das Streben nach informiertem Handeln gefunden werden. Eine Erklärung ist, daß überlegenes Wissen in Einfluß und Reputationsgewinn umgesetzt werden kann. Insbesondere bei komplexen Themen, bei denen sich die Fraktionskollegen wesentlich auf die Informationen des zuständigen Ausschußmitgliedes verlassen müssen, trifft dies zu. Ohne Wissen seitens des Abgeordneten ist er der überlegenen Expertise der Exekutive nahezu hilflos ausgeliefert und verliert insofern einen Großteil seines politischen Einflusses.[434] Weiterhin kann fehlende Expertise Auswirkungen auf die Wiederwahlchancen des uninformierten Abgeordneten haben. Stellt sich nämlich heraus, daß eine bestimmte politische Entscheidung unerwünschte Folgen hat, und hätte dies vorher bekannt sein müssen, verlieren die für das Politikfeld verantwortlichen Abgeordneten zum einen an Reputation innerhalb ihrer Fraktion. Zum anderen könnten die Wähler trotz ihrer rationalen Ignoranz die (negativen) Effekte des politischen Handelns zu spüren bekommen, die Abgeordneten dafür abstrafen und sie nicht wiederwählen. Das Plenum gibt bei der IT freiwillig das materielle politische Verfügungsrecht ab, nicht weil es der Wiederwahl am besten dient, sondern weil nur so eine optimale Informationsgewinnung sichergestellt werden kann.

---

432 Vgl. Shepsle/Weingast (1994), S. 160.
433 Vgl. Krehbiel (1991), S. 144.
434 Vgl. auch Bimber (1991), S. 589.

5.2.5.3.4 *Vergleich der beiden Theorien*

Beiden Ansätzen ist gemeinsam, daß die institutionellen Merkmale von Ausschüssen mit der Notwendigkeit politischer Tauschgeschäfte zusammenhängen.[435] Die materiellen politischen Verfügungsrechte für jeweils ein Politikfeld liegen bei den Ausschüssen und werden durch Institutionen wie etwa restriktive Abstimmungsregeln abgesichert. Hingegen bleibt das formelle politische Verfügungsrecht beim Gesamtparlament. Allerdings ist die Ursache für die Zuweisung der materiellen politischen Verfügungsrechte an die Ausschüsse in den Modellen verschieden. In der TT wird dies mit dem Nutzen dieses Arrangements für die Wiederwahl der Politiker begründet und reiht sich damit nahtlos in die Aussagen der Neuen Politischen Ökonomie ein. Die IT dagegen verweist auf die Anreize zur Informationsbeschaffung, die durch Institutionen gesetzt werden. Die TT und die IT werden von Vertretern der IT als konkurrierende Theorien dargestellt, die nicht miteinander vereinbar seien.[436] Im Gegensatz dazu streben *Shepsle* und *Weingast* (1994) eine Kombination der beiden Theorien an. Speziell argumentieren sie, daß beide Theorien die Vorteile einer Kooperation herausstellen, sei es durch die Aufteilung von Tauschgewinnen durch Logrolling oder durch die Akquirierung besserer Informationen.[437] In jedem Fall stellen sich die Abgeordneten besser, wenn sie kooperieren. Beide theoretische Varianten ergänzen sich, wenn die Ungewißheit über die Folgen einer politischen Maßnahme (IT) mit der Existenz potentieller Tauschgewinne aufgrund des Vorhandenseins mehrerer Politikdimensionen und heterogenen Präferenzen (TT) kombiniert wird.[438] Angenommen, es gäbe zwei durch Ausschüsse repräsentierte Politikfelder, die zum einen durch die vorherrschende Folgenunsicherheit und zum anderen durch heterogene Präferenzen charakterisiert sind. Die Zuweisung der materiellen politischen Verfügungsrechte an Ausschüsse generiert dann zwei verschiedene Nutzenquellen. Einmal sind die Abgeordneten in der Lage, potentielle Tauschgewinne durch Logrolling zwischen den Ausschüssen zu realisieren. Andererseits schließt dies eine Reduzierung der Unsicherheit nicht aus; beide Aspekte ergänzen sich in diesem Fall.

435 Vgl. Shepsle/Weingast (1994), S. 166.
436 Vgl. Krehbiel (1991), S. 247 f.
437 Vgl. Shepsle/Weingast (1994), S. 166.
438 Vgl. Shepsle/Weingast (1994), S. 169.

5.2.5.3.5 Ausschüsse aus Sicht der institutionellen Transaktionskostentheorie

Mit dem Gesetzgebungsverfahren ist die Übertragung des materiellen politischen Verfügungsrechts vom Plenum an die Ausschüsse verbunden. Wird diese Transaktion damit kostenminimal abgewickelt? Hier wird die These vertreten, daß unter den institutionellen Bedingungen des amerikanischen politischen Systems (Wahlrecht, Parteienlandschaft, strikte Gewaltenteilung) die Spezifizierungs- und Durchsetzungskosten durch die institutionelle Ausgestaltung des Ausschußsystems minimiert werden. Dazu ist zunächst festzuhalten, daß es das Ziel der Abgeordneten ist, ihre jeweils eigenen politischen Vorhaben möglichst ohne großen Aufwand zu formulieren und durchzusetzen (TT) bzw. bestmöglich Informationen zusammenzutragen. Die starke Spezialisierung der Abgeordneten in den Ausschüssen (und Unterausschüssen) und die trennscharfe Abgrenzung der Jurisdiktionen ermöglicht die Etablierung nahezu exklusiver politischer Verfügungsrechte an einem speziellen Politikfeld. Dies wiederum schafft die Voraussetzungen für die Zuordnung politischer Vorhaben an den zuständigen Ausschuß, ohne daß es zu Kompetenzstreitigkeiten führt. Die Spezifizierungskosten werden dadurch niedrig gehalten. Die Durchsetzungskosten sind ebenfalls gering. Wie stark ein Ausschuß in der amerikanischen Politik das Gesetzgebungsverfahren unter seiner Kontrolle hat und damit seine Vorstellungen und Vorhaben durchsetzen kann, wird durch die verfahrensmäßigen Vorteile in allen Phasen des Gesetzgebungsverfahrens belegt.[439] Ein Ausschuß kann die "Herausgabe" eines Gesetzentwurfs zur Abstimmung an das Plenum wirksam verhindern (gatekeeping power). Zwar besteht theoretisch die Möglichkeit für das Plenum, den Ausschuß zur Behandlung des Entwurfs und zur Weiterleitung zu zwingen, in der Praxis wird davon jedoch nur äußerst selten Gebrauch gemacht. Weiterhin hat ein Ausschuß prozedurale Vorteile während der Plenumsberatung des Gesetzentwurfs (closed rule). Schließlich haben Ausschußvertreter eine Machtposition im Vermittlungsausschuß zwischen Repräsentantenhaus und Senat, falls der Entwurf unter den Häusern strittig sein sollte. So können politische Tauschgeschäfte glaubwürdig durchgeführt werden, weil unter den institutionellen Gegebenheiten ein Abgeordneter keinen Anreiz besitzt, die Durchführung einmal vereinbarter Geschäfte zu blockieren.

---

439 Vgl. Epstein (1997), S. 272.

5.2.5.3.6 Beurteilung der Theorien im Hinblick auf die Organisation des Bundestages

Die nun folgende Analyse wird in drei Schritte aufgeteilt. Erstens werden die wichtigsten Unterschiede der politischen Institutionen in Deutschland bzw. den USA herausgestellt und die TT und IT im Hinblick auf ihre "Tauglichkeit" überprüft. Drei Differenzpunkte sollen skizziert werden: Fragen des deutschen Wahlrechts, die Rolle von Parteien und die eingeschränkte Gewaltentrennung in der Bundesrepublik Deutschland zwischen Legislative und Exekutive. Zweitens werden die wesentlichen institutionellen Charakteristika des deutschen Ausschußsystems beschrieben. Dies sind die spiegelbildliche Übereinstimmung zwischen den Ministerien und den Ausschüssen, die Ausschußzusammensetzung kombiniert mit der Fraktionsdisziplin, die Tatsache, daß auch Vertreter oppositioneller Parteien Leitungspositionen innehaben und die Existenz des Vermittlungsausschusses. Schließlich wird vor dem Hintergrund dieser Charakteristika untersucht, ob das Gesetzgebungsverfahren in Deutschland durch Ausschüsse transaktionskostenminimal ist.

1. Das deutsche Wahlrecht sieht grundsätzlich vor, daß die Hälfte der Abgeordneten direkt im Wahlkreis und die andere Hälfte über Landeslisten der jeweiligen Parteien in den Bundestag gewählt werden.[440] Das resultiert grundsätzlich in einer geringeren Abhängigkeit deutscher Abgeordneter von ihrer lokalen Wählerschaft.[441] Kandidaten kleiner Parteien haben prinzipiell nur die Chance, über einen guten Listenplatz in das Parlament zu gelangen. Welche Listenplätze für den Einzug in das Parlament ausreichen, läßt sich mehr oder minder genau vor der Wahl abschätzen. Die Abgeordneten sind bei der Nominierung für einen Wahlkreis bzw. Listenplatz weniger auf ihre Wahlkreisklientel sondern eher auf die Parteiorganisation angewiesen. Hingegen nimmt die TT an, daß jeder Abgeordnete ausschließlich die Interessen(-gruppen) seines Wahlkreises repräsentiert.[442] Sie bezieht sich damit in starkem Maße auf die Besonderheit des amerikanischen Wahlrechts: Abgeordnete werden nur direkt gewählt, Listenplätze gibt es nicht. Da jeder direkt gewählte Abgeordnete in besonders hohem Maße seiner Wahlkreisklientel verpflichtet ist, muß er für eine angemessene Berücksichtigung seines Wahlkreises sorgen. Die Erwartungen, daß jeder Abgeordnete versuchen wird, das Bestmögliche für seine Klientel herauszuholen, werden allgemein geteilt.[443] Die zur Wie-

440 Vgl. Rudzio (1996), S. 184.
441 Vgl. Brettschneider (1996), S. 110.
442 Vgl. Annahme 1 bei Weingast/Marshall (1988), S. 136.
443 Vgl. Shepsle (1986), S. 69.

derwahl notwendigen politischen Tauschgewinne sind im deutschen Wahlsystem hingegen nicht so wichtig. Die IT betont die Wiederwahlrestriktion nicht so stark wie die TT, sondern stellt das Bedürfnis nach qualitativ hochwertigeren Informationen heraus. Dieses Bedürfnis ist nicht so sehr abhängig von Wiederwahlaspekten; von daher trifft die IT im Hinblick auf das deutsche Ausschußsystem tendenziell eher zu als die TT.

2. Sowohl die TT als auch die IT nehmen an, daß individuelle Abgeordnete keinerlei Beschränkungen ihrer Partei unterliegen.[444] Verständlich wird dies, wenn man sich die geringe Bedeutung von Parteien in den USA vergewärtigt. Zwar gibt es theoretische Ansätze, die die Rolle von Parteien für den amerikanischen Kongreß stärker betonen,[445] aber die amerikanischen Parteiführer haben kaum Instrumente zur Verfügung, mit denen sie ihre Parteiabgeordneten wirksam disziplinieren können. Daher können einzelne Abgeordnete auch ohne große Rücksicht auf parteipolitische Zwänge Logrolling betreiben. Gäbe es starke Parteien mit einer ausgeprägten Fraktionsdisziplin wie in Deutschland, würde das Logrolling als Instrument zur Durchsetzung politischer Vorhaben wegfallen. Ein Abgeordneter kann nicht glaubwürdig versprechen, das Projekt eines Abgeordneten der gegnerischen Partei zu unterstützen, weil die Fraktionsführung in den seltensten Fällen zustimmen würde. Dieses Versprechen wäre nur glaubwürdig, wenn die Fraktion im Parlament dem zustimmte. Da aber in fast jeder Partei nicht nur Mitglieder der einen Gruppe (z.B. städtische Abgeordnete), sondern auch der anderen Gruppe (ländliche Abgeordnete) vertreten sind, dürfte eine Einigung sehr schwerfallen. Die Bedeutung von Parteien im politischen System der Bundesrepublik Deutschland kann gar nicht überschätzt werden. Ihre Rolle wird zwar im Parteiengesetz eher bescheiden formuliert,[446] in der parlamentarischen Praxis ist jedoch die Parteiorganisation ausschlaggebend. Der Geltungsanspruch der beiden vorgestellten Theorien wird folglich durch den hohen Parteieneinfluß in Deutschland geschmälert.
3. Die Mitglieder der Ausschüsse (und Unterausschüsse) in den USA sind die Inhaber der materiellen politischen Verfügungsrechte. Der Präsident als Vertreter der Exekutive kann zwar mit einem Veto gegen Kongreßbeschlüsse drohen, aber grundsätzlich dominiert die Legislative die amerikanische Gesetzgebung. In Deutschland teilen die Parlamentsausschüsse die materiellen politischen Verfügungsrechte mit der Exekutive. Der Initiator gesetzlicher

444 Vgl. Weingast/Marshall (1988), S. 137; Krehbiel (1991), S. 261.
445 Vgl. Cox/McCubbins (1993).
446 So in § 1 Abs. 2 PartG: "Die Parteien wirken an der Bildung des politischen Willens des Volkes ... mit"

Vorlagen ist meistens in der Regierung zu finden, deren Mitglieder großenteils auch Mitglieder der Legislative sind. Von 1949 bis 1994 wurden auf Bundesebene 59 % der Gesetzesinitiativen durch die Bundesregierung in den Bundestag eingebracht gegenüber 34,4 % durch den Bundestag und 6,6 % durch den Bundesrat.[447] Die Zahlen werden noch beeindruckender, wenn man berücksichtigt, daß von den Bundestagsvorlagen nicht wenige nur aus Zeitgründen direkt von den Bundestagsfraktionen eingebracht wurden, in Wirklichkeit aber Regierungsvorlagen sind.[448] Man könnte daher versucht sein, die Parlamentsausschüsse – deren Mehrheit normalerweise durch die Regierungsfraktionen gebildet wird – als reine Handlanger der Regierung zu betrachten. Allerdings relativiert sich das Bild etwas, weil berücksichtigt werden muß, daß zahlreiche Regierungsvorlagen politischen Anstößen aus den Mehrheitsfraktionen entstammen.[449] Es kann aber wohl gesagt werden, daß die materiellen politischen Verfügungsrechte der Ausschüsse im deutschen System durch die Exekutive verdünnt werden. Das ist nicht zuletzt dem überlegenen Fachwissen zu verdanken, das in der Regierung und insbesondere in der Ministerialbürokratie angesiedelt ist.

Zusammenfassend ist zu konstatieren, daß keine der beiden Theorien uneingeschränkt auf das Ausschußsystem in Deutschland angewendet werden kann. Die oben skizzierten politischen Institutionen unterscheiden sich in den USA substantiell. Es spricht allerdings viel dafür, daß die Informationsbeschaffung für deutsche Abgeordnete eine höhere Bedeutung hat als die Durchführung politischer Tauschgeschäfte mit anderen Abgeordneten. Welches sind nun die wesentlichen institutionellen Merkmale des deutschen Ausschußwesens?

1. Aus der Dominanz der Ministerialbürokratie im Gesetzgebungsverfahren entspringt das Bedürfnis der Parlamentarier, nicht nur spezialisierte Ausschüsse zu bilden, sondern die Zuständigkeit eines Ausschusses spiegelbildlich zum jeweiligen Ministerium zu bilden. Auch im Laufe der Zeit neu errichtete Ministerien werden normalerweise kurzfristig durch einen entsprechenden Parlamentsausschuß ergänzt. So konstituierte sich direkt nach der Gründung des Bundesumweltministeriums im Jahre 1986 ein Ausschuß für Umwelt, Naturschutz und Reaktorsicherheit.[450]

---

447 Vgl. Rudzio (1996), S. 254.

448 Art. 76 Abs. 2 GG besagt, daß Vorlagen der Bundesregierung zuerst dem Bundesrat zuzuleiten sind und nach einer Frist zur Stellungnahme erst dann dem Bundestag zugeleitet werden. Daher ist es bei eiligen Vorlagen zweckmäßig, sie aus der Mitte des Bundestages, d.h. durch die Regierungsfraktion(en) einzubringen.

449 Vgl. Rudzio (1996), S. 252.

450 Zum Tätigkeitsfeld des Umweltausschusses vgl. von Geldern (1992).

2. Die Ausschußzusammensetzung ist ein Abbild der Mehrheitsverhältnisse im Parlament. Die zahlenmäßige Überlegenheit der Regierungsfraktionen kehrt in jedem Ausschuß wieder.[451] Dies bedeutet, daß sich die Regierungsmehrheit nicht erst im Plenum, sondern bereit im frühen Stadium der Ausschußberatungen durchsetzen kann. Die Stärke einer Regierungspartei wird nicht nur durch eine funktionierende Fraktionsdisziplin sichergestellt, sondern die wesentlichen Grundlinien einer Entscheidung werden schon in den fachlich spezialisierten Arbeitsgruppen und Arbeitskreisen der Partei umrissen. "Insoweit gewinnt bei den Regierungsfraktionen der Bereich der Vorbereitung der Ausschußarbeit ein weit höheres Gewicht als die Gestaltung der Ausschußarbeit."[452]

3. Auch Vertreter oppositioneller Parteien besetzen Leitungspositionen wie z.B. den Vorsitz von Ausschüssen oder Funktionen im Bundestagspräsidium. Es ist sogar ungeschriebene Tradition, daß der mächtige Haushaltsausschuß, der über den Haushaltsplan des Bundes entscheidet, von einem Oppositionspolitiker geführt wird.[453] Dieser Reziprozitätsgedanke ist nicht selbstverständlich: in England etwa kann die Regierung aufgrund des strikten Mehrheitsprinzips die Opposition von Leitungsfunktionen ausschließen.[454]

4. Die Existenz des Vermittlungsausschusses, in dem Bundestag und Bundesrat vertreten sind, unterstreicht die Notwendigkeit einer grundsätzlich im Konsens beschlossenen Gesetzgebung.[455] Der Vermittlungsausschuß besteht je zur Hälfte aus Abgeordneten des Bundestages und Vertretern der Bundesländer. Die Bundestagsvertreter werden im Verhältnis der Stärke ihrer Fraktionen vom Bundestag bestimmt.[456]

Wie läßt sich die institutionelle Struktur der Ausschüsse aus einer Transaktionskostenperspektive beurteilen? Ein effizientes Ausschußsystem in Deutschland wird die Vorhaben der Regierungsparteien bestmöglich in reale Politik umsetzen. Das liegt allein schon darin begründet, daß die Ausschußstrukturen und –regeln normalerweise mit der Mehrheit der Abgeordneten geändert werden können. Eine institutionelle Ausgestaltung, die ständig hemmend auf die Gestaltungsmacht der Regierungsparteien wirkte, würde wohl nicht lange überleben. Die starke Stel-

---

451 Vgl. Zeh (1989), S. 1093.
452 Melzer (1989), S. 1133.
453 Vgl. Sturm (1988), S. 11.
454 Vgl. Zeh (1989), S. 1098.
455 Vgl. Neßler (1998), S. 87.
456 Vgl. Dietlein (1983), S. 64.

lung der deutschen im Verhältnis zu den amerikanischen Parteien gewährleistet insoweit eine vergleichsweise hohe Änderungsmacht.[457] Es liegt aber dennoch im Eigeninteresse der Parteien, die jeweilige Opposition in ihren Rechten nicht zu sehr zu beschneiden, weil die Wahrscheinlichkeit nicht gering ist, daß sich die Regierungsparteien in der näheren Zukunft auf den Oppositionsbänken wiederfinden. Was die *Spezifizierungskosten* betrifft, ist die Anpassung der Zuständigkeiten der Ausschüsse an ein bestimmtes Ministerium ein Mittel, diese Kosten zu senken. So wird erstens die Zuständigkeit relativ eindeutig einem einzigen Ausschuß zugeordnet und zweitens lohnt es sich für die Abgeordneten, spezifisches Humankapital aufzubauen. Ein strenges Senioritätsprinzip in dem Sinne, daß das dienstälteste Ausschußmitglied einen faktischen Anspruch auf den Ausschußvorsitz hat, gibt es allerdings nicht und kann es wegen der Aufteilung der Vorsitzendenposten unter den Fraktionen auch normalerweise nicht geben. Dies ist jedoch auch nicht nötig, anders als in den USA, wo ein wahlkreisgebundener Abgeordneter um so höhere Wiederwahlchancen hat, je mehr er für die Klientel seines Wahlkreises tut. Ein Ausschußvorsitzender hat eine starke Machtposition und kann daher seinem Wahlkreis sehr viele Vorteile verschaffen. Das Senioritätsprinzip bedeutet im amerikanischen Kontext eine Art "Belohnung", ein Anreiz für langdienende Abgeordnete. In Deutschland bestimmen die Parteien über die Ausschußsitze. Ein striktes Senioritätsprinzip würde die Handlungsspielräume für die Fraktionsführung ohne Not beschränken und wäre also kontraproduktiv.

Die Kosten der *Durchsetzung* von Gesetzesvorhaben werden vor allem durch die Nachahmung der parlamentarischen Mehrheitsverhältnisse in den Ausschüssen gesenkt. Da ein Gesetz grundsätzlich mit einfacher Mehrheit sowohl im Plenum als auch im Ausschuß beschlossen werden kann, haben die Mehrheitsfraktionen immer das Heft des Handelns in der Hand. Zwar kann es vorkommen, daß selbst Mitglieder der gleichen Fraktion unterschiedlicher Meinung über ein Vorhaben sind und dies etwa dadurch zum Ausdruck kommt, daß zwei Ausschüsse unterschiedliche Beschlüsse zum gleichen Gesetzentwurf fassen (z.B. der Arbeits- und der Wirtschaftsausschuß). Im innerparteilichen Koordinierungsprozeß und spätestens im Plenum wird sich eine Meinung durchgesetzt haben, und wechselnde Mehrheiten werden durch die Fraktionsdisziplin verhindert. Die Durchsetzungskosten bei zustimmungsbedürftigen Gesetzen werden aber auch durch den Vermittlungsausschuß gesenkt. Die in einem stark föderal organisierten Bundesstaat wie Deutschland tätigen Parteien brauchen ein ausgleichendes Instrument

---

457 Weingast meint, daß im Kontext der USA ein Kongressabgeordneter der relevante Akteur sei, im europäischen Kontext dagegen die Parteien. Vgl. Weingast (1989), S. 695.

zur Beseitigung von Konflikten. Insbesondere bei unterschiedlichen Mehrheiten in den beiden Kammern wird der Vermittlungsausschuß benötigt, um einen für alle Parteien in Bund und den Ländern akzeptablen Kompromiß zu finden.

Es zeigt sich also, daß die Ausschüsse in Deutschland die Spezifizierungs- und Durchsetzungskosten im Gesetzgebungsprozeß für die Regierungsparteien gering halten. Informelle Institutionen wie die auf Sacharbeit und Konsens ausgerichtete Zusammenarbeit in den Ausschüssen dienen zusätzlich als Durchsetzungsinstrument.[458] Um Mißverständnisse zu vermeiden: Die Aussagen, die hier zur Senkung der Transaktionskosten gemacht wurden, sollen nicht so verstanden werden, als wären keine Verbesserungen der Strukturen möglich. Es mag durchaus andere institutionelle Strukturen geben, die vielleicht noch gar nicht entdeckt worden sind und die die Spezifizierungs- und Durchsetzungsproblematik genauso gut oder sogar effizienter lösen könnten. Eine komparative Institutionenanalyse kann sich aber nur mit denkbaren Alternativen beschäftigen. Die Tatsache, daß das Ausschußsystem seit der grundlegenden Finanzreform des Jahres 1969 ein stabiler Faktor im Parlamentsalltag ist,[459] zeigt zumindest, daß das System von der Mehrheit der Abgeordneten seit langem nicht in Frage gestellt worden ist und ist auch ein – allerdings widerlegbares – Indiz für die Effizienz der institutionellen Struktur des Gesetzgebungsverfahrens.

5.2.5.4 Der Gesetzesvollzug als politische Transaktion

Nach der Verabschiedung des Gesetzes haben das Parlament und die Ausschüsse ihre Arbeit vorläufig beendet. Es beginnt eine neue Transaktion: der Gesetzesvollzug. Ein Gesetz vollzieht sich nicht von alleine, sondern wird von Behörden oder Gerichten durchgesetzt. Je nachdem, wie detailliert das Gesetz ausformuliert ist, kommt Gerichten oder Behörden ein Ermessensspielraum bei der Interpretation bzw. Konkretisierung des Gesetzes zu. Häufig ist das Gesetz noch nicht "vollzugsfähig", d.h. es muß durch Rechtsverordnungen, Verwaltungsvorschriften oder andere Regeln (z.B. Richtlinien von privaten Organisationen wie dem TÜV oder dem VDI) konkretisiert werden. Der Erlaß einer *Rechtsverordnung* ist in Art. 80 GG geregelt.[460] Eine Rechtsverordnung kann durch die Bundesregierung, einen Bundesminister oder eine Landesregierung erlassen werden, die wiederum die Ermächtigung zum Erlaß weiter übertragen können. Voraussetzung ist,

---

458 Neßler weist darauf hin, daß das Gesetzgebungsverfahren "durch die Suche nach Konsens gekennzeichnet" sei. Das Ausschußsystem sei "der erste Faktor der Konsensualgesetzgebung". Vgl. Neßler (1998), S. 87.

459 Vgl. Zeh (1989), S. 1091.

460 Zum Instrument der Rechtsverordnung allgemein vgl. z.B. Lepa (1980) und speziell für das Umweltrecht Frankenberger (1998).

daß Inhalt, Zweck und Ausmaß der Rechtsverordnung im Gesetz festgelegt worden sind. Sie kann durch den Bundesrat zustimmungspflichtig sein. Eine allgemeine *Verwaltungsvorschrift* kann gemäß Art. 84 Abs. 2 bzw. 85 Abs. 2 GG durch die Bundesregierung erlassen werden.[461] Eine gesetzliche Ermächtigung ist nicht erforderlich. Wichtigste Verwaltungsvorschriften etwa im Umweltrecht sind die Technische Anleitung (TA) Luft und die TA Lärm.[462] Das *formelle politische Verfügungsrecht* geht in dieser Phase vom Parlament auf die (Ministerial-)Bürokratie über, außer in den Fällen, in denen das Parlament sich seine Zustimmung ausdrücklich vorbehält, wie bei sogenannten Zustimmungsverordnungen.[463] Letztentscheider ist das Ministerium bzw. die Bundesregierung. Auch das *materielle politische Verfügungsrecht* liegt in dieser Phase bei der Exekutive, da sie den Entwurf der Rechtsvorschrift inhaltlich erarbeitet.

Ist der Regelungsgegenstand hinreichend konkretisiert worden, beginnt die eigentliche Vollzugsphase, in der die Vollzugsbehörden tätig werden. Ihnen kommt die Aufgabe zu, die Regelungen durchzusetzen und beim Verstoß gegen die Regelungen Sanktionen zu verhängen. Sofern sie nicht auf die Zustimmung einer anderen Instanz (z.B. einer Behörde auf höherer Ebene) angewiesen sind, üben die Vollzugsbehörden die formelle und materielle Staatsgewalt aus und besitzen damit das *formelle und materielle politische Verfügungsrecht*. Das bedeutet indes nicht, daß die Behörden keinen äußeren Einflüssen ausgesetzt wären. Unabhängig von dem Agency-Problem zwischen Politikern und (Vollzugs-) Bürokraten kommt es in der Praxis zu vielfältigen Vollzugsdefiziten, die etwa in einer weit verbreiteten Steuerhinterziehung oder Verstößen von Emittenten gegen Grenzwertvorgaben ihren Ausdruck finden. Aus ökonomischer Sicht wird ein rationaler Steuerzahler bzw. Emittent Kosten-Nutzen-Überlegungen anstellen und abhängig von der Wahrscheinlichkeit der Entdeckung des Verstoßes die Vorschriften beachten oder nicht.

Die bisherige Diskussion hat die Rolle der Gerichte vernachlässigt. De facto üben aber Gerichte einen großen Einfluß sowohl auf den Vollzug von Gesetzen wie auch schon auf die vorgelagerte politische Transaktion, die Gesetzgebung, aus. So kann das Bundesverfassungsgericht ein Gesetz oder einzelne Bestandteile eines Gesetzes für verfassungswidrig erklären, so daß die politischen Verfügungsrechte von Legislative und Exekutive verdünnt werden. Ebenso kann ein Gericht Rechtsverordnungen für unvereinbar mit ihrer gesetzlichen Grundlage erklären oder Verwaltungsvorschriften bemängeln, so daß auch hier die politischen Verfügungsrechte den Vollzugsbehörden entzogen oder verdünnt werden.

---

461 Vgl. dazu allgemein Ossenbühl (1968).
462 Vgl. Mühlenbruch (1992).
463 Vgl. Studenroth (1995), S. 528.

Die institutionelle Struktur des Gesetzesvollzugs wird also von Behörden und Gerichten dominiert. An dieser Stelle soll allerdings auf die Diskussion der politischen Transaktionskostentheorie in Abschnitt 5.4.4. verwiesen werden, die sich mit den Eigenschaften von Gerichten und Behörden näher befassen wird.

Im Rahmen der Diskussion von politischen Verfügungsrechten spielte die Existenz asymmetrischer Informationen eine Rolle. Durch die rationale Ignoranz der Wähler kann es Politikern gelingen, ihre eigenen Vorstellungen auf Kosten der Wähler durchzusetzen. Ebenso ist die Bürokratie weder im Gesetzentwurfsprozeß noch im Vollzug ein zuverlässiger Agent der Politiker. Durch die unterschiedlichen Nutzenfunktionen von Wählern, Politikern und Bürokraten besteht für jeden "Agenten" ein Anreiz, seine besseren Informationen zu Lasten seines "Prinzipals" auszunutzen. Insbesondere die Übertragung materieller politischer Verfügungsrechte im Gesetzgebungsverfahren muß daher im Zusammenhang mit dem Agency-Problem gesehen werden.

5.3 Agency-Theorie

5.3.1 Ökonomische Grundlagen der Agency-Theorie

Die Agency-Theorie analysiert eine Beziehung zwischen zwei Individuen, dem Prinzipal und dem Agenten.[464] Der Agent steht mit dem Prinzipal in einem Auftragsverhältnis, das indes nicht unbedingt explizit vertraglich fixiert sein muß. Das Verhältnis Patient-Arzt, Arbeitgeber-Arbeitnehmer oder die Beziehung zwischen Politikern und Bürokraten sind Agency-Beziehungen, in denen der Agent (Arzt, Arbeitnehmer, Bürokrat) Entscheidungen trifft, deren Folgen direkt die Wohlfahrt des Prinzipals tangieren. Üblicherweise werden in der Literatur folgende Annahmen zugrundegelegt:[465]

- Es gibt einen Zielkonflikt zwischen Prinzipal und Agent. Zwar möchte jeder Beteiligte seinen Nutzen maximieren, die Elemente in der jeweiligen Nutzenfunktion sind indes nicht deckungsgleich. So strebt der Arbeitgeber typischerweise einen möglichst hohen Unternehmensgewinn an – der durch entsprechend hohe Anstrengungen des Arbeitnehmers beeinflußt wird -, während

---

464 Überblicke über die Agency-Theorie geben Eisenhardt (1989), Levinthal (1988); Arrow (1985).

465 Vgl. z.B. Sappington (1991), S. 48 f.

der Arbeitnehmer ein gesichertes Einkommen bei einem möglichst geringen Arbeitseinsatz haben möchte.[466]

- Der Agent besitzt genauere Informationen über die bestmögliche Erfüllung des Auftrages des Prinzipals. Ein Arbeitnehmer, der sich intensiv mit einem Arbeitsprojekt beschäftigt, weiß im Zweifel besser als ein übergeordneter Manager, wie das Projekt effizient abgewickelt werden kann. Zudem weiß der Arbeitnehmer auch über seine eigenen Fähigkeiten und sein Anstrengungsniveau Bescheid. Der Prinzipal hingegen ist nicht in der Lage, die Handlungen des Agenten kostenlos und vollständig zu beobachten: die Information zwischen Prinzipal und Agent ist zu Lasten des Ersteren asymmetrisch verteilt.
- Der Prinzipal und der Agent haben unterschiedliche Einstellungen zum Risiko, das sie tragen wollen und können. Ein Arbeitnehmer zieht ein geringeres, aber dafür sicheres Einkommen einem im Durchschnitt höheren, aber dafür Schwankungen unterworfenen Einkommen vor.[467] Er ist somit risikoavers. Der Arbeitgeber dagegen wird grundsätzlich als risikoneutral betrachtet, d.h. ein sicherer Gewinn in Höhe von *x* DM ist aus seiner Sicht genauso viel wert wie ein erwarteter Gewinn in gleicher Höhe.
- Das Ergebnis der Handlungen des Agenten ist leicht meßbar. Beispielsweise ist die Zahl der Versicherungen, die ein Versicherungsvertreter abschließt, durch den Arbeitgeber relativ einfach überprüfbar. Was allerdings nicht genau zu beobachten ist, sind die Gründe für ein gutes bzw. schlechtes Ergebnis. Das Ergebnis hängt nämlich nicht nur vom Anstrengungsniveau des Agenten, sondern auch von Umwelteinflüssen ab. Ganz deutlich zeigt sich dies in der Landwirtschaft: ein Landarbeiter kann sich noch so sehr anstrengen; wenn das Wetter schlecht ist, fällt die Ernte gering aus und die Produktivität des Arbeiters sinkt dadurch ohne seine Schuld.

Die Agency-Theorie hat einen positiv und einen normativ ausgerichteten Zweig.[468] Die positive Agency-Theorie sieht ein Unternehmen als eine Bündelung von Verträgen zwischen den Eigentümern von Sach- und Humankapital (Arbeitnehmer, Lieferanten, Kunden) und dem Unternehmen an[469] und versucht zu erklären, warum bestimmte Vertragsformen in der Praxis vorkommen. Die Betonung der positiven Theorie liegt auf der Minimierung der *Agency-Kosten*. Die Agency-Kosten bestehen aus drei Komponenten:[470]

466 Die intrinsische Motivation zum Arbeitseinsatz wird in der Agency-Theorie im üblichen nicht berücksichtigt. Zur intrinsischen Motivation vgl. Frey (1993), S. 637.

467 Vgl. Milgrom/Roberts (1992), S. 187.

468 Vgl. Jensen (1983), S. 334; Eisenhardt (1989), S. 59.

469 "Nexus of contracts". Vgl. Jensen/Meckling (1976), S. 310ff.

470 Vgl. Jensen/Meckling (1976), S. 308.

1. Kosten, die der Prinzipal zur Kontrolle seines Agenten tätigen muß (Kontrollkosten). Dazu zählt die Kontrolle des Outputs und des Verhaltens des Agenten, aber auch pekuniäre Anreize, der Einsatz und die Durchsetzung von Regeln etc.
2. Kautionskosten (bonding expenditures), also Kosten, die der Agent auf sich nimmt, um dem Prinzipal seine Vertrauenswürdigkeit zu beweisen. Das könnte z.B. ein "Eintrittsgeld" sein, das der Agent bezahlen muß, um einen Arbeitsplatz zu bekommen und das verfällt, wenn der Prinzipal mit seiner geleisteten Arbeit unzufrieden ist und ihn entläßt.
3. Der trotz Aufwendung von Kontroll- und Kautionskosten noch verbleibende Wohlfahrtsverlust des Prinzipals. Es lohnt sich für den Prinzipal nicht, alle Handlungen des Agenten zu überwachen, so daß der Agent einen begrenzten Spielraum zur Verfolgung eigener Interessen hat. Aufgrund der Interesseninkongruenz von Agent und Prinzipal schadet das letzterem.

Die Kernaussage der positiven Agency-Theorie ist, daß Verträge Agency Kosten-minimierend gewählt werden, also effizient sind.[471] Effizienz im Sinne der Agency-Theorie ist also eine "second-best"-Effizienz,[472] weil im Gleichgewicht niemals alle Agency-Kosten vollständig abgebaut werden. Ein Agency-Problem gäbe es nur in einer *Coase*-Welt ohne Transaktionskosten und mit vollständiger Information nicht. In einer solchen Welt könnte der Prinzipal die Aktionen des Agenten kostenlos beobachten und mögliches Fehlverhalten ohne Kosten sanktionieren. Daher würde sich der Agent besserstellen, wenn er von vornherein macht, was der Prinzipal von ihm verlangt.

Die normative Agency-Theorie sieht die Lösung für das Problem des Prinzipals in der Implementation eines *optimalen Anreizsystems*, um den Agenten bei seinen Handlungen zur Berücksichtigung des Nutzens des Prinzipals zu veranlassen. In der Agency-Literatur werden hauptsächlich erfolgsabhängige Entlohnungssysteme untersucht, mit deren Hilfe eine effiziente Allokation sowohl des Risikos als auch der Arbeitsanstrengung herbeigeführt werden soll. Eine ergebnisbezogene, d.h. erfolgsabhängige Entlohnung des Arbeitnehmers hat den Vorteil, daß sich ein geringer Arbeitseinsatz, der zu meßbar schlechten Resultaten führt, direkt auf die Bezahlung auswirkt und damit nicht im Interesse des Arbeitnehmers liegt. Von daher wäre eine hohe Arbeitsanstrengung sowohl im Interesse des Arbeitgebers als auch des Arbeitnehmers. Gleichzeitig verlagert sich aber das Risiko eines durch negative Umweltzustände verursachten schlechten Ergebnisses auf den Arbeitnehmer, der aus finanziellen Gründen weniger als der Arbeit-

471 Vgl. Jensen (1983), S. 331.
472 Vgl. Banks (1995), S. 18.

geber in der Lage ist, das Risiko zu tragen. Die Risikoallokation ist somit bei einer rein erfolgsabhängigen Entlohnung nicht optimal, so daß in den meisten Fällen eine feste Entlohnung plus einer erfolgsabhängigen Komponente die optimale Lösung darstellt.[473]

Das Agency-Problem impliziert, daß der Agent opportunistisch handelt, d.h. er maximiert seinen Nutzen auch mit Hilfe unlauterer Methoden.[474] Das ist für den Agenten attraktiv, weil der Prinzipal seine vor- bzw. nachvertraglichen Handlungen nicht vollständig beobachten kann. Daraus erwachsen dem Prinzipal *zwei Probleme*. Zum einen kann es dem Agenten gelingen, seine persönlichen Eigenschaften, die nur ihm bekannt sind, zu verschleiern, um einen für ihn günstigen Vertrag abzuschließen. Ein Beispiel für die daraus erwachsenden Probleme ist der Abschluß einer Versicherung zum Schutz vor Arbeitslosigkeit. Der Arbeitnehmer kennt seine Arbeitseinstellung und seine Fähigkeiten besser als der Versicherer. Das Entlassungsrisiko läßt sich daher viel besser vom Arbeitnehmer einschätzen als von der Versicherung. Der Abschluß einer Arbeitslosenversicherung lohnt sich besonders für diejenigen, die damit rechnen, in näherer Zukunft arbeitslos zu werden. Dagegen wird sich ein Arbeitnehmer, der einen sicheren Arbeitsplatz besitzt, mit einer geringeren Wahrscheinlichkeit gegen Arbeitslosigkeit versichern, so daß die Versicherung mit einem überproportional hohen Anteil von Arbeitnehmern mit gefährdeten Arbeitsplätzen kalkulieren muß. Dementsprechend hoch fallen die Prämien aus, um die erwarteten Versicherungszahlungen abzudecken. Dann aber werden erst recht nur die "schlechten Risiken" die Versicherung nachfragen, während die Prämie für die "guten Risiken" zu hoch ist. Es kommt zu einer adversen Selektion: nur schlechte Risiken bleiben übrig, so daß der private Markt für Arbeitslosenversicherungen zusammenbricht und durch eine staatliche Versicherungspflicht ersetzt werden muß. [475]

Ein zweites Beispiel für eine adverse Selektion ist der Arbeitsmarkt.[476] Auf dem Arbeitsmarkt gebe es sowohl produktive als auch unproduktive Bewerber um eine Stelle. Der dem Grenzwertprodukt eines produktiven Arbeitnehmers entsprechende Lohnsatz möge 50 DM pro Stunde betragen, der eines unproduktiven Bewerbers 10 DM pro Stunde. Der potentielle Arbeitgeber kennt die Eigenschaft der Bewerber nicht, kann sich aber auch nicht auf ihre Selbstauskünfte verlassen. Entsprechende Angaben sind nicht glaubwürdig, da auch unproduktive Bewerber versuchen werden, sich als hochproduktiv darzustellen, was ohne Kosten möglich ist ("Nehmen Sie mich, ich bin der beste und fleißigste Bewerber."). Beträgt die

473 Vgl. Arrow (1985), S. 45.
474 Vgl. Williamson (1988a), S. 570.
475 Zur adversen Selektion vgl. grundlegend Akerlof (1970).
476 Vgl. Milgrom/Roberts (1992), S. 155.

allgemein bekannte Wahrscheinlichkeit, einen produktiven Bewerber vor sich zu haben, z.B. 30 % (= Anteil der produktiven Arbeitnehmer an der gesamten Erwerbsbevölkerung), wird ein rationaler Arbeitgeber einen Durchschnittslohn anbieten, da er keine Informationen über die Produktivität der Kandidaten hat. Dieser Lohn beträgt 50 DM * 0,3 + 10 DM * 0,7 = 22 DM. Zu diesem Lohn werden allerdings die produktiven Bewerber nicht arbeiten wollen, da ihr Grenzwertprodukt höher als der angebotene Lohnsatz ist. Übrig bleiben nur unproduktive Kandidaten.

Es bieten sich zwei Möglichkeiten an, wie die aufgrund der Informationsasymmetrie gegebene Gefahr der adversen Selektion überwunden werden kann. Beim Signaling, das von der besser informierten Seite ausgeht, versucht der Agent, seine Qualität dem Prinzipal glaubwürdig zu signalisieren.[477] Im Kontext von Arbeitsmärkten können Signale Bildungsnachweise wie z.B. Diplome sein.[478] Ein Hochschulabsolvent signalisiert mit seinem Abschluß ein gewisses Fleiß- und Intelligenzniveau. Allerdings müssen zwei Voraussetzungen erfüllt sein, damit das Signal glaubwürdig ist.[479] Zum einen dürfen unproduktive Arbeitnehmer keine Möglichkeit haben, den entsprechenden Abschluß ebenfalls zu erwerben, weil das Signal sonst entwertet würde und die guten von den schlechten Bewerbern nicht anhand dieses Signals unterschieden werden könnten. Zum anderen sollte das Scheitern des Erwerbs des Nachweises korrekt signalisieren, daß es sich bei dem gescheiterten Individuum um einen unproduktiven Arbeitnehmer handelt.

Die zweite Möglichkeit, eine adverse Selektion zu verhindern, geht von der schlechter informierten Seite aus und wird Screening genannt.[480] Ziel ist es, den Agenten durch eine *Selbstselektion* zu einer Aufdeckung seiner Informationen zu bewegen. Das erfolgt typischerweise durch entsprechend ausgestaltete Verträge, die ein Arbeitgeber dem Arbeitnehmer anbietet. Hat ein Arbeitnehmer die Wahl zwischen einem Vertrag mit erfolgsabhängiger bzw. -unabhängiger Komponente, und wählt der Arbeitnehmer den Vertrag mit der ergebnisbezogenen Ausgestaltung, ist es unwahrscheinlich, daß der Arbeitnehmer vorhat zu faulenzen. Eine andere Methode des Screening ist ein Arbeitsvertrag, der anfangs einen relativ niedrigen Lohn vorsieht, der unterhalb der Grenzproduktivität des Arbeitnehmers liegt, mit steigendem Dienstalter des Arbeitnehmers aber automatisch in höheren Löhnen resultiert. Dadurch wird die Gefahr der Drückebergerei verringert, weil ein beim Faulenzen erwischter Arbeitnehmer mit Entlassung rechnen muß. Ihm

---

477 Vgl. Milgrom/Roberts (1992), S. 155 f.
478 Vgl. Spence (1973).
479 Vgl. Milgrom/Roberts (1992), S. 155.
480 Vgl. Milgrom/Roberts (1992), S. 156f.

entgehen dadurch die zukünftig höheren Löhne, folglich sind die Opportunitätskosten des Faulenzens ausgesprochen hoch.[481]

Neben der adversen Selektion ist ein weiteres Problem des Prinzipals das *nachvertragliche* moralische Risiko.[482] Ein Arbeitnehmer, der erfolgsunabhängig entlohnt wird, und für den Arbeit einen negativen Nutzen erbringt ("Arbeitsleid"), wird bei jeder Gelegenheit seine Arbeitsanstrengung auf ein Minimum zurückfahren und "faulenzen". Das moralische Risiko ist ebenfalls auf ein Informationsproblem zurückzuführen, das nur deshalb entsteht, weil der Prinzipal keine vollständigen Informationen über die Handlungen des Agenten hat. Wiederum kann die Arbeitslosenversicherung als Beispiel dienen. Unabhängig von der Problematik einer adversen Selektion wird ein Arbeitnehmer nach Abschluß des Versicherungsvertrages sein Verhalten ändern. Die Opportunitätskosten einer Kündigung seitens des Arbeitgebers werden aufgrund der Arbeitslosenversicherung relativ geringer, und daher wächst der Anreiz für den Arbeitnehmer, sich entsprechend unvorsichtiger zu verhalten. Dagegen hilft z.B. eine erfolgsabhängige Bezahlung. Moral hazard-Probleme treten in vielfältigen Situationen auf, angefangen bei der Versicherungswirtschaft bis hin zur Kreditgewährung durch den Internationalen Währungsfonds (IWF) für notleidende Staaten.[483]

Das Agency-Problem läßt sich anhand von Property-Rights-Überlegungen umformulieren.[484] In einer idealtypischen Welt ohne Agency-Kosten hat der Prinzipal (z.B. ein Arbeitgeber) die vollständige Entscheidungsgewalt, d.h. sowohl das formelle wie auch das materielle Verfügungsrecht über die Arbeitskraft des Agenten. Der Nutzen des Prinzipals wird maximiert. Ist eine Kontrolle dagegen nicht kostenlos, fallen formelles und materielles Verfügungsrecht auseinander. Je höher die Agency-Kosten sind, um so verdünnter ist das materielle Verfügungsrecht des Prinzipals. Im Extremfall verliert er es vollständig. Die Empfehlungen der Agency-Theorie, den Agenten durch Anreize und Kontrollen an einem den Prinzipal schädigenden Verhalten zu hindern, können daher als Versuch gewertet werden, das materielle Verfügungsrecht des Prinzipals im größtmöglichen Umfang zu behalten.

Die mit einer Agency-Beziehung verbundenen Probleme sind auch in der politischen Sphäre identifizierbar. Im wesentlichen lassen sich zwei Agency-Beziehungen ausmachen: Zum einen ist der Medianwähler der Prinzipal der Politiker (Agenten), zum anderen stehen die Politiker zu den Bürokraten in einer Prinzipal-Agent-Beziehung.

---

481 Zur Arbeitslosigkeit als Disziplinierungsinstrument für Arbeitnehmer vgl. Shapiro/Stiglitz (1984).

482 Vgl. Milgrom/Roberts (1992), Kap. 6; Holmström (1979).

483 Zum letzteren vgl. Eichengreen (1999).

484 Vgl. Aghion/Tirole (1997).

5.3.2 *Das Agency-Problem zwischen Wählern und Politikern*

Im Grundmodell von *Downs* (s. Abschnitt 5.2.5.2.3) wird implizit angenommen, daß zwischen Wählern und Politikern kein Agency-Problem besteht und der Politiker gemäß den Präferenzen des Medianwählers entscheidet. Eine Lockerung der Annahme hat ergeben, daß sich das formelle politische Verfügungsrecht zwar weiterhin beim Medianwähler befindet, das materielle politische Verfügungsrecht aber auf den Politiker übergeht. In diesem Abschnitt wird auf die Gründe für dieses Agency-Problem näher eingegangen. Das Agency-Problem zwischen Wählern und Politikern entsteht sowohl aufgrund ihrer divergierenden Präferenzen als auch aufgrund der asymmetrisch verteilten Informationen.[485] Ein Wähler maximiert seinen Nutzen, indem er einen Politiker wählt, dessen Präferenz den seinigen voraussichtlich am nächsten kommt. Ein Politiker wiederum maximiert die Unterstützung, die er von Wählern und Interessengruppen erhält. Es besteht immer ein diskretionärer Handlungsspielraum des Agenten, da die Kontrolle durch den Prinzipal nur unvollkommen durchgeführt werden kann. Insbesondere für die Wähler, die sich durch eine rationale Ignoranz auszeichnen, ist eine politische Kontrolle sehr kostspielig. Wären die Wähler vollständig über die Handlungen des Agenten informiert, und könnten sie ihn unmittelbar bestrafen (z.B. durch sofortige Abwahl), würde ein Politiker gemäß den Präferenzen seiner Wähler abstimmen müssen, um im Amt zu bleiben.[486] Kurz: der Prinzipal hat in diesem Fall das formelle und materielle politische Verfügungsrecht. Aber selbst wenn die Informationen unvollständig sind, ist das Agency-Problem vernachlässigbar, wenn die Präferenzen von Prinzipal und Agent übereinstimmen. Nun hat aber ein Politiker viele potentielle Prinzipale, die zudem verschiedene Präferenzstrukturen haben.[487] So könnte ein Politiker sowohl von einem Landwirt als auch von einem Bergbauingenieur gewählt werden, weil sie einen bestimmten Aspekt des politischen Programms besonders befürworten (etwa die Einstellung des Politikers zur Steuerpolitik), obwohl sie bei anderen Bestandteilen des Programms völlig unterschiedlicher Meinung sein können (z.B. Subventionierung der Landwirtschaft). Daher muß zunächst geklärt werden, wer überhaupt als relevanter Prinzipal anzusehen ist.

Die meisten, insbesondere amerikanischen Studien gehen von einem ausschließlich geographisch fundierten Wahlrecht aus, d.h. Politiker stellen sich in einem räumlich genau abgegrenzten Gebiet (Wahlkreis) zur Wahl.[488] Nur die

485 Vgl. Banks (1995), S. 19.
486 Vgl. Potters/Sloof (1996), S. 426.
487 Barro (1973) etwa umgeht diese Problematik, indem er annimmt, daß die Wähler identische Präferenzen in bezug auf die Bereitstellung öffentlicher Güter haben.
488 Vgl. z.B. Weingast/Shepsle/Johnsen (1981).

Personen, die innerhalb dieser räumlichen Grenzen wahlberechtigt sind, können Politiker ihres Wahlkreises wählen. Damit sind etwa wahlkreisübergreifende Landes- oder Bundeswahllisten ausgeschlossen. Es ist indes nicht sinnvoll, alle Wahlberechtigten eines Wahlkreises als maßgebliche "Gefolgschaft" zu betrachten. Vielmehr ist die Gruppe der Wahlberechtigten entscheidend, von der der Politiker erwartet, daß sie für ihn stimmt.[489] Es liegt nahe, die Präferenzen des Medianwählers des Wahlkreises, gemessen etwa am Medianeinkommen, als Maßstab zu nehmen.[490] Der relevante Prinzipal ist dann der Medianwähler.[491]

Im Kontext des deutschen Wahlsystems, wo das Wahlrecht nicht nur geographisch fundiert ist, sondern auch Abgeordnete in das Parlament gelangen, die über Listenplätze gewählt wurden, kann man nicht einfach den Medianwähler eines Wahlkreises als relevanten Prinzipal heranziehen. Ein Kandidat, der auf Platz eins der Wahlliste steht und dessen Partei sicher die Fünf-Prozent-Hürde nimmt, kann im Prinzip die Präferenzen der Bürger in seinem Wahlkreis mißachten und wird dennoch gewählt. Allerdings stellt sich die Frage, ob dieser Kandidat überhaupt auf den ersten Platz gekommen wäre, wenn er die Wünsche aus seinem Wahlkreis ignoriert hätte. Aber nicht nur die Listenplätze machen einen Unterschied: Ebenso ist es die Fraktionsdisziplin, der sich die neu gewählten Abgeordneten grundsätzlich unterordnen müssen. Während amerikanische Abgeordnete keiner Fraktionsdisziplin unterliegen und damit für ihre Wiederwahl nur die Wünsche aus dem Wahlkreis berücksichtigen müssen, hängt die Wiederwahl eines deutschen Abgeordneten neben der Pflege der allgemeinen Wahlkreisklientel vor allem von der Arbeit an der Parteibasis des Wahlkreises ab: Die Parteimitglieder entscheiden über die Nominierung eines Kandidaten.[492] Daher wird ein rationaler Kandidat weniger den Medianwähler im gesamten Wahlkreis im Blick haben, sondern das *Medianparteimitglied* im Wahlkreis. Nur wenn Medianparteimitglied und Medianwähler übereinstimmen, ist der Prinzipal in Deutschland und den USA identisch. Der Einfachheit halber wird der Prinzipal aber im folgenden als "Medianwähler" bezeichnet.

Ein Politiker wird prinzipiell aus zwei Gründen einen Anreiz haben, von den Präferenzen des Medianwählers abzuweichen: durch den Einfluß von Interessengruppen und durch eigennütziges ideologisches Handeln.[493]

---

489 Vgl. Bender/Lott (1996), S. 85.

490 Vgl. Potters/Sloof (1996), S. 427; Bender/Lott (1996), S. 72.

491 Vgl. auch Peltzman (1984), S. 185.

492 Vgl. Schüttemeyer (1992), S. 130.

493 Hier wird von irrtümlichen Entscheidungen des politischen Agenten abstrahiert, die aufgrund mangelnder Informationen über die Präferenzen des Medianwählers zustandekommen und bei denen keine Absicht im Spiel ist. Vgl. Dougan/Munger (1989), S. 132.

Interessengruppen sind in der Lage, Politikern sowohl Informationen als auch personelle oder monetäre Ressourcen zur Verfügung zu stellen. Bei rational ignoranten Wählern ist es möglich, daß eine Interessengruppe Wahlkampfunterstützung leistet und sich davon Vorteile verspricht, die zu Lasten der breiten Bevölkerung - etwa durch höhere Steuern - gehen. Das Agency-Problem zwischen Politikern und Wählern manifestiert sich dann in dem Wohlfahrtsverlust, der dem Medianwähler aus der Einwirkung von Interessengruppen entsteht: der Politiker betreibt "shirking".[494] Wenn eine Interessengruppe Informationen besitzt, die ein Politiker zur adäquaten Umsetzung seines Politikprogramms benötigt, wird sein materielles Verfügungsrecht verdünnt, weil er auf die Kooperation mit der Interessengruppe angewiesen ist, die dadurch wiederum einen konkreten Einfluß auf die Entscheidung gewinnt. Allerdings ist es umstritten, ob der Einfluß von organisierten Gruppen den Politiker zu einer signifikant anderen Politik bewegen kann.[495] Vielmehr ist es denkbar, daß Interessengruppen in einem Wahlkreis zugleich die Präferenz des Medianwählers widerspiegeln: so könnte der Medianwähler in einem ländlichen Wahlkreis eine hohe Präferenz für zusätzliche Agrarsubventionen haben, so daß der Bauernverband diese Präferenz adäquat wiedergibt.

Die zweite Quelle eines shirking ist eigennütziges ideologisches Handeln des Agenten. Unter eigennützigem ideologischen Handeln wird hier das Verfolgen von Interessen verstanden, die nicht den Interessen des Medianwählers, sondern den andersgearteten eigenen Vorstellungen des Politikers von guter Politik entsprechen. Politiker handeln "altruistisch", indem sie das verfolgen, was sie persönlich für richtig halten, unabhängig von den Wünschen ihrer "Gefolgschaft" (constituency).[496] Das setzt allerdings voraus, daß Wahlversprechen, mit deren Hilfe der Medianwähler gewonnen werden konnte, nach der Wahl nicht eingelöst werden. Davon zu unterscheiden ist ideologisches Handeln, das den Ansichten des Medianwählers entspricht.[497]

494 Vgl. Kau/Rubin (1993), S. 155.

495 Bender/Lott (1996), S. 82-85 etwa finden keinen empirischen Beleg für eine große Bedeutung von Wahlkampfspenden von Interessengruppen. Das schließt allerdings nicht die Beeinflussung von Politikern durch Informationen aus, die von den Interessengruppen zur Verfügung gestellt werden.

496 "Altruistisches" Handeln in dem hier verstandenen Sinn läßt sich ohne weiteres mit Rationalität und Eigennutzorientierung vereinbaren. Ein Individuum zieht einen Nutzen aus altruistischem Verhalten, wenn es anderen helfen bzw. seine Weltanschauung durchsetzen kann. Vgl. Kalt/Zupan (1984), S. 281.

497 Vgl. Peltzman (1984), S. 210. Kau/Rubin (1993), S. 169, finden, daß zwar die Ideologie von Wählern eine Rolle spielt, weniger aber die persönliche Ideologie des Politikers, nicht zuletzt, weil der politische Wettbewerb einen Politiker bestraft, der zu offensichtlich davon abweicht.

Es macht einen Unterschied aus, ob eine Ideologie als Signalling-Mechanismus fungiert oder der Befriedigung persönlicher Präferenzen des Politikers dient. Eine Ideologie als informationskostenreduzierendes Signal wurde schon bei *Downs* untersucht und ist kein Fall von shirking.[498] Hat ein Politiker die Reputation eines Ideologen, trägt dies sogar zur Verringerung des Prinzipal-Agent-Problems bei, da die Wähler wissen, "woran sie sind" und das Abstimmungsverhalten des Politikers in bestimmten Fragen vorhersagen können. Die Wahlversprechen des Kandidaten werden damit glaubwürdiger. Der aus der Agency-Beziehung resultierende Wohlfahrtsverlust des Prinzipals wird durch das als Pfand dienende "Reputationskapital" gesenkt.[499] Anders liegt die Sache bei ideologischem Handeln eines Politikers, der seine Vorstellungen von Gemeinwohl erfüllt ("politischer Altruismus"). Der Nutzen aus dem politisch altruistischen Handeln liegt einerseits in der Befriedigung, anderen geholfen zu haben und andererseits in dem Bewußtsein, das "Richtige" getan zu haben, selbst wenn dies anderen nicht geholfen hat.[500]

Die Anreize zu altruistischem (ideologischem) Verhalten des Agenten sind in der politischen Sphäre stärker ausgeprägt als im ökonomischen Bereich, wesentlich bedingt durch mangelhaftere Kontroll- und Sanktionsmöglichkeiten des Prinzipals. Dies hat folgende Gründe:[501]

1. Der Markt für politische Kontrolle ist durch Unteilbarkeiten gekennzeichnet. Das Programm eines Politikers umfaßt ein Bündel verschiedener Elemente, das als "Alles-oder-nichts"-Entscheidung dem Wähler präsentiert wird, der das Programm nur im ganzen annehmen oder ablehnen kann. Zudem findet eine Wahl nur alle vier oder fünf Jahre statt, so daß der Markt für politische Kontrolle im Gegensatz zum "Markt für Unternehmenskontrolle"[502] seine Wirksamkeit nur begrenzt entfalten kann.

2. Politische Kontrolle ist ein öffentliches Gut: der Nutzen eines erhöhten Kontrollaufwands kommt allen Wählern zugute, egal ob sie zur Kontrolle beigetragen haben oder nicht. Der Aufwand ist für einen einzelnen Wähler sehr

498 Vgl. Downs (1957/1968), Kap. 7.

499 Vgl. Dougan/Munger (1989), S. 126.

500 Der Agent zieht einen positiven Nutzen aus dem "Konsum" durch altruistisches Handeln um seiner selbst willen, ebenso wie das Wahlparadox – ein rationaler Wähler geht nicht zur Wahl – mit Hilfe von Konsummotiven (der Wahlakt selber erzeugt eine Befriedigung) erklärt wird. Vgl. Stigler (1972), S. 104.

501 Vgl. zum folgenden Kalt/Zupan (1984), S. 283.

502 Vgl. Manne (1965).

hoch und wiegt den Nutzen nicht auf. Das gleiche Problem stellt sich allerdings auch zwischen Aktionären und dem Management eines Unternehmens.

3. Die politische Angebotsseite ist durch oligopolistische Strukturen und hohe Marktzutrittsbarrieren charakterisiert.[503] Das betrifft insbesondere die Chancen neuer Parteien, die zum einen mit hohem Aufwand eine Reputation aufbauen und zudem üblicherweise eine Sperrklausel (z.B. 5 % der abgegebenen Stimmen) überwinden müssen, um parlamentarisch aktiv werden zu können.

4. Schließlich darf das moralische Risiko aufgrund der Schwierigkeit, glaubwürdige politische Versprechen abzugeben, nicht unterschätzt werden. Nach der Wahl ist der Politiker nicht mehr an seine Wahlversprechen gebunden, so daß die Reichweite möglicher selbstdurchsetzender Vereinbarungen zwischen Wählern und Politikern entsprechend gering ist.[504]

Aus diesen Gründen ist shirking auf der politischen Ebene schwerer zu entdecken und zu bestrafen als im Kontext marktwirtschaftlicher Transaktionen bzw. in Unternehmen. Insbesondere der letzte Aspekt wird jedoch durch die Existenz von Parteien bekämpft. Mit dem Namen einer Partei sind üblicherweise spezifische politische Aussagen verbunden. Eine Partei steht für eine bestimmte ideologische Ausrichtung, und von allen Politikern, die einer Partei angehören, wird ein Mindestmaß an Übereinstimmung mit der Parteiideologie erwartet. Der Verlust an ideologischer Glaubwürdigkeit wäre für eine Partei mit Stimmenverlusten verbunden, und daher müssen Parteien – vertreten durch ihre Führungsschicht – darauf achten, daß einzelne Politiker, die unter der Flagge der Partei segeln, die Reputation der Partei nicht durch mit der Parteiideologie im Widerspruch stehende Ansichten beschädigen. Deshalb hat die Parteiführung einen Anreiz, "ihre" Politiker zu überwachen und gegebenenfalls zu sanktionieren.[505] Ein Politiker muß bei rücksichtsloser Verfolgung einer der Parteilinie nicht entsprechenden Ideologie mit einem Partei- oder Fraktionsausschluß rechnen.[506]

Die obigen Ausführungen haben deutlich gemacht, daß das Medianparteimitglied in einem Wahlkreis als Prinzipal und der Abgeordnete als Agent fungieren. Wenn diese Beziehung in einer institutionellen Transaktionskostenperspektive betrachtet wird, stellt man fest, daß die Spezifizierungs- und Durchsetzungsko-

503 Zum letzteren vgl. Wohlgemuth (1998), S. 9-15.

504 Die Funktionsweise selbstdurchsetzender unvollständiger Verträge analysiert Klein (1985).

505 Vgl. Holcombe/Gwartney (1989), S. 671.

506 So geschehen bei dem CDU-Abgeordneten Gruhl, dem späteren Mitgründer der GRÜNEN.

sten hier potentiell sehr hoch sind. Um von den Parteimitgliedern nominiert zu werden, werden die zur Wahl stehenden Kandidaten Wahlversprechen abgeben, deren Erfüllung zum einen nicht nur sehr schwer kontrolliert werden kann, weil sie meistens sehr vager und allgemeiner Natur sind. Zum anderen kann der Abgeordnete mögliche Kritik an seinem Abstimmungsverhalten im Parlament mit Hinweis auf die Fraktionsdisziplin zumindest abschwächen. Diese Wahlversprechen sind zudem prinzipiell nicht durchsetzbar. Die Transaktionskosten werden aber insbesondere durch eine Parteiideologie und durch die Fraktionsdisziplin gesenkt. Beispielsweise verspricht ein Kandidat, die Arbeitslosigkeit sei das größte Übel und daher zu reduzieren. Ohne weitere Erläuterungen ist dieses Statement sehr schwer zu spezifizieren. Eine Ideologie fungiert hier als Wegweiser, der Lösungsmöglichkeiten aufzeigt. So könnte zum ideologischen "Überbau" einer Partei die Aussage im Parteiprogramm gehören, daß die Arbeitslosigkeit durch nachfrageorientierte Politik (z.B. expansive Geld- oder Fiskalpolitik) oder durch eine angebotsorientierte Politik (z.B. Senkung der Unternehmensteuern, Deregulierung des Arbeitsmarktes) beseitigt werden kann. In beiden Fällen wird das Versprechen des Kandidaten in seinen Konturen deutlicher erkennbar, je nachdem welcher Partei er angehört. Andererseits hilft eine Ideologie bei der Durchsetzung des Versprechens, weil sowohl der Abgeordnete als auch die Partei ein Interesse an einer intakten ideologischen Reputation haben.

Die Fraktionsdisziplin spielt bei der Senkung der Durchsetzungskosten etwa dann eine Rolle, wenn ein Abgeordneter z.B. aus einem ländlichen Wahlkreis in den Agrarausschuß kommt und dort die Interessen des Medianparteimitglieds vertritt. Aufgrund der parlamentarischen Arbeitsteilung, die den Ausschußmitgliedern hohe inhaltliche Gestaltungsmöglichkeiten gewährt, ist dieser Abgeordnete in der Lage, die agrarpolitischen Positionen seiner Partei entscheidend zu prägen. Vor allem wenn sich diese Partei an der Regierung befindet, sind die Verwirklichungschancen der von dem Abgeordneten mitentschiedenen Politik nicht schlecht, weil die Fraktion "diszipliniert" die Position des Experten-Abgeordneten befürworten wird.

Zusammenfassend kann jedoch gesagt werden, daß das Agency-Problem zwischen Wählern und Politikern nicht zu vernachlässigen ist. Überwiegend geht die ökonomische Literatur davon aus, daß dieses politische Agency-Problem schwerer in den Griff zu bekommen ist als ein Agency-Problem auf dem privaten Sektor. Ein weiteres politisches Kontroll- und Anreizproblem stellt die Beziehung zwischen Politikern, die in diesem Fall als Prinzipale agieren, und Bürokraten dar.

5.3.3 *Die Agency-Beziehung zwischen Politikern und Bürokraten*

5.3.3.1 *Theoretische Basis*

Ein gewählter Politiker muß eine Vielzahl unterschiedlicher Themenkomplexe überblicken und "korrekte" Entscheidungen treffen. Die Arbeitsteilung in den parlamentarischen Ausschüssen fördert die Spezialisierung des Parlamentariers, aber oftmals finden völlig neue Probleme ihren Weg auf die Tagesordnung, zu denen der Politiker keine Kenntnisse besitzt. Zwar kann er auf vielfältige Wissensquellen zurückgreifen wie etwa wissenschaftliche Dienste oder andere Experten. Das weitaus wichtigste Hilfsmittel bei der Vorbereitung und Durchführung politischer Entscheidungen ist jedoch die Bürokratie. Grundsätzlich muß davon ausgegangen werden, daß die Ziele des Politikers und die der Bürokraten nicht immer kongruent sind. Unterstützungsmaximierung auf der politischen, Budget- bzw. Maximierung des diskretionären Budgets auf der bürokratischen Seite stehen in Konflikt miteinander, weil eine Reduzierung des (diskretionären) Budgets Mittel einspart, die für wählerwirksame Zwecke verausgabt werden könnten. Das Problem des Politikers ist aber, daß er im Vergleich zur Bürokratie schlechtere Informationen sowohl über die Höhe des diskretionären Budgets als auch über die Lösung eines bestimmten Sachproblems hat. Die Ministerialbürokratie in Deutschland gliedert sich in Referate auf, die als kleinste und spezialisierte Einheiten eines Ministeriums ein Informationsmonopol im jeweiligen Zuständigkeitsbereich besitzen.[507] Daher ist es angemessen, Politiker als Prinzipale und Bürokraten als deren Agenten zu bezeichnen.[508] Ein "gutes" Büro ist ein Büro, das die Klientel des politischen Prinzipals bestmöglich befriedigt. Erschwert wird die Aufgabe dadurch, daß ein Büro in vielen Fällen nicht nur einen, sondern mehrere Prinzipale hat.[509] Es ist also eine erhebliche Vereinfachung, wenn im folgenden die Beziehung zwischen <u>einem</u> Prinzipal und einem Agenten untersucht wird. Als Kandidaten für den Prinzipal könnte der Medianabgeordnete im Parlament bzw. dem für das Büro zuständigen Ausschuß dienen oder in einem System mit starken Parteien das Medianmitglied der Regierungsfraktionen. Die Frage ist nun, welche Anreiz- und Kontrollmöglichkeiten der Prinzipal hat, um den Agenten zur Verfolgung seiner (des Prinzipals) Interessen zu bewegen. Die ökonomische bzw. politikwissenschaftliche Literatur kommt zu ganz verschiedenen Ergebnissen darüber, ob der politische Prinzipal den bürokratischen Agenten kontrollieren kann oder nicht und wenn ja, in welchem Ausmaß.

---

507 Vgl. Benzner (1989), S. 88.

508 Vgl. Kirsch (1993), S. 308.

509 Vgl. Hammond/Knott (1996), S. 127.

Das eine Extrem ist die ökonomische Theorie der Bürokratie in der Version von *Niskanen* (1971).[510] Der Budgetmaximierungsdrang und die Optionsfixierungsmacht resultieren in einer im Vergleich zur Produktion im privaten Sektor ineffizient hohen Produktion öffentlicher Güter. Die Politiker als Prinzipale stehen dem bürokratischen Agenten vollkommen passiv gegenüber. Die durch die asymmetrische Informationsverteilung charakterisierte Situation wird von den Bürokraten ausgenutzt, um ein maximales Budget zu erhalten. Es gibt keine institutionellen Vorkehrungen, die eine Budgetmaximierung verhindern könnten: das Grundmodell von *Niskanen* ist nahezu institutionenfrei, sieht man einmal von dem stilisierten Budgetierungsprozeß ab. Die Bürokratie handelt quasi in einem kontrollfreien Raum. In einer Erweiterung des Grundmodells haben *Breton* und *Wintrobe* auf den Einsatz von Kontrollinstrumenten hingewiesen, die von den Politikern implementiert werden können. Darunter fallen direkte Kontrollen, überlappende Büros oder die Informationsbeschaffung aus externen Quellen.[511] Allerdings sind die Instrumente nicht kostenlos verfügbar, insbesondere unter Berücksichtigung der Opportunitätskosten der Zeit des Politikers. In der Zeit, in der er Informationen über das Verhalten des Büros einholt und Kontrollen durchführt, könnte er wählerwirksamere Aktivitäten durchführen, die ihm einen höheren Nutzen stiften.[512]

Miller und *Moe* gehen ebenfalls von der Annahme eines völlig passiven Prinzipals ab und weisen darauf hin, daß in den Budgetverhandlungen zwischen Politikern und Bürokraten letztere nicht unbedingt eine vorteilhaftere Position innehaben. Beispielsweise können die Politiker ihre wahre Zahlungsbereitschaft verschleiern und die Büros auffordern, als erste Kostenvoranschläge abzugeben.[513] Das ermöglicht es dem Prinzipal, unter verschiedenen Kostenvoranschlägen sich denjenigen herauszusuchen, der seinen Präferenzen bestmöglich entspricht, da das Büro aufgrund der normalerweise unvollständigen Informationen über die politischen Präferenzen nicht mehr die Möglichkeit eines Alles-oder-nichts-Angebots hat. Politiker können zudem Daumenregeln anwenden wie beispielsweise die Annahme, daß die Produktionskosten linear mit dem Output steigen.[514] Diese Daumenregel ist rational in dem Sinne, daß sie die Verhandlungsmacht der Politiker erhöht und den bürokratischen Handlungsspielraum einengt. Sie braucht nicht bewußt gewählt worden zu sein, sondern kann unbewußt oder habituell entstanden sein.[515] Das Fazit von *Miller* und *Moe* ist, daß es wesentlich auf die Rei-

---

510 Vgl. Abschnitt 4.5.
511 Vgl. Breton/Wintrobe (1975), S. 6.
512 Vgl. McCubbins (1985), S. 737.
513 Vgl. Miller/Moe (1983), S. 310.
514 Vgl. Miller/Moe (1983), S. 318.
515 Vgl. Miller/Moe (1983), S. 320.

henfolge der Budgetvorschläge ankommt, wie stark das Büro seine überlegenen Informationen ausnutzen kann. Verschleiern die Politiker ihre wahre Zahlungsbereitschaft, und muß das Büro zuerst ein Angebot machen, können die Politiker verhindern, daß die Bürokraten wie im *Niskanen*-Modell die gesamte Rente abschöpfen.

Die "Congressional-Dominance"-Theorie verfällt in das andere Extrem und nimmt einen aktiven Prinzipal an, der den bürokratischen Agenten völlig unter Kontrolle hat.[516] Ein wesentlicher Anwendungsbereich dieser Theorie ist das Verhältnis zwischen einem parlamentarischen Ausschuß und einer Regulierungsbehörde, bei dem der Ausschuß eine Kontrollfunktion wahrnimmt. Beispielsweise zeigen *Weingast* und *Moran*, daß die abrupte Änderung des Verhaltens der amerikanischen Federal Trade Commission (FTC) in den Jahren 1979-1980 von einer aktivistischen Haltung hin zu einem viel zurückhaltenderen Standpunkt auf eine Änderung der Zusammensetzung des politischen Aufsehers, nämlich dem Unterausschuß für Verbraucherfragen des Senats, zurückgeführt werden kann. 1977 kam es zu einem fast vollständigen Austausch der Mitglieder des Unterausschusses. War die Mehrheit der Senatoren des Unterausschusses vor 1977 noch durch eine aktivistische Haltung in Verbraucherfragen gekennzeichnet, so waren die neuen Ausschußmitglieder konservativer und wiesen daher eine Präferenz für eine relativ passive FTC auf. Durch eine Vielzahl von Anhörungen und Budgetkürzungen wurde die FTC gezwungen, ihre aktive Haltung aufzugeben – ganz im Einklang mit den Präferenzen der neuen Ausschußmitglieder. Das ist – so *Weingast* und *Moran* – ein deutliches Zeichen für eine wirksame politische Kontrolle. Die FTC habe die ganze Zeit über einer unauffälligen politischen Steuerung unterlegen: der aktivistische Standpunkt war im Einklang mit den vor 1977 amtierenden Ausschußmitgliedern, die passivere Haltung stimmte mit derjenigen der neuen Mitglieder überein. Allerdings könnte man auch im Sinne von *Niskanen* sagen, daß die FTC außer Kontrolle geraten ist und ihren Informationsvorsprung zur Verfolgung eigener Ziele genutzt hat.[517] Die empirische Untersuchung von *Weingast/Moran* (1983) scheint indes die Congressional Dominance-Theorie zu bestätigen.[518] Das wiederum steht in einem gewissen Widerspruch zu den Folgerungen der ökonomischen Agency-Theorie, wonach der Prinzipal den Agenten hauptsächlich über die Setzung von Anreizen steuert und eine umfassende Kontrolle aufgrund der asymmetrischen Informationslage nicht möglich ist.

Ein realistischer Mittelweg zwischen der ökonomischen Bürokratietheorie und der Congressional Dominance-Theorie besteht darin, der Bürokratie einen

---

516 Vgl. Weingast/Moran (1983). Zur Kritik vgl. Moe (1987).

517 Vgl. Shepsle/Bonchek (1997), S. 376.

518 Vgl. aber die Kritik bei Moe (1987), S. 490-513.

eigenständigen Handlungsspielraum innerhalb bestimmter Grenzen zuzubilligen, wobei die Grenzen des Spielraumes durch politische Institutionen bestimmt werden.[519] Anhand folgender Graphik läßt sich diese Idee verdeutlichen:[520]

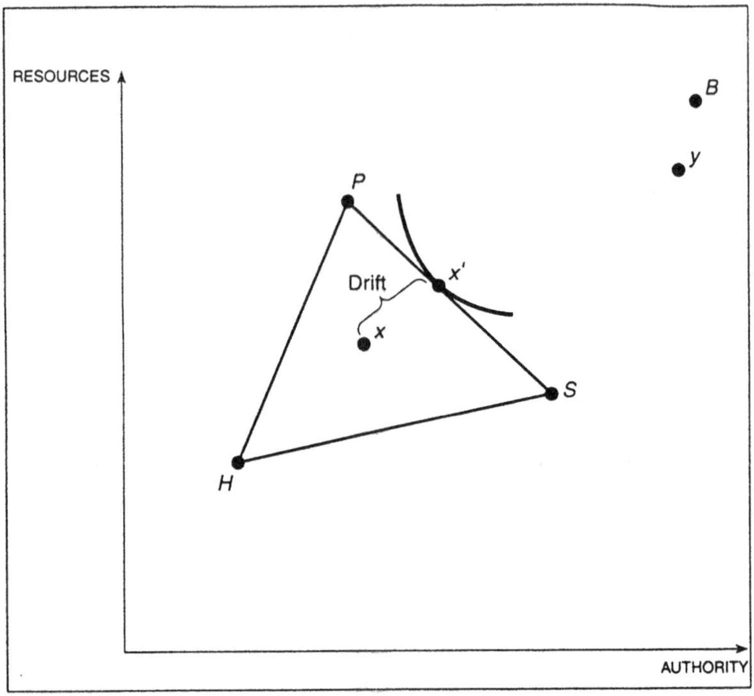

Abb. 17: Bestimmung des Handlungsspielraums einer Behörde

Um das Beispiel auf deutsche Verhältnisse zu übertragen sei angenommen, daß im Rahmen eines "Bündnisses für Arbeit" die Regierung (S), die Arbeitgeber (H) und die Gewerkschaft (P) eine Maßnahme zur Bekämpfung der Arbeitslosigkeit beschließen, die von der Bundesanstalt für Arbeit (B) implementiert wird und die bei der Implementation des Programms ein Ermessen besitzt. Die idealen Punkte der jeweiligen Akteure sind durch S, H, P und B wiedergegeben. Die Achsen spiegeln die Zuweisung von Ressourcen bzw. Autorität wider, und es

519 Vgl. Calvert/McCubbins/Weingast (1989), S. 597.

520 Vgl. Shepsle/Bonchek (1997), S. 364, die sich an McCubbins/Noll/Weingast (1989), S. 438, anlehnen.

wird angenommen, daß sowohl die Regierung als auch Arbeitgeber bzw. Gewerkschaften durch ein Veto-Recht verhindern können, daß die von B beschlossene Umsetzung der Maßnahme abgeändert wird. Nur wenn alle drei Bündnispartner zustimmen, wird B gezwungen, die Maßnahme anders durchzuführen. Die Graphik zeigt, daß – ausgehend von Punkt *x*, der die einstimmig beschlossene Maßnahme symbolisiert, B seinen Spielraum nutzen und Punkt *x'* implementieren kann, der seinem idealen Punkt B am nächsten kommt, ohne befürchten zu müssen, daß seine Entscheidung rückgängig gemacht werden muß. Würde B versuchen, Punkt *y* durchzusetzen, der ihm mehr Ressourcen und mehr Autorität gewähren würde, stieße dies auf einhellige Ablehnung der Bündnispartner, weil dadurch S, H und P im Vergleich zum Punkt *x* schlechter gestellt würden. Deshalb ist das Beste, was B erreichen kann, Punkt *x'*, in dem zwar H schlechter gestellt wird, P und S aber nicht. P und S würden folglich die Politik des bürokratischen Agenten nicht ändern wollen, so daß *x'* ein Gleichgewicht darstellt.

Dieses Beispiel zeigt deutlich, daß die Existenz mehrerer Prinzipale (P, S und H) der Behörde einen größeren Handlungsspielraum geben kann. Das Modell hat aber auch die Schwäche, daß vorausgesetzt wird, daß die Prinzipale vollständige Informationen sowohl über die Präferenz der Behörde (Punkt B) als auch über den Implementationspunkt besitzen. Es zeigt aber, daß selbst in solch einem Fall, der an sich kein originäres Agency-Problem ist – da keine asymmetrische Informationslage besteht -, der Agent in einem gewissen Rahmen seine Präferenz durchsetzen kann. *Shepsle* spricht in diesem Zusammenhang von einem "bureaucratic drift".[521] Sind zusätzlich die Informationen zugunsten der Behörde asymmetrisch verteilt, vergrößert sich der Spielraum entsprechend. Die zwei Faktoren – Anzahl der Prinzipale und Ausmaß der asymmetrischen Informationen – sind daher für den Umfang des Handlungsspielraums des Agenten verantwortlich.[522] Hinzu kommt das, was *Shepsle* "coalitional drift" nennt, nämlich die Änderung der Präferenz eines Prinzipals, z.B. durch einen Regierungswechsel.[523] Kommt eine Regierung an die Macht, die der Präferenz des Agenten nähersteht als die alte Regierung, kann der Agent einen für ihn besseren Punkt erreichen (z.B. Punkt *z* in der folgenden Graphik).

Die Implementation von *z* ist möglich, weil die neue Regierung im Vergleich zu Punkt *x'* bessergestellt wird und ihr Veto einlegen wird, falls die anderen Bündnisteilnehmer versuchten, *z* zu verhindern.

Das Fazit der vorangegangenen Ausführungen ist also, daß der bürokratische Agent in bestimmten Grenzen seinen eigenen Nutzen verfolgen kann, bei Über-

521 Vgl. Shepsle (1992), S. 113.
522 So auch Hammond/Knott (1996), S. 127.
523 Vgl. Shepsle (1992), S. 114.

schreitung dieser Grenzen aber mit Sanktionen rechnen muß, die ihn von vornherein davon abhalten, die Grenzen zu verletzen. Man kann also mit einer gewissen Berechtigung davon sprechen, daß sich der Agent ständig unter einer indirekten politischen Kontrolle befindet und nur bei ganz groben Verstößen zurechtgewiesen wird. Die Kontrolle ist präventiv wirksam. In dem "Bündnis für Arbeit"-Beispiel wird das materielle politische Verfügungsrecht des Prinzipals vom diskretionären Handlungsspielraum der Bürokraten eingeschränkt. Das formelle Verfügungsrecht muß sich die Regierung aufgrund der Veto-Rechte mit den Bündnisteilnehmern teilen.

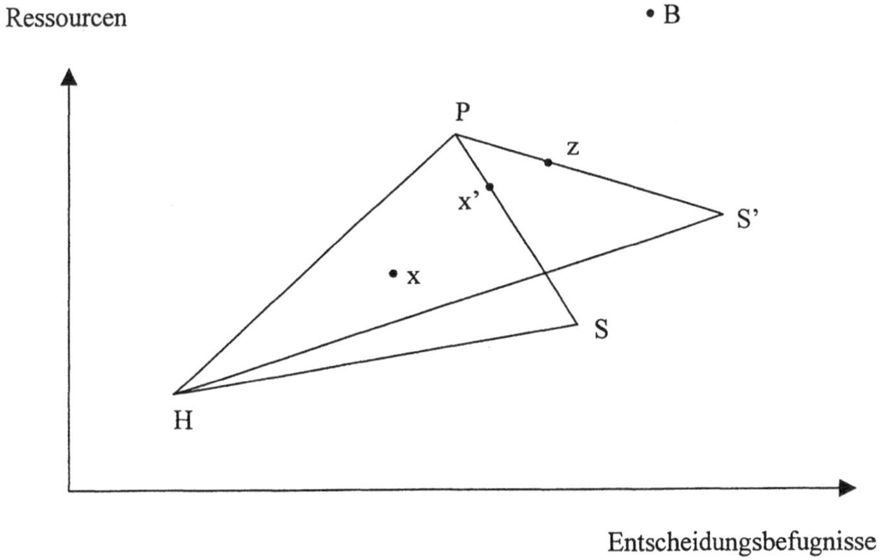

Abb. 18: Handlungsspielraum der Behörde nach einem Regierungswechsel

Im folgenden wird untersucht, welche Mittel einem Prinzipal für die Kontrolle zur Verfügung stehen. Der politische Prinzipal hat wesentlich zwei Möglichkeiten zur Auswahl: zum einen kann er ein Büro schon bei dessen Gründung mit institutionellen Kontrollen versehen (ex ante-Design), zum anderen kann er Mechanismen implementieren, die eine laufende Kontrolle gewährleisten sollen (ex post-Kontrolle). Letztere wiederum teilen sich in direkte und indirekte Kontrollen auf.

5.3.3.2 *Das Design einer Bürokratie*

Das institutionelle Design eines neu zu errichtenden Büros ist für die allgemeine Wählerschaft kein Anlaß zur Einmischung, sondern ruft die Interessengruppen auf den Plan. Sie haben einen entscheidenden Einfluß auf das Design des Büros, weil die Wähler solche Detailfragen aufgrund ihrer rationalen Ignoranz weder überschauen können noch wissen wollen. Insbesondere auf Politikfeldern, in denen eine gut organisierte Interessengruppe keiner oder einer schlecht organisierten Gruppe gegenübersteht, ist die starke Gruppe für die bürokratische Struktur ausschlaggebend, falls sie ihren Einfluß auch politisch geltend machen kann. Sie wird das Büro so strukturieren wollen, daß das Agency-Problem minimiert wird. Interessengruppen wissen, daß strukturelle Fragen wie die konkrete institutionelle Ausgestaltung eines Büros für ihren zukünftigen Nettonutzenstrom entscheidend sind.[524] Beispielsweise macht es einen Unterschied aus, ob das Büro weisungsabhängig von der Regierung ist oder nicht. Eine der aktuellen Regierung nahestehende Interessengruppe wünscht sich unter dem Gesichtspunkt der Agency-Kosten-Minimierung ein weisungsabhängiges Büro: Läuft das Büro nämlich "aus dem Ruder", kann die Gruppe die für die Aufsicht zuständigen Politiker zu Hilfe rufen. Als Gegenleistung wird sie bereit sein, politische Unterstützung zu leisten. Je mehr sie bei dem Design der Behörde mitreden kann, um so eher wird sie die relevanten Politiker unterstützen. Das bedeutet allerdings nicht, daß stets nur eine einzige Interessengruppe ganz nach ihrem Willen die Gestaltungsfreiheit für ein Büro besitzt, sondern es sind oft mehrere starke Gruppen (z.B. Gewerkschaften und Arbeitgeber), die um Einfluß ringen. So kann es vorkommen, daß ein Büro mit Absicht "ineffizient", d.h. unflexibel und relativ wirkungslos ausgestaltet wird, weil sich die konkurrierenden Gruppen nicht gegenseitig den Vorteil überlassen wollen.[525]

Wird nun davon ausgegangen, daß der politische Prinzipal vor dem Problem steht, eine neue Behörde zu errichten – sei es weil ein neues Politikfeld Experten benötigt[526] oder weil der Prinzipal einen "Sündenbock" für zukünftige unpopuläre Entscheidungen braucht –[527] ist er daran interessiert, schon im Gründungsstadium das absehbare Agency-Problem gering zu halten. Die Gestaltungsmaximen werden üblicherweise in den Gründungsvorschriften (z.B. Organisationserlaß,

524 Vgl. Moe (1990a), S. 129.

525 Vgl. anhand der Entstehungsgeschichte der amerikanischen Occupational Safety and Health Administration (OSHA) Moe (1990a), S. 126 und Williamson (1996a), S. 198 f.

526 Vgl. Bawn (1995).

527 Vgl. die sog. "Blame shifting"-Theorie bei Fiorina (1982), S. 46 f.; Weaver (1986).

Gesetz) niedergelegt. *McCubbins* nennt vier Strukturprinzipien, die vom Prinzipal zur Reduzierung von Agency-Kosten verwendet werden können:[528]

1. Die institutionelle Abhängigkeit des Agenten vom Prinzipal: Der Prinzipal kann wählen, ob der Agent voll seiner Kontrolle unterliegt oder unabhängig ist. Je abhängiger der Agent in diesem Sinne ist, um so leichter wird es dem Prinzipal möglich sein, Agency-Probleme zu seinen Gunsten zu entscheiden. Beispielsweise kann der Deutsche Bundestag der Bundesbank aufgrund ihrer ausgeprägten Unabhängigkeit keine Weisungen erteilen, das potentielle Agency-Problem ist folglich sehr groß. Die Unabhängigkeit einer Behörde hängt stark von der Weise ab, wie ihr Spitzenpersonal selektiert und abberufen wird.[529] Die Kontrolle der Tagesordnung ist ebenfalls sehr wichtig. Ein Büro, dessen Agenda von anderer Seite überprüft und gegebenenfalls geändert werden kann, hat einen Großteil seiner Unabhängigkeit verloren, und das Agency-Problem ist entsprechend geringer.[530]

2. Die Abgrenzung der Zuständigkeiten des Büros: Der Prinzipal kann das Handlungsfeld abstecken, in dessen Rahmen das Büro agieren kann. Ein Büro kann z.B. nur für eine Branche zuständig sein (Bundesaufsichtsamt für das Kreditwesen, Landwirtschaftsministerium) oder für mehrere Branchen (Umweltministerium).[531] Ein Büro, das nur eine einzige Branche reguliert, in der eine gut organisierte Interessengruppe existiert, läuft Gefahr, "eingefangen" zu werden und die Interessen der regulierten Branche zu vertreten.[532] Das kann durchaus im Interesse des Prinzipals sein, falls diese Gruppe von besonderer Bedeutung für den Prinzipal ist, etwa weil sie viel Unterstützung gewährt. Diese Gruppe wird dann in das Design des Büros einbezogen, z.B. durch privilegierte Zugangsrechte zum bürokratischen Personal.

3. Der Prinzipal kann die Instrumente bestimmen, die dem Agenten zur Verfügung stehen, um seine (des Agenten) Entscheidungen durchzusetzen. Das beinhaltet Ge- und Verbote, die Bereitstellung von Informationen oder eines öffentlichen Gutes oder der Gebrauch ökonomischer Anreize wie z.B. Steuervergünstigungen.[533] Je weniger Durchsetzungsmacht der Agent hat, um so ungefährlicher ist dies für den Prinzipal. Hat ein Büro nur die Befugnis, In-

528 Vgl. McCubbins (1985), S. 725-728.
529 Vgl. z.B. Wood/Waterman (1991), S. 822.
530 Vgl. Asimow (1994), S. 132; McCubbins/Noll/Weingast (1987), S. 267.
531 Dazu vgl. Macey (1992), S. 100.
532 Vgl. Stigler (1971).
533 Vgl. McCubbins (1985), S. 726; McCubbins/Page (1987), S. 412.

formationen zu sammeln und zu verwerten, kann es dem Prinzipal weniger Schaden zufügen als wenn es Produktionsverbote aussprechen könnte, etwa im Zusammenhang mit dem Ausstoß von Schadstoffen.

4. Schließlich gibt es Verfahrensvorschriften, die der Agent im bürokratischen Entscheidungsfindungsprozeß beachten muß. Diese Vorschriften betreffen beispielsweise Fragen der Beweislast oder die Möglichkeit für Interessengruppen, etwa in Form von Anhörungsrechten oder Beratungsbefugnissen zu intervenieren. Auch die Vorschrift, nur auf ausdrückliche Anforderung des Prinzipals eine Entscheidung treffen zu dürfen bzw. die Verpflichtung des Büros, vor einer Entscheidung ein bestimmtes Fach- oder politisches Gremium zu konsultieren,[534] zählt zu den relevanten Verfahrensvorschriften.

Im Idealfall wird das Agency-Problem durch strukturelle Maßnahmen gelöst, so daß der Agent sozusagen mit Hilfe eines "Autopilots" gesteuert wird: unauffällig, aber effektiv.[535] Die Struktur der Behörde spiegelt in diesem Fall die politische Interessenlage zum Zeitpunkt der Gründung der Behörde wider. Soll beispielsweise die Energiewirtschaft durch eine neue Regulierungsbehörde Vorteile erhalten, bietet es sich an,

- den Leiter der Behörde zum "politischen Beamten", d.h. jederzeit abrufbar zu machen, falls er versuchen sollte, eine energiewirtschaftsfeindliche Politik zu betreiben,
- den Energieversorgungsunternehmen einen privilegierten Zugang zum Behördenpersonal zu geben, z.B. über Anhörungsrechte oder Beratungsgremien, die mit Vertretern der Energiewirtschaft besetzt sind oder
- gerichtliche Klagen der Energiewirtschaft gegen Entscheidungen der Behörde zuzulassen.

Soll eine schlecht organisierbare Gruppe begünstigt werden (z.B. Umweltschützer oder Verbraucher), die von allein nicht in der Lage sind, wirksam in die behördlichen Entscheidungsprozesse einzugreifen, kann es ihr durch finanzielle Subventionen ermöglicht werden, sich zu organisieren und Einfluß auf die bürokratischen Entscheidungen zu nehmen.[536] Die Methode, schlecht organisierbare Gruppen von Staats wegen zu unterstützen und damit eine Gegenmacht zu gut organisierten Gruppen zu bilden, ist aus der deutschen Umweltpolitik bekannt.

---

534 Vgl. Asimow (1994), S. 132.
535 Vgl. McCubbins/Noll/Weingast (1989), S. 444.
536 Vgl. McCubbins/Noll/Weingast (1987), S. 266.

Das damals für Umweltschutz zuständige Bundesinnenministerium hat zu Beginn der 70er Jahre unter anderem die Reisekosten der privaten Teilnehmer an der Gründungsveranstaltung des Bundesverbandes Bürgerinitiativen Umweltschutz übernommen.[537]

Trotz struktureller Vorkehrungen kann nicht immer ausgeschlossen werden, daß der Agent den ihm verbleibenden Handlungsspielraum zum Schaden seines politischen Prinzipals nutzt, indem er etwa wichtige Interessengruppen verärgert. Daher sind begleitende Kontrollen unabdingbar.

5.3.3.3 Laufende Kontrolle von Agency-Problemen

Auch nach der Gründungsphase, die mit der Aufnahme der Tätigkeit des Büros beendet ist, haben Politiker die Möglichkeit, korrigierend einzugreifen. Dazu stehen ihnen zwei grundsätzliche Kontrollmechanismen zur Verfügung. Sie können entweder persönliche Kontrollen durchführen oder sie kontrollieren indirekt, indem sie beispielsweise Dritte zu Hilfe ziehen, meistens Mitglieder von Interessengruppen, die durch ihr eigenes Interesse an einem "ordnungsgemäßen" Handeln des Büros einen Anreiz zur permanenten Kontrolle haben.

Persönlich durchgeführte Kontrollen von Politikern, sog. "police-patrols", können parlamentarische Anhörungen, Kontrollbesuche im Büro oder das Aktenstudium sein.[538] In jedem Fall ist eine police-patrol-Kontrolle durch einen hohen Zeit- und damit (Opportunitäts-)Kostenaufwand gekennzeichnet. Dem steht jedoch nur ein vergleichsweise geringer persönlicher Nutzen gegenüber, falls es sich nicht gerade um die Aufdeckung eines politischen Skandals handelt. Politisches Monitoring ist ein öffentliches Gut und damit anfällig für das Trittbrettfahrerproblem.[539] Die Kosten – gemessen in entgangener Unterstützung, die statt des für die Kontrolle verausgabten Zeitaufwandes hätte akquiriert werden können - werden allein vom kontrollierenden Parlamentarier getragen. Der Nutzen hingegen, der in Form eingesparter Mittel und dem politischen Nutzen aus der Aufdeckung von Verschwendung entsteht, verteilt sich auf viele Köpfe. Für einen Oppositionspolitiker spielt der aus der Einsparung und womöglich effizienteren Verwendung der Mittel resultierende Nutzen keine Rolle, ganz im Gegenteil: da die Regierungspartei und nicht die Oppositionspartei normalerweise über die Verwendung der Mittel entscheidet, schadet eine effizientere Nutzung eher der Opposition. Der einzige Vorteil besteht in Unterstützungsgewinnen für die Opposition durch die möglicherweise negativen Schlagzeilen für die Regierung. Das

---

537 Vgl. Hartkopf (1986), S. 102.
538 Vgl. McCubbins/Schwartz (1984).
539 Vgl. Niskanen (1975), S. 626 f.

dürfte aber in vielen Fällen nicht ausreichen, um eine genügend hohe Kontrollaktivität zu entfalten. Ein Regierungspolitiker hat ebenfalls hohe individuelle Kosten, denen kein gleich hoher Nutzen gegenübersteht, weil die ersparten Mittel auch anderen Regierungspolitikern zugute kommen. Es ist folglich zu erwarten, daß direkte police-patrol-Kontrollen relativ sporadisch durchgeführt werden. Das bedeutet jedoch nicht, daß laufende Kontrollen überhaupt nicht vorkommen. Es gibt nämlich politisch effektivere Wege der Kontrolle.

Im Gegensatz zur "police patrol"-Kontrolle ist die "fire alarm"-Kontrolle durch ein System von Regeln, Verfahren und informellen Praktiken charakterisiert, das es betroffenen Bürgern und Interessengruppen ermöglicht, bürokratische Entscheidungen noch vor der Schaffung vollendeter Tatsachen zur Kenntnis zu nehmen und bei Bedarf Protest einzulegen, entweder bei den Politikern selbst oder ex post durch eine Klage vor Gericht.[540] Die Kontrolle des Agenten wird also nicht durch die Politiker persönlich, sondern durch Dritte geleistet, wodurch der Prinzipal entlastet wird. Es ist auch denkbar, ein Politikfeld zwei um Zuständigkeiten konkurrierenden Büros zu überlassen.[541] Dadurch werden zusätzliche Informationen generiert und so das Agency-Problem verringert. Jedes Büro erzielt durch die Übermittlung von Informationen über höhere Kosten bzw. Fehlhandlungen der konkurrierenden Büros Vorteile, da es sich im Vergleich dazu als effizienter darstellen kann und mehr Mittel zugewiesen erhält. Ein verstärkter Wettbewerb zwischen Büros wurde bereits von *Niskanen* vorgeschlagen, um die Effizienz der Produktion von Büros zu erhöhen.[542] Um wirksamen Wettbewerb zu erzeugen, muß natürlich ausgeschlossen sein, daß die Büros untereinander ein Kartell bilden und so die wahren Kosten verschleiern können. Im Hinblick auf die politische Kontrolle von öffentlichen Unternehmen wie z.B. der Müllabfuhr oder Energieversorgern können glaubwürdige fire alarms durch die Konkurrenz zwischen öffentlichen und privaten Unternehmen, die die gleichen Leistungen anbieten, ausgelöst werden. Der Preis der Leistungen ist leicht meßbar, und auch Qualitätsunterschiede lassen sich relativ unkompliziert feststellen. Zahlreiche empirische Untersuchungen haben ergeben, daß private Unternehmen grundsätzlich effizienter produzieren als Büros bzw. öffentliche Unternehmen. *Ahlbrandt* stellt in einer Studie der Stadt Scottsdale in Arizona fest, daß die private Feuerwehr zu Kosten produziert, die um 47 % niedriger lagen als die öffentliche Feuerwehr.[543] *Davies* kommt bei seiner Untersuchung von zwei australischen Fluggesellschaften zu dem Ergebnis, daß die private Fluglinie nach allen Produktivi-

540 Vgl. McCubbins/Schwartz (1984), S. 166.
541 Vgl. allgemein Bagnoli/McKee (1991), S. 230; Breton/Wintrobe (1982), S. 8.
542 Vgl. Niskanen (1971), S. 195-201; Breton/Wintrobe (1975), S. 199.
543 Vgl. Ahlbrandt (1973).

tätskriterien effizienter arbeitet.[544] Schließlich stellt *Pommerehne* in einem Vergleich der Müllabfuhr von 103 Schweizer Städten fest, daß die privaten Haushalte in den Städten, die eine private Müllabfuhr besitzen, eine geringere finanzielle Belastung haben als Städte mit einer öffentlichen Müllabfuhr.[545]

Klaffen die Kostenstruktur und die Qualität der Leistungen derart auseinander, werden früher oder später einzelne Bürger, aber vor allem die Medien diese Unterschiede aufgreifen und einen fire alarm auslösen. Die alarmierten Politiker können dann z.B. über ihre Mitwirkung im Aufsichtsrat des Unternehmens versuchen, das öffentliche Unternehmen zu einer effizienteren Produktion zu veranlassen oder das Unternehmen zu privatisieren.

Die Effektivität indirekter Kontrollen ist nicht unabhängig von der Designphase.[546] Insbesondere durch Verfahrensvorschriften wird Interessengruppen eine Vorzugsstellung im bürokratischen Entscheidungsprozeß eingeräumt, die es ihnen erlaubt, die Bürokratie zu überwachen und gegebenenfalls die Politiker zu alarmieren, wenn die Bürokratie dieser Gruppe Probleme bereitet. Fire alarms zeigen allerdings nur dann Wirkung, wenn die Politiker tatsächlich Sanktionsinstrumente an der Hand haben, mit denen sie die Bürokraten auf "den rechten Weg" zurückbringen können. Drei mögliche Instrumente sollen diskutiert werden: rechtliche Vorschriften, Budgetverhandlungen und Personalentscheidungen.[547]

Büros haben ein Interesse an der Ausweitung ihrer Aufgaben, da sie legitimerweise ein höheres Budget für zusätzliche Aufgaben fordern können, das sie für einen höheren Output oder für diskretionäre Zwecke verwenden können, wie z.B. neue Stellen und bessere Beförderungsmöglichkeiten. Es hängt allerdings nicht vom Büro ab, welche Aufgaben ihm zugewiesen werden, sondern darüber entscheiden grundsätzlich die (Regierungs-)Politiker. Trifft nun das Büro eine Entscheidung, die die Klientel der regierenden politischen Gruppe negativ beeinflußt, werden die Politiker über einen fire alarm auf das Fehlverhalten des Büros aufmerksam gemacht. Durch eine neue Rechtsvorschrift, die z.B. den Entzug von Aufgaben vorsieht, kann das Büro sanktioniert werden. Das wiederum antizipiert das Büro und wird – so die Logik des Arguments – von vornherein auf die Wünsche der relevanten Politiker und Interessengruppen Rücksicht nehmen.[548] Die Drohung mit neuen Rechtsvorschriften ist indes nur dann glaubwürdig, wenn erstens ein neues Gesetz auch tatsächlich verabschiedet werden kann und zweitens

544 Vgl. Davies (1971).
545 Vgl. Pommerehne (1976), S. 288.
546 Vgl. Epstein/O'Halloran (1994), S. 699.
547 Vgl. Moe (1987), S. 486-490.
548 Vgl. z.B. Calvert/McCubbins/Weingast (1989), S. 603.

die neue Rechtslage auch durchgesetzt wird.[549] Zum ersten Aspekt soll an das "Bündnis für Arbeit"-Beispiel erinnert werden, das nun dahingehend modifiziert wird, daß drei Akteure existieren - ein Büro, der Bundestag und der Bundesrat, wobei Bundestag und Bundesrat durch divergierende Mehrheiten gekennzeichnet sind. Es sei angenommen, daß ein das Büro betreffendes Gesetz im Bundesrat zustimmungsbedürftig ist. Nun trifft das Büro eine Entscheidung, die der Mehrheit des Bundestages politisch Schaden zufügt, so daß der Bundestag das Büro bestrafen will.[550] Die Mehrheit des Bundesrates ist hingegen mit der bürokratischen Entscheidung zufrieden. Dann wird kein Gesetz zustandekommen, und das Büro hat de facto einen Handlungsspielraum, ohne die gegenläufige Präferenz der Bundestagsmehrheit fürchten zu müssen. Anders ist die Situation natürlich, wenn der Bundesrat nicht zustimmen muß. Dann ist die Drohung mit einer neuen und das Büro negativ beeinflussenden Gesetzgebung glaubwürdiger. Nehmen wir aber nun an, ein neues Gesetz ist tatsächlich verabschiedet worden, sei es, weil das Gesetz nicht zustimmungsbedürftig ist oder weil in den zwei Kammern gleiche politische Mehrheiten existieren. Selbst dann ist es fraglich, ob sich das Büro *ex ante* davon abschrecken läßt. Es liegt nämlich in der Natur des Agency-Problems, daß asymmetrische Information zugunsten des Büros gegen eine vollständige Überwachung durch den politischen Prinzipal spricht. So kann das Büro zu einem gewissen Grad gegen die neuen Vorschriften verstoßen, ohne dafür belangt zu werden. Es könnte beispielsweise seinen (reduzierten) Aufgabenbereich überschreiten, ohne daß dies sonderlich auffällt. Wenn es auffallen sollte, kann sich das Büro auf Abgrenzungsschwierigkeiten berufen, auf veränderte Umstände etc. Der Prinzipal sieht sich bei der Durchsetzung des Gesetzes vor den gleichen Schwierigkeiten wie zuvor. Die Drohung mit gesetzgeberischen Aktivitäten ist also kein so scharfes Schwert, wie man annehmen möchte.

Ein weiterer politischer Hebel zur Kontrolle der Bürokratie könnte die Budgetbewilligungsbefugnis sein. Da ein Büro immer auch die Höhe seines Budgets im Auge hat, trifft eine Kürzung des Budgets das Büro an seiner empfindlichsten Stelle. Im Rahmen der jährlichen Haushaltsverhandlungen können die Politiker – falls ein Fehlverhalten der Bürokratie bekannt wird - das Budget kürzen. Das hat aber wieder zur Folge, daß diese für das Büro negativen Konsequenzen antizi-

549 Vgl. Moe (1987), S. 488f.

550 Wir gehen stillschweigend davon aus, daß die Mehrheit einer wirksamen Fraktionsdisziplin unterliegt. Ansonsten wäre nicht einmal gesichert, daß innerhalb einer Partei oder Koalition eine hinreichend große Mehrheit zustande käme, um ein neues Gesetz zu verabschieden. Daher ist in den USA die Verabschiedung neuer Rechtsvorschriften ungleich schwieriger als im parlamentarischen System der Bundesrepublik Deutschland.

piert werden und dadurch die Bürokratie gesteuert wird.[551] Mit einer Kontrolle durch Budgetverhandlungen sind indes zwei grundlegende Probleme verbunden, die eine zielgerichtete Kontrolle nahezu unmöglich machen.[552] Das erste Problem liegt in der zwiespältigen Natur des *Budgets als Anreiz- und als Finanzierungsinstrument*. Die Anreizwirkung einer Budgetkürzung trägt zum Wohlverhalten des Büros bei, da ein niedrigeres Budget dem Büro einen geringeren Nutzen stiftet. Mit einer Kürzung des Budgets können sich die Politiker aber selber Schaden zufügen, wenn damit auch Mittel gestrichen werden, die das Büro zur Erfüllung seiner Aufgabe dringend benötigt und damit wählerwirksam sind. Geht man davon aus, daß die öffentlichen Güter, die ein Büro produziert (z.B. Verteidigung, Umweltschutz), einen politischen Wert haben, ist eine undifferenzierte Mittelkürzung politisch wenig opportun. Aufgrund der Informationsasymmetrie ist es für die Politiker meistens nicht möglich, notwendige von nicht notwendigen Mitteln zu unterscheiden oder gar deren genaue Größenordnung herauszufinden. Deshalb ist eine Budgetkürzung immer ein zweischneidiges Schwert. Das zweite Problem bezieht sich darauf, daß ein Büro in den meisten Fällen nicht nur einen, sondern mehrere Prinzipale hat. Bei dem einen Prinzipal steht die Anreizfunktion des Budgets im Vordergrund, während der andere Prinzipal die Finanzierungsfunktion des Budgets betont. Ein Beispiel mag diese Ambivalenz verdeutlichen. Ein Ministerium hat in bezug auf die Budgetverhandlungen zwei Prinzipale, den Haushaltsausschuß und den zuständigen Fachausschuß. Der Haushaltsausschuß als parlamentarischer Hüter der Kasse hat grundsätzlich eine Präferenz für Budgetkürzungen und wird bei der Bestrafung des Büros den Anreizaspekt des Budgets vertreten.[553] Der Fachausschuß hingegen wird in den meisten Fällen Budgetkürzungen für seinen Zuständigkeitsbereich zu vermeiden suchen. Daher ergibt sich ein Konflikt, dessen Lösung nicht eindeutig ist. Wenn der Fachausschuß großen Einfluß besitzt, ist es leicht möglich, daß er sich gegen den Haushaltsausschuß durchsetzt und Kürzungen verhindert. Andererseits kann auch der Haushaltsausschuß institutionelle Vorkehrungen treffen, um die Begehrlichkeiten des Fachausschusses abwehren zu können. Dies läßt sich gut an der Zusammenarbeit zwischen dem Bundesverteidigungsministerium, dem Verteidigungs- und dem Haushaltsausschuß des Deutschen Bundestages zeigen. Es kann davon ausgegangen werden, daß der Verteidigungsausschuß tendenziell die Position des Verteidigungsministeriums unterstützt.[554] Es ist üblich, daß sich das Ministerium bei

551 Vgl. z.B. Arnold (1987), S. 280.

552 Vgl. Moe (1987), S. 487.

553 Zum "Sparkonsens" als Teil des Selbstverständnisses der Mitglieder des Haushaltsausschusses vgl. Sturm (1988), S. 42.

554 Die Abgeordneten im Verteidigungsausschuß bemühen sich grundsätzlich unabhängig von Parteizugehörigkeit, "...der Bundeswehr im Widerstreit der Mittel und Inter-

militärischen Beschaffungsprojekten beim Verteidigungsausschuß vorab über die Ausschußhaltung informiert. Nach einem ausführlichen Diskussionsprozeß wird – falls seitens des Ausschusses keine Bedenken bestehen oder die Vorbehalte ausgeräumt werden konnten – die Vorlage vom Ausschuß zur Kenntnis genommen und anschließend der Haushaltsausschuß von dem Beschluß unterrichtet.[555] Aus Anlaß der ungeplanten Kostensteigerungen des Kampfflugzeugs "Tornado" wurde 1981 zwischen den Obleuten der Fraktionen eine Vereinbarung getroffen, derzufolge militärische Beschaffungsprojekte mit einem Volumen von mehr als 50 Millionen DM vom Haushaltsausschuß zur Kenntnis genommen werden.[556] So kann der Haushaltsausschuß u.a. in Zusammenarbeit mit dem Bundesrechnungshof frühzeitig Bedenken geltend machen, an denen die beteiligten Ministerien (Verteidigungs- und Finanzministerium) nicht vorbeigehen werden.[557] Dieses Beispiel zeigt, daß der Haushaltsausschuß schon im Vorfeld einer Entscheidung Einfluß nehmen kann. Zusammenfassend kann jedoch gesagt werden, daß auch die Drohung mit Budgetkürzungen nicht immer hinreichend glaubwürdig gemacht werden kann.

Der nach Meinung einiger Literaturstimmen wichtigste Kontrollmechanismus ist die politische Macht, Personalpolitik zu betreiben und Spitzenbürokraten auszuwechseln und durch andere Bürokraten zu ersetzen, deren Präferenzen denen der verantwortlichen Politiker näherstehen.[558] Auf diese Weise kann das Agency-Problem gemildert werden, weil die Verfolgung des eigenen Nutzens durch den Bürokraten zugleich auch weitgehend eine Nutzenmaximierung seitens des Prinzipals bedeutet. In der Bundesrepublik Deutschland findet sich das Instrument der *politischen Beamten*, die sich gemäß § 31 Abs. 1 des Beamtenrechtsrahmengesetzes "in fortdauernder Übereinstimmung mit den grundsätzlichen politischen Ansichten und Zielen der Regierung" befinden müssen. Im Falle eines Regierungswechsels können diese Beamten (Staatssekretäre, Abteilungsleiter) jederzeit ohne Angabe von Gründen in den einstweiligen Ruhestand versetzt werden. Das ist ein starker Anreiz für die politischen Beamten, den Willen des Parlaments bzw. des zuständigen Ministers zu beachten. Sind die Bürokraten im Gegensatz dazu für eine Amtsperiode ernannt worden (z.B. als Leiter einer Regulierungsbehörde) und nur nach dem Ende ihrer Amtszeit zu ersetzen, sind sie zwar für eine bestimmte Dauer relativ sicher im Amt. Die Wiederbesetzung nach Ablauf der

essen optimale Bedingungen für die Erfüllung ihres Verteidigungsauftrages zu schaffen." (Busch (1991), S. 73).

555 Vgl. Mandelartz (1982), S. 10.

556 Zum Ablauf des Verfahrens vgl. Eickenboom (1989), S. 1207 f.

557 Vgl. Eickenboom (1989), S. 1207.

558 Vgl. z.B. Weingast/Moran (1983), S. 769; Calvert/McCubbins/Weingast (1989), S. 604.

Amtszeit wird aber von (Regierungs-)Politikern bestimmt, so daß auch hier ein Anreiz besteht, zumindest nicht allzu offensichtlich die entscheidungsrelevanten Politiker zu verärgern.

Aus der vorstehenden Diskussion ergibt sich, daß die adäquate institutionelle Gestaltung eines Büros und die politische Befugnis, Bürokraten auszuwechseln, relativ am stärksten zur Reduzierung des Agency-Problems beitragen und damit die politisch effizientesten Instrumente sind. Die Notwendigkeit laufender Kontrollen und das ex ante-Design sind allerdings nicht unabhängig voneinander. *Epstein* und *O'Halloran* kommen zu dem Ergebnis, daß sich die Verfügbarkeit laufender Kontrollen und die Einschränkung des bürokratischen Spielraums durch Designmaßnahmen gegenseitig ersetzen können, d.h. je ausgedehnter die ex post-Kontrollmöglichkeiten im laufenden Entscheidungsprozeß sind, um so höher kann der ex ante-Handlungsspielraum des Agenten sein, der durch die Gestaltungsvorschriften spezifiziert wird. [559] Dahinter steht die Überlegung, daß es einen Zielkonflikt gibt zwischen der Kontrolle des Agency-Problems und der Flexibilität des Büros, auf unvorhergesehene Ereignisse zu reagieren, wenn die Folgen einer politischen Maßnahme nicht absehbar sind. Kommt der Prinzipal relativ leicht an Informationen heran und kontrolliert er etwa die Agenda des Büros, kann er es sich "leisten", dem Büro von Beginn an einen hohen Handlungsspielraum zu überlassen. Ex ante- und ex post-Kontrollen stehen somit in einem Substitutionsverhältnis, wobei aber immer ein gewisses Agency-Problem bestehen bleiben wird.[560]

Die besondere Relevanz des institutionellen Designs des Agenten soll zur empirischen Untermauerung nun am Beispiel der deutschen Kernenergiepolitik diskutiert werden.

5.3.3.4 Ein Beispiel für die Wirksamkeit der politischen Kontrolle: die deutsche Kernenergiepolitik

Nach den Atombombenabwürfen von Hiroshima und Nagasaki im August 1945, dem Ende des Zweiten Weltkriegs und dem Zusammenbruch des Dritten Reichs wurden bestimmte Bereiche der naturwissenschaftlichen Forschung, zu der auch die angewandte Kernphysik gehörte, durch das Gesetz Nr. 25 des Alliierten Kontrollrats vom 29. April 1946 verboten.[561] Ein spezielleres Gesetz, das Gesetz Nr. 22 der Alliierten Hohen Kommission vom 2. März 1950, regelte die Überwachung von Stoffen, Einrichtungen und Ausrüstungen auf dem Gebiet der Atom-

559 Vgl. Epstein/O'Halloran (1994), S. 699.
560 Vgl. Epstein/O'Halloran (1994), S. 708.
561 Abgedruckt in Müller (1990), S. 635-640.

energie.[562] Die deutsche Kernforschung war in der Zeit quasi lahmgelegt. Die Wiedererlangung der deutschen Souveränität durch die Pariser Verträge im Jahre 1955 brachte die Aufhebung des Gesetzes Nr. 22 und mit sich die Möglichkeit, die friedliche Nutzung der Kernenergie voranzutreiben (auf die militärische Nutzung der Atomenergie hatte die Bundesrepublik Deutschland freiwillig verzichtet). Zuvor hatte der US-Präsident *Eisenhower* in seiner aufsehenerregenden "Atoms-for-Peace"-Rede vor der Generalversammlung der Vereinten Nationen am 8. Dezember 1953 den Startschuß für die Umorientierung der Kernenergienutzung hin zu einer friedlichen Verwendung gegeben. Ein weiteres Ereignis war die erste Internationale Konferenz über die friedliche Verwendung der Atomenergie, die im August 1955 in Genf stattfand. Dort wurden erstmals wichtige Ergebnisse und Entwicklungen in der Kernforschung der breiteren Öffentlichkeit bekannt gemacht, die vorher bedingt durch die militärische Nutzung der strikten Geheimhaltung unterlagen.[563] Die Genfer Konferenz machte deutlich, wie schnell die Entwicklung der friedlichen Nutzung der Kernenergie vor allem in den USA und Großbritannien bereits vorangeschritten war.[564] Die Euphorie hinsichtlich der friedlichen Nutzung der Kernenergie, die sich in den darauffolgenden Jahren bemerkbar machte, spiegelte sich unter anderem in dem von der SPD 1956 vorgelegten "Atomplan" wider, der die Kernenergie ausdrücklich bejahte. Äußerungen von seriösen Wissenschaftlern, die von einer "neuen Etappe der industriellen Revolution"[565] beziehungsweise dem "dritten großen Zeitalter in der Geschichte der Menschheit"[566] sprachen, heizten die positive Stimmung an.

Während der weitaus überwiegende Teil der Bevölkerung der friedlichen Nutzung der Kernenergie sehr positiv gegenüberstand – abgesehen von einigen Bürgerprotesten, die es schon damals gab, aber bis zum Ende der 60er Jahre unbedeutend blieben[567] -, war die Haltung der Interessengruppen nicht einheitlich. Die *Herstellerinteressen* bestanden im wesentlichen aus Unternehmen der Elektroindustrie (Siemens, AEG und Brown, Boveri & Cie.), verschiedenen Kesselbauunternehmen (Deutsche Babcock, Steinmüller, Vereinigte Kesselwerke) sowie Maschinenbaugesellschaften (Demag, Gutehoffnungshütte, MAN).[568] Dabei spielten die Unternehmen der Elektroindustrie eine führende Rolle.[569] Sie waren naturgemäß stark an einer breiten Förderung der Kernenergie interessiert. Die

562 Abgedruckt in Müller (1990), S. 641-649.
563 Vgl. Müller (1990), S. 2.
564 Vgl. Barthelt/Montanus (1993), S. 90.
565 So der Ökonom Salin, zitiert nach Müller (1990), S. 337.
566 So der prominente Physiker Bhabha, zitiert ebd.
567 Vgl. Bieber (1978), S. 136.
568 Vgl. Müller (1990), S. 410.
569 Vgl. Radkau (1983), S. 108.

Chemische Industrie zählt ebenfalls zu den begünstigten Gruppen, weil ihr mit dem Bau von Atomanlagen neue Entwicklungs- und Absatzmöglichkeiten eröffnet wurden. Viele der benötigten Hilfsmittel wie Schweres Wasser, das als Moderator fungierte, und nuklearreiner Graphit wurden von der chemischen Industrie produziert, die Aufbereitung des Urans hin zu einem geeigneten Kernbrennstoff mußte mit Hilfe chemischer Verfahren erfolgen. Nicht zuletzt die Wiederaufbereitung der abgebrannten Brennelemente würde eine Aufgabe der chemischen Industrie werden.[570] Hingegen standen besonders die *Energieversorgungsunternehmen* der neuen Energiequelle skeptisch gegenüber. Zwar waren die Energiebedarfsprognosen Mitte der fünfziger Jahre dazu angetan, neben der Kohle als Hauptenergieträger verstärkt weitere Energieträger zu nutzen, um den prognostizierten steilen Anstieg des Energieverbrauchs decken zu können. Indes wandelte sich bis zum Ende der fünfziger Jahre das Bild, vor allem bedingt durch das Vordringen von Erdöl als Energieträger.[571] Daher war das Interesse der Energieversorger an der Kernenergie zu jener Zeit gering. 1957 erklärte das damalige Vorstandsmitglied der Rheinisch-Westfälischen Elektrizitätswerke (RWE), dem einflußreichsten Energieversorger, die Energieversorgungsunternehmen hätten "kein Interesse daran, sich für eine sogenannte technische Revolution zu ruinieren."[572] Daher können die Energieversorgungsunternehmen zumindest zu diesem Zeitpunkt nicht als Begünstigte bezeichnet werden. Ihr Einfluß war bis zur Mitte der 50er Jahre in der deutschen Politik relativ groß, weil sie eine Machtbasis in der Energieabteilung des Bundeswirtschaftsministeriums (BMWi) hatten, das bis 1955 für Fragen der Kernenergiepolitik zuständig war.

Nicht zuletzt aufgrund der für die Atomenergie insgesamt doch recht günstigen Konstellation herrschte in den fünfziger Jahren bei allen politischen Parteien Einigkeit über die Notwendigkeit, auf dem Gebiet der Atomenergie aktiv zu werden.[573] Die einzige größere politische Streitfrage zwischen der Bundesregierung und der Opposition bezog sich darauf, ob der Staat oder die Privatwirtschaft die Regie über die zukünftige Atomindustrie übernehmen sollte.[574] Die damalige Bundesregierung unter Bundeskanzler *Adenauer* und Wirtschaftsminister *Erhard* bevorzugte eine privatwirtschaftliche Lösung, während die SPD den Bau und Betrieb von Kernkraftwerken und die Verwahrung von Kernbrennstoffen dem Staat überlassen wollte. Ein weiterer Konfliktpunkt bestand im Verhältnis zwischen Bund und Ländern. Da die Kernenergiepolitik eng mit Fragen der Forschungsförderung verknüpft war, und auf dem Gebiet der Forschungsförderung

570 Vgl. Müller (1990), S. 342.
571 Vgl. Müller (1990), S. 346.
572 Müller (1990), S. 349.
573 Vgl. Müller (1990), S. 339.
574 Vgl. Bieber (1978), S. 132.

Bund- und Länderkompetenzen konkurrierten, mußte die kernenergiepolitische Vormacht des Bundes anfangs durch finanzielle Beiträge des Bundes abgesichert werden.[575] Dadurch konnte der Bund ohne große Konflikte mit den Ländern seine kernenergiepolitische Führungsstellung erlangen.

Der politische Prinzipal, die Regierungsfraktionen im Bundestag, hatte folglich ein Interesse daran, die Kernenergiepolitik zu forcieren, besaß jedoch selber kaum Sachverstand, da ihn das neue Politikfeld vor ungewöhnliche Herausforderungen stellte. Es hat den Anschein, als habe sich das Parlament in den fünfziger Jahren außerhalb der Haushaltspolitik nur sehr sporadisch mit Atomfragen beschäftigt.[576] Es war also notwendig, die Entwicklung der Kernenergiepolitik einem sachkundigeren Gremium zu überlassen. Das Bundeswirtschaftsministerium, das anfangs für die Kernenergie zuständig war, war in Anbetracht der starken Position der skeptisch eingestellten Energieversorger allerdings keine geeignete Behörde zur Förderung der Kernenergie. Sowohl inter- als auch intraministeriell wird das Prinzip der negativen Koordination angewendet, mit dem jede bürokratische Einheit (Ministerium, Abteilung, Referat) einen faktischen Anspruch auf die Durchsetzung ihrer Kompetenzzuständigkeit hat.[577] Wäre eine neue Abteilung im Wirtschaftsministerium geschaffen worden, die sich mit Fragen der Kernenergie befaßt hätte, müßte jeder die Energiepolitik mitbetreffende Abstimmungsprozeß intraministeriell zwischen Energiewirtschafts- und Kernenergieabteilung durchgeführt werden. Dadurch wären Politikblockaden entstanden, da die energiepolitische Abteilung Einwendungen erhoben und den Fortgang der kernenergiepolitischen Vorhaben verzögert hätte. Bedingt durch die unterschiedlichen Präferenzen des Prinzipals und des Agenten (BMWi) mußte also eine andere Lösung gefunden werden; eine spezialisierte Behörde, mit der das Agency-Problem besser unter Kontrolle gehalten werden könnte.

Der erste Atomgesetzentwurf des BMWi aus dem Jahre 1952 sah eine Genehmigungserteilungsbefugnis der Bundesregierung vor, die sich von einer "verantwortlichen Kommission" beraten lassen sollte.[578] Diese Kommission ohne Exekutivbefugnisse sollte dem BMWi zugeordnet sein und aus Vertretern von Wissenschaft und Wirtschaft bestehen. Da die Allierten mit der lediglich beratenden Funktion der Kommission nicht einverstanden waren, sondern gemäß den Vorbildern ihrer Länder eine Regierungsinstanz beauftragt wissen wollten, sah der zweite Entwurf eines Atomgesetzes eine Kernenergie-Kommission vor, die neun Mitglieder umfassen sollte, von denen drei Mitglieder Ministerialvertreter

575 Vgl. Radkau (1983), S. 139.
576 Vgl. Pesch (1975), S. 21.
577 Vgl. Scharpf (1993), S. 143.
578 Vgl. Müller (1990), S. 147.

waren. Allerdings sollte die Kommission weiterhin nur beratend tätig sein.[579] Es war ausdrücklich vorgesehen, dem BMWi die Kompetenz zum Erlaß von Durchführungsverordnungen zum Atomgesetz zu geben. Die fehlende Exekutivkompetenz der Behörde wurde unter anderem mit der verfassungsrechtlichen Bedenklichkeit einer solchen behördlichen "Nebenregierung" begründet.[580] Bis 1955 wurde in den verschiedenen Atomgesetzentwürfen des BMWi organisatorische Varianten durchgespielt (Kommission als Beirat des BMWi, Kommission als Beratungsorgan der ganzen Bundesregierung), die sich jedoch nicht durchsetzen konnten.[581] Bundeskanzler *Adenauer* wünschte eine Kommission, die nicht nur Beratungsleistungen erbringen würde, während Bundeswirtschaftsminister *Erhard* die Gegenmeinung vertrat. Ein anderer Vorschlag kam von der *Physikalischen Studiengesellschaft* (PSG), die 1954 in Düsseldorf gegründet wurde und deren Gesellschafter ausschließlich aus den damals maßgebenden Unternehmen der Atomwirtschaft bestanden.[582] Sie schlug vor, eine amtliche Kommission mit fünfzehn bis zwanzig Mitgliedern, die sich ungefähr zur Hälfte aus Wirtschaftsvertretern einerseits und Vertretern aus Wissenschaft, Politik und Gewerkschaften zusammensetzte, zu bilden. Diese Kommission solle an eine Stelle von Kabinettsrang, also an ein Bundesministerium, angeschlossen werden.[583] Zwar sollte die Kommission nur beratend tätig sein, aber die Zusage der Bundesregierung erhalten, daß sie in allen Atomfragen gehört werde.[584] Schließlich regte die Interparlamentarische Arbeitsgemeinschaft, ein Zusammenschluß von Parlamentarieren aus allen Fraktionen, die Errichtung einer rechtsfähigen Bundesanstalt an, die die erforderlichen Maßnahmen unter Mithilfe eines Kuratoriums durchführen sollte.[585]

Die Entscheidung der Bundesregierung fiel im Herbst 1955. Am 6. Oktober 1955 wurde durch Beschluß der Bundesregierung ein eigenes *Bundesministerium für Atomfragen* (BMAt) gegründet. Die Entscheidung, die Atombehörde als Bundesministerium zu errichten, war keineswegs selbstverständlich, da kein anderes westliches Land - abgesehen von dem von vornherein als vorläufig angese-

---

579 Vgl. Müller (1990), S. 147.

580 Vgl. Fischerhof (1956), S. 94.

581 Vgl. Müller (1990), S. 149f.

582 Vgl. Müller (1990), S. 118. Die 16 Gründungsgesellschafter waren AEG, Bayer, Degussa, Demag, Deutsche Babcock & Wilcox, Gutehoffnungshütte, Goldschmidt, Heraeus, Hoechst, Krupp, Linde, Leybold, Metallgesellschaft, Siemens-Schuckert, STEAG und Wacker-Chemie.

583 Vgl. Müller (1990), S. 151. Radkau (1983), S. 137, spricht etwas mißverständlich davon, daß in der PSG erstmals der Vorschlag aufkam, einen Bundesminister mit Fragen der Atomenergie zu betrauen.

584 So das Mitglied der PSG *Petersen*. Vgl. Müller (1990), S. 151.

585 Bundestags-Drucksache 2/1734, S. 1.

henen britischen Department of Atomic Energy - ein eigenes Atomministerium besaß.[586] Auch Mitarbeiter des BMWi vertraten (verständlicherweise) den Standpunkt, daß es eines zusätzlichen Ministeriums nicht bedürfe.[587] An Vorschlägen für andere Strukturen hat es im übrigen auch nach der Gründung des BMAt nicht gefehlt. In dem Entwurf eines Atomgesetzes der FDP-Bundestagsfraktion vom 28. Februar 1956 wurde der organisatorischen Gestaltung der Kernenergiepolitik ein breiter Raum gegeben.[588] Die FDP schlug die Errichtung einer "Bundesanstalt für Kernenergie" vor, die der Aufsicht der Bundesregierung unterliegen sollte (§ 5). Sie sollte durch einen Verwaltungsrat und ein Direktorium repräsentiert werden. Das Direktorium, quasi der Vorstand der Behörde, sollte aus drei Mitgliedern bestehen, die von der Bundesregierung ernannt werden (§ 9). Der Verwaltungsrat, der Funktionen eines Aufsichtsrates übernehmen sollte, setzt sich dem Entwurf gemäß aus Politikern, Wirtschafts- und Arbeitnehmervertretern, Wissenschaftlern und einem Vertreter der Bundesvereinigung der kommunalen Spitzenverbände zusammen (§ 6). Dieser Vorschlag hat sich nicht durchgesetzt, das BMAt blieb in seiner Struktur unverändert.

Aus dem Blickwinkel der Agency-Theorie ist die Entscheidung der Bundesregierung für die organisatorische Form eines Ministeriums eine logische Konsequenz, da die institutionelle Ausgestaltung eines Ministeriums (politische Beamte auf den oberen Rängen, Minister ist grundsätzlich ein Angehöriger des Parlaments) die politische Kontrolle durch die Regierungsfraktionen begünstigt. Es gibt zwar auch ein potentielles Agency-Problem zwischen den Regierungsfraktionen und der Regierung selber. Allerdings ist die Regierung zum politischen Überleben auf die Unterstützung der Fraktionen angewiesen. Zudem sind die Regierungsmitglieder grundsätzlich in Personalunion Fraktionsmitglieder, so daß der Informationsfluß zwischen Regierung und den sie tragenden Fraktionen im Normalfall problemlos verläuft. Dieses Agency-Problem kann also weitgehend vernachlässigt werden.[589] Zudem hatte das BMAt keine üppige personelle Ausstattung, hatte also wenig eigene Kapazitäten: Rund drei Monate nach seiner Gründung beschäftigte das Ministerium ganze 27 Personen, dessen Planstellenzahl sich allerdings bis Ende 1958 auf 178 erhöhte.[590] Es blieb aber ein Problem:

---

586 Vgl. Müller (1990), S. 152.

587 Vgl. Müller (1990), S. 150.

588 Bundestags-Drucksache 2/2142, S. 2-4. Die folgenden Paragraphen beziehen sich auf diesen Entwurf.

589 Vgl. auch Tsebelis (1995), S. 89.

590 Vgl. Müller (1990), S. 155. *Radkau* meint sogar, daß das BMAt in der Folgezeit seiner Gründung bewußt wenige Mitarbeiter beschäftigte. Vgl. Radkau (1983), S. 138. Vgl. auch Pesch (1975), S. 15: "Die personelle Besetzung des Hauses war anfänglich außergewöhnlich schwach."

da die Abgeordneten wenig Sachkenntnis über die Kernenergiepolitik besaßen, konnten sie die Kontrolle des Ministeriums nicht selber durchführen, sondern sie benötigten sachkundige Helfer, die im Notfall einen "fire alarm" auslösen könnten, falls das Ministerium auf Abwege geraten sollte. In Frage kommen Interessengruppen, die den Prinzipal unterstützen. Genau das ist geschehen: Im Sog der Gründung des BMAt wurde am 21. Dezember 1955 per Beschluß der Bundesregierung die *Deutsche Atomkommission* (DAtK) errichtet, die eine wichtige Funktion als beratendes Organ des BMAt spielte. Die DAtK bestand aus dem Atomminister als Vorsitzenden und mehreren Fachkommissionen und Arbeitskreisen. Die Mitglieder der DAtK und ihrer Untergliederungen wurden für eine zeitlich nicht begrenzte Amtsdauer berufen und durften sich bei den Sitzungen nicht vertreten lassen. Von den 24 Mitgliedern der DAtK kamen allein zehn aus dem Kreis der von der Industrie dominierten Physikalischen Studiengesellschaft.[591] Insgesamt waren sieben Wissenschaftler, vierzehn Wirtschaftsvertreter, darunter zehn Vertreter der Hersteller, zwei Vertreter der Energiewirtschaft und zwei Banken- und Versicherungsvertreter in der DAtK versammelt. Da nicht alle ihr zugedachten Aufgaben von der DAtK selber gelöst werden konnten, wurden Fachkommissionen (FK) und Arbeitskreise geschaffen, von denen insbesondere der Arbeitskreis II-III/1 "Kernreaktoren" Einfluß gewann. Die Entscheidungsstrukturen der DAtK waren von ihren Arbeitskreisen geprägt. Die wesentlichen Entscheidungen fielen auf Arbeitskreisebene, deren Beschlüsse von den höheren Ebenen meistens ohne Änderungen übernommen wurden.[592] Ein gewisser Einfluß des BMAt auf die Arbeitskreise ergab sich durch die Teilnahme von Angehörigen des Ministeriums an den Arbeitskreissitzungen. Dadurch bekamen die Beamten frühzeitig Bescheid über die Ansichten der Arbeitskreise und konnten diese verarbeiten.

Von Anfang an war beabsichtigt, die Entscheidungen der DAtK im Entscheidungsprozeß des BMAt stark zu berücksichtigen. Der damalige Atomminister *Strauß* verpflichtete sich sogar dem Bundeskabinett gegenüber, die DAtK bei allen wesentlichen Fragen zu hören und ihren Empfehlungen großen Einfluß zu verschaffen.[593] Allein zahlenmäßig war die DAtK dem BMAt weit überlegen, ganz zu schweigen von dem übermächtigen Sachverstand. Ende 1957 hatte die DAtK mit ihren Untergliederungen rund 200 Mitglieder, das BMAt ganze 138, von denen nur 38 Mitglieder im höheren Dienst waren.[594] Die Aufgaben der DAtK waren unter anderem die Ausarbeitung eines Gesetzes über die Verwen-

591 Vgl. Müller (1990), S. 164.
592 Vgl. Müller (1990), S. 168 f.
593 Vgl. Müller (1990), S. 163.
594 Vgl. Müller (1990), S. 168.

dung von Kernenergie und eines Strahlenschutzgesetzes sowie eines Programms, in dem die kernenergiebezogenen Forschungsschwerpunkte dargelegt werden sollten und die Ausarbeitung von Vorschlägen zur Verwendung der dem BMAt zur Verfügung stehenden Mittel.[595] Die Verbindung von Parlament zur DAtK war indes mehr oder weniger nicht vorhanden. Allerdings war Kritik daran hauptsächlich von den oppositionellen Sozialdemokraten zu vernehmen, die bemängelten, daß die DAtK dem Parlament gegenüber abgeschottet sei.[596] *Bieber* meint dazu, daß die Kernenergiepolitik "weitgehend ohne Kontrolle durch die demokratisch legitimierten und politisch verantwortlichen Entscheidungsinstitutionen, namentlich das Atomministerium, die Bundesregierung und den Bundestag" betrieben worden ist.[597] Die entscheidende Frage ist nun, ob die verantwortliche Koalition einen - wenn auch unauffälligen - Einfluß auf die Entscheidungen des BMAt hatte, so wie es die "Congressional Dominance"-Theorie vermuten würde, oder nicht. Aufgrund der Tatsache, daß sich das BMAt in seinen Entscheidungen fast immer auf die Beschlüsse der DAtK berief, ist die Dominanz der Herstellerinteressen in der DAtK ein gewichtiges Indiz für eine wirksame fire alarm-Kontrolle. Die vermeintliche Untätigkeit des Parlaments ist folglich kein Signal für eine mangelhafte Kontrolle, sondern eher ein Zeichen für eine effektive organisatorische Gestaltung der Kernenergiepolitik.

Die vier erwähnten Strukturprinzipien zur Überwindung des Agency-Problems – der Grad der Abhängigkeit vom Prinzipal, die Abgrenzung der Zuständigkeit des Agenten, die Durchsetzungsmacht des Agenten und Verfahrensvorschriften – haben im Rahmen der Gründung des Bundesatomministeriums Anwendung gefunden: Das BMAt war eine vom Prinzipal relativ abhängige Behörde, es wurde genau darauf geachtet, daß die Zuständigkeit nicht dem oppositionellen Wirtschaftsministerium überlassen wurde, die Durchsetzungsmacht des BMAt war aufgrund der Machtposition der von Interessengruppen dominierten Atomkommission relativ gering und die informellen Verfahrensvorschriften sahen vor, die wesentlichen Sacharbeiten der DAtK zu überlassen. Das Agency-Problem war also zumindest zu dem Zeitpunkt der Gründung des BMAt gering.

Auch in den Folgejahren fanden die Strukturprinzipien Anwendung. Ein besonders markanter Fall ist die institutionelle Lösung des Konflikts zwischen der Kernenergie und der Wasserwirtschaft. Da Atomreaktoren für ihren Betrieb sehr viel Wasser benötigen, entstand ein politischer Konflikt zwischen dem Atomministerium und den für die Wasserwirtschaft zuständigen Ministerien für Wirtschaft, Verkehr und Landwirtschaft. Laut *Radkau* waren die Wasserbehörden

595 Vgl. Müller (1990), S. 165.
596 Vgl. Radkau (1983), S. 426.
597 Bieber (1978), S. 135.

lange Zeit die einzigen, "die gegenüber der Expansion der Kernkraft eine gewisse Konfliktfähigkeit bewiesen und wiederholt als Gegenspieler auf den Plan traten."[598] Diese Auseinandersetzung wurde mit Hilfe einer durch den Bundeskanzler durchgesetzten Zuständigkeitsänderung gelöst: das BMAt erhielt die Kompetenz für die Wasserwirtschaft übertragen – im übrigen gegen den heftigen Widerstand der bislang zuständigen Ressorts. Die Folge war, daß kurze Zeit später mit dem Bau des Karlsruher Forschungsreaktors "in offener, von oben gedeckter Mißachtung der wasserrechtlichen Bestimmungen begonnen" wurde.[599]

Solange die allgemeine Stimmung in der Bevölkerung und die wichtigen Interessengruppen der Kernkraft positiv gegenüberstanden, war das Agency-Problem relativ gering. Das BMAt hat das gemacht, was die Politiker wollten, nämlich in enger Zusammenarbeit mit den Interessengruppen die Kernenergie gefördert. Diese Strategie war somit politisch effizient. Zu Beginn der 70er Jahre hat sich die politische Lage allerdings grundlegend geändert, bedingt durch das Aufkommen des Umweltschutzes als wählerwirksames Thema und eine zunehmend skeptischere Einstellung der Bevölkerung zur friedlichen Nutzung der Kernenergie. Mit der 1969 erfolgten Wahl der SPD/FDP-Koalition unter Willy Brandt verringerte sich die Bedeutung der industriellen Interessengruppen. Zudem wurde das Umweltschutzthema ab 1970 verstärkt von den Massenmedien aufgegriffen und in der Bevölkerung verbreitet.[600] Zwischen September 1970 und November 1971 sank die Zahl derer, die mit dem Begriff "Umweltschutz" nichts anfangen konnten, von 59 % auf 8 %.[601] Ein bloßes "Weiter so" in der Kernenergiepolitik hätte in jedem Fall Wählerstimmen gekostet, so daß die Agency-Kosten der bis dato vorherrschenden Konstellation (Gestaltung der Kernenergiepolitik durch Bürokratie und Interessengruppen unter weitgehendem Ausschluß der Öffentlichkeit) zu hoch wurden. Es war daher nicht weiter verwunderlich, daß das Atomministerium zum einen 1970 den lange geforderten eigenen Planungsstab erhielt und zum anderen die Deutsche Atomkommission im September 1971 durch die sozial-liberale Regierung aufgelöst wurde.[602] Hier zeigt sich im übrigen auch, daß sich wandelnde informelle Normen (Umweltbewußtsein) das Bündel aus formellen und informellen Institutionen aus dem Gleichgewicht bringen und eine Anpassung der formellen Institutionen und Organisationen zur Wiederherstellung des institutionellen Gleichgewichts erforderlich ist.

1972 wurde die Kompetenz für die Bereiche Reaktorsicherheit und Strahlenschutz aus dem zwischenzeitlich zuständig gewordenen Bundesministerium für

598 Radkau (1983), S. 395.
599 Radkau (1983), S. 395.
600 Vgl. Margedant (1987), S. 20.
601 Vgl. Margedant (1987), S. 21.
602 Vgl. Radkau (1983), S. 312.

Bildung und Wissenschaft auf das Bundesinnenministerium (BMI) verlagert.[603] Dort blieb sie bis zum Jahre 1986. Es wurde immer wieder diskutiert, ob ein eigenes Umweltministerium die Sache des Umweltschutzes besser vorantreiben könnte als ein "fachfremdes" Ministerium. Die Gegner eines eigenen Ministeriums argumentierten, daß "sich ein Bundesumweltministerium in dem durch Tauschbeziehungen geprägten politischen Entscheidungsprozeß kaum gegenüber anderen Interessen durchsetzen könnte"[604], so daß die Zuständigkeit für Umweltschutz in einem "starken" Ministerium, nämlich dem Innenministerium verbleiben sollte. Befürworter gingen hingegen von einer erhöhten Konfliktfähigkeit eines Umweltministeriums aus, vor allem weil ein eigener Minister im Kabinett eine stärkere Stellung hätte als ein überlasteter Innenminister.[605] Die Gegenargumente waren aus politischer Sicht jedoch spätestens dann hinfällig, als die Reaktorkatastrophe von Tschernobyl die Bundesbürger erneut und mit großer Heftigkeit auf die Gefahren der Kernenergie aufmerksam machte. Durch die sich drastisch verschlechternde Einstellung der Bürger zur Kernenergie und dem resultierenden Ungleichgewicht zwischen formellen und informellen Institutionen war schnelles politisches Handeln nötig. Das Bundesministerium für Umwelt, Naturschutz und Reaktorsicherheit (BMU), das als Folge von Tschernobyl 1986 errichtet wurde, hatte als eine der ersten Aufgaben folgerichtig ein Strahlenschutzvorsorgegesetz zu erarbeiten.[606] An der politischen Effizienz der Gründung des BMU besteht kein Zweifel. Allerdings waren die ideologischen Präferenzen der CDU/CSU/FDP-Regierung auf eine fortwährende Nutzung der Kernenergie ausgerichtet, so daß sich eine Politik anbot, die öffentlichkeitswirksam Aktionen zur Beruhigung der Bürger startete, in den internen Entscheidungsprozessen der Regierung den einschlägigen Interessengruppen (Hersteller etc.) aber Raum für Einflußmöglichkeiten zu geben. Um die Agency-Kosten zwischen Regierung und BMU vor dem Hintergrund der extremen Sensibilität der Bevölkerung in der Kernenergiepolitik zu minimieren, war es daher notwendig, den Einfluß der Interessengruppen unauffällig weiterzuführen. Wie wurde also diese Aufgabe bewältigt? Die Antwort lautet: durch die institutionelle Ausgestaltung des Ministeriums. Die folgenden Ausführungen stützen sich auf eine Studie von *Pehle* (1998), der eine Befragung unter den Mitarbeitern des BMU durchgeführt hat. Die Seitenzahlen beziehen sich auf diese Studie.

Im Lichte der vorangegangenen Ausführungen ist zu erwarten, daß das Ministerium in bezug auf die Kernenergiepolitik eher die Interessen der Wirtschaft

603 Vgl. Müller (1995), S. 57.
604 Hartkopf/Bohne (1983), S. 150.
605 Vgl. Pehle (1988), S. 265.
606 Vgl. Mertes/Müller (1987), S. 463.

vertritt, die ja nicht zuletzt auch gegenüber den Umweltverbänden weitaus besser organisiert sind und bei denen sich die relevanten Informationen über technische und naturwissenschaftliche Rahmenbedingungen konzentrieren. Im BMU wurde eine neue Abteilung "Reaktorsicherheit und Strahlenschutz" (RS) gebildet, deren Personal vollständig aus den zuständigen Mitarbeitern aus dem BMI bestand. Die Abteilung RS blieb personell und organisatorisch in ihrer Zusammensetzung völlig unberührt (S. 42), so daß eine inhaltliche Kontinuität, zumindest was das Personal betraf, gewährleistet war. Ein Kennzeichen der Abteilung ist ihre fachliche Autonomie: es gibt so gut wie keine Kompetenzüberschneidungen weder im eigenen Hause noch mit anderen Ministerien (S. 65). Im Gegensatz zu den anderen Abteilungen wird das Bundeswirtschaftsministerium, das ja grundsätzlich die Interessen der Wirtschaft vertritt, als einer der stärksten Verbündeten angesehen. So meint ein Mitarbeiter von RS: "Bei uns ist es eben einfach so, daß wir in der Regel gemeinsam mit dem Wirtschaftsministerium, dem Außenministerium und mit dem Bundeskanzleramt marschieren. ... Für keine andere Abteilung gilt aus der Sicht des Wirtschaftsministeriums so stark wie für die Abteilung RS, daß der BMU Verbündeter einer modernen Wirtschaftspolitik ist und nicht ihr Feind." (S. 65).

Das Verhältnis zwischen den Ministerialbürokraten in RS und den Umweltverbänden ist relativ entspannt. Das ist aber weniger auf übereinstimmende Ansichten zur Kernenergie zurückzuführen: vielmehr werden die Umweltverbände als Gegner betrachtet (S. 75). Der größte Teil der Mitarbeiter sieht indes kein Ungleichgewicht zwischen Umwelt- und Verursacherinteressen (S. 182). Das deutet darauf hin, daß Umweltinteressen nicht sonderlich ernst genommen werden.[607] Dies scheint auch nicht nötig zu sein, da ein Vorhaben der Abteilung relativ selten bzw. nie durch Verbände verhindert wird (S. 177).

Die Studie skizziert das Bild einer der Kernkraft aufgeschlossen gegenüberstehenden Ministerialbürokratie, die zudem die Macht hat, relativ unabhängig von Problemen der negativen Koordination in ihrem Bereich tätig zu sein. Eine Stärkung der Position der Umweltverbände würde nur störend wirken. Daher ist eine institutionelle Positionsverbesserung der Umweltverbände nicht erwünscht: von 24 befragten Mitarbeitern befürwortet nur ein einziger die Einführung einer Verbandsklage für Umweltverbände (S. 196). Von den Mitgliedern des Bundestages scheint die Abteilung inhaltlich wenig behelligt zu werden: Genau zwei Drittel der befragten Mitarbeiter von RS geben an, daß sie eher keine inhaltlichen Anregungen von den Abgeordneten erhalten (S. 105). Dies impliziert jedoch, wie in diesem Kapitel dargestellt wurde, keine fehlende politische Kontrolle oder mangelndes Interesse der Parlamentarier, sondern deutet auf eine im Hintergrund

607 So auch Pehle (1998), S. 175.

wirksame fire-alarm-Kontrolle hin. Da die Mehrheit der Abgeordneten im Bundestag eine kernkraftfreundliche Position vertritt, läuft auch ohne ihr ständiges Eingreifen alles "nach Plan".

Zu guter Letzt soll noch darauf hingewiesen werden, daß die 1998 ins Amt gewählte rot-grüne Bundesregierung eine dezidiert kernkraftkritische Haltung einnimmt. Es ist daher zu erwarten, daß institutionelle und organisatorische Änderungen erfolgen, z.B. durch veränderte Zuständigkeiten oder durch den Wechsel von Personal, um das neue institutionelle Ungleichgewicht zu beseitigen. Personelle Änderungen sind zwar bei Lebenszeitbeamten schwierig, aber es gibt im Kernenergiebereich auch Positionen, die von politischen Beamten ausgefüllt werden. Kurze Zeit nach der Regierungsübernahme wurde im April 1999 die Spitze des Bundesamtes für Strahlenschutz (BfS) ausgewechselt: die Agency-Kosten wurden durch die Installierung eines ausgewiesenen Kernenergiekritikers, den Grünen-Politiker *König*, gesenkt.[608]

In diesem Abschnitt sollte deutlich gemacht werden, daß die Agency-Kosten durch politische Institutionen gesenkt werden können und daß die Politiker die Institutionen bewußt zu diesem Zwecke neu einführen bzw. bestehende Institutionen ausnutzen. Agency-Kosten werden üblicherweise als Bestandteil der Transaktionskosten behandelt.[609] Um den Rahmen etwas weiter zu spannen und nicht nur auf das Agency-Problem zu schauen, wird nun als dritte Institutionentheorie die Transaktionskostentheorie erörtert.

5.4 Transaktionskostentheorie

5.4.1 Ökonomische Transaktionskostentheorie

5.4.1.1 Darstellung der Theorie

Im Jahre 1937 fragte Ronald *Coase* nach dem Existenzgrund von Unternehmen.[610] Warum – so *Coase* – wird nicht alle wirtschaftliche Aktivität über Märkte geleitet? Seine Antwort lautete, daß die Benutzung des Preismechanismus Kosten verursacht, so daß es in manchen Fällen kostengünstiger sei, eine Transaktion nicht über Märkte, sondern innerhalb eines Unternehmens abzuwickeln. Diese Sichtweise bedeutete eine grundlegende Abkehr von der vorherrschenden

---

608 Vgl. die kritischen Anmerkungen des neuen Präsidenten in der Pressemitteilung des BfS vom 1.4.1999 (im Internet unter www.bfs.de/presse/presse99/pr9905.htm).

609 Vgl. etwa Dixit (1996), S. 85 f.

610 Vgl. Coase (1937).

neoklassischen Mikroökonomie, die das Unternehmen als "black box" behandelte und in der es zu einer bloßen Produktionsfunktion degradiert wurde. Die Operationalisierung der revolutionären *Coase*schen Erkenntnis ließ jedoch bis in die 70er Jahre auf sich warten, bis Oliver *Williamson* in einer Reihe von Artikeln und Büchern die Voraussetzungen ausarbeitete, unter denen eine hierarchisch organisierte Transaktion in einem Unternehmen gegenüber einer Markttransaktion den Vorzug erhalten sollte.[611] Williamson definiert die Transaktion in einem technologischen Sinne definiert: "A transaction occurs when a good or service is transferred across a technologically separable interface."[612] Das Paradigma der Transaktionskostentheorie (TKT) ist die vertikale Integration eines Unternehmens. Mittlerweile gibt es eine Flut von empirischen Studien, die die Prognosen der Transaktionskostentheorie im großen und ganzen unterstützen.[613]

Die TKT trifft zwei Grundannahmen über das menschliche Verhalten.[614] Zum einen sind Menschen nur begrenzt rational. Das hat zur Folge, daß eine Transaktion nicht vollständig im voraus geplant und durch vertragliche Vereinbarungen abgesichert werden kann. Ereignisse, die während der Vertragslaufzeit auftreten, können in dem ursprünglichen Vertrag nicht gänzlich berücksichtigt werden. Vielfach stützen sich die Vertragsparteien auf Generalklauseln, die bestimmte prozedurale Regelungen für den Fall treffen, daß es zu Unstimmigkeiten kommt. Unmittelbar folgt daraus, daß die Transaktionspartner einen positiven Nutzen aus Institutionen ziehen, die mit Blick auf die begrenzte Rationalität der Individuen konstruiert werden.[615] Die zweite Verhaltensannahme ist Opportunismus, definiert als „self-interest seeking with guile".[616] Opportunismus ist also eine stärkere Version des eigennützigen Strebens nach Vorteilen. Vorteile werden auch durch Betrügereien, Tricks etc. gesucht, wenn der Nutzen aus dem Betrug seine Kosten (z.B. in Form der erwarteten Wahrscheinlichkeit der Entdeckung mal der erwarteten Gefängnisstrafe in Jahren) übersteigt. Um Vereinbarungen vor opportunistischem Verhalten zu schützen, müssen vertragliche Sicherungen eingebaut werden, die ein "credible commitment" gewährleisten,[617] d.h. eine gegenseitige glaubwürdige Zusicherung beider Partner, die Bedingungen des Vertrages zu erfüllen. Allerdings bleibt ein Problem: selbst wenn beide aus ihrer jeweiligen Sicht den Vertrag erfüllen, können Meinungsverschiedenheiten über die Bedeutung

---

611 Vgl. z.B. Williamson (1975, 1985, 1989, 1998).
612 Williamson (1989), S. 142.
613 Einen Überblick geben Shelanski/Klein (1995).
614 Vgl. z.B. Williamson (1989), S. 138 f.
615 Vgl. Williamson (1990b), S. 125.
616 Williamson (1991a), S. 79. Zur Kritik an dieser Annahme vgl. Ghoshal/Moran (1996), S. 17-20 und die Antwort von Williamson (1996b).
617 Vgl. Williamson (1989), S. 139; Williamson (1983).

von Vertragsklauseln entstehen. Da ein Vertrag auch sprachliche Unklarheiten beinhalten kann - was wiederum auf die begrenzte Rationalität der Vertragspartner zurückzuführen ist -, muß als Grund eines Streits nicht notwendigerweise Opportunismus angenommen werden.

Begrenzte Rationalität und opportunistisches Verhalten sind die Quellen von Transaktionskosten, die in ex ante- und ex post-Kosten aufgeteilt werden.[618] Ex ante-Transaktionskosten sind die Kosten, die vor Vertragsabschluß anfallen. Dazu zählen die Kosten des Vertragsentwurfs, Verhandlungskosten und die Kosten der Vertragsabsicherung. Grundsätzlich kann eine Vereinbarung sehr detailliert die vertraglichen Beziehungen regeln und für unerwartete, während der Vertragslaufzeit eintretende Ereignisse Vorsorge treffen, oder die Vereinbarung kann nur wenige Dinge regeln und in Streitfällen auf andere Mechanismen (z.B. eine Schlichtungskommission) vertrauen. Der Zeit- und Mittelaufwand verursacht Opportunitätskosten, die als Transaktionskosten bezeichnet werden. Zu den ex post-Transaktionskosten rechnet *Williamson* „the maladaptation costs incurred when transactions drift out of alignment ..., the haggling costs incurred if bilateral efforts are made to correct *ex post* misalignments, ...the setup and running costs associated with the governance structures (often not the courts) to which disputes are referred, and ... the bonding costs of effecting secure commitments."[619] Bestandteile sind also die Kosten der Adaption an veränderte Umweltbedingungen, die eine zentrale Rolle spielen,[620] die nachvertraglichen Verhandlungskosten bei Unstimmigkeiten zwischen den Vertragsparteien, die einmaligen und laufenden Kosten der Einrichtung und des Unterhalts von transaktionsbezogenen Überwachungsstrukturen und die Kosten einer glaubwürdigen Bindung an den Vertrag. Zur Minimierung der Anpassungskosten sind Institutionen unabdingbar, deren Änderung flexibel und schnell erfolgen kann, wenn die Umweltzustände dies verlangen. Hier sind besonders Institutionen relevant, die zuverlässige Informationen über eine geänderte Situation liefern können.

Williamson unterscheidet drei Dimensionen einer Transaktion, die je nach ihrer Ausprägung unterschiedlich hohe Transaktionskosten nach sich ziehen: Unsicherheit, Häufigkeit und Spezifität.[621] Unsicherheit kann sich sowohl auf zukünftige unbekannte Ereignisse beziehen als auch auf die Unsicherheit über ein mögliches opportunistisches Verhalten des Transaktionspartners. Je größer die eine Transaktion umgebende Unsicherheit ist, um so eher lohnt es sich, einen detail-

---

618 Vgl. Williamson (1985), S. 20.

619 Williamson (1985), S. 21.

620 Vgl. Williamson (1988a), S. 572.

621 Eine vierte Dimension (Meßbarkeitsprobleme) hat Williamson (1991a), S. 79, von Barzel (1982) übernommen. In seinen neueren Publikationen hingegen erwähnt er diese Transaktionsdimension nicht mehr.

lierten Vertrag zu entwerfen, sorgfältig zu verhandeln sowie geeignete (private) Schlichtungsgremien zu bestimmen. Die Transaktionskosten sind folglich bei Unsicherheit relativ hoch.[622] Die zweite Dimension ist die Häufigkeit, mit der die Transaktionspartner miteinander zu tun haben. Im Laufe einer langfristigen Geschäftsbeziehung bilden sich routinisierte Verfahren heraus, und die regelmäßige Interaktion zwischen Vertragspartnern schafft Erfahrungswissen über das Verhalten des jeweils anderen. Mit zunehmender Häufigkeit sinkt auch das Risiko opportunistischen Verhaltens, sofern die Geschäftsbeziehungen auch in Zukunft aufrechterhalten werden sollen. Das ist der Fall, wenn der kurzfristige Nutzen aus einem opportunistischen Verhalten (z.B. Gewinnerhöhung durch die Lieferung qualitativ minderwertiger Produkte) die längerfristig erwarteten, abdiskontierten Gewinne aus der Geschäftsbeziehung nicht kompensieren kann.[623] Die dritte und wichtigste Dimension ist die Spezifität von Investitionen, also der Grad an Wiederverwendbarkeit des Investitionsgegenstands in anderen Verwendungsrichtungen.[624] *Williamson* unterscheidet sechs Arten von Spezifität, die für die Höhe von Transaktionskosten relevant sind: Sach- und Humankapital-Spezifität, Spezifität aufgrund der geographischen Lage, „dedicated assets", Markennamen und temporäre Spezifität, wobei die Spezifität von Sachkapital die wichtigste Rolle spielt. [625] Ist eine Maschine nur im Rahmen einer bestimmten Verwendung produktiv, könnte der Vertragspartner durch opportunistisches Verhalten die Quasi-Rente der Maschine abschöpfen, indem er mit einem Abbruch der Geschäftsbeziehung droht, falls er keine für ihn günstigeren Vertragskonditionen erhält. Je höher die Spezifität einer Investition ist, um so größer ist das Potential zur Abschöpfung der Quasi-Rente und um so wichtiger sind genaue vertragliche Absicherungen. Da jedoch niemals für jede Eventualität vertraglich vorgesorgt werden kann, bleiben Spielräume für opportunistisches Verhalten bestehen.

Ein oft in der Literatur zitiertes Beispiel für die Probleme einer spezifischen Investition ist der Fall General Motors (GM) - Fisher Body.[626] Fisher war ein wichtiger Zulieferer von Karosserien, der für General Motors ein hochspezialisiertes Karosseriewerk bauen sollte. Fisher hatte allerdings die Befürchtung, nach dem Bau des Werkes von GM unter Preisdruck gesetzt zu werden, da die Investition sehr spezifisch war und für keinen anderen Verwendungszweck nutzbar

---

622 Milgrom/Roberts (1992), S. 32, meinen: „When uncertainty and complexity make it hard to predict what performance will be desirable, contracting becomes more complex, specifying rights, obligations and procedures rather than actual performance standards."

623 Vgl. Klein/Leffler (1981), S. 617.

624 Vgl. Williamson (1989), S. 142.

625 Vgl. Williamson (1991b), S. 281.

626 Vgl. Klein/Crawford/Alchian (1978), S. 308-310; Klein (1996), S. 445-447.

gemacht werden konnte. Um Fisher doch zum Bau der Fabrik zu bewegen, verpflichtete sich GM vertraglich, über zehn Jahre hinweg ausschließlich Karosserien von Fisher zu beziehen. Das wiederum gab Fisher die Verhandlungsmacht, Nachverhandlungen anzustrengen, als die Nachfrage nach den Karosserien stark

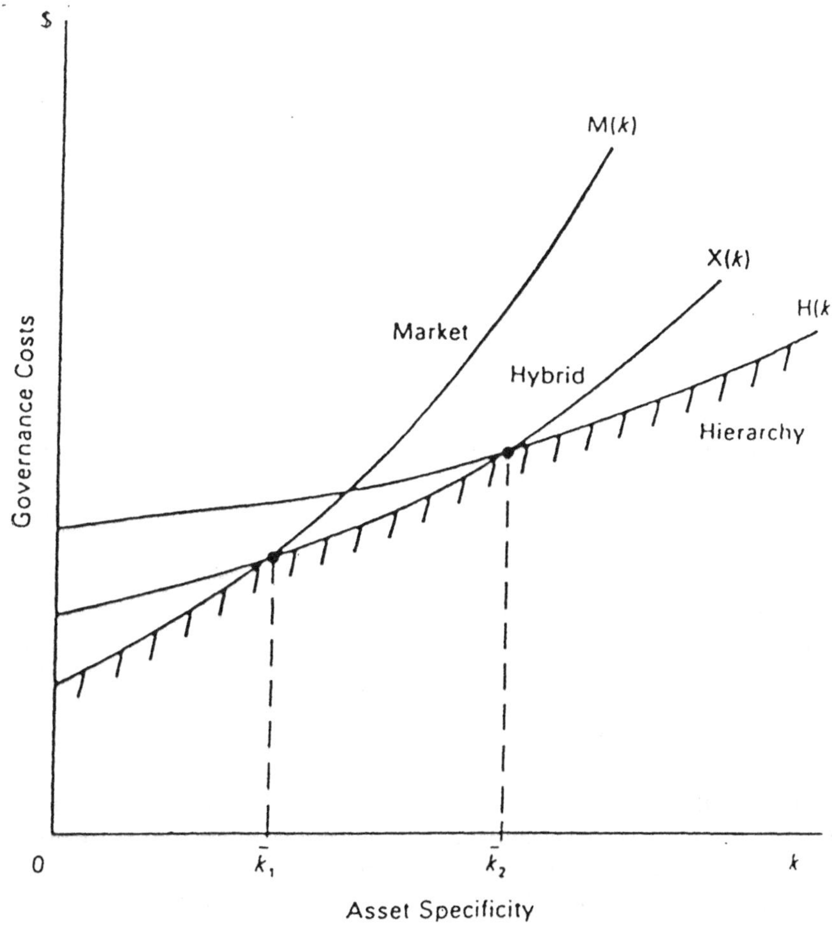

Abb. 19: Überwachungsstrukturen und Spezifität

anstieg. General Motors geriet dadurch in Schwierigkeiten, die erst beseitigt wurden, als GM Fisher aufkaufte. Die Transaktion wurde somit vom Markt genommen und in die Hierarchie integriert. Diese vertikale Integration war eine transaktionskostenreduzierende Maßnahme, die als Folge der unvollständigen Informationslage über die zukünftige Nachfrageentwicklung durchgeführt wurde. Unter den Bedingungen vollständiger Information hätten die Vertragspartner ohne Probleme die zukünftige Nachfrage abschätzen und entsprechende vertragliche Vereinbarungen abschließen können.

Die Kernthese der TKT lautet, daß Transaktionen, die jeweils unterschiedliche Ausprägungen der drei Transaktionsdimensionen aufweisen, bestimmten "Überwachungsstrukturen" derart zugeordnet werden, daß tendenziell die Transaktionskosten minimiert werden.[627] Beispiele für Überwachungsstrukturen sind Märkte, Hierarchien oder hybride Formen wie Franchising.[628] Auf Märkten finden Transaktionen statt, deren Spezifität gering ist: Um ein Brot beim Bäcker zu kaufen, muß der Nachfrager keine spezifischen Investitionen tätigen. Anders ist dies bei einem langfristigen Vertrag zwischen einem Unternehmen und einem Zulieferer. Insbesondere der Zulieferer muß seine Produktion oftmals ganz auf die Bedürfnisse des Herstellers zuschneiden. Die dabei anfallenden Investitionen werden entwertet, wenn das Herstellerunternehmen den Vertrag vorzeitig kündigt. Die Wahl der Überwachungsstruktur hängt also - wie in folgender Graphik dargestellt – von den Kosten der Benutzung des Marktes (M), der Hierarchie (H) oder von Zwischenformen (X) in Abhängigkeit vom Grad der Spezifität ab.[629]

Man sieht, daß die Verlagerung einer Transaktion in ein Unternehmen mit zunehmendem Spezifitätsgrad ansteigt: Bei dem Spezifitätsgrad k_1 erfolgt ein Übergang vom Markt zu hybriden Formen, ab k_2 ist die Hierarchie transaktionskostenminimal.

Der Selektionsmechanismus, der gewährleistet, daß Unternehmen tatsächlich effiziente, d.h. transaktionskostenminimale Überwachungsstrukturen wählen, ist der Wettbewerb. Überwachungsstrukturen, die eine bestimmte Klasse von Transaktionen relativ zu den anderen verfügbaren Strukturen nicht transaktionskostenminimal abwickeln, werden über kurz oder lang durch geeignetere Strukturen ersetzt.[630] Ein Unternehmen, das eine Transaktion selber durchführt, obwohl etwa die Spezifität nicht besonders ausgeprägt ist (z.B. allgemeine Datenverarbeitungsaufgaben), wird einen Kostennachteil gegenüber anderen Unternehmen haben, die diese Leistung auf dem Markt einkaufen. Aufgrund des relativen Nachteils wird der Druck zum Outsourcen der Leistung stärker werden, so daß im Endeffekt das Unternehmen effizienter wird. Die TKT ist eine effizienzorien-

627 Vgl. Williamson (1991a), S. 164 f.
628 Vgl. Williamson (1991b), S. 280.
629 Vgl. Williamson (1991b), S. 284.
630 Vgl. Williamson (1981), S. 574.

tierte Theorie: sie führt die Existenz bestimmter Organisationsstrukturen auf ihre Effizienzeigenschaften zurück.

5.4.1.2 Kritik an der Transaktionskostentheorie

Zu den Kritikpunkten, die der TKT vorgeworfen werden, zählen

1. Kritik an den Annahmen der begrenzten Rationalität bzw. des Opportunismus,
2. die Wirksamkeit der natürlichen Selektion als Garantie für effiziente Organisationsstrukturen (Funktionalismuskritik),
3. die Vernachlässigung von Produktionskosten bei der Entscheidung für eine bestimmte Organisationsform sowie
4. die unscharfe Abgrenzung von Markt und Hierarchie aufgrund von Netzwerken.

Zu 1.: Annahmenkritik: *Posner* sieht keinen Unterschied zwischen dem Begriff der "bounded rationality" und der Nutzenmaximierung unter Berücksichtigung positiver Informationskosten.[631] Letzteres wurde bereits von der Informationsökonomie analysiert, die zu dem Ergebnis kommt, daß ein rationales Individuum solange Informationen einholt, bis der Grenznutzen der Informationen gleich den Grenzkosten der Suche nach den Informationen ist.[632] Der wesentliche Unterschied zwischen den beiden Konzeptionen ist laut *Williamson* der Einbezug psychologischer Phänomene in den Begriff der begrenzten Rationalität, wie etwa die Unfähigkeit von Individuen, Ereignisse, die mit sehr geringer Wahrscheinlichkeit auftreten, korrekt zu bewerten, beispielsweise im Zusammenhang mit einer Versicherung gegen natürliche Katastrophen.[633] Andererseits ist die wichtigste Folge der begrenzten Rationalität in der TKT die Existenz unvollständiger Verträge.[634] Insoweit die Existenz unvollständiger Verträge auch durch kostspielige Information erklärt werden kann, ist es folglich nicht wesentlich, welche Annahme man zugrundelegt. Zudem hat die TKT psychologische Phänomene oben genannter Art bislang nicht in die Theorie integriert. Die *Posner*sche Kritik ist somit im Kern richtig, vermag jedoch nicht die Ergebnisse der TKT grundlegend zu erschüttern.

---

631 Vgl. Posner (1993b), S. 80.
632 Vgl. Stigler (1961).
633 Vgl. Williamson (1993), S. 109. Vgl. auch Kunreuther/Slovic (1978), S. 66.
634 Vgl. Williamson (1998), S. 31.

Auch die zweite Verhaltensannahme, der Opportunismus, wird kritisiert. Zum einen befürchten *Ghoshal* und *Moran*, daß wirtschaftliche Entscheidungsträger, die ihre Handlungen nach den Empfehlungen der TKT ausrichten und Kontrollen einführen, um opportunistisches Verhalten im Keim zu ersticken, ein Klima des Mißtrauens aufbauen würden.[635] Die intrinsische Motivation der Mitarbeiter würde dadurch zerstört. Zum anderen meint *Kiwit*, daß eine Theorie, die sich entscheidend auf die Opportunismus-Annahme stützt, übersieht, daß spezifische Transaktionen auch mit Hilfe von Vertrauensbeziehungen durchgeführt werden könnten, so daß komplexe Überwachungsstrukturen zur Absicherung gegen opportunistisches Verhalten nicht mehr nötig seien.[636] *Williamson* betont, daß zur Geltung der TKT nicht angenommen werden muß, daß sich alle Individuen opportunistisch verhalten, wo immer es möglich ist. Vielmehr sei diese Annahme nützlich, um ökonomische Organisationsformen, die im Zusammenhang mit langfristigen Vertragsbeziehungen stehen, besser zu verstehen.[637] Rationale, vorausschauende Individuen erkennen die Gefahr, die sich aus einem möglichen Mißverhalten ihres Transaktionspartners ergibt und treffen Vorkehrungen, um "credible commitments" zu geben und zu erhalten.[638] Das Ziel der TKT, die vielfältigen Ausprägungen ökonomischer Organisation zu erklären, wird durch die Opportunismusannahme in dieser schwachen Ausprägung eher erreicht als unter der Annahme vertrauensbasierten Handelns. Dies schließt Transaktionen nicht aus, die ein vorhandenes Vertrauenspotential zwischen den Geschäftspartnern ausnutzen und dadurch die Transaktionskosten senken.

Zu 2.: Funktionalismuskritik: In einer funktionalistischen Erklärung wird das Vorhandensein einer bestimmten Institution durch die Funktionen erklärt, die diese Institution erfüllt.[639] Die TKT rationalisiert die Existenz von Unternehmen anhand ihrer Effizienzeigenschaften, d.h. mit ihrer Fähigkeit, Transaktionskosten zu senken und die Folgen opportunistischen Verhaltens sowie der begrenzten Rationalität abzumildern. Um einer Tautologie zu entgehen – Unternehmen existieren und bestehen fort, weil sie effizient sind -, muß allerdings ein adäquates Selektionsprinzip existieren, der bei der TKT wie erwähnt aus dem Wettbewerb besteht. Kritisch wird aber bemerkt, daß die Funktionsweise des Wettbewerbs als Selektionsmechanismus an keiner Stelle näher expliziert wird, sondern einfach angenommen wird, daß der Wettbewerb zu effizienten Lösungen führt.[640] Ist der Wettbewerb indes nicht perfekt, sondern besitzen einige Unternehmen Markt-

---

635 Vgl. Ghoshal/Moran (1996), S. 27.
636 Vgl. Kiwit (1994), S. 128.
637 Vgl. Williamson (1996b), S. 49.
638 Vgl. Williamson (1996b), S. 50.
639 Vgl. Kap. 5 bei Vromen (1995).
640 Vgl. z.B. Knudsen (1993), S. 284.

macht, kann die Adaption effizienter Unternehmensformen lange Zeit auf sich warten lassen.[641]

Williamson gibt zu, daß der Selektionsmechanismus von der TKT noch nicht befriedigend erklärt worden ist und daß Ansätze der evolutorischen Ökonomik einiges zu Klärung dieser Frage beitragen könnten.[642] Jedoch wird von der TKT nicht behauptet, die vorfindbaren ökonomischen Organisationsformen seien optimal. Sie unterliegen vielmehr einer bloßen Selektion der "schwachen" Art, wonach nicht die absolut bestgeeigneten Formen im Wettbewerb überleben, sondern die relativ zu den anderen zur Wahl stehenden Formen geeignetsten.[643] Man kann also sagen, daß Unternehmen tendenziell um so stärker zu einer transaktionskostenminimalen Organisationsform gezwungen werden, je stärker der Wettbewerb auf dem entsprechenden Markt ist.

Zu 3.: Produktionskosten- versus Transaktionskostenminimierung: *Demsetz* wirft der TKT vor, sie würde einseitig auf die Minimierung von Transaktionskosten abstellen und dabei nicht beachten, daß Faktoren wie Skalenerträge bei der Produktion von Gütern ebenfalls einer Rolle spielen.[644] Zudem könnten verschiedene Unternehmen einer Branche auch verschiedene Produktionskostenstrukturen haben, so daß es kostengünstiger sein könnte, eine Transaktion im Unternehmen selber statt über den Markt abwickeln, selbst wenn die Transaktionskosten (im Markt) gleich Null und die "Managementkosten" (im Unternehmen) positiv sind – einfach weil das Unternehmen niedrigere Produktionskosten hat als alle anderen Unternehmen.[645]

Williamson bestreitet nicht, daß Produktionskosten bei der Durchführung einer Transaktion relevant sind und daß es einen Zielkonflikt zwischen geringeren Transaktionskosten und geringeren Produktionskosten geben kann.[646] Ein rationaler Unternehmer wird auch nicht allein Transaktionskosten minimieren, sondern die Summe aus Transaktions- und Produktionskosten. Falls Transaktionskosten vernachlässigbar gering sind, hat der Markt einen Vorteil gegenüber der Hierarchie, weil in vielen Fällen Skalenerträge besser ausgenutzt werden können – nicht zuletzt aufgrund der Möglichkeit, Aufträge zu poolen und somit größere Stückzahlen zu produzieren.[647] Wenn die mit einer Markttransaktion erreichba-

---

641 Vgl. Roberts/Greenwood (1997), S. 352.

642 Vgl. z.B. Williamson (1987), S. 623. Zur evolutorischen Ökonomik vgl. Nelson/Winter (1982) oder Witt (1993).

643 Vgl. Williamson (1988b), S. 176, 180-182.

644 Vgl. Demsetz (1991), S. 163.

645 Vgl. Demsetz (1991), S. 164.

646 Vgl. Williamson (1988b), S. 174.

647 Vgl. Williamson (1986), S. 110.

ren Skalenerträge aber gering und/oder die Transaktionskosten des Marktes hoch sind, stellt sich die Frage der "in-house"-Produktion um so dringlicher.

Zu 4.: Netzwerke: Die Grenze zwischen Markt und Hierarchie verschwimmt, wenn man sich beispielsweise die intensive Zusammenarbeit zwischen Käufern und Zulieferern ansieht. Die TKT prognostiziert, daß eine Transaktion, die den Einsatz spezifischer Investitionen erfordert, am günstigsten im Unternehmen selber, etwa durch die vertikale Integration des Zulieferers, durchgeführt wird. Es ist allerdings denkbar, daß sich zwischen unabhängigen Partnern Netzwerke persönlicher Beziehungen bilden, die auch komplexe Transaktionen bewältigen können, ohne daß eine vertikale Integration notwendig wird, um mit Problemen spezifischer Investitionen umzugehen.[648] Eine "Einbettung" der Transaktion in soziale Beziehungen zwischen den Transaktionspartnern reichte dann für die Abwicklung der Transaktion vollkommen aus. Institutionen müssen zudem nicht unbedingt aus Effizienzgründen entstanden sein, wie die TKT postuliert, sondern können das Resultat von persönlichen Kontakten innerhalb eines Netzwerks sein.[649]

Williamson greift die Idee eines Netzwerks auf und interpretiert es auf verschiedene Weise. Zum einen sieht er ein Netzwerk als nichthierarchische Vertragsbeziehung an, in der Reputationseffekte eine vergleichsweise große Rolle spielen.[650] Ein Netzwerk ist insofern ein Zwischending zwischen Markt und Hierarchie, eine hybride Organisationsform. Zum anderen ordnet er Netzwerke dem institutionellen Umfeld zu, plaziert sie also eine Ebene höher.[651] *Williamson* gesteht ein, daß die Transaktionskostentheorie die Einbettung von Transaktionen in das institutionelle Umfeld bislang vernachlässigt hat.[652] Er sieht die Möglichkeit einer Komplementarität der Ansätze: Ändert sich das institutionelle Umfeld, z.B. durch die Errichtung eines Netzwerks persönlicher Beziehungen, ändern sich auch die Transaktionskosten, die mit Markt, Hierarchie bzw. hybriden Formen assoziiert sind. Das hat dann etwa zur Folge, daß eine Transaktion, die kostenminimal in einer Hierarchie abgewickelt worden wäre, nach der Errichtung des Netzwerks am kostengünstigsten über den Markt (z.B. durch langfristige Verträge) oder hybride Formen durchgeführt wird.

648 Vgl. Granovetter (1992), S. 65.
649 Vgl. Granovetter (1990a), S. 103.
650 Vgl. Williamson (1991b), S. 290 f.
651 Vgl. Williamson (1996c), S. 267, 269.
652 Vgl. Williamson (1994), S. 84.

5.4.1.3 Direkte Anwendung der ökonomischen Transaktionskostenanalyse auf die Politik

Es liegt nahe, mit den Ausführungen von *Williamson* selbst zur Übertragbarkeit der TKT auf politische Institutionen bzw. Organisationen zu beginnen. In einem Kommentar zu *Moe* (1990b) regt er an, Büros als Überwachungsstruktur der eigenen Art anzusehen, die den Erfordernissen des politischen Prozesses besser Rechnung trägt als alle anderen verfügbaren Organisationsformen.[653] Ein Büro

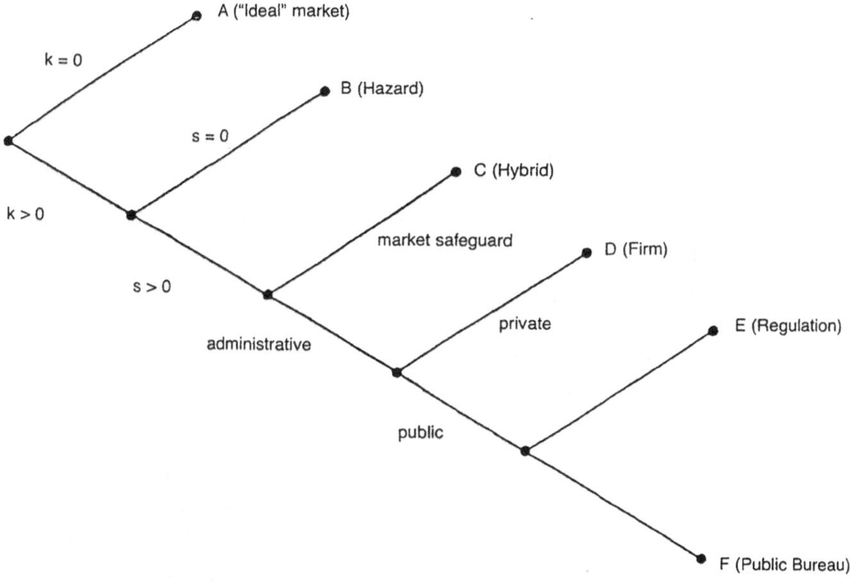

Abb. 20: Ein Büro als Überwachungsstruktur[654]

wird wesentlich mit Hilfe des *Beamtenrechts* gesteuert, das relativ gering ausgeprägte Anreize zur Erhöhung der Arbeitsanstrengung vorsieht. Ein weiteres Kennzeichen ist eine ausgeprägte ethische Verpflichtung zur Verfolgung einer bürokratischen Mission.[655] Es gibt (politische) Transaktionen, für die ein Büro die geeignetste Überwachungsstruktur ist, wie etwa im Zusammenhang mit Re-

653 Vgl. Williamson (1990c), S. 265.
654 Vgl. Williamson (1998), S. 47.
655 Vgl. Williamson (1998), S. 46; Bendor/Taylor/Van Gaalen (1987).

gulierungsfragen, Redistribution oder Transaktionen "hoheitlicher" Natur, z.B. die Außenbeziehungen eines Staates betreffend.[656] Allerdings ist ein Büro eine Organisationsform, die nur dann herangezogen werden sollte, wenn alle alternativen Überwachungsstrukturen nicht anwendbar sind.

Ein institutioneller Designer stellt idealtypisch folgende Überlegungen an, wenn er z.B. eine redistributive oder eine hoheitliche Transaktion einer bestimmten Überwachungsstruktur zuordnen will. Als erstes wird die Überwachungsstruktur des "idealen" Marktes (A) geprüft, der allerdings bei einer Transaktion mit einem *Spezifitätsgrad* $k > 0$ nicht geeignet ist. Dies ist aber etwa bei öffentlichen Gütern wie innere und äußere Sicherheit der Fall, die nicht über Märkte angeboten werden und die ein hohes Maß an spezifischen Investitionen erfordern. Würden trotz Spezifität keine *Absicherungsmechanismen* ($s = 0$) vereinbart, wäre die Gefahr moralischen Risikos (B) besonders hoch. Daher kommen hybride Formen (C) in Frage, falls solche Absicherungen in Form vertraglicher Vereinbarungen zwischen den Transaktionspartnern gelingen. Ansonsten ist die Durchführung der Transaktion innerhalb eines Unternehmens zu empfehlen. Falls auch dies aufgrund der speziellen Charakteristika der Transaktion (z.B. wegen ihrer hoheitlichen Natur) unmöglich erscheint, muß eine Regulierung geprüft werden[657] und schließlich als letzte Möglichkeit ein Büro. Es existieren also Transaktionen, für die die Organisationsform "Büro" die effizienteste, weil transaktionskostenminimale ist.

Was aber ist die Besonderheit politischer Transaktionen, die von Büros administriert werden müssen? In einem neueren Beitrag konzentriert sich *Williamson* auf die Erklärung <u>hoheitlicher Transaktionen</u>.[658] Eine Transaktion wird als hoheitlich bezeichnet, wenn die staatliche Autorität zur Durchführung bestimmter Aufgaben benötigt wird.[659] Beispiele sind die Außen- und Sicherheitspolitik, die Geldversorgung und die Justiz. Hoheitliche Transaktionen grenzen sich von nicht-hoheitlichen Transaktionen insbesondere durch ein gesteigertes Bedürfnis nach Loyalität und "Redlichkeit" (probity) der Transaktionsbeteiligten ab.[660] Loyalität und Redlichkeit sind bei hoheitlichen Transaktionen erforderlich, weil z.B. der Verrat von Staatsgeheimnissen in der Sicherheitspolitik zu einem großen politischen und wirtschaftlichen Schaden für die ganze Volkswirtschaft führen kann. Für viele Staaten ist die Wahrung von militärischen Geheimnissen daher so

---

656 Vgl. Williamson (1998), S. 46; Williamson (1999). Zur institutionellen Analyse hoheitlichen staatlichen Handelns vgl. Krasner (1988).

657 Hier ist wohl an eine unabhängige Regulierungsbehörde amerikanischer Prägung gedacht, die von anderen Formen wie einem staatlichen Ministerium zu trennen ist.

658 Vgl. Williamson (1999).

659 Vgl. Wilson (1989), S. 359.

660 Vgl. Williamson (1999), S. 322.

wichtig, daß der Tatbestand des Geheimnisverrats mit der Todesstrafe belegt ist. In einer nicht-hoheitlichen, privaten Transaktion hingegen ist Redlichkeit zwar in jedem Fall erwünscht, aber normalerweise nicht entscheidend.[661] Die Mitarbeiter eines Unternehmens können in den meisten Fällen relativ gut kontrolliert werden, weil das Ergebnis ihres Handelns leichter bestimmbar ist. Deshalb kann das zugrundeliegende Agency-Problem durch ein ergebnisorientiertes Entlohnungssystem abgemildert werden, das typischerweise im öffentlichen Sektor nicht vorhanden ist und auch wenig Sinn macht: Das Produktionergebnis von Büros, die hoheitliche Transaktionen abwickeln, kann nicht ohne weiteres ermittelt werden. Wie läßt sich beispielsweise eine "gute" Außenpolitik quantitativ erfassen? Gute Außenpolitik ist vielmehr ein qualitativ umschreibbares Ergebnis der Zusammenarbeit vieler Individuen. Es stellt sich dabei auch das Problem, das individuelle marginale Produkt von Mitarbeitern eines Teams zu bestimmen.[662] Mitarbeiter von staatlichen Büros haben im Gegensatz zur privaten Wirtschaft "low-powered incentives", d.h. sie erhalten ein festes Gehalt, kombiniert mit einer erhöhten Arbeitsplatzsicherheit. Unter diesen Umständen gewinnt die soziale Konditionierung, ein bürokratisches Amtsethos an Bedeutung. Anreizorientierte Entlohnungsinstrumente können kontraproduktiv wirken, indem sie die Redlichkeit der Bürokraten unterminieren.[663]

Neben der Redlichkeit ist für *Williamson* die Spezifität des Humankapitals der zweite Faktor, durch den die hoheitliche Transaktion maßgeblich beeinflußt wird.[664] Die Bildung spezifischen Humankapitals ist z.B. auf dem außenpolitischen Gebiet unerläßlich. So müssen die Gewohnheiten anderer Länder kennengelernt werden, was oftmals nur über einen Aufenthalt in dem betreffenden Land möglich ist. Diplomatische Kenntnisse und Verschwiegenheit sind ebenfalls vonnöten. Dafür erhalten die Bediensteten eines Außenministeriums eine spezielle Ausbildung, die für andere Büros oder Unternehmen nur sehr begrenzt bis überhaupt nicht nützlich ist. Zusammenfassend lautet *Williamson*s Grundthese in bezug auf hoheitliche Transaktionen, daß überall dort, wo ein hohes Maß an Redlichkeit und spezifischem Humankapital erforderlich sind, die Organisationsform des Büros am effizientesten (= transaktionskostenminimierend) ist.

Am Beispiel der Redistribution zeigt *Williamson*, daß unzureichend spezifizierte politische Verfügungsrechte eine entscheidende Rolle spielen.[665] Die Transaktionspartner einer redistributiv ausgerichteten Politik sind in den meisten

---

661 Eine Ausnahme sind geheimzuhaltende industrielle Forschungsvorhaben.

662 Vgl. dazu Alchian/Demsetz (1972).

663 Vgl. Williamson (1999), S. 325. Mit anderen Worten, die intrinsische Motivation, die ein Bürokrat bei der Entwicklung eines Amtsethos zeigt, wird untergraben.

664 Vgl. Williamson (1999), S. 322.

665 Vgl. Williamson (1996a), S. 199.

Fällen Politiker und Interessengruppen. Eine Redistribution zugunsten von Interessengruppen nimmt häufig nicht die Form direkter Transfers an, sondern verläuft über Umwege wie etwa Importbeschränkungen, Marktzutrittsbarrieren oder Mindestpreise.[666] Dem steht die übliche Empfehlung von Ökonomen in bezug auf eine effiziente Redistribution entgegen, die direkte Geldtransfers indirekten Methoden vorziehen, da indirekte Transfers der Volkswirtschaft einen zusätzlichen Wohlfahrtsverlust, den Totverlust aufbürden. Man macht es sich allerdings zu einfach, wenn man die indirekten Redistributionsmethoden als ineffizient bezeichnet, weil in einem zweiten Schritt die Heilbarkeit der Institution geprüft werden muß. Kann die Institution mit Nettogewinnen durch eine andere ersetzt werden, ist eine Heilbarkeit gegeben. Direkte Transfers haben aber aus politischer Sicht einige Nachteile. Einmal sind sie transparenter als indirekte Finanzierungsinstrumente, so daß sie auf Akzeptanzprobleme in der Öffentlichkeit stoßen, selbst wenn die Individuen rational ignorant sind. Zum anderen ist es für eine Regierung und die ihr nahestehenden Interessengruppen wichtig, möglichst dauerhafte Regelungen zu treffen. Diesbezüglich können direkte Transfers nachteilig sein, falls sie leichter rückgängig gemacht werden können als indirekte Transfers. Insgesamt sind indirekte Transfers politisch wirkungsvoller als direkte Zahlungen. Eine Änderung des Zahlungsmodus wird auf Widerstand der politischen Entscheidungsträger stoßen und ist daher nicht wahrscheinlich.

Auf politische Organisationen bezogen bedeutet die Existenz verdünnter politischer Verfügungsrechte, daß ein Büro seine vermeintlich ineffiziente Struktur (Unkündbarkeit der Beamten, unzureichende Leistungsanreize, Inflexibilität) erhält, um sicherzustellen, daß der Nutzenstrom, den das Büro bestimmten Interessengruppen zufließen läßt, nicht ohne weiteres unterbrochen werden kann.[667] Ein unkündbarer Beamter ist gegen die Einflußnahme einer neuen Regierung besser geschützt als ein entlassungsfähiger Beamter. Die neue Regierung kann daher nicht so einfach verhindern, daß der Beamte bestimmten Interessengruppenvertretern auch nach dem Regierungswechsel weiterhin Informationen zukommen läßt. Diese Struktur ist also nicht ineffizient, sondern sie wurde bewußt gestaltet, um politische Transaktionen abzusichern und damit credible commitments zu ermöglichen. Berechtigte Bedenken gegen Büros sind nur dort angebracht, wo Transaktionen einer falschen Überwachungsstruktur zugeordnet werden.[668] Ein Büro ist eine ungeeignete Überwachungsstruktur, falls eine Transaktion, die eine geringe Spezifität hat und auch sonst keine bemerkenswerten Charakteristika aufweist - z.B. hoheitlicher Natur ist – dennoch einem Büro zugeordnet wird. Die

666 Vgl. Stigler (1971), S. 4-6.
667 Vgl. Williamson (1996a), S. 199.
668 Vgl. Williamson (1998), S. 46.

funktionalistische Betrachtungsweise der TKT schlägt auch hier durch: Büros existieren, weil sie eine bestimmte Funktion haben, nämlich gewisse Arten von Transaktionen zu überwachen.

Die ökonomische Transaktionskostentheorie betrachtet ein Büro als eine Organisationsform der Überwachung bestimmter Transaktionen. Sie erklärt allerdings weniger die Gründe, warum ein Büro scheinbar ineffizient strukturiert ist. Vielmehr sieht sie die bürokratische Struktur grundsätzlich als gegeben an. Notwendig ist daher eine spezielle politische Transaktionskostentheorie, um die institutionelle Struktur von Büros endogen zu erklären.

5.4.2. Allgemeine Grundlagen einer politischen Transaktionskostentheorie

Die institutionelle Struktur eines Büros wird grundlegend durch drei Faktoren beeinflußt, der politischen Unsicherheit, dem politischen Kompromiß und das Agency-Problem zwischen Interessengruppen auf der einen Seite und Bürokraten und Politiker auf der anderen Seite.[669]

1. Politische Unsicherheit: Die ökonomische Transaktionskostentheorie spielt sich auf der Ebene ökonomischer Organisationsstrukturen ab. Die Verfügungsrechtestruktur wird in den Datenkranz verwiesen. Private Verfügungsrechte sind relativ sicher, weil sie durch Verträge eindeutig zugeordnet sind und vergleichsweise problemlos durchgesetzt werden können. Insbesondere wird die Gültigkeit eines Vertrages nicht durch einen Wechsel im Vorstand eines Unternehmens tangiert. Anders ist dies bei politischen Verfügungsrechten: sie können in einer Demokratie nicht auf Dauer garantiert werden. Mit jeder Wahl stehen die politischen Verfügungsrechte erneut zur Debatte, und ein Regierungswechsel führt dazu, daß die abgewählte Regierung ihre politischen Verfügungsrechte verliert und der neuen Regierung überlassen muß. Die neue Mehrheit kann ihre politische Macht verwenden, um gegen den Willen der anderen politischen Gruppen ihre Politik durchzusetzen. Dabei ist sie allerdings auf Büros angewiesen, die die politische Feinarbeit leisten. Bei der Entscheidung, wie ein Büro institutionell ausgestaltet werden soll, muß die Regierung also berücksichtigen, daß Büros, die politisch leicht manipulierbar sind, nicht nur ihr, sondern auch den Nachfolgeregierungen nutzen. Daher resultiert das Problem der politischen Unsicherheit in Struktu-

---

669 Vgl. Moe (1990b), S. 226-228; Moe (1991), S. 124-126; Moe/Caldwell (1994), S. 174.

ren, die das Büro von der jeweiligen Regierung isolieren und dem Büro einen eigenen Handlungsspielraum geben.

In einem klassischen parlamentarischen System ist die politische Unsicherheit sehr viel ausgeprägter als im amerikanischen System der "checks and balances", in dem multiple Veto-Instanzen ein Gesetz bzw. dessen Änderung blockieren können. In solch einem System ist eine Formalisierungsstrategie zur dauerhaften Verankerung von Vergünstigungen hilfreich.[670] Das deutsche oder - noch extremer - das englische System erlaubt es dem Wahlsieger, Gesetze der Vorgängerregierung mit seiner parlamentarischen Mehrheit relativ leicht wieder rückgängig zu machen. Interessengruppen geben also von vornherein eine geringere politische Unterstützung, weil sie dies wissen. Es existieren allerdings andere Strategien, die in einem parlamentarischen System eine Abschwächung der politischen Unsicherheit bewirken. Dazu zählen ein Zwei-Kammer-System, informelle Normen wie Reziprozität und der Aufbau einer Reputation oder ein Kooptationmechanismus.[671] Letzterer beinhaltet die Implementierung von Interessengruppenvertretern in hohe politische oder bürokratische Ämter. Gerade von dieser Strategie wurde in der Bundesrepublik Deutschland extensiv Gebrauch gemacht: *Steinberg* berichtet, daß der damalige Bundeskanzler Adenauer vor der Bestellung des wegen seiner Vergangenheit während des Dritten Reiches kritisierte Vertriebenenministers Oberländer gesagt haben soll, er habe die Flüchtlingsverbände mehrmals gebeten, ihm einen anderen Mann zu präsentieren, aber sie bestünden auf Oberländer.[672] Auch die hohe Anzahl von Bundestagsabgeordneten mit Verbändemandat ist so frappierend, daß manche Parlamentsausschüsse zu "Verbandsinseln" zu werden drohen.[673] Daneben nehmen Interessengruppenvertreter vielfältige Aufgaben in Beiräten und öffentlichen Aufsichtsgremien wahr. Die institutionellen Strukturen eines Büros werden also nicht zuletzt von Interessengruppen geformt, was die politische Unsicherheit für diese Gruppen verringert.

2. Politischer Kompromiß: In einem funktionierenden Wettbewerbsmarkt schließen die Transaktionspartner freiwillig Verträge ab. Kompromißfähigkeit ist nur in einem relativ geringen Maße verlangt. Wenn ein Konsument typische Gegenstände des Alltags kauft, braucht er sich grundsätzlich auf keinen Kompromiß mit dem Verkäufer einzulassen. Wiederum ist die Situation

670 Vgl. Moe/Caldwell (1994), S. 179.
671 Vgl. Moe/Caldwell (1994), S. 180 f.
672 Vgl. Steinberg (1979), S. 254.
673 Vgl. Steinberg (1989), S. 227.

in der politischen Sphäre anders gelagert. Beim institutionellen Design eines Büros kann ein politischer Kompromiß auf zwei Ebenen notwendig sein, um das Büro überhaupt einrichten zu können. Zum einen ist gegebenenfalls ein Kompromiß innerhalb der Regierungsparteien nötig. Da nur in den seltensten Fällen in Deutschland eine Alleinregierung amtiert, kann es zu Differenzen mit dem Koalitionspartner über die Ausgestaltung eines Büros kommen. Zum anderen – und das dürfte eine größere Rolle spielen – kann es zu Auseinandersetzungen kommen, wenn die Neugründung eines Büros durch den Bundesrat zustimmungspflichtig ist und die Mehrheiten in Bundestag und Bundesrat parteipolitisch verschieden sind. Kein politisches Lager ist dann in der Lage, einseitig über die institutionelle Struktur des Büros zu entscheiden. Vielmehr sind potentiell langwierige Verhandlungen erforderlich, um die Interessen der Parteien und der hinter ihnen stehenden Interessengruppen zu konsolidieren und sich auf eine bestimmte Struktur zu verständigen. Das Problem ist in seiner Dimension aber wohl im amerikanischen System größer, in dem die Parteizugehörigkeit kein festes Band ist und die vielfältigsten Interessen aufeinanderprallen, während in Deutschland die "Gefechtslage" überschaubarer ist. Ein Büro, dessen Struktur das Ergebnis eines Kompromisses ist, wird nicht auf die möglichst effiziente Erfüllung seiner Aufgaben ausgerichtet sein. Die Gründung der Occupational Safety and Health Administration (OSHA) war das Resultat eines Kompromisses zwischen Arbeitgeberverbänden und Gewerkschaften.[674] Die Arbeitgeber hatten ein großes Interesse an einer möglichst geringen Regulierungsdichte am Arbeitsplatz, während die Gewerkschaften naturgemäß eine schlagkräftige Administration haben wollten. Da die OSHA indes nicht ohne Partizipation der Arbeitgeber errichtet werden konnte, einigte man sich auf eine Struktur, die ein effizientes Arbeiten unmöglich machte: "OSHA is an administrative nightmare, in large measure because some of its influential designers fully intended to endow it with structures that would not work."[675]

3. Unzureichende Kontrolle durch Interessengruppen: An der Gestaltung von Büros beteiligte Interessengruppen haben hierbei ein Agency-Problem: Politiker und Bürokraten sind keine willfährigen Ausführungsorgane der Gruppen, sondern haben ihre eigenen Vorstellungen über das institutionelle Design des Büros. Anders als im Agency-Problem in der privaten Sphäre (z.B. zwischen Arbeitgeber und Arbeitnehmer) können die Agenten ihre politische Macht nutzen, um die Handlungsmöglichkeiten des Prinzipals zu beschrän-

674 Vgl. Moe (1990a), S. 126; Moe (1989), S. 297-306.
675 Moe (1990a), S. 126.

ken. Der Prinzipal hat keine Möglichkeit, dieser Beschränkung zu entkommen, weil die politische Autorität auch mit Zwangsmitteln durchsetzbar ist, wohingegen ein Arbeitnehmer grundsätzlich seinen Arbeitgeber wechseln kann. Die Interessengruppen als Prinzipale der Politiker und Bürokraten haben also keine perfekte Kontrolle über ihre Agenten. Insbesondere das Prinzipal-Agent-Problem zwischen Gruppen und der Bürokratie spielt eine Rolle. Die institutionelle Struktur eines neu errichteten Büros wird folgerichtig auch von diesen Überlegungen geprägt.[676] Die Elemente dieser Struktur wurden bereits im Abschnitt 5.3.3.2 behandelt: detaillierte Verfahrensvorschriften, geringe Durchsetzungsbefugnisse des Büros, eng umgrenzter Zuständigkeitsbereich und Vorschriften über die Personalauswahl und die Kontrolle der Tagesordnung. Damit versuchen die relevanten Interessengruppen, die Freiräume des bürokratischen Agenten in ihrem Interesse einzuschränken.

Diese drei Problembereiche müssen bei der Beurteilung der Organisationsstruktur von Büros berücksichtigt werden. Im folgenden werden zwei Transaktionskostentheorien vorgestellt, die sich mit der Struktur staatlicher Organisationen wie z.B. Regulierungsbehörden befassen. Als erstes wird die Theorie von *Maser* (1986) bzw. *Heckathorn* und *Maser* (1987) behandelt.

5.4.3 Die transaktionskostentheoretische Begründung staatlicher Organisationen von Maser und Heckathorn/Maser

Im Gegensatz zur ökonomischen Sphäre, in der Effizienzaspekte eine herausragende Rolle spielen, sind in der politischen Sphäre neben Effizienzgesichtspunkten vor allem Distributionsfragen von Bedeutung. Der Ansatzpunkt von *Maser* (1986), der die verschiedenen Organisationsformen auf dem öffentlichen Sektor erklären möchte, ist folgerichtig die Inkorporierung distributiver Ziele in seine Analyse. Seine Aufmerksamkeit ist auf Transaktionskosten gerichtet, die bei der Verwirklichung von Fairness- und Gerechtigkeitsüberlegungen anfallen. Er unterscheidet ex ante- und ex post-Transaktionskosten. <u>Ex ante-Kosten</u> sind Informationskosten, die bei der Ermittlung der individuellen Präferenzen unter anderem in bezug auf Verteilungsregeln entstehen.[677] Die politischen Entscheidungsträger sind den Bürgern gegenüber Rechenschaft schuldig und verpflichtet, vor jedem politischen Beschluß möglichst hinreichend genaue Informationen über die Bürgerpräferenzen einzuholen. Ex ante-Kosten fallen also *vor* einer Ent-

---

676 Vgl. Moe (1990a), S. 234.
677 Vgl. Maser (1986), S. 61 f.

scheidung an. Mit einem politischen Beschluß allein ist es indes nicht getan: der Beschluß muß auch so ausgeführt werden, daß eine "gerechte" Allokation zustandekommt. Mit "gerecht" ist gemeint, daß ein Bürger Rechte und Pflichten von staatlicher Seite zugewiesen bekommt, die im Verhältnis zu seiner Stellung in der Gesellschaft stehen.[678] Ein wohlhabender Bürger hat demgemäß per saldo mehr Pflichten zu tragen als ein weniger wohlhabender Bürger. Der in diesem Sinne gerechte Vollzug eines politischen Beschlusses bedarf der Überwachung durch die Politiker, da der Vollzug typischerweise durch eine staatliche Bürokratie geschieht. Ex post-Kosten sind Informationskosten, die bei der Erkundung der Auswirkungen des Vollzuges der Verteilungsregeln anfallen.[679] Eine Regierung ist vor Irrtümern nicht gefeit. Sie kann Individuen oder einer Gruppe versehentlich zu viele Pflichten auferlegen oder zu wenig Rechte zusprechen, wie es an sich aus deren gesellschaftlicher Stellung ableitbar ist. Deshalb müssen Informationen über die ex post-Verteilung von Kosten und Nutzen eingeholt werden, um eine ungerechte Verteilung eventuell korrigieren zu können.

Aus der Höhe der ex ante- bzw. ex post-Kosten lassen sich nun Folgerungen für die staatliche Organisation ziehen. Vier Fälle sind zu unterscheiden: im ersten Fall sind die ex ante-Kosten relativ hoch, im zweiten Fall spielen die ex post-Kosten eine relativ stärkere Rolle, der dritte Fall ist durch sowohl niedrige ex ante- als auch niedrige ex post-Kosten charakterisiert. Schließlich kann es Situationen geben, in denen ex ante- und ex post-Kosten gleichermaßen hoch sind.

- Relativ hohe ex ante-Kosten: Ein Beispiel hierfür sind Redistributionsmaßnahmen wie Sozialtransfers oder steuerliche Vergünstigungen. Sie betreffen die breite Bevölkerung, und einen ex ante-Konsens für solche Maßnahmen zu finden, erfordert hohe Informationskosten über die individuellen Präferenzen, da Redistributionsfragen häufig stark umstritten sind. Die Politikbereiche, in denen die ex ante-Kosten relativ hoch sind, werden direkt vom politisch verantwortlichen Gesetzgeber *per Gesetz* geregelt und durch Gerichte durchgesetzt. Die Implementation redistributiver Maßnahmen ist weniger problematisch, da es relativ einfach festzustellen ist, wer etwas bekommt und wie hoch die Ansprüche sind.[680] Die ausführende Bürokratie hat in diesem Fall nicht viel eigenen Handlungsspielraum.
- Relativ hohe ex post-Kosten: Sind die ex post-Kosten im Vergleich zu den ex ante-Kosten hoch, d.h. können die distributiven Auswirkungen des Vollzugs relativ schlecht abgeschätzt werden – typisch etwa für eine staatliche Regulie-

678 Vgl. Maser (1986), S. 60.
679 Vgl. Maser (1986), S. 62.
680 Vgl. Maser (1986), S. 62.

rung -, kommt eine Delegation von Entscheidungsbefugnissen an eine (abhängige) *Exekutivbehörde* in Frage, die von der Politik gut kontrolliert werden kann.[681] Beispielsweise sind in der Umweltpolitik die ex post-Kosten aufgrund der Unsicherheit über ihre distributiven Konsequenzen hoch. Stellt sich im Nachhinein heraus, daß die umweltpolitischen Anforderungen zu streng waren, tragen die Emittenten die Konsequenz in Form geringerer Gewinne. Falls die Anforderungen zu niedrig waren, sind die Bürger aufgrund der verschlechterten Umweltqualität die Leidtragenden. Daher ist die amerikanische Umweltbehörde EPA eine Exekutivbehörde, deren Spitzenpersonal durch den amerikanischen Präsidenten entlassen werden kann.[682]

- <u>Geringe ex ante- und ex post-Kosten</u>: Sind sowohl die Präferenzen der Bürger leicht ermittelbar und wenig kontrovers als auch die Implementation relativ problemlos durchführbar, wird "horizontal integriert", d.h. eine übergeordnete Behörde übernimmt Aufgaben, die zuvor von vielen untergeordneten Behörden erledigt wurden. Der Grund liegt darin, daß die übergeordnete Behörde Skalenerträge realisieren kann. Daher ist die Frage, welche föderalistische Ebene am besten eine bestimmte Aufgabe übernehmen soll, eine Frage der horizontalen Integration.[683] Beispielsweise wird derzeit (Stand März 2001) über eine grundlegende Reform der Bundesbankstruktur diskutiert. Ziel des Bundesfinanzministeriums als federführendem Ressort ist die Umwandlung der bislang selbständigen Landeszentralbanken in unselbständige Regionaldirektionen. Durch diese horizontale Integration sollen die Kosten gesenkt werden.
- <u>Hohe ex ante- und ex post-Kosten</u>: Ein Beispiel ist die nationale Verteidigung. Da Verteidigung ein typisches öffentliches Gut ist und die Bürger ihre wahren Präferenzen verschleiern und als Trittbrettfahrer auftreten werden, sind die ex ante-Kosten hoch. Die ex post-Kosten sind hoch, da die Entscheidungen über den Umfang der Verteidigung (Anzahl der Soldaten, Waffensysteme etc.) im Verteidigungsfall quasi "über Leben und Tod" entscheiden. Deshalb ist eine *direkte staatliche Kontrolle* über die entscheidungskritischen Ressourcen, insbesondere das spezialisierte Humankapital (Soldaten, Wissenschaftler, Geheimdienste) essentiell.

Heckathorn und *Maser* (1987) setzen sich ebenfalls zum Ziel, die verschiedenen Ausprägungen staatlicher Organisationsformen zu analysieren. Im Vergleich zu *Maser* werden Transaktionskosten zwar auch auf die Kostspieligkeit von In-

681 Vgl. Maser (1986), S. 63.
682 Vgl. Harris/Milkis (1989), S. 227.
683 Vgl. Maser (1986), S. 65.

formation zurückgeführt, die Kategorisierung wird aber in anderer Weise vorgenommen. Es werden drei Transaktionskostenarten unterschieden:[684]

- Zum einen müssen erst einmal geeignete Partner gefunden werden, mit denen ein politisches Geschäft vereinbart werden kann. Das verursacht *Suchkosten* (search costs).
- Zweitens stehen Politiker, die Kompromisse eingehen müssen, einem Verteilungsproblem gegenüber. Es fallen *Verhandlungskosten* (bargaining costs) bei der Verteilung des Gewinns aus der Transaktion an.
- Schließlich müssen *Durchsetzungskosten* (enforcement costs) aufgewandt werden, um zu verhindern, daß ein Gefangenendilemma die Erreichung eines kollektiven Optimalzustands verhindert. Da individuelle und kollektive Rationalität in einem solchen Dilemma auseinanderfallen, muß dafür gesorgt werden, daß die Mitglieder des Kollektivs sich an einmal getroffene Vereinbarungen halten.

Die Summe der Such-, Verhandlungs- und Durchsetzungskosten sind die gesamten Transaktionskosten. Die Höhe der Transaktionskosten wird durch Kontextfaktoren beeinflußt, darunter die *Anzahl* und die *Heterogenität der Beteiligten* sowie das *zeitliche Auseinanderfallen von Kosten und Nutzen* aus der Transaktion.[685] Je mehr Vertragsparteien an der Transaktion teilnehmen, um so größer ist das Verteilungsproblem. Der Verhandlungsaufwand steigt, weil jede Partei ein möglichst großes Stück des "Kuchens", d.h. des aus der Transaktion resultierenden Gewinns, abbekommen möchte. Zudem ist mit steigender Anzahl der Beteiligten die Gefahr höher, daß Trittbrettfahrer auftreten - und dementsprechend hoch sind die Durchsetzungskosten. Die Beteiligten sind heterogen, wenn signifikante Unterschiede in ihren Präferenzen, Fähigkeiten oder sozialen Beziehungen bestehen. Solche Individuen unter einen Hut zu bringen ist naturgemäß schwieriger, als wenn es sich um eine homogen strukturierte Gruppe handelte. Die Verhandlungskosten sind höher, und da einige Vertragsparteien mit dem Vertragsabschluß möglicherweise nicht zufrieden sind, besteht auch ein Defektionsrisiko. Schließlich entstehen in vielen Transaktionen Kosten und Nutzen nicht simultan. Ein Gegenbeispiel ist der Kauf eines Apfels, bei dem Leistung und Gegenleistung sofort ausgetauscht werden und es weder für den Käufer noch für den Verkäufer eine Möglichkeit zur Defektion oder (Nach-)Verhandlung gibt. Fällt in einer Transaktion indes der Nutzen früher an als die Kosten, entstehen Anreize zur De-

---

684 Vgl. Heckathorn/Maser (1987), S. 71. Zu einer Anwendung der Theorie vgl. Heckathorn/Maser (1990).

685 Vgl. Heckathorn/Maser (1987), S. 84-86.

fektion für denjenigen, der seine Leistung zeitlich früher erhalten hat. Außerdem werden Verhandlungen erschwert, falls der Nutzenstrom erst zukünftig fließt, die Kosten aber sofort anfallen. Ein derartiges Projekt ist anfällig für unrealistische Einschätzungen des Nutzens und verursacht hohe Verhandlungskosten über dessen Verteilung.

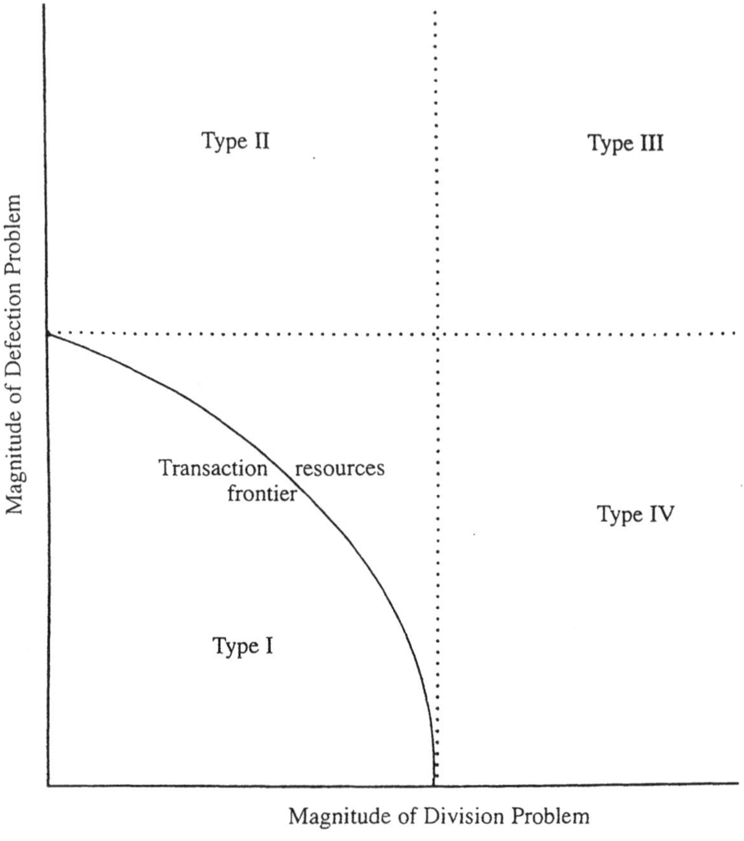

Abb. 21: Transaktionsraum nach Heckathorn und Maser[686]

Heckathorn und *Maser* leiten in Abhängigkeit von der Bedeutung des Verhandlungs- und des Durchsetzungsproblems vier "Transaktionstypen" ab. Sie setzen dabei voraus, daß die Transaktionspartner das Kooperationsproblem bereits

686 Vgl. Heckathorn/Maser (1987), S. 83.

gelöst haben, so daß nur das Verteilungs- und das Defektionsproblem Bestand haben und deswegen nur die Verhandlungs- und Durchsetzungskosten eine Rolle spielen.

Für jede Transaktion stehen *ex ante* Ressourcen zur Verfügung, um Transaktionsprobleme zu lösen. Analog zur neoklassischen Produktionsmöglichkeitenkurve lassen sich gegebene Transaktionsressourcen (z.B. Zeit, finanzielle Mittel) entweder vollständig zur Überwindung des Defektionsproblems, vollständig zur Überwindung des Verteilungsproblems oder für eine Kombination der beiden Zwecke verwenden. Jede Transaktion läßt sich in dieses Schema einordnen. Benötigt eine Transaktion so viele Ressourcen, daß sie mit den vorhandenen Ressourcen nicht durchgeführt werden kann (so bei den Typen II, III und IV), werden Organisationen gebraucht, die den Transaktionspartnern frische Ressourcen zuführen, um das Defektions- beziehungsweise das Verteilungsproblem zu lösen.[687] Aus diesen Überlegungen leiten *Heckathorn* und *Maser* folgende Hypothesen ab:

- Für Transaktionen vom Typ I, die innerhalb der Transaktionsressourcenkurve liegen, reichen die vorhandenen Ressourcen aus, um sowohl die Verhandlungs- als auch die Durchsetzungskosten abzudecken. Eine staatliche Regulierung ist nicht notwendig, unter den Beteiligten können *privatrechtliche Verträge* abgeschlossen werden.
- Bei Typ II-Transaktionen ist die Verteilung kein großes Problem, wohl aber die Durchsetzung, d.h. mindestens ein Transaktionspartner hat einen Anreiz, die Vereinbarung einseitig zu brechen. Die Parteien haben nicht genügend Ressourcen, um dies zu verhindern und müssen deshalb eine dritte Partei mit der Durchsetzung der Transaktion beauftragen. Musterbeispiel ist die Errichtung einer unabhängigen Justiz, die das Durchsetzungsproblem abmildert, so daß die Transaktion mit den vorhandenen Ressourcen durchgeführt werden kann. Auch Lösungen mit Behörden sind denkbar, die relativ unabhängig von politischem Druck Konflikte zwischen den Beteiligten schlichten können.[688]
- Typ III-Transaktionen sind dadurch gekennzeichnet, daß sowohl das Durchsetzungs- als auch das Verteilungsproblem die Ressourcen der Beteiligten übersteigen. Sie benötigen bei der Lösung beider Probleme externe Unterstützung. Das ist z.B. der Fall, wenn eine große Heterogenität der Beteiligten vorliegt oder Kosten und Nutzen zeitlich auseinanderfallen. Die Regulierung privater Transaktionen ist hier unerläßlich, weil nicht nur der Vertrag extern durchgesetzt werden muß, sondern auch die Bedingungen spezifiziert werden

687 Vgl. Heckathorn/Maser (1987), S. 84.
688 Vgl. Heckathorn/Maser (1987), S. 90.

müssen, um die Verteilungsfrage zu regeln. Für diese Aufgabe sind *Exekutivbehörden* geeignet, da sie besser in der Lage sind, den Verteilungskonflikt zu lösen, der mit der Aushandlung der Vertragsbedingungen verbunden ist; besser in dem Sinne, daß eine fehlerhafte Distribution der Transaktionserträge durch die Exekutivbehörde leichter durch den politischen Prinzipal korrigiert werden kann.

- Typ IV-Transaktionen schließlich mangelt es an internen Ressourcen zur Lösung des Verteilungsproblems. Ein Beispiel ist das Steuer- und Sozialversicherungssystem. In diesem Zusammenhang ist die Verteilung der Kosten und Nutzen immer besonders strittig. Deshalb sorgen *gesetzliche Regelungen* dafür, daß das Verteilungsproblem gelöst wird: den Beteiligten wird eine bestimmte Verteilung von außen aufgezwungen.

Kritisch ist zu bemerken, daß auf der Basis der "public interest"-Theorie argumentiert wird, d.h. mögliches opportunistisches Verhalten von Politikern und Bürokraten wird einfach ausgeblendet. Die Erkenntnisse der Neuen Politischen Ökonomie gehen in die Theorie nicht ein. Die ex post-Kosten fallen überhaupt nur an, weil sich eine Behörde irrt, nicht aber aufgrund strategischen Verhaltens der Behörde. Das ist sicherlich keine realistische Sichtweise. So stößt das erwähnte Reformmodell zur Bundesbankstruktur auf heftigen Widerstand der Landeszentralbanken und der Bundesländer, weil sie einen Verlust an Gestaltungsmacht fürchten. Kostengründe spielen bei Strukturreformen nicht die entscheidende Rolle. Auch Politiker werden als wohlmeinende Agenten der Wähler dargestellt; ideologisches Handeln wird nicht betrachtet. So meint *Maser*, daß politisch kontroverse Entscheidungen mit hohen ex ante-Kosten per Gesetz geregelt werden.[689] Gerade in solchen Situationen wird es aber immer Verlierer geben, die durch lautstarke Proteste politischen Schaden hervorrufen können. Es könnte daher auch sein, daß kontroverse Entscheidungen - wie etwa im Zusammenhang mit arbeitsmarktpolitischen Fragen - Behörden überlassen werden, um dem absehbaren politischen Protest zu entgehen.[690] Zudem ist das "public interest"-Modell durch die ökonomische Regulierungstheorie längst ad acta gelegt worden.[691]

Der zweite wesentliche Kritikpunkt ist die Vernachlässigung des Commitment-Problems, das aus der politischen Unsicherheit herrührt. So meint *Maser*, daß bei relativ hohen ex post-Kosten eine politisch abhängige Exekutivbehörde bevorzugt wird.[692] Er geht allerdings mit keinem Wort auf die Commitment-

---

689 Vgl. Maser (1986), S. 62.
690 Vgl. die "blame shifting"-Theorie bei Fiorina (1982), S. 46-52.
691 Vgl. Kalt/Zupan (1984), S. 279; Stigler (1971).
692 Vgl. Maser (1986), S. 63.

Problematik ein, die darin besteht, daß eine abhängige Behörde nicht nur von der derzeit amtierenden, sondern ebenso von zukünftig amtierenden Regierungen beeinflußt werden kann. Vorausschauende Interessengruppen kalkulieren dies mit ein und unterstützen die derzeitige Regierung entsprechend weniger, was wiederum nicht im Interesse der Regierung sein kann. Die Vernachlässigung des Commitment-Problems hängt natürlich mit der "public interest"-Sichtweise und der relativen Vernachlässigung der Rolle von Interessengruppen zusammen.

Der wesentliche Nachteil der Theorien von *Heckathorn* und *Maser* ist somit die fast völlige Mißachtung der im vorigen Abschnitt diskutierten politischen Strukturprinzipien, hinter denen die politische Unsicherheit, politische Kompromisse und Agency-Probleme stehen. Dieses Manko behebt die zweite nun zu behandelnde Transaktionskostentheorie, die "Institutional Choice"-Theorie von Murray *Horn.*

5.4.4 Die "Institutional Choice"-Theorie (ICT) von Horn

5.4.4.1 Grundsätzliches

Horn hat eine Theorie der politischen Institutionenwahl vorgelegt, die die Wahl institutioneller Arrangements und die daraus resultierenden Organisationsformen im öffentlichen Sektor erklären will.[693] Ein wesentliches Ziel der ICT ist es, die institutionelle Struktur einer politischen Organisation in Abhängigkeit von den gegebenen Umweltbedingungen zu erklären. Im Vordergrund steht die Transaktion zwischen Politikern und Interessengruppen. Der Anwendungsbereich der Theorie reicht von der staatlichen Regulierung über das Beamtenrecht bis zum Vergleich von öffentlichen und privaten Unternehmen. Die folgenden Ausführungen beziehen sich auf die Aussagen zur staatlichen Regulierung.

Die ICT beruht wesentlich auf der Annahme eigennützig und vorausschauend handelnder Akteure. Diese Annahme entscheidet über die Gestaltung und Strukturierung politischer Organisationen.[694] Jede institutionelle Maßnahme, beispielsweise die Frage, ob eine politische Transaktion mit Hilfe unabhängiger Gerichte oder einer politisch abhängigeren Bürokratie durchsetzt werden soll, wirkt sich auf die zukünftige Nutzenposition der Beteiligten aus. Der zukünftige Nutzenstrom wird bestmöglich, d.h. unter Ausnutzung aller vorhandenen Informationen, antizipiert und davon *ex ante* das Ausmaß an politischer Unterstützung abhängig gemacht. Das gilt insbesondere für Interessengruppen, unabhängig vom

---

693 Vgl. Horn (1995); Horn/Shepsle (1989).
694 Vgl. Horn (1995), S. 8, Williamson (1996a), S. 200.

Grad ihrer Organisationsfähigkeit. Weiter nimmt die ICT an, daß Politiker wiederwahlorientiert sind, aber auch eigene Präferenzen haben, die im Unterschied zu den Präferenzen der Wähler stehen können.

Administratoren, zu denen *Horn* sowohl Bürokraten als auch Richter zählt, maximieren eine Einkommen-Freizeit-Kombination und haben keine politischen Präferenzen per se.[695] Das schließt die Mitarbeit in einer Behörde aus Überzeugungsgründen grundsätzlich aus. Diese Annahme wird unter anderem durch ihre Vereinfachungsfunktion gerechtfertigt und damit, daß "...at the more senior levels ... selection pressures discriminate against those with strong and predictable policy preferences."[696] Speziell in bezug auf Richter folgt *Horn* der Annahme von *Landes* und *Posner*, die postulieren, daß Richter der Gesellschaft ihre persönlichen Präferenzen aufoktroyieren wollen und daß die Gerichte den Willen des historischen Gesetzgebers befolgen, um die legislativen Tauschgeschäfte zwischen der verantwortlichen Koalition und Interessengruppen aufzuwerten.[697]

Die Bedeutung der Annahme, die Individuen könnten in einer vorausschauenden Manier handeln, zeigt sich im *Problem der glaubwürdigen Bindung* (Commitment), das eine zentrale Position in der ICT einnimmt. Von einer Regulierung können sowohl gut als auch schlecht organisierte Gruppen profitieren. In einer parlamentarischen Demokratie ist die Regulierung aber nicht auf ewig festgeschrieben, so daß eine vormals begünstigte Gruppe nach einem Regierungswechsel politische Nachteile erfährt, falls die neue Regierung der begünstigten Gruppe weitaus ablehnender als die alte gegenübersteht. Wird die Regulierung mit Hilfe einer Behörde gestaltet, könnte die neue Regierung die Behörde anweisen, zukünftig anderen Gruppen die Vorteile zukommen zu lassen. Hier sei an das Beispiel der Federal Trade Commission bei *Weingast/Moran* (1983) erinnert, in dem die FTC zunächst die Verbraucher mit ihrer aktivistischen Haltung bevorzugt hat, während nach dem Wechsel der zuständigen Ausschußmitglieder die regulierte Industrie stärker bevorteilt wurde. Diese Möglichkeit wird von den ursprünglich favorisierten Gruppen antizipiert. Deren politische Unterstützung wird um so höher ausfallen, je langfristiger und dauerhafter die Vergünstigungen si-

---

695 Vgl. Horn (1995), S. 10.

696 Horn (1995), S. 10. Dieses Argument trifft allerdings auf Deutschland nicht zu, da gerade hohe Beamte (Staatssekretäre, Ministerialdirektoren) hauptsächlich aufgrund ihrer bekannten politischen Präferenzen von den Ministern ausgesucht werden und diese spezielle Auswahlregel damit ein Instrument zur Reduzierung von Agency-Kosten darstellt (wie im übrigen auch *Horn* anerkennt). In der deutschen Ministerialbürokratie finden sich zudem viele Mitarbeiter, die eine starke Präferenz für ihr Arbeitsgebiet haben. Vgl. Mayntz/Scharpf (1975), S. 28: "(T)he various ministries represent different social groups and their interests...".

697 Vgl. Landes/Posner (1975), S. 883.

chergestellt werden, weil eine Gruppe den zukünftigen Nutzenstrom aus der Regulierung abdiskontiert.[698] Eine denkbare Möglichkeit für eine dauerhafte Besserstellung ist eine Verankerung der Vergünstigungen in der Verfassung, die nur mit der weitgehenden Übereinstimmung der relevanten politischen Kräfte geändert werden kann. Die Kehrseite einer dauerhaften, stabilen Verankerung von Regelungen ist allerdings die Inflexibilität, mit der zukünftige Ereignisse behandelt werden können. Dieses Argument gewinnt an Gewicht, wenn die Folgen einer politischen Maßnahme unsicher sind. Eine Anpassung an geänderte Umweltbedingungen kann unter Umständen rasch notwendig werden. Stellt sich beispielsweise heraus, daß ein Werkstoff, der in der Produktion verwendet wird, Krebs auslösen kann, ist ein schnelles Verbot dieses Werkstoffes politisch notwendig. Haben aber die Unternehmen eine unbefristet gültige Produktionsgenehmigung, läßt sich ein Verbot grundsätzlich nicht sofort aussprechen. Es besteht hier also ein Zielkonflikt zwischen glaubwürdiger Bindung und Handlungsflexibilität.

Beschließt eine Regierung die Einrichtung einer neuen Regulierungsbehörde, kann sie die Kompetenzen der Behörde mit Hilfe verschiedener Instrumente (z.B. Verfahrensregeln, Ausstattung mit Befugnissen) festlegen. Die Entscheidungskompetenz der Behörde wirkt sich direkt auf den voraussichtlichen Nutzen und die Kosten der betroffenen Bevölkerungsgruppen aus. Das wichtigste formelle Mittel, Kompetenzen an administrative Agenten zu übertragen, ist ein Gesetz. Im Rahmen der Gesetzgebungstransaktion bestimmen die Abgeordneten, wie detailliert die gesetzlichen Regelungen ausfallen. Der Gesetzgeber entscheidet insbesondere darüber, *wer* das Gesetz vollzieht und wie groß der Entscheidungsspielraum des vollziehenden Agenten ist. Bei dem Entwurf eines Gesetzes steht die verantwortliche Koalition vor der Frage, wer mit der Ausführung des Gesetzes beauftragt werden soll. Es geht in diesem Zusammenhang also nicht darum, ob der Gesetzentwurf von einer Bürokratie erarbeitet werden soll oder nicht, sondern um die Zuordnung der Entscheidungsbefugnis zum Vollzug der gesetzlichen Regelungen. Als denkbare Organisationsformen stehen Exekutivbehörden, unabhängige Regulierungsbehörden oder Gerichte zur Wahl. Die Auswahl wird durch den Detaillierungsgrad des Gesetzes maßgeblich beeinflußt. Ein Gesetz kann relativ viele Detailfragen selber regeln, indem beispielsweise numerisch genau bestimmte Grenzwerte in das Gesetz geschrieben werden. Das ist beispielsweise in § 2 des Benzinbleigesetzes geschehen.[699] In diesem Fall wird die Ausführung des

---

698 Vgl. Horn (1995), S. 17.

699 Gesetz zur Verminderung von Luftverunreinigungen durch Bleiverbindungen in Ottokraftstoffen für Kraftfahrzeugmotore vom 5. August 1971 (BGBl. I S. 1234). In § 2 Abs. 1 Satz 2 BzBlG heißt es: "Ottokraftstoffe, deren Motoroktanzahl den Wert 85 und deren Researchoktanzahl den Wert 95 unterschreitet, dürfen ... nur in Ver-

Gesetzes an die Gerichte delegiert, denn falls ein gesetzlich festgelegter Grenzwert nicht eingehalten werden sollte, kann eine Klage auf Einhaltung des Grenzwertes dessen Anwendung sicherstellen. Eine Delegation an Gerichte kann jedoch auch durch unspezifische Gesetze erfolgen, wenn unbestimmte Rechtsbegriffe ("Stand der Technik", "praktische Vernunft" etc.) der Auslegung von Gerichten überlassen werden. Andererseits kann die verantwortliche Koalition die Spezifizierung und damit die Entscheidungsmacht der Bürokratie überlassen, wie z.B. die Entgeltgenehmigung auf dem Telekommunikationsmarkt durch die unabhängige Regulierungsbehörde für Telekommunikation und Post. Häufiger noch ist die Delegation an eine Exekutivbehörde, meistens an ein Bundesministerium, durch eine gesetzliche Ermächtigung. Ein Ministerium hat mit den Instrumenten der Rechtsverordnung bzw. der Verwaltungsvorschriften zwei Möglichkeiten, weitergehende Regelungen im Vollzug zu treffen. Interessengruppen antizipieren in ihrer Unterstützung nicht nur, mit welcher Wahrscheinlichkeit ein politisches Versprechen eingelöst wird, sondern sie sehen auch die Implementationsprobleme voraus.[700] Der politischen Glaubwürdigkeit ist nicht schon dann Genüge getan, wenn ein Gesetz verabschiedet und damit ein (Wahl-)Versprechen eingehalten wurde, wenn im Vollzug die politische Intention durch Vollzugsdefizite konterkariert wird.

Die politische Unterstützung aus einer Maßnahme ist eine Nettogröße, die sich aus dem Zugewinn an Unterstützung von begünstigten Gruppen abzüglich dem Verlust an Unterstützung durch benachteiligte Gruppen ergibt. Daraus folgt, daß eine politische Maßnahme in den wenigsten Fällen einseitig eine bestimmte Gruppe begünstigen wird, da der Widerstand betroffener Gruppen mit zunehmender Benachteiligung ansteigt.[701] Politiker sind aber nicht ausschließlich Unterstützungsmaximierer, sondern haben eigene Politikpräferenzen, die sie gegen die Interessen ihrer Wählerschaft durchsetzen könnten. Der politische Wettbewerb zwischen Politikern ist nach *Horn*s Ansicht aufgrund von Wahlvorteilen der Amtsinhaber (z.B. höherer Bekanntheitsgrad bei den Wählern) und festgefahrenen Parteipräferenzen in einem Wahlkreis nicht hinreichend, um "ideologische" Abweichungen gänzlich auszuschließen.[702] Der Vertreter eines Wahlkreises, der regelmäßig von einer bestimmten Partei gewonnen wird (z.B. Ruhrgebietswahlkreis von den Sozialdemokraten, ländlicher oberbayerischer Wahlkreis von der CSU), hat mehr Möglichkeiten, auch einmal gegen die unmittelbaren Interessen

---

kehr gebracht werden, wenn ihr Gehalt an Bleiverbindungen, berechnet als Blei, nicht mehr als 0,013 Gramm im Liter (gemessen bei + 15°C) beträgt."

700 Vgl. Horn (1995), S. 13.

701 Vgl. Becker (1983).

702 Vgl. Horn (1995), S. 10.

seiner Klientel zu stimmen, ohne daß seine Wiederwahl ernstlich gefährdet ist, weil der politische Wettbewerb in diesen Wahlkreisen stark eingeschränkt ist.

Entscheidungen über die Ausgestaltung politischer Organisationen werden nicht von einzelnen Politikern, sondern von politischen Gruppierungen getroffen. Diese Gruppierung kann - wie in den USA - relativ unabhängig von parteipolitischen Zwängen vornehmlich aus Abgeordneten aller Parteien bestehen, oder wie im deutschen System, aus bestimmten Fraktionen, meistens aus den Regierungsfraktionen und in über der Hälfte aller Fälle zusätzlich aus einer Mehrheit im Bundesrat.[703] Diese Gruppierung wird von *Horn* als "verantwortliche Koalition" (*enacting coalition*) bezeichnet.[704] Sie ist in der Lage, ein Gesetz zu verabschieden oder zu ändern. Politische Organisationsentscheidungen spiegeln daher immer auch den Willen der Mitglieder der verantwortlichen Koalition wider.

5.4.4.2 Politische Transaktionskosten

Im Rahmen der Transaktion zwischen der verantwortlichen Koalition und den gesellschaftlichen Gruppen fallen vier Arten von Transaktionskosten an: Entscheidungskosten, Agency-Kosten, Kosten der glaubwürdigen Bindung (Commitment-Kosten) und Kosten der Unsicherheit.

Die gesamten Entscheidungskosten (EK) bestehen aus den legislativen Entscheidungskosten einerseits und den privaten Partizipationskosten andererseits. Die legislativen Entscheidungskosten bestehen hauptsächlich aus den Opportunitätskosten der Zeit, gemessen an der entgangenen politischen Unterstützung. Die Höhe der legislativen EK hängt wesentlich von *Interessenkonflikten* innerhalb der verantwortlichen Koalition und der *Unsicherheit* über die Folgen einer Entscheidung ab. Je größer die Interessenkonflikte innerhalb der verantwortlichen Koalition sind, um so schwieriger wird eine Einigung zu erzielen sein, und um so höher sind die legislativen EK. Es hängt indes auch von dem Detaillierungsgrad eines Gesetzes ab, wie stark die Interessenkonflikte zum Ausdruck kommen.[705] Eine detaillierte Regelung verlangt eine hohe Kompromißfähigkeit zwischen den politischen Gruppen, und mit jeder Detailregelung werden andere Möglichkeiten ausgeschlossen. Es ist daher einfacher, sich auf die grundsätzliche Notwendigkeit zum Handeln zu einigen als konkrete Ziele und Mittel festzulegen.[706] Die legislativen EK steigen somit mit steigendem Detaillierungsgrad an.

---

703 In der 12. Wahlperiode (1990-1994) waren 61,7% aller zu verabschiedenden Gesetze zustimmungsbedürftig. Vgl. von Beyme (1997), S. 296.

704 Vgl. Horn (1995), S. 8.

705 Vgl. McCubbins/Page (1987), S. 418.

706 Vgl. Horn (1995), S. 15.

Die Unsicherheit über die Folgen einer politischen Maßnahme ist in vielen Politikbereichen regelmäßig hoch. Würden die Politiker selber versuchen, die Unsicherheit zu verringern, müssen sie einen hohen Aufwand betreiben, um die nötigen Informationen zu beschaffen. Dieser Aufwand wird durch die Delegation an administrative Einheiten vermieden. Delegation bei hoher Unsicherheit spart somit relativ stark legislative Entscheidungskosten ein.

Reduzierte legislative EK durch Delegation müssen allerdings gegen die erhöhten privaten Partizipationskosten aufgerechnet werden.[707] Im Gesetzgebungsverfahren und beim Vollzug des Gesetzes kommt es auf die Fähigkeit von Interessengruppen an, Einfluß insbesondere auf die Ministerialbürokratie auszuüben. Die Ministerialbürokratie ist der Hauptansprechpartner von Interessengruppen.[708] Die Aufrechterhaltung eines laufenden Kontakts zur Ministerialbürokratie gelingt aber nur den bundesweit tätigen, mit angemessenen finanziellen Ressourcen ausgestatteten, gut organisierten Interessengruppen.[709] Diese Gruppen können die Bürokratie durch ihre engen Beziehungen mit geringem zusätzlichen Aufwand überwachen und beraten; die privaten Partizipationskosten sind relativ zu den schlecht organisierten Gruppen gering. Letztere haben schon aufgrund der teilweise fehlenden bundesweiten Organisation (z.B. Bürgerinitiativen) schlechtere Kontaktmöglichkeiten zur Bürokratie. Die vorhandenen finanziellen Ressourcen sind aufgrund des Trittbrettfahrerproblems geringer, und von daher ist der laufende Kontakt nicht gewährleistet. Die privaten Partizipationskosten schlecht organisierbarer Gruppen sind vergleichsweise hoch, d.h. um den gleichen Einfluß wie eine gut organisierte Gruppe zu erhalten, muß eine schlecht organisierbare Gruppe - bei gegebenen Kontaktmöglichkeiten zur Ministerialbürokratie - einen höheren Aufwand betreiben, um sich mit ihren Anliegen Gehör zu verschaffen. Auch im Gesetzesvollzug haben gut organisierte Gruppen einen Informations- und damit Einflußvorteil.

Die legislativen Entscheidungskosten müssen also mit den privaten Partizipationskosten aufgerechnet werden, um die Netto-Unterstützung von Interessengruppen zu ermitteln. Dabei sind die Partizipationskosten der *begünstigten* Gruppen relevant. Sollen beispielsweise Umweltgruppen durch eine legislative Maßnahme begünstigt werden, ist es relativ problematisch, die wesentlichen Entscheidungsbefugnisse einer Bürokratie zu übertragen, da die Umweltgruppen nur wenig Einfluß auf die Bürokratie haben, während eine von der Maßnahme bela-

---

707 Vgl. Horn (1995), S. 16.

708 Vgl. Steinberg (1989), S. 233.

709 Zudem besagt § 24 Abs. 3 der Gemeinsamen Geschäftsordnung der Bundesministerien, Besonderer Teil (GGO II), daß Verbände, deren Wirkungskreis nicht das gesamte Bundesgebiet umfaßt, im allgemeinen nicht heranzuziehen sind.

stete Gruppe - falls sie gut organisiert ist - geringere Partizipationskosten hat und über den Vollzug die Wirkungen der Maßnahme abschwächen kann.

Die bereits angesprochene Abhängigkeit der Unterstützung, die Interessengruppen der Koalition gewähren, von der Dauerhaftigkeit des Nutzenstroms, hat direkte Auswirkungen auf die politischen Transaktionskosten in Form der Kosten der glaubwürdigen Bindung, auch Commitment-Kosten (CK) genannt. Die CK drücken sich in Form reduzierter Unterstützung aus.[710] Sie sind um so niedriger, je geringer die Möglichkeit für eine andere Koalition ist, die Vergünstigungen rückgängig zu machen. Politische Organisationen (Bürokratie, Gerichte) haben unterschiedliche Commitment-Eigenschaften. Die Ministerialbürokratie ist relativ leicht durch eine aktuelle Regierung zu beeinflussen. Die Unterstützung, die einer verantwortlichen Koalition gewährt würde, wenn sie Aufgaben zur Ausführung an die Ministerialbürokratie delegierte, würde mit Blick auf das Commitment-Problem sinken, da auch eine zukünftige Regierung Anweisungen geben könnte, die Ausführungsmethode zu ändern und infolgedessen den Nutzen und die Kosten anderen Gruppen zukommen ließe. Ein unabhängiges Gericht hingegen erhöht die glaubwürdige Bindung und senkt somit die Commitment-Kosten. Im Falle gesetzlich genau beschriebener Regelungen setzen Gerichte das Gesetz punktgenau durch. Enthält das Gesetz wenig spezifizierte Regelungen, stellt die Verbindung zwischen der verantwortlichen Koalition und den Gerichten, die ja gemäß *Landes* und *Posner* den originären politischen Handel gegen zukünftige Regierungen absichern, die Dauerhaftigkeit der Vergünstigung her.[711] Die unbestimmten Rechtsbegriffe werden im Sinne der verantwortlichen Koalition interpretiert. Eine unabhängige Regulierungsbehörde liegt in ihrer Commitment-Wirkung zwischen der abhängigen Exekutivbehörde und den unabhängigen Gerichten.

Die verantwortliche Koalition benötigt beim Vollzug des Gesetzes in vielen Fällen die Hilfe der Administrative. Die verantwortliche Koalition ist somit der Prinzipal und die ausführende Administrative ihr Agent, und es entstehen Agency-Kosten.[712] Da die Administrative annahmegemäß keine politischen Präferenzen hat, ist stets die Gefahr gegeben, daß der Agent den Willen des Prinzipals mißachtet. Selbst wenn diese Mißachtung durch den Einsatz von fire alarm-Kontrollen ihre Grenzen hat, verbleibt ein Ermessensspielraum des Agenten. Besteht eine erhöhte Wahrscheinlichkeit, daß der Agent die von dem Prinzipal beschlossene Maßnahme nicht wie geplant umsetzt, schlägt sich das in der geringeren Unterstützung der begünstigten Gruppen nieder. Daher hat die verantwortli-

710 Vgl. Horn (1995), S. 17.
711 Vgl. die zustimmende Analyse bei Horn (1995), S. 19.
712 Vgl. Horn (1995), S. 19.

che Koalition einen Anreiz, die Agency-Kosten zu senken.[713] Die politischen Organisationen haben verschiedene Eigenschaften mit Bezug auf das Agency-Problem. Eine fire-alarm-Überwachung sorgt für einen zusätzlichen Schutz vor unliebsamen Überraschungen. Die Agency-Kosten sind für den Fall, daß der Ministerialbürokratie Aufgaben übertragen werden, gering. Unabhängige Gerichte hingegen sind auch durch politische Appelle nicht (immer) zu beeindrucken, da Richter für "falsche" Urteile politisch nicht abgestraft werden können. Die potentiellen Agency-Kosten sind hoch. Die unabhängige Regulierungsbehörde liegt wiederum zwischen den Extremen. Einerseits ist sie nicht in gleichem Maße der politischen Kontrolle unterworfen wie eine Exekutivbehörde und hat folglich höhere Agency-Kosten, andererseits ist sie auch nicht so unabhängig wie ein Gericht und hat vergleichbar geringere Agency-Kosten.

Die Kosten der Unsicherheit entstehen aufgrund der Risikoaversion von Wirtschaftssubjekten.[714] Sind die Kosten und der Nutzen einer politischen Maßnahme nicht klar ersichtlich, sondern entfalten sich ihre Auswirkungen erst im Zeitablauf, maximiert die verantwortliche Koalition die Unterstützung, wenn sie das Risiko, das sich aus einer Fehleinschätzung der Kosten und Nutzen ergibt, auf die Gruppen abwälzt, die am ehesten zur Tragung des Risikos in der Lage sind. Das sind diejenigen Gruppen, die einen Einfluß auf die administrative Implementation der Maßnahme haben. Diese Gruppen können in dem Fall, in dem die Kosten der Befolgung der Maßnahme unerwartet hoch sind, Modifikationen anstreben.

Beispiel: Wissenschaftliche Untersuchungen haben ergeben, daß ein bestimmter Stoff schädlicher ist als bislang angenommen (z.B. SO_2).[715] Das Risiko kann den Emittenten von Schwefeldioxid aufgebürdet werden, indem strenge Emissionsgrenzwerte gesetzlich festgelegt werden. Vorausgesetzt, die Grenzwerte werden glaubwürdig durch Gerichte durchgesetzt, müssen die Emittenten nach Möglichkeiten suchen, ihre Emissionen zu verringern. Da sie das Risiko für teurer als erwartete Vermeidungsmaßnahmen tragen müssen, werden die Emittenten ihre politische Unterstützung reduzieren. Weil sie aber am besten wissen, wie sich die Grenzwerte auf ihre Kosten niederschlagen und sie in der Lage sind, das vermeidbare Risiko am kostengünstigsten zu reduzieren und das unvermeidbare Risiko zu geringsten Kosten zu versichern, fällt der Unterstützungsverlust nicht so hoch aus.[716] Das Risiko fällt andererseits auf die Bürger, falls das ver-

---

713 Vgl. Horn (1995), S. 20.

714 Vgl. Horn (1995), S. 21.

715 Z.B. ist Anfang der 80er Jahre als Reaktion auf das neuartige Waldsterben die Großfeuerungsanlagen-Verordnung erlassen worden, womit der durchaus erfolgreiche Versuch unternommen wurde, den Schwefeldioxid-Ausstoß drastisch zu verringern. Vgl. dazu Feldhaus (1987).

716 Vgl. Horn (1995), S. 22.

schmutzende Unternehmen den administrativen Vollzug zu seinen Gunsten beeinflussen kann. Je weniger eindeutig die politische Vorgabe formuliert ist, um so mehr Entscheidungsspielraum verbleibt der Vollzugsbehörde und um so höher ist die Überwälzung des Risikos auf die Allgemeinheit, falls der Emittent im Vollzug einen großen Einfluß hat. Muß die Bevölkerung das Kostenrisiko nicht tragen, erhöht sich ihre Unterstützung für die verantwortliche Koalition. Das politische Optimum, d.h. die maximale Unterstützung ist erreicht, wenn der marginale Effekt in bezug auf die Unterstützung der begünstigten Gruppe bzw. die Opposition der belasteten Gruppe für beide gleich ist.[717] Bei der Frage, welcher Gruppe das Risiko zugeordnet werden sollte, muß die verantwortliche Koalition also einerseits den Unterstützungsverlust von den dadurch benachteiligten Gruppen berechnen und ihn mit dem Unterstützungsgewinn der begünstigten Gruppen saldieren.

Werden die Kosten der Unsicherheit vernachlässigt, läßt sich jede Transaktionskostenart auf ein bestimmtes politisches Transaktionsproblem zurückführen. Die Entscheidungskosten haben mit der Suche nach politischen Kompromissen zu tun. Je divergenter die Präferenzen der beteiligten politischen Akteure sind, um so länger dauert es, bis ein für alle Seiten akzeptabler Kompromiß gefunden wird. Sowohl die Politiker als auch die Vertreter von Interessengruppen müssen während des Entscheidungsfindungsprozesses Kosten aufwenden. Die Entscheidungskosten sind insgesamt gesehen hoch. Die Commitment-Kosten sind die Folge der politischen Unsicherheit, und die Agency-Kosten resultieren aus der unzureichenden Kontrolle der Interessengruppen über Politiker und Bürokraten.

5.4.4.3 Kontextfaktoren einer politischen Transaktion

Die vier Transaktionskostenarten sind vor dem Hintergrund von vier Kontextgrößen zu sehen, die für jede Transaktion anders sind, aber in der ICT Parameter darstellen, deren Ausformung nicht weiter problematisiert wird: das *historische und institutionelle Umfeld,* die *Distribution von Kosten und Nutzen* zwischen den verschiedenen gesellschaftlichen Interessen, die *Wissensdefizite* bei der Operationalisierung politischer Ziele und die Rolle von *Märkten* als Informations- und Anreizquelle. Letzteres bezieht sich im wesentlichen auf den Wettbewerb, dem öffentliche Unternehmen durch die Konkurrenz privater Unternehmen ausgesetzt sind und spielt für die hier interessierende staatliche Regulierung nur insoweit eine Rolle, als die Führungskräfte einer Regulierungsbehörde nach ihrer Tätigkeit in der Behörde die Möglichkeit haben, in die Privatwirtschaft zu wech-

717 Vgl. Horn (1995), S. 216, Fn. 22.

seln.[718] Das gelingt ihnen aber nur, wenn sie eine gute Tätigkeitsbilanz vorweisen können, so daß ein Anreiz besteht, sich als fähiger Manager zu profilieren. Im folgenden wird auf die ersten drei Kontextfaktoren eingegangen.

Das institutionelle Umfeld bezieht sich auf die Stabilität des politischen Systems und den konstitutionellen Aufbau (Gewaltenteilung, Parteiensystem, Abstimmungsregeln, legislative Organisation).[719] Ein stabiles politisches Umfeld wirkt sich insbesondere positiv auf die legislativen Entscheidungskosten und das Commitment-Problem aus.[720] Die Abwesenheit von Konflikten im Vorfeld und im Zeitpunkt der Verabschiedung einer legislativen Maßnahme reduziert die Notwendigkeit zu einer möglicherweise langwierigen Kompromißfindung und damit die legislativen EK. Ein einstimmiger oder mit großer Mehrheit getroffener Beschluß schwächt das Commitment-Problem ab, weil es unwahrscheinlich ist, daß eine neue Regierung substantielle Änderungen beschließen wird. Dadurch erhalten die begünstigten Gruppen die Sicherheit, daß der Nutzenstrom auch über die ursprüngliche verantwortliche Koalition hinaus Bestand hat.

Die grundsätzliche Problematik der Distribution von Kosten und Nutzen auf Interessengruppen ist spätestens seit *Olson* (1965) bekannt: Interessengruppen lassen sich am besten organisieren, wenn jedes Gruppenmitglied viel zu gewinnen oder zu verlieren hat und die Interessen homogen sind. Sollen schlecht organisierbare Gruppen wie z.B. Umweltverbände begünstigt werden, kann dies auf die Existenz politischer Unternehmer zurückgeführt werden, deren Ausdauer es die schlecht organisierte Gruppe zu verdanken hat, daß sie berücksichtigt worden ist.[721] Für die Bundesrepublik käme z.B. der damalige Innenminister *Genscher* und sein Staatssekretär *Hartkopf* in Betracht, die Anfang der 70er Jahre das Thema "Umweltschutz" als Hauptinitiatoren auf die politische Agenda setzten

---

718 Beispiele dafür, daß Politiker und Bürokraten nach ihrem Ausscheiden in die Privatwirtschaft wechseln, gibt es nicht nur in Amerika, sondern auch in Deutschland, wo insbesondere Politiker (z.B. der ehemalige bayerische Finanzminister von Waldenfels) in die Privatwirtschaft gewechselt sind.

719 Vgl. Horn (1995), S. 30 f. Eine andere Kategorisierung des institutionellen Umfeldes liefern Levy/Spiller (1994), S. 205 f. Sie unterscheiden legislative, exekutive und judikative Institutionen, insbesondere die entsprechenden Mechanismen zur Auswahl des Personals, informelle Normen und Sitten, Ideologie und die administrativen Kapazitäten eines Staates.

720 Vgl. Horn (1995), S. 30.

721 So Horn (1995), S. 54. Zur Figur des politischen Unternehmers vgl. z.B. Moe (1980), S. 36-39, Wagner (1966), S.165. Unter einem politischen Unternehmer wird entweder ein Mitglied einer Interessengruppe oder ein politischer Akteur verstanden.

und förderten.[722] Die Organisationsfähigkeit einer Gruppe beeinflußt vor allem die privaten Partizipationskosten, aber auch die Agency-Kosten. Die Partizipationskosten einer gut organisierten Gruppe sind, wie weiter oben dargestellt wurde, gering, was sich auch auf die Agency-Kosten auswirkt, da die Gruppe eine wirksame fire alarm-Kontrolle organisieren kann. Es bietet sich für die verantwortliche Koalition in diesem Fall daher an, relativ unpräzise Gesetze zu verabschieden und der Gruppe Zugangsrechte zum bürokratischen Entscheidungsprozeß zu geben.[723] Dadurch werden die Agency-Kosten gesenkt.

Ist das Wissensdefizit der Politiker auf einem bestimmten Gebiet hoch und können die politischen Ziele nicht eindeutig formuliert werden, steigen alle Arten von Transaktionskosten an. Die privaten Partizipationskosten steigen, weil die begünstigte Gruppe, selbst wenn sie gut organisiert ist, im Falle einer Delegation an administrative Agenten einen hohen Aufwand betreiben müßte, um angesichts der vorhandenen Wissensdefizite eine laufende und vor allem informierte Überwachung durchzuführen. Infolgedessen sind auch die Agency- und Commitment-Probleme ausgeprägter.[724]

Die verantwortliche Koalition minimiert ihre politischen Transaktionskosten mit Hilfe von vier institutionellen Instrumenten:[725]

- Dem Ausmaß der *Delegation* von Entscheidungsbefugnissen an die Administrative,
- der *Überwachungsstruktur* der Administrative, insbesondere die Frage, wie das Personal ausgewählt wird, wie umfangreich das Aufgabengebiet der Administrative ist und wie unabhängig der administrative Agent von der Legislative ist,
- den *Verfahrensregeln*, die die Administrative bei ihrer Entscheidungsfindung beachten muß und die für die fire alarm-Kontrolle relevant sind und
- den legislativen police patrol-Kontrollen und ex post *Belohnungen und Sanktionen* der verantwortlichen Koalition, mit denen sie den Agenten sanktioniert.

Jedes Instrument ist am besten für die Senkung einer bestimmten Transaktionskostenart geeignet. Die Entscheidungskosten werden vornehmlich durch die Delegation von Befugnissen gesenkt, die Commitment-Kosten durch die Wahl einer geeigneten Überwachungsstruktur und das Agency-Problem kann mit Hilfe

---

722 *Genscher* hoffte, mit der Besetzung des Themas Umweltschutz der FDP ein neues wählerwirksames Image zu geben, Vgl. Müller (1995), S. 58, 88.

723 Vgl. Horn (1995), S. 30.

724 Vgl. Horn (1995), S. 31.

725 Vgl. Horn (1995), S. 48.

von Verfahrensregeln und legislativen Kontrollen angegangen werden. Alle Instrumente können auch die Kosten der Unsicherheit beeinflussen. Folgende Graphik faßt das Gesagte zusammen.

Problem	**Kostenart**	**Lösung**
Politischer Kompromiß	Entscheidungskosten	Delegation
Politische Unsicherheit	Commitment-Kosten	Überwachungsstrukturen
Unzureichende Kontrolle	Agency-Kosten	Verfahrensvorschriften, Sanktionen

Abb. 22: Zusammenhang zwischen Transaktionsproblemen, ihren Kosten und ihrer Lösung

5.4.4.4 Politische Instrumentenwahl

5.4.4.4.1 Die Delegation von Aufgaben

Das institutionelle Instrument der Delegation ist primär zur Reduzierung von legislativen Entscheidungskosten gedacht, wirkt sich aber auf alle politischen Transaktionskosten aus. Formal gesprochen gilt, daß die verantwortliche Koalition nur dann delegieren wird, wenn die gesamten politischen Transaktionskosten dadurch "at the margin" reduziert werden.[726] Voraussetzung ist, daß der Grad an Delegation auf einer Skala abgetragen werden kann, die von Null (gar keine Delegation) bis 1 (völlige Delegation) reicht. Die verantwortliche Koalition delegiert die Entscheidungsbefugnis an einen Agenten, indem ein allgemein gehaltenes, unpräzises Gesetz beschlossen wird. Die *legislativen EK* steigen mit abnehmender Delegation. Ein spezifisches Gesetz wird in den parlamentarischen Ausschüssen und im Plenum in seinen Einzelheiten diskutiert. Das erfordert Opportunitätskosten der Zeit von den Abgeordneten. Ein unspezifisches Gesetz hingegen muß zwar auch durch das Gesetzgebungsverfahren, aber aufgrund der geringeren Regelungstiefe ist der Diskussionsbedarf in den Ausschüssen und im Parlament *ceteris paribus* geringer.[727] Die Detailfragen der Ausführung des Gesetzes werden bürokratischen Instanzen überlassen. Die *privaten Partizipationskosten* steigen indes mit zunehmender Delegation an. Der Anstieg hängt von der Organisationsfähigkeit der begünstigten Interessengruppe(n) ab. Eine gut organisierte Gruppe, die wenig Schwierigkeiten hat, die Bürokratie laufend zu überwachen,

---

726 Vgl. Horn (1995), S. 51.

727 Zur Kritik, insbesondere an der Nichtberücksichtigung der vorbereitenden Ministerialbürokratie vgl. Abschnitt 5.4.4.6.

hat geringere Partizipationskosten als eine schlecht organisierte Gruppe. Die Wahrscheinlichkeit, daß delegiert wird, nimmt also zu, je besser die Gruppe organisiert ist, da die Senkung der legislativen EK stärker ist als der Anstieg der privaten Partizipationskosten.[728] Die *Agency-Kosten* steigen grundsätzlich mit zunehmender Delegation an. Zunehmende Delegation bedeutet nämlich, daß der Administrative ein größerer Handlungsspielraum zugebilligt wird, sei es durch zusätzlichen Auslegungsspielraum der Gerichte, sei es durch bürokratische Regelungen in Rechtsverordnungen oder Verwaltungsvorschriften. Die *Commitment-Kosten* steigen ebenfalls mit zunehmender Delegation an, weil es einer neuen Regierung die Möglichkeit gibt, in eine bürokratische Entscheidung einzugreifen, ohne dafür das Gesetz ändern zu müssen. Dazu reicht es schon aus, dem Agenten neue Direktiven zu erteilen. Bei den *Kosten der Unsicherheit* muß differenziert werden, je nachdem, ob die Gruppe, die von der Regulierung belastet oder begünstigt wird, das Risiko am besten durch eigene Handlungen verringern (bei einem vermeidbaren Risiko) oder versichern (beim unvermeidbaren Risiko) kann.[729] Kann eine von der Regulierung belastete Gruppe, z.B. die Emittenten, die Risiken vergleichsweise am besten abschätzen, wird Delegation an eine Bürokratie die Kosten der Unsicherheit erhöhen, da die Gruppe den Vollzug zu ihren Gunsten beeinflussen und das Risiko somit auf die Gruppe abwälzen kann, die sich vergleichsweise schlecht versichern und schützen kann (Bevölkerung). Ist die von der Regulierung begünstigte Gruppe am ehesten in der Lage, das Risiko abzuschätzen, senkt zunehmende Delegation die Kosten der Unsicherheit.

5.4.4.4.2 Die Überwachungsstruktur der Administrative

Der wichtigste Faktor der Überwachungsstruktur, über den die verantwortliche Koalition zu entscheiden hat, ist das Ausmaß an Unabhängigkeit, den der administrative Agent von der Legislative genießt.[730] Ein unabhängiger Agent hat für die Politiker den Vorteil, daß nachfolgende Koalitionen Entscheidungen des Agenten, die sich im Idealfall an den Präferenzen der ursprünglichen Koalition ausrichten, nicht beeinflussen können. Die Überwachungsstruktur ist also maßgeblich ein Instrument zur Einwirkung auf das Commitment-Problem. Ein unabhängiger Agent löst das Commitment-Problem, hat aber "Nebenwirkungen", die sich auf die anderen Transaktionskosten auswirken. Die *Entscheidungskosten* sind davon allerdings nicht betroffen: Ob ein Agent unabhängig oder abhängig ist, wirkt sich nicht auf die Entscheidungskosten aus. Die *Agency-Kosten* spielen da-

728 Vgl. Horn (1995), S. 50.
729 Vgl. Horn (1995), S. 51.
730 Vgl. Horn (1995), S. 52 f.

gegen eine wichtige Rolle. Je unabhängiger der Agent ist, um so leichter fällt es ihm, die Präferenz der verantwortlichen Koalition zu ignorieren und seinen eigenen Präferenzen nachzugehen. Es besteht hier also ein Zielkonflikt bei der Bekämpfung des Agency- und des Commitment-Problems, weil die *Commitment-Kosten* bei der Delegation von Befugnissen an einen unabhängigen Agenten im Gegensatz zu den Agency-Kosten gering sind. Ist die Folgenunsicherheit gering, wirkt sich die Entscheidung über die Unabhängigkeit des Agenten nicht auf die *Kosten der Unsicherheit* aus. Falls sie dagegen hoch ist und die von der Regulierung belastete Gruppe in der besten Position ist, das Folgenrisiko zu tragen, erschwert ein unabhängiger Agent die Verwässerung des Regulierungsstandards, so daß die Kosten der Unsicherheit relativ gering sind.

5.4.4.4.3 Verfahrensregeln, legislative Kontrollen, Belohnungen und Sanktionen

Verfahrensregeln sind ein wichtiges Instrument zur Kontrolle von Agency-Problemen, wirken sich aber auch auf das Commitment-Problem aus. Beispielsweise ist der Antragsteller einer gemäß den Bestimmungen des Bundes-Immissionsschutzgesetzes genehmigungspflichtigen Anlage verpflichtet, der zuständigen Behörde Unterlagen einzureichen, die die Behörde einen Monat zur Einsicht auslegen muß (§ 10 Abs. 3 Satz 2 BImSchG). Jeder interessierte Bürger, aber auch Vertreter von Interessengruppen haben damit die Möglichkeit, sich frühzeitig zu informieren - das Vorhaben muß im amtlichen Veröffentlichungsblatt und in örtlichen Tageszeitungen bekanntgemacht werden (§ 10 Abs. 3 Satz 1 BImSchG) - und Einwände gegen das Vorhaben zu erheben. Mit Hilfe des fire-alarm-Mechanismus werden die relevanten Politiker benachrichtigt. Dadurch wird verhindert, daß die Behörde in einem "Geheimverfahren" die Politiker vor vollendete Tatsachen stellen kann. Adäquate Verfahrensregeln bekämpfen also das Agency-Problem, senken aber auch die Commitment-Kosten - vor allem, wenn eine gut organisierte Gruppe begünstigt wird -, weil ihre Partizipationsrechte einen kontinuierlichen Zugang zum Agenten gewährleisten.

Das Bekanntwerden von Informationen über voraussichtliche Entscheidungen der Administrative reicht allein indes nicht aus. Die Politiker müssen ebenso (rechtliche und tatsächliche) Möglichkeiten besitzen, um die Administrative zu beeinflussen. Das kann durch budgetäre Maßnahmen (Kürzung des Budgets bei Mißverhalten), Entlassung des Behördenleiters oder Anweisungsbefugnisse geschehen. Anders ausgedrückt muß die verantwortliche Koalition Instrumente zur Belohnung für Wohlverhalten bzw. Bestrafung für Mißverhalten an der Hand haben. Ist sie in der Lage, den Agenten wirksam mit Sanktionen zu belegen,[731] resultiert dies allerdings in einem Zielkonflikt zwischen der Senkung der Agency-Kosten und der Commitment-Kosten.[732] Um die Agency-Kosten zu senken, muß sich die verantwortliche Koalition die Möglichkeit vorbehalten, in den administrativen Prozeß einzugreifen. Andererseits gibt dies auch zukünftigen Koalitionen einen hohen diskretionären Entscheidungsspielraum, der sich negativ auf das Commitment der amtierenden Koalition auswirkt, so daß die Commitment-Kosten hoch sind.

Horn leitet aus seiner Theorie empirisch überprüfbare Hypothesen zur politischen Organisation der Regulierung ab.[733] Nachfolgend werden fünf Hypothesen zur Delegation, zur Form der administrativen Überwachungsstruktur und zu Verfahrensregeln erläutert und vornehmlich anhand der Organisation der deutschen Kernenergiepolitik auf ihre Plausibilität überprüft.

5.4.4.5 Hypothesen und empirische Überprüfung der ICT

Einiges ist schon in bezug auf die Kontextfaktoren in der deutschen Kernenergiepolitik Mitte der 50er Jahre gesagt worden, daher ist die Diskussion hier relativ straff gehalten.[734]

Institutionelles Umfeld: Da die Einstellung zur Kernenergie in der Bevölkerung in dieser Zeit sehr positiv war und sich alle großen Parteien, insbesondere die *Adenauer*sche Regierung und die oppositionellen Sozialdemokraten, den Ausbau der friedlichen Nutzung der Kernenergie auf ihre Fahnen geschrieben haben, gab es so gut wie kein Konfliktpotential. Das politische Umfeld war also sehr stabil.

Kosten- und Nutzenverteilung auf Interessengruppen: Die Begünstigten einer forcierten Kernenergiepolitik waren die Hersteller von Atomanlagen und die Chemische Industrie, eher ablehnend waren die Energieversorger. Kurzfristig wurden die Bürger belastet, da für die Erforschung der Kernenergie staatliche Subventionen benötigt wurden, für die der Steuerzahler aufzukommen hatte. Man kann also sagen, daß die gut organisierten Gruppen begünstigt waren, während eine schlecht organisierte Gruppe großenteils die finanzielle Belastung trug.

---

731 Zur kritischen Erörterung dieser Prämisse vgl. Abschnitt 5.3.3.3.
732 Vgl. Horn/Shepsle (1989), S. 504.
733 Vgl. Horn (1995), S. 52-54.
734 Vgl. Abschnitt 5.3.3.4.

Wissensdefizite: Mit der friedlichen Nutzung der Kernenergie wurde technologisches Neuland betreten. Die Politiker hatten entsprechend wenig Sachkenntnis von der Materie. Es gab in Deutschland nur wenige Experten, die auf dem Gebiet der Atomforschung tätig waren und von denen die überwiegende Anzahl in Unternehmen zu finden waren. Die Transaktionskosten aller Art waren aufgrund der Wissenslücken relativ hoch.

These 1: Es wird stark delegiert, wenn die Entscheidungskosten im Vergleich zu den Agency- und Commitment-Kosten eine relativ große Rolle spielen.

Die Institution der Delegation eignet sich primär zur Bekämpfung hoher legislativer Entscheidungskosten. Eine ausgeprägte Delegation ist folglich zu erwarten, wenn Konflikte auftreten und/oder wenn die begünstigte Gruppe gut organisiert ist, weil dann die Agency-Kosten und Commitment-Kosten nicht so stark ins Gewicht fallen. Eine Delegation ist aus Transaktionskostenminimierungsgründen auch dann angezeigt, wenn das Wissensproblem eine große Rolle spielt.

Die Entscheidungskosten, also die Summe der legislativen Entscheidungskosten und der privaten Partizipationskosten, waren in den fünfziger Jahren hoch. Dabei war weniger ein politischer Konflikt ausschlaggebend, sondern das Wissensproblem, da ausgewiesene Experten in keiner Bundestagsfraktion vorhanden waren und die notwendigen Informationen sich in den Händen von Wissenschaftlern und Spezialisten aus der Wirtschaft befanden. Dagegen waren die privaten Partizipationskosten gering, weil gut organisierte Gruppen begünstigt wurden, die in der Lage waren, die Agency-Kosten durch eine laufende Beteiligung am Entscheidungsprozeß zu senken. Die Agency- und Commitment-Kosten waren relativ gering, einmal aufgrund der wirksamen fire alarm-Kontrolle, zum anderen aufgrund der Einigkeit im politischen Raum über die Förderung der Kernenergie, so daß insgesamt die Entscheidungskosten durch eine ausgeprägte Delegation stark gesenkt werden konnten, ohne daß die Agency- und Commitment-Kosten gleich stark anstiegen. Die institutionelle Struktur der Kernenergieregulierung (Exekutivbehörde mit intensiver Partizipation der begünstigten Interessengruppen) ist vor diesem Hintergrund transaktionskostenminimal.

These 2: Sind die privaten Partizipationskosten der begünstigten Gruppe im Vergleich zu den legislativen Entscheidungskosten hoch, werden detaillierte gesetzliche Regelungen bevorzugt.

Eine schlecht organisierte Gruppe ist nicht in der Lage, die Administrative kontinuierlich zu beeinflussen. Daher sind ihre Partizipationskosten hoch. Eine ausgeprägte Delegation an bürokratische Agenten würde zwar legislative Kosten einsparen, dies würde aber mehr als aufgewogen durch den Anstieg der Partizipationskosten, so daß eine starke Delegation nicht unterstützungsmaximierend für die verantwortliche Koalition wäre.

Wir haben gesehen, daß die begünstigten Gruppen in bezug auf die Förderung der friedlichen Nutzung der Kernenergie gut organisiert waren, so daß die Hypothese auf diese Konstellation nicht angewendet werden kann. Ein Politikbereich, in dem eine schlecht organisierbare Gruppe begünstigt wird, ist der *Lärmschutz*. Die Bevölkerung profitiert von Lärmschutzmaßnahmen, während die belasteten Lärmverursacher – nicht zuletzt Produktionsbetriebe, deren politischer Einfluß erheblich höher ist als der einzelner Bürger - relativ gut organisiert sind.[735] Mit Hilfe der politischen Transaktionskostentheorie kann eine Tendenzaussage getroffen werden: Soll eine schlecht organisierte Gruppe durch eine politische Maßnahme begünstigt werden, bietet sich für die verantwortliche Koalition eine *Verrechtlichung* dergestalt an, daß sie ein genau spezifiziertes Gesetz verabschiedet, deren Regelungen durch unabhängige Gerichte durchgesetzt werden.[736] Das verursacht zwar höhere legislative Entscheidungskosten, die jedoch gegen die Ersparnis privater Partizipationskosten aufzurechnen sind. Das ist in der Lärmschutzpolitik geschehen. Eine Aufstellung des Rates von Sachverständigen für Umweltfragen zeigt, daß der Lärmschutz weit überwiegend durch Gesetze und Verordnungen geregelt wurde und nicht mit einer Delegation an Behörden verbunden ist.[737]

These 3: Die verantwortliche Koalition bevorzugt einen unabhängigen Agenten, wenn die begünstigte Gruppe schlecht organisiert ist. Das gilt verstärkt, wenn die von der Regulierung belastete Gruppe gut organisiert ist.

Ist die begünstigte Gruppe schlecht organisiert, stünde die verantwortliche Koalition bei einem relativ abhängigen Agenten stets von neuem vor dem Problem, diese Gruppe vor dem Zugriff einer durch die Regulierung belasteten, gut organisierten Gruppe zu schützen. Vor allem im Falle eines Regierungswechsels geriete die Begünstigung in Gefahr, weil die neue Regierung dem Agenten Weisungen erteilen könnte und die gut organisierte Gruppe sich durchsetzen würde. Ein unabhängiger Agent, der insbesondere auch keinen Pressionen der gut organisierten Gruppe ausgesetzt ist, kann die Interessen der schlecht organisierten Gruppe besser als ein relativ abhängiger Agent schützen. Konkret bedeutet dies,

735 Vgl. Hölder (1990), S. 172.
736 Vgl. Horn (1995), S. 52.
737 Vgl. RSU (1996), S. 44-47.

daß immer dann vorzugsweise Gerichte mit dem Vollzug des Gesetzes beauftragt werden, wenn die begünstigte Gruppe schlecht organisiert ist, wie etwa im Fall der Lärmschutzpolitik. Regelungen in Gesetzen, aber auch Rechtsverordnungen sind für die Gerichte bindend, sofern der Rahmen der gesetzlichen Ermächtigung nicht überschritten wird. Die gesetzlich und per Rechtsverordnung verankerten Lärmgrenzwerte werden durch die Gerichte durchgesetzt, so daß die gut organisierte Gruppe keine Möglichkeit besitzt, Einfluß im Vollzug zu nehmen.

These 4: Soll eine gut organisierte Gruppe begünstigt werden, und ist das politische Umfeld stabil, ist das Commitment-Problem weniger wichtig, und deshalb wird ein relativ abhängiger Agent bevorzugt, der von der Gruppe leichter beeinflußbar ist.

Bei einem stabilen politischen Umfeld ist die Wahrscheinlichkeit gering, daß die Vorteile durch eine neue Regierung wieder rückgängig gemacht werden. Dies reduziert die politische Unsicherheit, und das Commitment-Problem verliert einen Großteil seiner Wirkung. Die Gefahr, daß der Agent nicht im Sinne der Gruppe agiert, ist wegen seiner Abhängigkeit von der verantwortlichen Koalition ebenfalls gering. Die Agency-Kosten werden mit Hilfe der fire-alarm-Überwachung unter Kontrolle gehalten. Das war genau die Situation in der Kernenergiepolitik, und wie es die Hypothese prognostiziert, wurde ein abhängiger Agent, das Bundesatomministerium gegründet, das den Einflüssen der gut organisierten Gruppen ausgesetzt war.

These 5: Verfahrensregeln entfalten ihre größte Wirkung, wenn die begünstigte Gruppe gut organisiert und laufend am administrativen Entscheidungsprozeß beteiligt ist.

In diesem Fall sind die privaten Partizipationskosten relativ gering, das Commitment-Problem ist auch nicht so ausgeprägt, weil die Gruppe aufgrund ihrer Verfahrensrechte auch unter einer neuen Regierung ein Einfallstor für die Einbringung ihrer Interessen besäße. Die Agency-Kosten sinken dadurch effektiv, weil die Gruppe im Entscheidungsprozeß selber involviert ist und fire-alarms auslösen kann. Die wichtigste Verfahrensregel in der Kernenergiepolitik war informeller Art und bezieht sich auf die Aussage des damaligen Atomministers *Strauß*, der aus Anlaß der konstituierenden Sitzung der Deutschen Atomkommission erklärte, er habe sich gegenüber dem Kabinett verpflichtet, die DAtK zu allen wesentlichen Fragen anzuhören und ihren Empfehlungen einen erheblichen

Einfluß auf die Entscheidungen des Ministeriums einzuräumen.[738] Diese Aussage war schon deswegen glaubwürdig, weil die DAtK über das überlegene Wissen verfügte und das Ministerium auf eine Kooperation angewiesen war. Dies gewährleistete den hohen Einfluß der in der DAtK organisierten Interessengruppen.

5.4.4.6 Kritik an der ICT

Obgleich die ICT überprüfbare Hypothesen ableitet und auf einer soliden NPÖ-Grundlage steht, ist auch sie nicht frei von Kritik. Sie sieht für die Bürokraten eine sehr passive Rolle vor. Es sind Politiker und Interessengruppen, die in der ICT über die institutionelle Struktur bestimmen. Ein Einfluß von Bürokraten auf die Gestaltung der Bürokratie ist - wenn überhaupt vorhanden -, dann doch sehr gering. Zwar berücksichtigt die ICT, daß es ein Agency-Problem zwischen Politikern und Bürokraten gibt. Dieses Agency-Problem kann aber durch eine entsprechende Institutionenwahl wirksam bekämpft werden. Die Annahme einer passiven Bürokratie kann sicherlich für die Frage, welche institutionellen Strukturen bei der Neugestaltung eines Büros implementiert werden bzw. welcher Organisation der Vollzug eines Gesetzes zugewiesen wird, vernachlässigt werden. Allerdings beachtet die ICT nicht die Möglichkeit der Bürokraten, im weiteren Zeitablauf aktiv auf die Auswahl der relevanten Interessengruppen oder auf die Präferenzen der entscheidenden Politiker Einfluß zu nehmen.

Die ICT ist wesentlich auf den amerikanischen Parlamentarismus zugeschnitten. Insbesondere wird die vorbereitende Rolle der Ministerialbürokratie in der Gesetzgebung ausgeblendet, weil durch die strikte Gewaltentrennung die Gesetzgebung in den USA allein Sache der Legislative ist. Deshalb ist eine zunehmende Delegation mit sinkenden legislativen Entscheidungskosten verbunden. Im deutschen System ist es jedoch keineswegs ausgemacht, daß ins Detail gehende Gesetze einen höheren Entscheidungsaufwand der Abgeordneten bedingen. Im Gegenteil ist es gut vorstellbar, daß von der Ministerialbürokratie vorbereitete Gesetze so komplizierte Regelungen enthalten, daß die Abgeordneten mangels Verständnis das Gesetz ohne weitere Diskussion durchgehen lassen und beschließen. Umgekehrt können vage formulierte Gesetze der Anlaß für heftige Diskussionen bieten. Daraus folgt für die Bundesrepublik, daß es unter einem Transaktionskostenblickwinkel einen Bias hin zu detaillierten Gesetzen gibt: nicht nur sinken dann die privaten Partizipationskosten, sondern auch die legislativen Entscheidungskosten sind nicht zwangsläufig höher als bei einem unspezifizierten Gesetz. Die vielfach verbreitete Klage von der Regulierungswut in Deutschland findet darin eine Ursache.

---

738 Vgl. Müller (1990), S. 163.

Ein anderer Kritikpunkt bezieht sich auf die Idee, daß Gerichte das Commitment-Problem abschwächen, weil sie den Willen der verantwortlichen Koalition auch nach dem Ausscheiden der Koalition aus dem politischen Geschäft durchsetzen, wie es *Landes* und *Posner* theoretisch formuliert haben.[739] Das ist jedoch fraglich: Die Bedeutung unabhängiger Gerichte liegt eben darin, daß sie sich politisch nicht beeinflussen lassen. Wird ein Gesetz, das keine spezifischen Regelungen enthält, den Gerichten zur Durchsetzung überlassen, gibt es keine Gewähr, daß sie das Gesetz gemäß dem Willen des historischen Gesetzgebers auslegen.[740] Damit können sich die begünstigten Gruppen auch nicht sicher sein, daß sie ihre Vergünstigungen für längere Zeit behalten. Gerichte erhöhen das Commitment nur begrenzt.

Die ICT sagt aus, daß politische Transaktionen derjenigen Organisationsform zugewiesen werden, die aus Sicht der verantwortlichen Koalition transaktionskostenminimal ist. Der Begriff der verantwortlichen Koalition ist aber etwas unklar, da keine genauen Aussagen darüber getroffen wird, wer überhaupt Mitglied der Koalition ist.[741] Selbst im deutschen politischen System läßt sich darüber streiten: Ist die Ministerialbürokratie ein Teil der verantwortlichen Koalition? Schließlich wird das Gesetz grundsätzlich von der Ministerialbürokratie erarbeitet. Die Ministerialbürokratie hat aber möglicherweise andere Interessen als die Regierungsmehrheit im Bundestag (Agency-Problem). Zur verantwortlichen Koalition wird man auch die Bundesratsmehrheit zählen müssen, falls das Gesetz zustimmungspflichtig ist. Gerade bei zustimmungspflichtigen Gesetzen kommen die politischen Akteure oftmals nicht umhin, Kompromisse zu schließen, die keine Seite ganz befriedigt, weil weder Regierung noch Opposition "ihre" Klientel zufriedenstellen können. Dadurch könnten sich auch ganz andere Organisationsstrukturen herausbilden, die eben nicht transaktionskostenminimal sind.

Das von *Horn* zwar erwähnte, aber als gegeben betrachtete historische Umfeld hat nicht nur Relevanz für die politischen Transaktionskosten, sondern auch auf die vorhandenen Formen politischer Organisation. So wird die staatliche Regulierung in den USA traditionell mit Hilfe unabhängiger Regulierungskommissionen durchgeführt, wie z.B. die für den Umweltschutz zuständige Environmental Protection Agency (EPA)[742] oder die Securities and Exchange Commission (SEC), die sich um Belange des Börsenhandels kümmert.[743] Im Gegensatz dazu haben vergleichbare Behörden wie das Umweltbundesamt (UBA)[744] oder das

739 Vgl. Landes/Posner (1975).
740 Vgl. auch die kritischen Bemerkungen in Abschnitt 4.6.
741 Vgl. Moe (1990b), S. 224.
742 Vgl. z.B. Harris/Milkis (1989), Kap. 6, oder Marcus (1980).
743 Vgl. Weingast (1984), S. 160 ff.
744 Vgl. von Lersner (1975).

Bundesaufsichtsamt für den Wertpapierhandel[745] zwar einen Status als selbständige Bundesoberbehörden gemäß Art. 87 Abs. 3 GG,[746] genießen aber eine weitaus geringere Unabhängigkeit von Weisungen der Legislative und haben auch viel weniger Entscheidungskompetenzen als ihr amerikanischer Gegenpart.

Ein letzter Kritikpunkt lautet, daß die ICT eine komparativ-statische Theorie ist und – wie im übrigen auch die ökonomische Transaktionskostentheorie – an dem Fehlen einer dynamischen Komponente leidet. Die Evolution der verschiedenartigen Regulierungsbehörden läßt sich nicht zuletzt durch Pfadabhängigkeiten begründen, verursacht durch historische Zufälle und Traditionen. Damit zusammen hängt die Vernachlässigung informeller Institutionen und Ideologien durch die ICT. Sie werden zu Gunsten der Betonung formeller institutioneller Strukturen nicht problematisiert.

Trotz der Kritik ist die ICT ein vielversprechender Ansatz, um die Strukturen politischer Organisationen und den Vollzugsmodus politischer Entscheidungen zu erklären.

5.4.4.7 *Die politische Transaktionskostentheorie und der Energieversorgungssektor: ein komparativ-statischer Vergleich zwischen Chile und Großbritannien*

Ein gutes Beispiel für die Anwendung der Institutional Choice-Theorie im Rahmen eines internationalen Vergleichs läßt sich anhand der Studie von *Spiller* (1995) zeigen. Um die Wirkungen verschiedener Institutionen auf die politische Organisation des Energieversorgungssektors zu untersuchen, bietet es sich an, einen Staat mit traditionell starken Parteien mit einem Staat, in dessen politischem System Parteien keine große Rolle spielen, zu vergleichen und die politischen Organisationsformen dieser beiden Staaten zu analysieren. Aufschlüsse ergeben sich aus einer Studie von *Spiller*, der die Organisation der Regulierung der Energieversorgung in verschiedenen Staaten untersucht hat.[747] Sie ist deshalb sehr hilfreich, weil zwei der drei relevanten Kontextfaktoren – nämlich das Wissensproblem und die Distribution von Kosten und Nutzen auf Interessengruppen – durch den selben Untersuchungsgegenstand, die Energieversorgung, für alle Staaten gleichermaßen exogen gegeben sind. Nur der dritte Kontextfaktor, nämlich das institutionelle Umfeld, variiert. Konkret geht es um zwei Staaten, Chile und Großbritannien.[748]

745 Vgl. Claussen (1994), S. 969 f.
746 Zur selbständigen Bundesoberbehörde vgl. Britz (1998).
747 Vgl. Spiller (1995, 1996a).
748 Spiller hat noch andere Staaten untersucht, aber für die Aussage dieses Abschnittes genügt der Vergleich zweier Staaten.

Der Energieversorgungssektor zeichnet sich besonders durch hohe spezifische Investitionen der auf dem Gebiet der Energieversorgung tätigen Unternehmen für Anlagen, Kabel etc. aus, die in alternativen Verwendungsrichtungen sehr viel an Wert verlieren würden.[749] Dies macht die Branche anfällig für staatliche Enteignungsversuche. Das muß keine direkte Enteignung sein, sondern kann sich etwa in dem Erlaß eines Preisstopps für Stromlieferungen an die Verbraucher manifestieren. Ist eine Anlage erst einmal gebaut, könnte der Staat unabhängig von einer vorher gegebenen Renditegarantie dem privaten Investor verbieten, seine Preise zu erhöhen, obwohl dies z.B. aufgrund einer hohen Inflationsrate nötig wäre. Der Energieversorger hätte dann die Wahl, weiter zu produzieren, die Anlage zu verkaufen oder sie stillzulegen. Seine Kosten, die er für den Bau der Anlage aufgewendet hat, sind versunken. Daher wird er weiter produzieren, solange seine variablen Kosten den Preis nicht übersteigen. Es liegt auf der Hand, daß Investoren, die ein solches staatliches Verhalten befürchten müssen, erst gar nicht in die Energieversorgung dieses Staates investieren. Das Kernproblem ist eine glaubwürdige staatliche Versicherung, die Gewinne aus den Investitionen der Energieversorger nicht durch eine prohibitiv hohe Besteuerung, Kapitalexportbeschränkungen oder eine Enteignung der Anlage zu konfiszieren. Es kommen mehrere Möglichkeiten in Betracht, wie eine glaubwürdige Bindung funktionieren kann. Dazu zählen eine unabhängige Regulierungsbehörde, ein spezifisches Gesetz oder private Lizenzen.

Chile hat ein Präsidialsystem mit einer ausgesprochen zersplitterten, aus vielen kleineren Parteien bestehenden Legislative.[750] Es ist unter diesen Umständen sehr schwer, ein Gesetz zu erlassen oder zu ändern, weil zur mehrheitlichen Verabschiedung des Gesetzes viele Parteien miteinander koalieren müssen. Die legislativen Entscheidungskosten sind sehr hoch. Das hat zwar den Nachteil einer relativ unflexiblen Gesetzgebungsmaschinerie, der Vorteil dabei ist jedoch, daß spezifische Regelungen in einem Gesetz die Legislative glaubwürdig binden können, weil auch nachfolgende Regierungen an das Gesetz gebunden sind und es nur mit großer Mühe ändern können. Das ist der Grund, warum die Regulierung der Energieversorgungsbranche in Chile durch sehr detaillierte gesetzliche Regelungen erfolgt. Die Formel für die Renditeberechnung der Investoren wird gesetzlich festgelegt, und die Berechnung der Kapitalkosten der Unternehmen soll unter Hinzuziehung des Capital Asset Pricing Model erfolgen.[751] Deshalb hat die für den Elektrizitätsmarkt zuständige Preisregulierungsbehörde in Chile ganze drei Mitarbeiter. Da das Justizsystem eine starke Stellung hat und das Gesetz

749 Vgl. Spiller (1996a), S. 423.
750 Vgl. Spiller (1995), S. 72.
751 Vgl. Spiller (1995), S. 71.

glaubwürdig durchsetzen kann, ist das Agency-Problem ebenso wie das Commitment-Problem minimal. Die hohen legislativen Entscheidungskosten sind dadurch gerechtfertigt.

Anders ist die Situation in Großbritannien (und auch in Deutschland). Großbritannien ist durch ein Wahlsystem gekennzeichnet, das der siegreichen Partei die absolute politische Macht gibt. Die Regierung besteht grundsätzlich aus nur einer Partei, und sie kann fast nach ihrem Belieben Gesetze verabschieden oder ändern, ohne daß die Opposition etwas dagegen tun kann. Ein detailliertes Gesetz wie in Chile würde hier keine Commitment-Vorteile bringen, da eine neue Regierung das Gesetz zügig ändern könnte. Um das Commitment-Problem zu lösen, mußte eine andere Lösung gefunden werden, und dies ist das *Vertragsrecht*. Seit rund 500 Jahren erwerben Versorgungsunternehmen in Großbritannien eine Lizenz vom Staat.[752] Die Lizenz wird durch einen Vertrag mit einer bestimmten Laufzeit gewährt, der eine glaubwürdige Bindung gewährleistet, wenn die wichtigsten Regelungen (besonders über den Preis) in dem Vertrag niedergelegt sind. Das traditionell sehr starke britische Justizwesen sichert die spezifischen Investitionen ab.

Die beiden Beispiele zeigen, daß unterschiedliche Institutionen andere Lösungen für die Transaktionsprobleme und hier insbesondere für das Commitment-Problem vorgeben. Es gibt allerdings auch Negativbeispiele, wo Staaten sich nicht glaubwürdig binden konnten, wie etwa Argentinien oder die Philippinen.[753] Wo ein "credible commitment" nicht möglich ist, achten die privaten Investoren (falls es sie gibt) nicht auf die langfristige Profitabilität ihrer Investitionen, sondern auf ihre kurzfristige Rentabilität. Für den Fall, daß sich keine privaten Investoren finden, die die notwendigen spezifischen Investitionen tätigen, ist der Staat gezwungen, selber zu investieren. Ein staatlich betriebener Energiesektor ist somit Ausdruck eines fundamentalen Commitment-Problems.

Die Neue Institutionenökonomik hat in den letzten Jahren mit einigem Erfolg ihren Einfluß als Erklärungsmethodik für politische Institutionen vermehrt. Die Ansätze sind vielversprechend, obwohl das letzte Wort bezüglich der analytischen Durchdringung von Institutionen und Organisationen sicherlich noch nicht gesprochen ist. Dennoch ist die ökonomische Institutionentheorie nicht ohne Konkurrenz geblieben. Im folgenden Abschnitt wird der soziologische Neue Institutionalismus vorgestellt, der sich als Alternative zur Neuen Institutionenökonomik versteht.[754] Es soll geprüft werden, ob die soziologische Institutio-

752 Vgl. Spiller (1995), S. 73.

753 Vgl. Levy/Spiller (1994), S. 237.

754 Hall/Taylor (1996) unterscheiden neben dem Rational-Choice- und dem soziologischen Institutionalismus eine dritte, stärker empirisch orientierte Variante, die sie als "historischen Institutionalismus" bezeichnen. Da die Grundgedanken dieser Variante

nentheorie eine bessere Erklärung für die Entstehung und Existenz politischer Institutionen und Organisationen liefert und welche gemeinsamen Forschungslinien bereits jetzt erkennbar sind.

---

aber große Ähnlichkeiten mit dem soziologischen Institutionalismus aufweisen, wird im folgenden nicht weiter zwischen den beiden Ansätzen differenziert. Zu einem Überblick über den historischen Institutionalismus vgl. Thelen/Steinmo (1992).

6. Der Neue Institutionalismus in der Soziologie (NIS) – ein tragfähiges Gegenkonzept?

6.1 Der Institutionenbegriff des NIS

Aus ökonomischer Sicht sind Institutionen formelle und informelle Regeln, von denen Anreize für Individuen ausgehen. Sie gehen als Nebenbedingung in die ökonomische Kosten-Nutzen-Abwägung ein. Der soziologische Institutionenbegriff ist weit umfassender als der ökonomische: "(S)ociologists find institutions everywhere, from handshakes to marriages to strategic-planning departments."[755] Alles, was eine Verhaltensregelmäßigkeit aufweist, geht als Institution im Sinne des NIS durch. Der soziologische Institutionenbegriff betont die Symbolwirkung von Institutionen und die in einer Institution verkörperten normativen Aussagen.[756] Institutionen vermitteln eine Symbolik, die den Individuen die Bedeutung von Dingen klarmacht und somit der kognitiven Vereinfachung dient. Diese Symbolik leitet individuelles Verhalten im alltäglichen Leben an. Sie bestimmt, welches Verhalten als legitim und welches als illegitim angesehen wird. Wenn beispielsweise ein Unternehmen "just-in-time" liefert, wird damit die Modernität des Unternehmens belegt. Ein potentieller Kunde weiß dadurch, daß das Unternehmen aufgeschlossen gegenüber modernen Methoden der Unternehmensführung und daher fortschrittlich ist. Institutionen bestehen jedoch nicht nur aus ihrer symbolischen Wirkung, sondern haben einen normativen Gehalt. Sie geben Anweisungen, wie sozial anerkanntes Handeln aussehen muß. Institutionen verkörpern also gesellschaftliche Erwartungen an das individuelle Handeln. Diese normativen Anweisungen werden von den Individuen nicht als solche empfunden, sondern gehen als Fakt in den Kalkül der Akteure ein.[757]

Die soziologischen Institutionalisten betonen die Stabilität von Institutionen. Sie kann so hoch sein, daß die Institution von den Individuen als unveränderbar ("taken-for-granted") angesehen wird. Die Existenz der Institution wird deshalb überhaupt nicht hinterfragt, und dementsprechend werden auch keine institutionellen Alternativen gesucht und getestet. Das ökonomisch rationale Verhalten, Institutionen zu ignorieren, falls der Nutzen aus der Ignorierung ihre Kosten übersteigt, findet keine Anwendung. Daraus folgt direkt, daß eine Institution auch

755 DiMaggio/Powell (1991), S. 9.
756 Vgl. Scott (1994), S. 68.
757 Vgl. DiMaggio/Powell (1991), S. 15.

dann weiter bestehen bleibt, wenn sie ihre ursprüngliche Funktion längst nicht mehr erfüllt. Aus soziologischer Sicht ist weniger die rationale Wahl unter vorgegebenen Alternativen relevant, sondern die Regelgebundenheit des individuellen Verhaltens. *Duesenberry* hat es so ausgedrückt: "Economics is all about why people make choices while sociology is all about why they don't have any choices to make."[758] Kurioserweise besteht eine wesentliche Übereinstimmung zwischen den beiden Handlungstheorien ökonomischer bzw. soziologischer Provenienz darin, daß soziale Beziehungen und ihr Einfluß auf individuelles Handeln sowohl in der einen wie auch der anderen Theorie zu Gunsten einer "atomisierten Betrachtungsweise" der Individuen vernachlässigt werden.[759] Rational Choice-Modelle postulieren ein eng gefaßtes Eigennutzstreben und blenden damit soziale Einflüsse weitgehend aus, während die Akteure in soziologischen Modellen derart regelgebunden handeln, daß soziale Einflüsse daneben ebenfalls keine Rolle spielen.

6.2 Soziologische Kritik an den ökonomischen Prämissen

Die Kritik des NIS setzt bereits an den beiden Prämissen der ökonomischen Analyse an, dem methodologischen Individualismus und dem Rationalitätspostulat. Die Vertreter des soziologischen "Neuen Institutionalismus" lehnen den methodologischen Individualismus ab. Die eigentlichen Akteure sind vielmehr Organisationen wie der Staat oder Büros, die mehr sind als nur die Summe aggregierter individueller Präferenzen.[760] Es hängt im übrigen von der Gesellschaftsform ab, wer als politischer Akteur anerkannt wird: "Liberal societies ... license *individual persons* as legitimate and rational social actors...; corporatist societies ... construct ... *people and groups* as agents performing legitimated social functions ...; and statist societies constitute ... pregiven, state-defined, function-specific actors."[761] Als Beispiel für politische Akteure in einer korporatistischen Gesellschaft sind etwa Arbeitgeberverbände und Gewerkschaften zu nennen, wie sie im "Bündnis für Arbeit" institutionalisiert sind.

Schon Paul *Samuelson* hat 1947 in seinen *Foundations of Economics* bemerkt, daß Ökonomen "would separate economics from sociology on the basis of rational or irrational behavior."[762] Die neuen Institutionalisten bezweifeln indes weniger die Rationalität von Individuen, sondern stellen rationales Verhalten in

758 Duesenberry (1960), S. 233, zitiert nach Oberschall/Leifer (1986), S. 236.
759 Vgl. Granovetter (1992), S. 56.
760 Vgl. March/Olsen (1984) und die Kritik bei Dowding (1994), S. 109-112.
761 Scott (1994), S. 62 (Betonung von mir).
762 Samuelson, zitiert nach Williamson (1988b), S. 160.

einen institutionellen Kontext. Ebenso wie gesellschaftliche Akteure "sozial konstruiert" werden, ist auch das Rationalitätsprinzip eine soziale Konstruktion. Der Rationalitätsbegriff variiert je nach dem gesellschaftlichen Umfeld. So ist es für einen europäischen Geschäftsmann rational, die Erzielung von Gewinnen in den Vordergrund zu stellen. Für einen afghanischen Geschäftsmann ist es dagegen rational, die religiösen Konventionen zu beachten, auch wenn das Gewinnstreben dabei zu kurz kommt. Der Staat, die Religion und auch Professionen spielen die entscheidende Rolle bei der Bestimmung, was in einer Gesellschaft als rational gilt.[763]

Die ökonomische Theorie nimmt an, daß sich rationales Handeln auf der Grundlage stabiler Präferenzen vollzieht. Institutionen haben also keinen Einfluß auf die individuellen Präferenzen. Dagegen gestalten Institutionen aus soziologischer Sicht die Präferenzen mit.[764] Sie stellen die Kriterien auf, nach denen die Individuen ihre Präferenzen formen, indem sie denkbare Alternativinstitutionen von vornherein ausschließen: "In other words, some of the most important sunk costs are cognitive."[765] Präferenzen werden folglich nicht als unveränderlich bzw. stabil angesehen, sondern werden endogen durch Institutionen bestimmt. Insbesondere hängen die Präferenzen vom kulturellen Rahmen und den spezifischen historischen Gegebenheiten ab.[766] Viele Soziologen betrachten die Präferenzen nicht direkt als an ein Individuum gebunden, sondern an eine *Rolle*, die von dem Individuum ausgefüllt wird.[767] Eine Rolle besteht aus einem Bündel von Verfügungsrechten, die an eine bestimmte Funktion gebunden sind und die sozial akzeptables Verhalten definieren. Beispielsweise wird von einem Vorsitzenden des Bauernverbandes erwartet, daß er sich für die Anliegen der Landwirte einsetzt, egal wer der Vorsitzende ist und was er vorher gemacht hat. "Fiele er aus der Rolle", indem er sich etwa für die Kürzung von Subventionen an die Landwirtschaft ausspräche, würde er den Anforderungen an sein Amt, an seine Rolle nicht genügen und hätte mit sozialen Sanktionen zu rechnen.

6.3 Legitimität und Effizienz von Institutionen

Die ökonomische Theorie nimmt an, daß am Markt tätige Unternehmen ihren Gewinn maximieren müssen, um überleben zu können. Die Überlebensfähigkeit von Organisationen und die Adaption neuer Produktionstechniken oder organi-

---

763 Vgl. Meyer (1994), S. 37-39.
764 Vgl. DiMaggio/Powell (1991), S. 11.
765 DiMaggio/Powell (1991), S. 11.
766 Vgl. Powell (1991), S. 188.
767 Vgl. Baron/Hannan (1994), S. 1117.

satorischer Innovationen hängt aus soziologischer Sicht indes nicht von der Effizienz der Organisation ab, sondern von der Legitimität der institutionellen Strukturen, die von der Organisation übernommen werden.[768] Ein Beispiel ist die Shareholder-Value-Diskussion in Deutschland. Ein Unternehmen, das nach dem Shareholder-Value-Prinzip versucht, seinen Gewinn auch auf Kosten des Abbaus von Arbeitsplätzen zu maximieren, riskiert gesellschaftlichen Unmut. Die strenge Verfolgung dieses Prinzips ist zumindest in der europäischen Kultur gesellschaftlich illegitim. Dies mag sich allerdings ändern, wenn sich die angelsächsische Philosophie im Zuge der Globalisierung mehr und mehr durchsetzt. An diesem Beispiel ist erkennbar, daß das institutionelle Umfeld in einer Gesellschaft ein wesentlicher Bestimmungsfaktor für individuelles und organisatorisches Handeln ist.

Bezogen auf die formelle Struktur einer Organisation stellen *Meyer* und *Rowan* die These auf, daß sie nicht auf eine effiziente Produktion abzielt, sondern vielmehr eine "zeremonielle" und legitimierende Funktion hat.[769] Sie spiegelt die Erwartungen und Anforderungen der Akteure wider, die das Umfeld der Organisation bilden, wie etwa Kunden, Professionen oder staatliche Instanzen. Ist z.B. ein Trend zu einem "business reengineering" zu beobachten, werden viele Unternehmen diese Methode adaptieren, weil man es von ihnen erwartet und nicht unbedingt, weil es Effizienzgewinne bringt.[770] Die Folge ist, daß "(o)rganizations compete for social fitness rather than economic efficiency."[771] Nur so kann sich das Unternehmen nach außen hin legitimieren und Kritik abwehren. Ein anderes Beispiel ist die Einführung von Gleichstellungsbeauftragten zur Sicherstellung der Gleichbehandlung von Mann und Frau am Arbeitsplatz. Diese Institution kann ineffizient sein, wenn eine Frau nur aus dem Grund eingestellt wird, weil sie eine Frau ist und nicht, weil sie produktiver ist als alle anderen Bewerber. Dennoch ist die Institution einer Gleichstellungsbeauftragten aus Unternehmenssicht rational, weil sie zeigt, daß das Unternehmen verantwortungsbewußt ist und sozial angemessen handelt. Daraus erwächst eine zusätzliche gesellschaftliche Legitimität der Organisation. Diese "zeremonielle" Adaption von Institutionen kann indes kontraproduktiv für die Effizienz des Unternehmens sein. Je größer die Zahl legitimierender Institutionen ist, die die Organisation inkorporieren muß, um so schwieriger kann die Organisation ihr eigentliches Produktionsziel erreichen. Das hat zur Folge, daß die formale, Legitimität schaffende Organisationsstruktur und die tatsächlichen Handlungspraktiken im Unternehmen "entkoppelt"

---

768 Vgl. Hall/Taylor (1996), S. 16.
769 Vgl. Meyer/Rowan (1977), S. 340.
770 Vgl. Walgenbach (1995), S. 280.
771 Powell (1991), S. 184.

werden müssen, um das Überleben der Organisation zu sichern, beispielsweise durch die Herausbildung informeller Praktiken.[772]

Die formellen Organisationsstrukturen sind "institutionalisiert" in dem Sinne, daß die Organisation gesellschaftliche Institutionen in die Organisationsstruktur übernimmt, um ihre Legitimität zu zeigen und damit ihr Überleben zu sichern.[773] Der Einbau von Gleichstellungsbeauftragten in das Organigramm ist die Folge eines geänderten Verständnisses in der Gesellschaft gegenüber der Gleichberechtigung von Mann und Frau. Diese informelle Institution wurde in die Organisationsstruktur übernommen. Auch staatlich legitimierte Institutionen wie der Meisterbrief oder Universitätsabschlüsse haben Folgen für die Organisationsstruktur eines Unternehmens. So werden für bestimmte Positionen im Unternehmen nur Meister oder Hochschulabsolventen eingestellt. Dies ist nicht nur Ausdruck einer effizienten Personalpolitik, sondern zumindest teilweise mit der Suche nach gesellschaftlicher Legitimität verbunden. Jede Organisation muß also als Überlebensstrategie Effizienzstreben und Legitimitätssuche kombinieren.

Es sind nicht nur die Strukturen einer Organisation, die ein Legitimitätsbedürfnis reflektieren. Dies gilt gleichfalls für politische Entscheidungsprozesse. *March* und *Olsen* kritisieren die Rational Choice-Ausrichtung für ihre reine Orientierung am Ergebnis und ihre Vernachlässigung symbolischer Politik und der Relevanz eines als fair angesehenen Entscheidungsprozesses.[774] Politische Entscheidungsprozesse müssen als gerecht empfunden werden, das Ergebnis politischen Handelns muß in einer "angemessenen" Weise zustande gekommen sein. Das Ergebnis verliert somit an Relevanz, wenn sein Zustandekommen den Bürgern nicht erklärt werden kann. Daher werden z.B. politische Gutachten "bestellt", die die Legitimität der eigenen politischen Position unterstreichen sollen, nicht aber einer unabhängigen wissenschaftlichen Evaluation dienen.

6.4 Institutioneller Wandel aus einer NIS-Perspektive

Der Prozeß des institutionellen Wandels ist in der soziologischen Institutionentheorie nicht befriedigend erklärt.[775] Oftmals wird angenommen, daß es einen institutionellen Isomorphismus gibt, der bewirkt, daß sich Organisationen eines bestimmten gesellschaftlichen Sektors angleichen, so daß die Homogenität des Sektors (z.B. einer Branche) im Zeitablauf immer größer wird.[776] Der Isomor-

772 Vgl. Meyer/Rowan (1977), S. 357.
773 Vgl. Meyer/Rowan (1977), S. 345.
774 Vgl. March/Olsen (1984), S. 737 f.
775 Vgl. dazu DiMaggio/Powell (1991), S. 29-31.
776 Vgl. z.B. Lowndes (1996), S. 185.

phismus kann entweder durch Zwang (z.B. gesetzliche Vorschriften, die alle Organisationen einer bestimmten Branche betreffen), normativen Druck (z.B. durch Branchenverbände festgelegte Verhaltensnormen) oder durch Imitationsprozesse verursacht werden.[777] Erfolgreiche Unternehmen werden imitiert, und auch supranationale Organisationen wie der Internationale Währungsfonds oder die Weltgesundheitsorganisation fördern die Übernahme bewährter institutioneller Strukturen in die Organisationslandschaft anderer Länder.[778] Auch die Gestaltung politischer Institutionen wird durch Imitationsprozesse beeinflußt, die wiederum von den Informationsnetzwerken abhängen, in denen sich ein politischer Entscheidungsträger befindet.[779] Der in Netzwerkverbindungen stehende Politiker oder Bürokrat, der über die Ausgestaltung einer Institution zu entscheiden hat, orientiert sich z.B. an Politikern in anderen Ländern, zu denen er gute Kontakte pflegt, ohne über die Tauglichkeit der Institution in einem anderen gesellschaftlichen Umfeld nachzudenken. Beispielsweise haben russische, westlich orientierte Politiker nach dem Fall des Kommunismus ein Steuersystem eingeführt, das zwar im Westen einigermaßen gut funktioniert, in Russland aber auch wegen der fehlenden staatlichen Durchsetzungsmacht dazu führte, daß nicht wenige Bürger und Unternehmen sich weigern, Steuern zu zahlen, ohne daß der Staat wirksame Gegenmaßnahmen besitzt.[780]

Der Schwerpunkt der soziologischen Analyse liegt – im Gegensatz zur ökonomischen Theorie – auf der Betonung des Beharrungsvermögens einer Institution. Die optimistische Sichtweise von Rational-Choice-Theoretikern, Institutionen paßten sich relativ reibungslos geänderten Umweltbedingungen an, wird von Soziologen bestritten. Oftmals können sich Institutionen nicht schnell genug an die sich ändernden Umweltbedingungen anpassen, sie hinken quasi der historischen Entwicklung hinterher, so daß ein effizientes institutionelles Gleichgewicht nicht erreicht wird.[781] Gerade politische Institutionen, die zum großen Teil kaum einem institutionellen Wettbewerb ausgesetzt sind, lassen sich nur schwer ändern, weil mit einer Institution vielfältige Interessen verknüpft sind, die bei einem institutionellen Wandel die Verlierer wären. Ein Beispiel sind staatliche Subventionsprogramme: Auch wenn Subventionen im günstigsten Fall der ökonomischen und sozialen Abfederung des strukturellen Wandels dienen und damit anfangs noch mit gewissen Effizienzaspekten begründet werden können, wird die Subventionierung meistens perpetuiert, wie es etwa der deutsche Steinkohlebergbau oder die Landwirtschaft demonstrieren.

777 Vgl. Walgenbach (1995), S. 283-287.
778 Vgl. Powell (1991), S. 188.
779 Vgl. March/Olsen (1984), S. 260.
780 Vgl. Nee/Strang (1998), S. 710.
781 Vgl. March/Olsen (1984), S. 737; Dow (1987), S. 35.

Powell nennt vier Gründe, weshalb eine Institution dauerhaften Bestand haben kann:[782]

1. Die Ausübung von Macht: Politische und gesellschaftliche Eliten sind oftmals sehr an einem Fortbestehen der Institution interessiert und können institutionellen Wandel abblocken.
2. Interdependenzen zwischen Institutionen: Das institutionelle Regelwerk ist ineinander verschachtelt. Die Änderung einer Institution zieht zwangsläufig die Änderung weiterer Institutionen nach sich. Dadurch wird die Änderung einer Institution erschwert.
3. Die "taken-for-granted"-Qualität einer Institution: Wenn eine Institution von jedem Individuum hingenommen und nicht problematisiert wird, gibt es grundsätzlich auch keine Änderungen an der Institution.
4. Pfadabhängigkeit durch steigende Skalenerträge: Die Existenz bestimmter Institutionen und Organisationen hängt vielfach von Zufällen ab. Mit Bezug auf die Organisationsstruktur der amerikanischen Energieversorgungsindustrie kommt *Granovetter* zu dem Schluß, daß eine bestimmte Person mit Hilfe eines Netzwerks von Geldgebern und Bekanntschaften die heutige Industriestruktur im Versorgungssektor maßgeblich geprägt hat.[783]

Um die wichtigsten Aussagen des NIS noch einmal zusammenzufassen: er betont

- die Stabilität von Institutionen,
- die Regelgebundenheit individuellen Verhaltens,
- die Legitimitätsfunktion von Institutionen, die wichtiger ist als ihre Effizienz,
- die Übernahme institutioneller Strukturen aus der Gesellschaft heraus in die formale Organisationsstruktur und
- die Pfadabhängigkeit einer Institution.

6.5 Kritik am Neuen Institutionalismus

Ein Kritikpunkt am NIS ist die Vernachlässigung des Individuums als Handlungseinheit. Handlungssubjekte sind vielmehr Organisationen. Der NIS blendet strategisches Handeln von Individuen und Konflikte im Zusammenhang mit der Wahl der institutionellen Struktur aus. Allerdings ist diese Kritik zu relativieren,

782 Vgl. Powell (1991), S. 191.
783 Vgl. Granovetter (1990b), S. 102, der sich auf eine Dissertation seines Schülers McGuire bezieht.

weil auch viele ökonomische Analysen zwar verbal dem methodologischen Individualismus huldigen, de facto aber Kollektivhandlungen – z.B. einer verantwortlichen Koalition oder eines Büros – betrachten.

Institutionalistische Analysen gehen von einer "top-down"-Adaption von institutionellen Strukturen aus.[784] Organisationen konstruieren ihre formale Organisation, indem sie institutionelle Elemente aus ihrer Umwelt "gedankenlos" übernehmen, um Legitimität zu gewinnen. *Meyer* und *Rowan* drücken es wie folgt aus: "After all, the building blocks for organizations come to be littered around the societal landscape; it takes only a little entrepreneurial energy to assemble them into a structure. And because these building blocks are considered proper, adequate, rational, and necessary, organizations must incorporate them to avoid illegitimacy."[785] Organisationen sind also passive Rezipienten der ihnen durch sozialen Druck aufgezwungenen institutionellen Strukturen. Diese Passivität von Organisationen ist Ausdruck eines "übersozialisierten" kollektiven Verhaltens.[786]

Die Konzentration des NIS auf Prozesse, die sich auf der Makroebene abspielen und die Mikroebene ignorieren, ist insbesondere für die Analyse politischer Institutionen und Organisationen ein schweres Handicap. Das Charakteristische an der Politik, nämlich die Austragung politischer Konflikte, die unterschiedlichen Motivationen der politischen Akteure und der Kampf zwischen Interessengruppen, die in der politischen Transaktionskostentheorie eine große Rolle für die Erklärung spielen, findet keinerlei Berücksichtigung.[787] Mit anderen Worten, der auf der Mikroebene ablaufende politische Prozeß wird durch einen supra-individuellen Prozeß auf der Makroebene verdrängt. Das Ergebnis läuft auf eine "action without agents"[788] hinaus, bei der die relevanten Akteure aus dem Blickfeld der Analyse geraten. Selbst wenn man konzediert, daß manche politische Regeln nur deshalb übernommen werden, weil sie allgemein anerkannt und legitim sind, stellt sich die Frage, wer über die Legitimität der Institution bestimmt.[789] Üblicherweise sind dies der Staat oder Interessengruppen. Eine Erklärung, warum welche Interessengruppen in welchen Fällen die Macht der Legitimierung besitzen, liefert der NIS nicht.

Der NIS geht nur sehr kursorisch auf die Möglichkeit von Individuen bzw. Organisationen ein, die institutionelle Struktur ohne gesellschaftliche Zwänge selbständig auszuwählen.[790] Der einzige Selektionsmechanismus ist der Wunsch

784 Vgl. Scott (1994), S. 73.
785 Meyer/Rowan (1977), S. 345.
786 Vgl. Walgenbach (1995), S. 298; Powell (1991), S. 183.
787 Vgl. Moe (1991), S. 121.
788 Hall/Taylor (1996), S. 21.
789 Vgl. Walgenbach (1995), S. 300.
790 Vgl. Lindenberg (1998), S. 724.

nach Legitimität. Allerdings stellt sich dem NIS ein Problem, wenn mehr als eine institutionelle Variante gesellschaftlich legitim ist. Da die soziologische Institutionentheorie kein theoretisches Fundament besitzt, mit dem eigenständige und strategische individuelle Handlungen begründet werden können, muß sie zwangsläufig auf ad hoc-Annahmen zurückgreifen. In einem wettbewerblichen Umfeld steht normalerweise mehr als eine Institution zur Wahl, so daß eine alleinige Erklärung durch Konformitätsdruck ihres gesellschaftlichen Umfeldes nicht ausreicht. Dem NIS würde also eine verstärkte Berücksichtigung des institutionellen Wettbewerbs gut tun.[791] Erste Ansätze dazu sind vorhanden: so weist *Scott* darauf hin, daß sich jede Organisation aus den gesellschaftlich akzeptierten institutionellen "Bausteinen" eine eigene Kombination heraussucht.[792]

Trotz der Schwächen des NIS – die Vernachlässigung von individuellen Handlungsmöglichkeiten, Konfliktsituationen und Wettbewerbsprozessen – kann dieser Erklärungsansatz die ökonomische Theorie gewinnbringend ergänzen. Das gilt vor allem für die theoretische Fundierung von Parametern, die von der Ökonomie exogen vorausgesetzt werden, z.B. in bezug auf individuelle Präferenzen. Nicht zuletzt die Analyse politischer Institutionen kann von einer verstärkten Zusammenarbeit zwischen ökonomischer und soziologischer Institutionentheorie profitieren. *Williamson* stellt fest, daß sich bereits jetzt der ökonomische und der soziologische Ansatz in einem gesunden Spannungsfeld befinden.[793] Nach einer Diskussion des Rationalitätsprinzips, das als gemeinsames Fundament für eine Zusammenarbeit dienen kann, soll anhand der Institutional Choice-Theorie gezeigt werden, daß der soziologische Institutionalismus die ICT an einigen Stellen ergänzen kann.

6.6 Zusammenarbeit zwischen ökonomischem und soziologischem Institutionalismus

6.6.1 Das Rationalitätsprinzip als gemeinsames Fundament

Wie oben bereits beschrieben, ist eine Trennung der Disziplinen anhand der Annahme von rationalem oder irrationalem Verhalten nicht sinnvoll. Dieser Unterschied ist künstlicher Natur. Scheinbar irrationales Verhalten erweist sich im Kontext situativer Restriktionen wie z.B. Informationsmängeln gesehen als ratio-

791 Vgl. Hall/Taylor (1996), S. 21.
792 Vgl. Scott (1994), S. 75.
793 Vgl. Williamson (1994), S. 77.

nal.[794] Selbst ein Soziologe wie *Granovetter* räumt ein, daß die Rationalitätsannahme "is a good working hypothesis that should not easily be abandoned."[795] Die Annahme, Rationalität sei ein soziales Konstrukt, spricht nicht gegen Akzeptanz des Rationalitätspostulats. Es ist auch ökonomisch unstrittig, daß rationales Handeln je nach Organisationsform und Umweltbedingungen andere Formen annimmt: staatliche Büros streben ein möglichst hohes Budget an, private Unternehmen maximieren ihren Gewinn, weil eben die Umwelt, in der die Organisationen agieren, unterschiedliche Charakteristika aufweist.[796]

Auch gewohnheitsmäßiges Verhalten (taken-for-grantedness) kann mit rationalem Verhalten in Übereinstimmung gebracht werden. Es verringert zum einen die Entscheidungskosten, die im Vergleich zu einer einzelfallbezogenen Entscheidung anfallen. Zum anderen ist es gut möglich, daß die Qualität der Ergebnisse bei gewohnheitsmäßigem Verhalten im Durchschnitt höher ist als bei einer ständig aufs Neue zu treffenden, auf den Einzelfall zugeschnittenen Entscheidung.[797] Die neuere theoretische Entwicklung hat gezeigt, daß der Begriff der begrenzten Rationalität das Potential hat, beide Seiten gleichermaßen zufriedenzustellen. Begrenzt rationale Individuen sind nichtsdestotrotz rational, benutzen aber Entscheidungsregeln, die Transaktionskosten einsparen. Dazu zählt auch die von der Soziologie in den Vordergrund gestellte gewohnheitsmäßige Befolgung von Regeln, weil auch rationale Individuen Regeln befolgen.

Ein weiterer Grund für die Rationalität gewohnheitsmäßigen Verhaltens ist, daß es ein gesteigertes Commitment erlaubt.[798] Ist ein Individuum dafür bekannt, in bestimmten Situationen systematisch bestimmte Handlungen vorzunehmen, ohne sich über die Folgen im einzelnen Gedanken zu machen, wird das Individuum für die anderen berechenbar. Dies spielt nicht zuletzt im Zusammenhang mit ideologischem Handeln eine Rolle. Auch aus diesem Argument heraus kann der Aufbau einer Ideologie als rational bezeichnet werden. Insbesondere im Zusammenhang mit großer, "fundamentaler" Unsicherheit ist es für ein Individuum rational, zur Verringerung der Unsicherheit gewohnheitsmäßig Verhaltensregeln anzuwenden, die seine Handlungsflexibilität reduzieren und nicht unbedingt optimal sind.[799]

Menschliches Verhalten ist zielorientiert und rational, aber die zur Wahl stehenden Alternativen können durch "kulturell" bedingte Normen bzw. durch in der Bevölkerung kognitiv verankerter Leitbilder "angemessener" Verhaltenswei-

---

794 Vgl. Granovetter (1992), S. 75.
795 Granovetter (1992), S. 75.
796 Vgl. DiMaggio (1998), S. 700; DiMaggio/Powell (1991), S. 28.
797 Vgl. Vanberg (1988), S. 156 f.
798 Vgl. Vanberg (1988), S. 158.
799 Vgl. Heiner (1983), S. 561.

sen von vornherein eingeschränkt sein.[800] Ein Beispiel ist die bereits erwähnte Abneigung politischer Entscheidungsträger in Deutschland, Umweltpolitik mit Hilfe von Umweltabgaben oder Zertifikaten durchzuführen.[801] Diese Abneigung scheint in den USA nicht so verbreitet zu sein, wie die dort aufgelegten Zertifikateprogramme zeigen.[802] Deutsche Politiker sind somit gut beraten und handeln rational – wie es die NPÖ bestätigt –, wenn sie ihre Umweltpolitik vornehmlich auf ordnungsrechtliche, Legitimität genießende Auflagen stützen. Das historisch gewachsene Ordnungsrecht schränkt den Handlungsspielraum der politischen Akteure ein.

6.6.2 Ergänzung der ICT durch den NIS

Die wesentliche Aussage der ICT ist, daß die institutionelle Struktur politischer Organisationen von den politischen Entscheidungsträgern – der verantwortlichen Koalition – so gestaltet wird, daß sie die Transaktionskosten minimiert, die bei der Transaktion zwischen der Koalition und den begünstigten Interessengruppen anfallen. Die verantwortliche Koalition ist – genauso wie die beteiligten Interessengruppen – kein Individuum und ist daher mit der soziologischen Betonung kollektiver Akteure kompatibel. Die verantwortliche Koalition besteht im deutschen Parlamentarismus meistens aus den Regierungsfraktionen, deren Abgeordnete einer ausgeprägten Fraktionsdisziplin unterliegen. Das Abstimmungsverhalten der Koalitionsparteien geht fast immer in die gleiche Richtung, weil wechselnde Mehrheiten bei parlamentarischen Abstimmungen eine Koalition schnell brüchig werden lassen. Das kohärente Verhalten der verantwortlichen Koalition rechtfertigt die Behandlung der Koalition, als ob sie ein einziger Akteur wäre.[803] Insoweit haben ICT und NIS das gleiche Analysefundament.

Der erste Ansatzpunkt für eine soziologisch informierte Analyse liegt in der *Endogenisierung der institutionellen Strukturen* einer politischen Organisation. Der Alternativenraum wird grundsätzlich durch bereits vorhandene Organisationsformen begrenzt.[804] Beispielsweise wird die Regulierung der Energieversorgung in den USA traditionell vornehmlich durch unabhängige Regulierungsbehörden durchgeführt, während die gleiche Aufgabe in Deutschland weit überwie-

800 Vgl. Hall/Taylor (1996), S. 23. Zur Analyse kultureller Prozesse in einem ökonomischen Kontext vgl. Greif (1994).

801 Vgl. Abschnitt 4.7.4.

802 Zum relativ erfolgreichen amerikanischen Schwefeldioxid-Zertifikatehandel vgl. Hansjürgens (1998) und Schmalensee et al. (1998).

803 Vgl. March/Olsen (1984), S. 739.

804 Vgl. Krasner (1988), S. 72; Powell (1991), S. 187.

gend von öffentlichen Unternehmen (Stadtwerken) übernommen wird. Die Errichtung einer neuen Regulierungsinstanz wird sich daher mit großer Wahrscheinlichkeit an den aktuell bestehenden Regulierungsstrukturen ausrichten. Allerdings kann es zu Imitationsprozessen kommen, wenn durch eine drastische Änderung der Umweltbedingungen (z.B. Änderung der vorherrschenden Ideologie) die vorhandene Organisationsform ihre gesellschaftliche Legitimität verliert. Dann werden Politiker und Interessengruppen überlegen, wie eine neue Behörde den geänderten Umständen Rechnung tragen kann. In diesem Fall ist es möglich, daß eine Organisationsform aus einem anderen Land "importiert" wird. Allerdings ist dieser institutionelle Wandel unter normalen Bedingungen sehr schwerfällig. Beispielsweise könnte eine bestimmte Form der Regulierung gesetzlich oder in der Verfassung festgeschrieben worden sein, und eine neue Form der Regulierung würde voraussetzen, daß die Verfassung geändert werden müßte. Der hierarchische Aufbau von Institutionen trägt somit zum Beharrungsvermögen bereits bekannter Organisationsformen bei.

Die ICT ist eine komparativ-statische Theorie und trifft ihre Aussagen vor dem Hintergrund eines exogen gegebenen politischen und gesellschaftlichen Umfeldes. Zum institutionellen Wandel, der sich an der Pfadabhängigkeit von Institutionen festmacht, werden so gut wie keine Ausführungen gemacht. Der soziologische Institutionalismus legt großen Wert auf die Feststellung, daß Institutionen nicht das effiziente Ergebnis eines vorbestimmten geschichtlichen Prozesses sind, sondern weist auf die Ineffizienz durch pfadabhängige Prozesse hin, Der NIS ist insoweit kongruent mit der *North*schen Theorie. Die Effizienz von Institutionen wird zudem durch das organisationelle Streben nach Legitimität behindert.[805] Allerdings kann die Änderungsresistenz von Institutionen und die Pflege von Ritualen und legitimierenden Symbolen mit einer Senkung der Commitment-Kosten in Einklang gebracht werden kann. Die Lösung des Commitment-Problems beruht entscheidend auf der Beharrungsfähigkeit institutioneller Strukturen. Eine Organisation, die ihre Regulierungsaufgaben zu geringstmöglichen Kosten erledigt, aber deren Strukturen von einer neuen Regierung leicht geändert werden können, wird bei ihrer Gestaltung auf den Widerstand organisierter Interessengruppen stoßen. Organisationen adaptieren suboptimale Strukturen und Praktiken, um ihre Legitimität zu zeigen und dadurch Ressourcen zu erhalten.[806] Beispielsweise erzeugt die Einrichtung einer Projektgruppe "Verwaltungsreform" innerhalb einer Organisation vor dem Hintergrund einer allgemein – auch von Politikern – empfundenen Notwendigkeit einer schlankeren Verwaltung eine zusätzliche Legitimität, die von den Politikern mit zusätzlichen Mitteln be-

805 Vgl. DiMaggio/Powell (1991), S. 33.
806 Vgl. Powell (1991), S. 190.

lohnt werden kann. Selbst wenn diese Projektgruppe keine brauchbaren Vorschläge zur Verwaltungsreform generiert, hat sie aus Sicht der Organisation ihren Zweck erfüllt. Dies ist ein Fall, wo die Ausgaben für legitimierende Aktivitäten "pure costs from the point of view of efficiency"[807] und auch schwerlich mit einer Senkung der Commitment-Kosten zu vereinbaren sind. Allerdings werden suboptimale Praktiken wie z.B. übermäßig bürokratische Verfahrensregeln oft auch aus Gründen der politischen Glaubwürdigkeit adaptiert.[808]

Soziologische Studien betonen, daß eine Änderung des institutionellen Umfelds der Organisation keine abrupte Anpassung der Organisationsstruktur nach sich zieht.[809] Nach einem Wahlsieg der bisherigen Opposition passen sich die Büros nur mit Zeitverzögerung den Wünschen der neuen Regierung an. Dies ist ja gerade auf das Commitment-Problem zurückzuführen, das die verantwortliche Koalition mit der Errichtung dauerhafter Strukturen lösen will. Die Kernaussage wird von *DiMaggio* und *Powell* auf den Punkt gebracht: "Because suboptimal organizational practices can persist for an extended period of time, we rarely expect institutions simply to reflect current political and economic forces."[810] Damit weisen sie eindeutig auf die Bedeutung suboptimaler Strukturen für die politische Glaubwürdigkeit hin. Das politische Bedürfnis nach einer glaubwürdigen Bindung läßt sich leicht mit stabilen und dauerhaften Institutionen in Übereinstimmung bringen.

Wie die Ausführungen zeigen sollten, ist der NIS zwar keine überlegene Alternative zu einem Rational-Choice-Ansatz, aber dennoch lohnt es sich, die ICT und den NIS nicht als einander ausschließende Theorien zu betrachten, sondern als sich in manchen Punkten ergänzende Theorien. Insbesondere in zwei Aspekten ist der NIS hilfreich: bei der endogenen Erklärung der institutionellen Struktur einer Organisation und bei der Untersuchung der Pfadabhängigkeit. Im Gegenzug kann die ICT die "Schlüsselfrage" des NIS beantworten helfen, warum manche institutionelle Arrangements bestimmte Ziele und die Art und Weise, wie das Ziel erreicht werden soll, genau vorgeben und andere institutionelle Arrangements mehr Raum für Experimente lassen.[811] Es geht also um die Frage, warum in dem einen Fall detaillierte Vorschriften verabschiedet werden, die wenig oder keine Handlungsspielräume zulassen, und ein anderes Mal unspezifische Vorschriften, die die Entscheidungsfreiheit einer Organisation weniger stark beschränken. Dies ist – wie die ICT zeigt – auf die Motivationen der beteiligten

807 Meyer/Rowan (1977), S. 355.
808 Vgl. Williamson (1996a), S. 199.
809 Vgl. DiMaggio/Powell (1991), S. 10.
810 DiMaggio/Powell (1991), S. 33.
811 Vgl. Powell (1991), S. 201.

Akteure zurückzuführen und ihr Bestreben, die politischen Transaktionskosten zu senken.

7. Ausblick

Das Ziel der vorliegenden Arbeit war es zu verdeutlichen, daß die Anwendung der Neuen Institutionenökonomik auf politische Institutionen neue Erkenntnisse zur Funktionsweise und Erklärung institutioneller Strukturen in der politischen Sphäre gebracht hat. Schon 1984 meinte *Moe*, daß es nur noch eine Frage der Zeit sei, bis das vertragstheoretische Paradigma, das die Grundlage der Neuen Institutionenökonomik ist, die Politik als neuen Untersuchungsgegenstand entdekke.[812] *Moe* hat Recht gehabt; seit dieser Zeit ist eine Flut von Beiträgen erschienen, die insbesondere auf dem Gebiet der politischen Agency-Theorie und der politischen Transaktionskostentheorie neue Wege gegangen sind. Allerdings bleibt noch viel zu tun: die vorliegende Arbeit hat einen Überblick über die grundsätzlichen Anwendungsmöglichkeiten der ökonomischen Institutionentheorie auf politische Institutionen gegeben, ohne alle theoretische Facetten wiedergeben zu können. Insbesondere erscheint es in Zukunft angebracht, die komparativ-statische mit der dynamischen Perspektive besser zu verknüpfen. In diesem Zusammenhang sind Theorien, die individuelle *Lernprozesse* abbilden, von potentiell großem Nutzen. Erste Ansätze dazu sind vorhanden. Beispielsweise untersuchen *Denzau* und *North* vor dem Hintergrund ihrer Diskussion mentaler Modelle, wie Individuen lernen.[813] Dabei spielen Institutionen eine wichtige Rolle, weil sie von den mentalen Modellen der Individuen beeinflußt werden, die sich durch Lernprozesse ändern. *Lupia* und *McCubbins* leiten die Bedingungen ab, bei denen die Politiker aus fire alarms effektiv lernen können und ziehen daraus Schlüsse für die Gestaltung eines bürokratischen Entscheidungsprozesses.[814]

Die politische Institutionentheorie ist bislang fast ausschließlich auf den amerikanischen Parlamentarismus zugeschnitten. Die Anwendung der Theorie auf andere parlamentarische Systeme (z.B. das englische "Westminster"-System und das deutsche System) dürfte daher ein weiterer Forschungsschwerpunkt sein. Auch diesbezüglich sind bereits erste Arbeiten veröffentlicht worden. *Moe* und *Caldwell* stellen die Hypothese auf, daß Büros in einem parlamentarischen System im Vergleich zum amerikanischen System weniger mit umständlichen, poli-

812 Vgl. Moe (1984), S. 758.
813 Vgl. Denzau/North (1994), S. 13-26.
814 Vgl. Lupia/McCubbins (1994).

tisch gewollten Verfahrensregeln befrachtet werden.[815] Das liegt daran, daß das Problem der politischen Unsicherheit nicht durch formale Prozeduren gelöst werden kann – eine neue Regierung könnte diese Regeln ohne große Probleme wieder ändern – und es damit nicht sinnvoll ist, Interessengruppen durch Formalisierung zu schützen. *Palmer* analysiert mit Hilfe von Prinzipal-Agent- und Transaktionskostenargumenten die Verantwortlichkeit von Ministern im englischen Westminster-System und kommt zu dem Ergebnis, daß die ministerielle Verantwortlichkeit ein kritischer Faktor für das Westminster-System im Hinblick auf die politischen Agency-Beziehungen ist.[816] Das Ziel dieser komparativ-theoretischen Forschungslinie sollte die Entwicklung einer Institutionentheorie sein, die für alle politischen Systeme Gültigkeit besitzt.[817] Insgesamt gesehen bietet die Perspektive einer umfassenden Theorie politischer Institutionen und Organisationen, die ökonomische, soziologische und psychologische Ansätze verbindet, genügend Anreize, um die theoretischen Anstrengungen weiter auf hohem Niveau zu halten und diese Anstrengungen mit Hilfe empirischer Untersuchungen zu untermauern.

815 Vgl. Moe/Caldwell (1994), S. 178.
816 Vgl. Palmer (1995).
817 Vgl. auch Weingast (1996), S. 185.

Literaturverzeichnis

Aghion, Philippe/Jean Tirole (1997), Formal and Real Authority in Organizations, in: Journal of Political Economy, Vol. 105, S. 1-29.

Aguilar Fernández, Susana (1994), Convergence in Environmental Policy? The Resilience of National Institutional Designs in Spain and Germany, in: Journal of Public Policy, Vol. 14, S. 39-56.

Ahlbrandt, Roger S. (1973), Efficiency in the Provision of Fire Services, in: Public Choice, Vol. 16, S. 1-15.

Akerlof, George A. (1970), The Market for "Lemons": Quality Uncertainty and the Market Mechanism, in: Quarterly Journal of Economics, Vol. 84, S. 488-500.

Akerlof, George A./W. T. Dickens (1982), The Economic Consequences of Cognitive Dissonance, in: American Economic Review, Vol. 72, S. 307-319.

Alchian, Armen A. (1950), Uncertainty, Evolution, and Economic Theory, in: Journal of Political Economy, Vol. 58, S. 211-222.

Alchian, Armen A. (1965), Some Economics of Property Rights, in: Il Politico, Vol. 30, S. 816-829.

Alchian, Armen A./Harold Demsetz (1972), Production, Information Costs, and Economic Organization, in: American Economic Review, Vol. 62, S. 777-797.

Alt, James E./Alberto Alesina (1996), Political Economy: An Overview, in: Robert E. Goodin/Hans-Dieter Klingemann (Eds.), A New Handbook of Political Science, Oxford, S. 646-674.

Aoki, Masahiko (1998), The Subjective Game Form and Institutional Evolution as Punctuated Equilibrium, mimeo.

Aranson, Peter H. (1989/90), Rational Ignorance in Politics, Economics and Law, in: Journal des Economistes et des Etudes Humaines, Vol. 1, S. 25-42.

Arnold, R. Douglas (1987), Political Control of Administrative Officials, in: Journal of Law, Economics, and Organization, Vol. 3, S. 279-286.

Arrow, Kenneth J. (1951), Social Choice and Individual Values, New York.

Arrow, Kenneth J. (1985), The Economics of Agency, in: John W. Pratt/Richard J. Zeckhauser (Eds.), Principals and Agents: The Structure of Business, Boston, S. 37-51.

Arrow, Kenneth J. (1994), Methodological Individualism and Social Knowledge, in: American Economic Review, Papers and Proceedings, Vol. 84, S. 1-9.

Arrow, Kenneth J./Gerard Debreu (1954), Existence of Equilibrium for a Competitive Economy, in: Econometrica, Vol. 22, S. 265-290.

Arthur, W. Brian (1989), Competing Technologies, Increasing Returns, and Lock-In by Historical Events, in: Economic Journal, Vol. 99, S. 116-131.

Asimow, Michael (1994), On Pressing McNollgast to the Limits: The Problem of Regulatory Costs, in: Law and Contemporary Problems, Vol. 57, S. 127-137.

Axelrod, Robert (1984), The Evolution of Cooperation, New York.

Axelrod, Robert (1986), An Evolutionary Approach to Norms, in: American Political Science Review, Vol. 80, S. 1095-1111.

Bagnoli, Mark/Michael McKee (1991), Controlling the Game: Political Sponsors and Bureaus, in: Journal of Law, Economics, and Organization, Vol. 7, S. 229-247.

Banks, Jeffrey S. (1995), The Design of Institutions: An Agency Theory Perspective, in: David L. Weimer (Ed.), Institutional Design, Boston u.a., S. 17-36.

Baron, James N./Michael T. Hannan (1994), The Impact of Economics on Contemporary Sociology, in: Journal of Economic Literature, Vol. 32, S. 1111-1146.

Barro, Robert J. (1973), The Control of Politicians: An Economic Model, in: Public Choice, Vol. 14, S. 19-42.

Barro, Robert J. (1997), Determinants of Economic Growth. A Cross-Country Empirical Study, Cambridge.

Barthelt, Klaus/Klaus Montanus (1993), Begeisterter Aufbruch. Die Entwicklung der Kernenergie in der Bundesrepublik Deutschland bis Mitte der siebziger Jahre, in: Jens Hohensee/Michael Salewski (Hrsg.), Energie – Politik – Geschichte, Stuttgart, S. 89-100.

Barzel, Yoram (1982), Measurement Costs and the Organization of Markets, in: Journal of Law and Economics, Vol. 25, S. 27-48.

Barzel, Yoram/Eugene Silberberg (1973), Is the Act of Voting Rational?, in: Public Choice, Vol. 16, S. 51-58.

Baumol, William J./Wallace E. Oates (1971), The Use of Standards and Prices for Protection of the Environment, in: Swedish Journal of Economics, Vol. 73, S. 42-54.

Baumol, William J./Wallace E. Oates (1988), The Theory of Environmental Policy, 2. Aufl., Cambridge.

Bawn, Kathleen (1995), Political Control Versus Expertise: Congressional Choices About Administrative Procedures, in: American Political Science Review, Vol. 89, S. 62-73.

Becker, Gary S. (1983), A Theory of Competition Among Pressure Groups for Political Influence, in: Quarterly Journal of Economics, Vol. 98, S. 371-400.

Bender, Bruce/John R. Lott (1996), Legislator Voting and Shirking: A Critical Review of the Literature, in: Public Choice, Vol. 87, S. 67-100.

Bendor, Jonathan/Serge Taylor/Roland Van Gaalen (1987), Stacking the Deck: Bureaucratic Missions and Policy Design, in: American Political Science Review, Vol. 81, S. 873-896.

Benson, Bruce L. (1984), Rent seeking from a Property Rights Perspective, in: Southern Economic Journal, Vol. 51, S. 388-400.

Benzner, Bodo (1989), Ministerialbürokratie und Interessengruppen, Baden-Baden.

Beyme, Klaus von (1997), Der Gesetzgeber, Opladen.

Bieber, Hans-Joachim (1978), Die politische Entwicklung der friedlichen Kernenergienutzung in der Bundesrepublik Deutschland, in: Wolfgang Lienemann/Ulrich Ratsch/Andreas Schuke/Friedhelm Solms (Hrsg.), Alternative Möglichkeiten für die Energiepolitik, Opladen, S. 130-145.

Bimber, Bruce (1991), Information as a Factor in Congressional Politics, in: Legislative Studies Quarterly, Vol. 16, S. 585-605.

Black, Duncan (1958), The Theory of Committees and Elections, Cambridge.

Börsch-Supan, Axel (1998), Germany: A Social Security System on the Verge of Collapse, in: Horst Siebert (Ed.), Redesigning Social Security, Tübingen, S. 129-159.

Bohm, Peter/Clifford S. Russell (1985), Comparative Analysis of Alternative Policy Instruments, in: A.V. Kneese/J.L. Sweeney (Eds.), Handbook of Natural Resource and Energy Economics, Vol. 1, Amsterdam u.a., S. 395-460.

Bonus, Holger (1985), Wirtschaftliches Interesse und Ideologie im Umweltschutz, in: Hellmuth Milde/Hans G. Monissen (Hrsg.), Rationale Wirtschaftspolitik in komplexen Gesellschaften, Stuttgart u.a., S. 359-373.

Bonus, Holger (1996), Institutionen und Institutionelle Ökonomik: Anwendungen für die Umweltpolitik, in: Zeitschrift für angewandte Umweltforschung, Sonderheft 8/1996, S. 26-41.

Bonus, Holger/Michael Häder (1998), Zertifikate und Neue Institutionenökonomik, in: Holger Bonus (Hrsg.), Umweltzertifikate, Berlin, S. 32-44.

Brady, Gordon L./J. R. Clark/William L. Davis (1995), The Political Economy of Dissonance, in: Public Choice, Vol. 82, S. 37-51.

Brennan, Geoffrey/James M. Buchanan (1980), The Power to Tax, Cambridge u.a.

Breton, Albert/Ronald Wintrobe (1975), The Equilibrium Size of a Budget-maximizing Bureau: A Note on Niskanen's Theory of Bureaucracy, in: Journal of Political Economy, Vol. 83, S. 195-207.

Breton, Albert/Ronald Wintrobe (1982), The Logic of Bureaucratic Conduct, Cambridge.

Brettschneider, Frank (1996), Parlamentarisches Handeln und öffentliche Meinung. Zur Responsivität des Deutschen Bundestages bei politischen Sachfragen zwischen 1949 und 1990, in: Zeitschrift für Parlamentsfragen, 27. Jg., S. 108-126.

Britz, Gabriele (1998), Bundeseigenverwaltung durch selbständige Bundesoberbehörden nach Art. 87 III 1 GG, in: Deutsches Verwaltungsblatt, S. 1167-1174.

Brown, Mark B./Weert Canzler/Frank Fischer/Andreas Knie (1995), Technological Innovation Through Environmental Policy, in: Public Productivity & Management Review, Vol. 19, S. 77-93.

Buchanan, James M./Gordon Tullock (1962), The Calculus of Consent, Ann Arbor.

Buchanan, James M./Gordon Tullock (1975), Polluters' Profits and Political Response: Direct Controls Versus Taxes, in: American Economic Review, Vol. 65, S. 139-147.

Busch, Eckart (1991), Parlamentarische Kontrolle, 4. Aufl., Heidelberg.

Calabresi, Guido (1965), The Decision for Accidents: An Approach for Nonfault Allocation of Costs, in: Harvard Law Review, Vol. 78, S. 713ff.

Calvert, Randall L. (1995), The Rational Choice Theory of Social Institutions: Cooperation, Coordination, and Communication, in: Jeffrey S. Banks/Eric A. Hanushek (Eds.), Modern Political Economy, Cambridge, S. 216-267.

Calvert, Randall L./Mathew D. McCubbins/Barry R. Weingast (1989), A Theory of Political Control and Agency Discretion, in: American Journal of Political Science, Vol. 33, S. 588-611.

Claussen, Carsten P. (1994), Das neue Börsenaufsichtsrecht, in: Der Betrieb, 47. Jg., S. 969-974.

Coase, Ronald H. (1937), The Nature of the Firm, in: Economica, Vol. 4, S. 386-405.

Coase, Ronald H. (1960), The Problem of Social Cost, in: Journal of Law and Economics, Vol. 3, S. 1-44.

Coase, Ronald H. (1984), The New Institutional Economics, in: Journal of Institutional and Theoretical Economics, Vol. 140, S. 229-231.

Coase, Ronald H. (1988), Industrial Organization: A Proposal for Research, in: Ronald H. Coase, The Firm, the Market, and the Law, Chicago, S. 57-74.

Coleman, James S. (1990), The Emergence of Norms, in: Michael Hechter/Karl-Dieter Opp/Reinhard Wippler (Eds.), Social Institutions, Berlin/New York, S. 35-59.

Commons, John R. (1931), Institutional Economics, in: American Economic Review, Vol. 21, S. 648-657.

Conlisk, John (1996), Why Bounded Rationality?, in: Journal of Economic Literature, Vol. 34, S. 669-700.

Cooter, Robert/Thomas Ulen (1988), Law and Economics, Glenview.

Cox, Gary W./Mathew D. McCubbins (1993), Legislative Leviathan, Berkeley u.a.

Dahlman, Carl J. (1979), The Problem of Externality, in: Journal of Law and Economics, Vol. 22, S. 141-162.

Dales, John H. (1968), Pollution, Property, and Prices, Toronto.

David, Paul A. (1986), Understanding the Economics of QWERTY: the Necessity of History, in: William N. Parker (Ed.), Economic History and the Modern Economist, Oxford, S. 30-49.

David, Paul A. (1994), Why are Institutions the 'Carriers of History'?: Path Dependence and the Evolution of Conventions, Organizations and Institutions, in: Structural Change and Economic Dynamics, Vol. 5, S. 205-220.

Davies, David G. (1971), The Efficiency of Public Versus Private Firms: The Case of Australia´s Two Airlines, in: Journal of Law and Economics, Vol. 14, S. 149-165.

De Alessi, Louis (1983), Property Rights, Transaction Costs, and X-Efficiency: An Essay in Economic Theory, in: American Economic Review, Vol. 73, S. 64-81.

De Alessi, Louis (1990), Form, Substance, and Welfare Comparisons in the Analysis of Institutions, in: Journal of Institutional and Theoretical Economics, Vol. 146, S. 5-23.

Demsetz, Harold (1967), Toward a Theory of Property Rights, in: American Economic Review, Papers and Proceedings, Vol. 57, S. 347-359.

Demsetz, Harold (1969), Information and Efficiency: Another Viewpoint, in: Journal of Law and Economics, Vol. 12, S. 1-22.

Demsetz, Harold (1991), The Theory of the Firm Revisited, in: Oliver E. Williamson/Sidney G. Winter (Eds.), The Nature of the Firm: Origins, Evolution, and Development, New York u.a., S. 159-178.

Denzau, Arthur T./Michael C. Munger (1986), Legislators and Interest Groups: How Unorganized Interests Get Represented, in: American Political Science Review, Vol. 80, S. 89-106.

Denzau, Arthur T./Douglass C. North (1994), Shared Mental Models: Ideologies and Institutions, in: Kyklos, Vol. 47, S, 3-31.

Dexheimer, Wolfgang (1982), Die Mitwirkung der Bundestagsfraktionen bei der Besetzung der Ausschüsse, in: Hans-Achim Roll (Hrsg.), Plenarsitzungen des Deutschen Bundestages, Berlin, S. 259-278.

Dietl, Helmut (1993), Institutionen und Zeit, Tübingen.

Dietlein, Max Josef (1983), Die besondere Funktion des Vermittlungsausschusses, in: Bundesakademie für öffentliche Verwaltung (Hrsg.), Praxis der Gesetzgebung, Regensburg, S. 62-79.

DiMaggio, Paul J. (1998), The New Institutionalisms: Avenues of Collaboration, in: Journal of Institutional and Theoretical Economics, Vol. 154, S. 696-705.

DiMaggio, Paul J./Walter W. Powell (1991), Introduction, in: Walter W. Powell/Paul J. DiMaggio (Eds.), The New Institutionalism in Organizational Analysis, Chicago/London, S. 1-38.

Dixit, Avinash (1996), The Making of Economic Policy: A Transaction-Cost Politics Perspective, Cambridge/London.

Dougan, William R./Michael C. Munger (1989), The Rationality of Ideology, in: Journal of Law and Economics, Vol. 32, S. 119-142.

Dow, Gregory K. (1987), The Function of Authority in Transaction Cost Economics, in: Journal of Economic Behavior and Organization, Vol. 8, S. 13-38.

Dowding, Keith (1994), The Compatibility of Behaviouralism, Rational Choice and 'New Institutionalism', in: Journal of Theoretical Politics, Vol. 6, S. 105-117.

Downs, Anthony (1957), An Economic Theory of Democracy, New York. Deutsch: (1968), Eine ökonomische Theorie der Demokratie, Tübingen.

Downs, Anthony (1967), Inside Bureaucracy, Boston.

Duesenberry, James (1960), Comments on 'An Economic Analysis of Fertility', by Gary S. Becker, in: Universities National Bureau Conference Series II, Demography and Economic Change in Developed Countries, Princeton, S. 231-240.

Edwards, Sebastian (1998), Chile: Radical Change Towards a Funded Pension System, in: Horst Siebert (Ed.), Redesigning Social Security, Tübingen.

Eggertsson, Thráinn (1990), Economic Behavior and Institutions, Cambridge.

Eichengreen, Barry R. (1999), Toward a New International Financial Architecture, Washington D.C.

Eickenboom, Peter (1989), Haushaltsausschuß und Haushaltsverfahren, in: Hans-Peter Schneider/ Wolfgang Zeh (Hrsg.), Parlamentsrecht und Parlamentspraxis in der Bundesrepublik Deutschland, Berlin/ New York, S. 1183-1220.

Eisenhardt, Kathleen M. (1989), Agency Theory: An Assessment and Review, in: Academy of Management Review, Vol. 14, S. 57-74.

Elster, Jon (1996), The Constitution-Making Process, in: José Casas Pardo/Friedrich Schneider (Eds.), Current Issues in Public Choice, Cheltenham/ Brookfield, S. 93-114.

Endres, Alfred (1994), Umweltökonomie. Eine Einführung, Darmstadt.

Endres, Alfred/Michael Finus (1996), Zur Neuen Politischen Ökonomie der Umweltgesetzgebung – Umweltschutzinstrumente im politischen Prozeß, in: Zeitschrift für angewandte Umweltforschung, Sonderheft 8/1996, S. 88-103.

Epstein, David (1997), An Informational Rationale for Committee Gatekeeping Power, in: Public Choice, Vol. 91, S. 271-299.

Epstein, David/Sharyn O'Halloran (1994), Administrative Procedures, Information, and Agency Discretion, in: American Journal of Political Science, Vol. 38, S. 697-722.

Feldhaus, Gerhard (1987), Rechtliche Instrumente zur Bekämpfung von Waldschäden, S. 1-11.

Fiorina, Morris P. (1982), Legislative Choice of Regulatory Forms: Legal Process or Administrative Process?, in: Public Choice, Vol. 39, S. 33-66.

Fischer, Stanley (1977), Long-term Contracting, Sticky Prices, and Monetary Policy: Comment, in: Journal of Monetary Economics, Vol. 3, S. 317-324.

Fischerhof, Hans (1956), Atomwirtschaft und Gesetzgeber, in: die atomwirtschaft, 1. Jg., S. 93-98.

Frank, Robert H. (1996), The Political Economy of Preference Falsification: Timur Kuran's *Private Truths, Public Lies*, in: Journal of Economic Literature, Vol. 34, S. 115-123.

Frankenberger, Anke (1998), Umweltschutz durch Rechtsverordnung, Berlin.

Frey, Bruno S. (1993), Motivation as a Limit to Pricing, in: Journal of Economic Psychology, Vol. 14, S. 635-664.

Frey, Bruno S./Friedrich Schneider (1996), Warum wird die Umweltökonomie kaum angewendet?, Diskussionspapier, Universität Zürich.

Furubotn, Eirik G. (1998), Economic Efficiency in a World of Frictions, Diskussionsbeitrag 09-98, Max-Planck-Institut zur Erforschung von Wirtschaftssystemen, Jena.

Gastil, Raymond D. (1986/87), Freedom in the World, Westport.

Gawel, Erik (1993), Vollzug als Problem ökonomischer Theoriebildung, in: Zeitschrift für Wirtschafts- und Sozialwissenschaften, 113. Jg., S. 597-627.

Gawel, Erik (1995), Theoretische Annäherungen: Zur Neuen Politischen Ökonomie der Umweltabgabe, in: Wolfgang Benkert/Jürgen Bunde/Bernd Hansjürgens (Hrsg.), Wo bleiben die Umweltabgaben?, Marburg, S. 47-101.

Gawel, Erik (1996), Beschleunigung von Genehmigungsverfahren aus gesamtwirtschaftlicher Sicht, in: Wirtschaftsdienst, 76. Jg., S. 199-206.

Gawel, Erik (1997), Akzeptanzbarrieren für Marktlösungen im Umweltschutz – der Fall handelbarer Umweltnutzungsrechte, in: Staatswissenschaften und Staatspraxis, 8. Jg., S. 485-529.

Geldern, Wolfgang von (1992), Die Gesetzgebungsarbeit im Ausschuß für Umwelt, Naturschutz und Reaktorsicherheit des Deutschen Bundestages, in: Zeitschrift für Gesetzgebung, 7. Jg., S. 80-87.

Gely, Rafael/Pablo T. Spiller (1990), A Rational Choice Theory of Supreme Court Statutory Decisions with Applications to the *State Farm* and *Grove City* Cases, in: Journal of Law, Economics, and Organization, Vol. 6, S. 263-300.

Gely, Rafael/Pablo T. Spiller (1992), The Political Economy of Supreme Court Constitutional Decisions: The Case of Roosevelt's Court-Packing Plan, in: International Review of Law and Economics, Vol. 12, S. 45-67.

Geue, Heiko (1998), Sind ordnungspolitische Reformanstrengungen mit *Hayeks* Evolutionismus vereinbar?, Mimeo., Philipps-Universität Marburg.

Ghoshal, Sumantra/Peter Moran (1996), Bad for Practice: A Critique of the Transaction Cost Theory, in: Academy of Management Review, Vol. 21, S. 13-47.

Gilligan, Thomas W. (1993), Information and the Allocation of Legislative Authority, in: Journal of Institutional and Theoretical Economics, Vol. 149, S. 321-341.

Gilligan, Thomas W./Keith Krehbiel (1987), Collective Decisionmaking and Standing Committees: An Informational Rationale for Restrictive Amendment Procedures, in: Journal of Law, Economics, and Organization, Vol. 3, S. 287-335.

Gilligan, Thomas W./Keith Krehbiel (1994), The Gains from Exchange Hypothesis of Legislative Organization, in: Legislative Studies Quarterly, Vol. 19, S. 181-214.

Goldberg, Victor P. (1974), Institutional Change and the Quasi-Invisible Hand, in: Journal of Law and Economics, Vol. 17, S. 461-492.

Goodin, Robert E. (1994), Selling Environmental Indulgences, in: Kyklos, Vol. 47, S. 573-596.

Goodin, Robert E. (1996), Institutions and Their Design, in: Robert E. Goodin (Ed.), The Theory of Institutional Design, Cambridge, S. 1-53.

Granovetter, Mark (1990a), The Old and the New Economic Sociology: A History and an Agenda, in: Roger Friedland/J. Robertson (Eds.), Beyond the Marketplace, New York, S. 89-112.

Granovetter, Mark (1990b), Interview, in: Richard Swedberg, Economics and Sociology, Princeton, S. 96-114.

Granovetter, Mark (1992), Economic Action and Social Structure: The Problem of Embeddedness, in: Mark Granovetter/Richard Swedberg (Eds.), The Sociology of Economic Life, Boulder, S. 53-81.

Grawert, Rolf (1991), Gesetzgebung zwischen Politik und Bürokratie, in: Zeitschrift für Gesetzgebung, 6. Jg., S. 97-116.

Greif, Avner (1994), Cultural Beliefs and the Organization of Society: A Historical and Theoretical Reflection on Collectivist and Individualist Societies, in: Journal of Political Economy, Vol. 102, S. 912-950.

Hahn, Robert W. (1989), Economic Prescriptions for Environmental Problems: How the Patient Followed the Doctor's Orders, in: Journal of Economic Perspectives, Vol. 3, S. 95-114.

Hahn, Robert W. (1990), The Political Economy of Environmental Regulation: Toward a Unifying Framework, in: Public Choice, Vol. 65, S. 21-47.

Hall, Peter A./Rosemary C. R. Taylor (1996), Political Science and the Three New Institutionalisms, Max-Planck-Institut für Gesellschaftsforschung, Diskussionspapier Nr. 96/6, Köln.

Hammond, Thomas H./Jack H. Knott (1996), Who Controls the Bureaucracy?: Presidential Power, Congressional Dominance, Legal Constraints, and Bureaucratic Autonomy in a Model of Multi-Institutional Policy-Making, in: Journal of Law, Economics, and Organization, Vol. 12, S. 119-166.

Hansjürgens, Bernd (1998), The Sulfur Dioxide Allowance-Trading Program in the USA: Recent Developments and Lessons to Be Learned, in: Environment and Planning C: Government and Policy, Vol. 16, S. 341-361.

Hansmeyer, Karl-Heinrich (1976), Die Abwasserabgabe als Versuch einer Anwendung des Verursacherprinzips, in: Otmar Issing (Hrsg.), Ökonomische Probleme der Umweltschutzpolitik, Berlin, S. 65-97.

Hansmeyer, Karl-Heinrich (1989), Fallstudie: Finanzpolitik im Dienste des Gewässerschutzes, in: Kurt Schmidt (Hrsg.), Öffentliche Finanzen und Umweltpolitik II, Berlin, S. 47-76.

Hansmeyer, Karl-Heinrich (1993), Das Spektrum umweltpolitischer Instrumente, in: Heinz König (Hrsg.), Umweltverträgliches Wirtschaften als Problem von Wissenschaft und Politik, Berlin, S. 63-86.

Harris, Richard A./Sidney M. Milkis (1989), The Politics of Regulatory Change, New York.

Hart, Oliver (1995), Firms, Contracts, and Financial Structure, Oxford.

Hartkopf, Günter (1986), Umweltverwaltung – eine organisatorische Herausforderung, in: Umweltschutz und Verwaltung – der öffentliche Dienst zwischen politischem Anspruch und Realisierungsnot, Bonn, S. 96-119.

Hartkopf, Günter/Eberhard Bohne (1983), Umweltpolitik 1, Opladen.

Hartwig, Karl-Hans (1992), Umweltökonomie, in: Vahlens Kompendium der Wirtschaftstheorie und Wirtschaftspolitik, 5. Aufl., München, S. 123-162.

Hayek, Friedrich A. von (1969a), Rechtsordnung und Handelnsordnung, in: Friedrich A. von Hayek, Freiburger Studien, Tübingen, S. 161-198.

Hayek, Friedrich A. von (1969b), Recht, Gesetz und Wirtschaftsfreiheit, in: Friedrich A. von Hayek, Freiburger Studien, Tübingen, S. 47 ff.

Hayek, Friedrich A. von (1991), Die Verfassung der Freiheit, 3. Aufl., Tübingen.

Hayek, Friedrich A. von (1994), Die Ergebnisse menschlichen Handelns, aber nicht menschlichen Entwurfs, in: Freiburger Studien, 2. Aufl., S. 97-107.

Hechter, Michael (1990), The Emergence of Cooperative Social Institutions, in: Michael Hechter/Karl-Dieter Opp/Reinhard Wippler (Eds.), Social Institutions, Berlin/New York, S. 13-33.

Heckathorn, Douglas D./Steven M. Maser (1987), Bargaining and the Sources of Transaction Costs: The Case of Government Regulation, in: Journal of Law, Economics, and Organization, Vol. 3, S. 69-98.

Heckathorn, Douglas D./Steven M. Maser (1990), The Contractual Architecture of Public Policy: A Critical Reconstruction of Lowi´s Typology, in: Journal of Politics, Vol. 52, S. 1101-1123.

Heiner, Ronald A. (1983), The Origin of Predictable Behavior, in: American Economic Review, Vol. 73, S. 560-595.

Hill, Hermann (1981), Impulse zum Erlaß eines Gesetzes, in: Die öffentliche Verwaltung, 34. Jg., S. 487-497.

Hill, Hermann (1982), Einführung in die Gesetzgebungslehre, Heidelberg.

Hölder, M.-L. (1990), Die Verordnung zum Schutz vor Verkehrslärm, in: Hans-Joachim Koch, Schutz vor Lärm, Baden-Baden, S. 171-185.

Hoffman, Elizabeth/Matthew L. Spitzer (1982), The Coase-Theorem: Some Experimental Tests, in: Journal of Law and Economics, Vol. 25, S. 73-98.

Holcombe, Randall G./James D. Gwartney (1989), Political Parties and the Legislative Principal-Agent Relationship, in: Journal of Institutional and Theoretical Economics, Vol. 145, S. 669-675.

Holmström, Bengt (1979), Moral Hazard and Observability, in: Bell Journal of Economics, Vol. 10, S. 74-91.

Holzinger, Katharina (1987), Umweltpolitische Instrumente aus der Sicht der staatlichen Bürokratie, München.

Horbach, Jens (1992), Neue Politische Ökonomie und Umweltpolitik, Frankfurt a.M./New York.

Horbach, Jens (1996), Ökonomische Bürokratie- und Vollzugstheorien, in: Zeitschrift für angewandte Umweltforschung, Sonderheft 8/1996, S. 119-127.

Horn, Murray J. (1995), The Political Economy of Public Administration, Cambridge.

Horn, Murray J./Kenneth A. Shepsle (1989), Commentary on "Administrative Arrangements and the Political Control of Agencies": Administrative Process and Organizational Form as Legislative Responses to Agency Costs, in: Virginia Law Review, Vol. 75, S. 499-508.

Hotelling, Harold (1929), Stability in Competition, in: Economic Journal, Vol. 39, S. 41-57.

Hucke, Jochen (1996), Die Implementation umweltpolitischer Programme – Strukturen und Erfolgsbedingungen, in: Zeitschrift für angewandte Umweltforschung, Sonderheft 8/1996, S. 59-72.

Hucke, Jochen/Arieh A. Ullmann (1980), Konfliktregelung zwischen Industriebetrieb und Vollzugsbehörde bei der Durchsetzung regulativer Politik, in: Renate Mayntz (Hrsg.), Implementation politischer Programme, Königstein, S. 105-126.

Jensen, Michael C. (1983), Organization Theory and Methodology, in: The Accounting Review, Vol. 58, S. 319-339.

Jensen, Michael C./William H. Meckling (1976), Theory of the Firm: Managerial Behavior, Agency Costs and Ownership Structure, in: Journal of Financial Economics, Vol. 3, S. 305-360.

Johnson, Ronald N./Gary D. Libecap (1999), Information Distortion and Competitive Remedies in Government Transfer Programs: The Case of Ethanol, Diskussionsbeitrag 07-99, Max-Planck-Institut zur Erforschung von Wirtschaftssystemen, Jena.

Kalt, Joseph P./Mark A. Zupan (1984), Capture and Ideology in the Economic Theory of Politics, in: American Economic Review, Vol. 74, S. 279-300.

Karl, Helmut (1999), Symbolisches Handeln statt effizienter Umweltpolitik? – Zur Umweltpolitik der Europäischen Union, Manuskript, Jena.

Karl, Helmut/Omar Ranné (1995), Das Abwasserabgabengesetz – von der Deformation einer Umweltlenkungsabgabe, in: Wolfgang Benkert/Jürgen Bunde/Bernd Hansjürgens (Hrsg.), Wo bleiben die Umweltabgaben?, Marburg, S. 19-46.

Kasten, Hans-Hermann (1985), Möglichkeiten und Grenzen der Disziplinierung des Abgeordneten durch seine Fraktion: Fraktionsdisziplin, Fraktionszwang und Fraktionsausschluß, in: Zeitschrift für Parlamentsfragen, 16. Jg., S. 475-484.

Kau, James B./Paul H. Rubin (1993), Ideology, Voting, and Shirking, in: Public Choice, Vol. 76, S. 151-172.

Kemper, Michael (1989), Das Umweltproblem in der Marktwirtschaft, Berlin.

Kimenyi, M.S./W.F. Shugart II/R.D. Tollison (1985), What Do Judges Maximize?, in: Journal of Public Finance and Public Choice, Vol. 3, S. 181-188.

Kirchgässner, Gebhard (1999), Review of *Donald Wittman, The Myth of Democratic Failure*, in: European Journal of Political Economy, Vol. 15, S. 143-148.

Kirsch, Guy (1993), Neue Politische Ökonomie, 3. Aufl., Düsseldorf.

Kirzner, Israel M. (1978), Wettbewerb und Unternehmertum, Tübingen.

Kiwit, Daniel (1994), Zur Leistungsfähigkeit neoklassischer Transaktionskostenansätze, in: ORDO, Band 45, S.105-135.

Kiwit, Daniel/Stefan Voigt (1995), Überlegungen zum institutionellen Wandel unter Berücksichtigung des Verhältnisses interner und externer Institutionen, in: ORDO, Bd. 46, S. 117-147.

Klein, Benjamin (1985), Self-Enforcing Contracts, in: Journal of Institutional and Theoretical Economics, Vol. 141, S. 594-600.

Klein, Benjamin (1996), Why Hold-Ups Occur: The Self-Enforcing Range of Contractual Relationships, in: Economic Inquiry, Vol. 34, S. 444-463.

Klein, Benjamin/Robert G. Crawford/Armen A. Alchian (1978), Vertical Integration, Appropriable Rents, and the Competitive Contracting Process, in: Journal of Law and Economics, Vol. 21, S. 297-326.

Klein, Benjamin/Keith B. Leffler (1981), The Role of Market Forces in Assuring Contractual Performance, in: Journal of Political Economy, Vol. 89, S. 615-641.

Knudsen, Christian (1993), Modelling Rationality, Institutions and Processes in Economic Theory, in: Uskali Mäki/Bo Gustafsson/Christian Knudsen (Eds.), Rationality, Institutions and Economic Methodology, London/New York, S. 265-299.

Koch, Hans-Joachim (1996), Beschleunigung, Deregulierung, Privatisierung, in: Sabine Schlacke (Hrsg.), Neue Konzepte im Umweltrecht, Berlin, S. 27-63.

König, Klaus (1987), Gesetzgebungsvorhaben im Verfahren der Ministerialverwaltung, in: Willi Blümel/Detlef Merten/Helmut Quaritsch (Hrsg.), Verwaltung im Rechtsstaat, Köln u.a., S. 121-141.

Kramer, Ernst A. (1998), Juristische Methodenlehre, Bern u.a.

Krasner, Stephen D. (1988), Sovereignty: An Institutional Perspective, in: Comparative Political Studies, Vol. 21, S. 66-94.

Krehbiel, Keith (1990), Are Congressional Committees Composed of Preference Outliers?, in: American Political Science Review, Vol. 84, S. 149-163.

Krehbiel, Keith (1991), Information and Legislative Organization, Ann Arbor.

Kretschmer, Gerald (1986), Verfahrensweisen und Strukturprobleme der Gesetzesberatung im Bundestag, in: Waldemar Schreckenberger (Hrsg.), Gesetzgebungslehre, Stuttgart, S. 167-177.

Kunreuther, Howard/Paul Slovic (1978), Economics, Psychology, and Protective Behavior, in: American Economic Review, Papers and Proceedings, Vol. 68, S. 64-69.

Kuran, Timur (1995), Private Truths, Public Lies, Cambridge/London.

Lachmann, Ludwig M. (1963), Wirtschaftsordnung und wirtschaftliche Institutionen, in: ORDO, Bd. 14, S. 63-77.

Lahl, Uwe (1993), Das programmierte Vollzugsdefizit, in: Zeitschrift für Umweltrecht, Heft 6/93, S. 249-256.

Landes, William M./Richard A. Posner (1975), The Independent Judiciary in an Interest-Group Perspective, in: Journal of Law and Economics, Vol. 18, S. 875-901.

Larenz, Karl/Claus-Wilhelm Canaris (1995), Methodenlehre der Rechtswissenschaft, 3. Aufl., Berlin u.a.

Leipold, Helmut (1996), Zur Pfadabhängigkeit der institutionellen Entwicklung, in: Dieter Cassel (Hrsg.), Entstehung und Wettbewerb von Systemen, Berlin, S. 93-115.

Leonhardt, Klaus (1983), Vom Gesetzgebungsauftrag bis zur Gesetzesverabschiedung, in: Bundesakademie für öffentliche Verwaltung (Hrsg.), Praxis der Gesetzgebung, Regensburg, S. 47-61.

Lepa, Manfred (1980), Verfassungsrechtliche Probleme der Rechtsetzung durch Rechtsverordnung, in: Archiv des öffentlichen Rechts, 105. Jg., S. 337-370.

Lersner, Heinrich Freiherr von (1975), Die Aufgaben des Umweltbundesamtes, in: Der Städtetag, 28. Jg., S. 497-502.

Levi, Margaret (1988), Of Rule and Revenue, Berkeley u.a.

Levinthal, Daniel (1988), A Survey of Agency Models of Organizations, in: Journal of Economic Behavior and Organization, Vol. 9, S. 153-185.

Levmore, Saul (1992), Bicameralism: When Are Two Decisions Better Than One?, in: International Review of Law and Economics, Vol. 12, S. 145-162.

Levy, Brian/Pablo T. Spiller (1994), The Institutional Foundations of Regulatory Commitment: A Comparative Analysis of Telecommunications Regulation, in: Journal of Law, Economics, and Organization, Vol. 10, S. 201-246.

Lewis, David (1969), Conventions: A Philosophical Study, Cambridge.

Libecap, Gary D. (1989), Distributional Issues in Contracting for Property Rights, in: Journal of Institutional and Theoretical Economics, Vol. 145, S. 6-24.

Liebowitz, Stanley J./Stephen E. Margolis (1990), The Fable of the Keys, in: Journal of Law and Economics, Vol. 33, S. 1-26.

Liebowitz, Stanley J./Stephen E. Margolis (1995), Path Dependence, Lock-In, and History, in: Journal of Law, Economics, and Organization, Vol. 11, S. 205-226.

Lindenberg, Siegwart (1998), The Cognitive Turn in Institutional Analysis: Beyond NIE and NIS?, in; Journal of Institutional and Theoretical Economics, Vol. 154, S. 716-727.

Lipset, Seymour (1959), Some Social Requisites of Democracy: Economic Development and Political Legitimacy, in: American Political Science Review, Vol. 53, S. 69-105.

Lowndes, Vivien (1996), Varieties of New Institutionalism: A Critical Appraisal, in: Public Administration, Vol. 74, S. 181-197.

Lübbe-Wolff, Gertrude (1993), Vollzugsprobleme der Umweltverwaltung, in: Natur + Recht, 5. Jg., S. 217-229.

Lupia, Arthur/Mathew D. McCubbins (1994), Learning From Oversight: Fire Alarms and Police Patrols Reconstructed, in: Journal of Law, Economics, and Organization, Vol. 10, S. 96-125.

Macey, Jonathan R. (1992), Organizational Design and Political Control of Administrative Agencies, in: Journal of Law, Economics, and Organization, Vol. 8, S. 93-110.

Märtz, Thomas (1990), Interessengruppen und Gruppeninteressen in der Demokratie: zur Theorie des Rent-seeking, Frankfurt a.M.

Mandelartz, Herbert (1982), Zur sogenannten "mitwirkenden" Kontrolle, insbesondere beim Haushaltsvollzug, in: Zeitschrift für Parlamentsfragen, 13. Jg., S. 7-20.

Manne, Henry (1965), The Mergers and the Market for Corporate Control, in: Journal of Political Economy, Vol. 73, S. 110-120.

March, James G./Johan P. Olsen (1984), The New Institutionalism: Organizational Factors in Political Life, in: American Political Science Review, Vol. 78, S. 734-749.

March, James G./Johan P. Olsen (1994), Institutional Perspectives on Governance, in: Hans-Ulrich Derlien/Uta Gerhardt/Fritz W. Scharpf (Hrsg.), Systemrationalität und Partialinteresse, Baden-Baden, S. 249-270.

Marcus, Alfred (1980), Environmental Protection Agency, in: James Q. Wilson (Ed.), The Politics of Regulation, New York, S. 267-303.

Margedant, Udo (1987), Entwicklung des Umweltbewußtseins in der Bundesrepublik Deutschland, in: Aus Politik und Zeitgeschichte, 37. Jg., S. 15-28.

van Mark, Michael (1994), Vollzugskosten der Umweltpolitik, Bergisch Gladbach.

Maser, Steven M. (1986), Transaction Costs in Public Administration, in: Donald J. Calista (Ed.), Bureaucratic Government Reform, Greenwich, S. 55-71.

Matthews, R. C. O. (1986), The Economics of Institutions and the Sources of Growth, in: The Economic Journal, Vol. 96, S. 903-918.

Mattson, Ingvar/Kaare Strøm (1995), Parliamentary Committees, in: Herbert Döring (Ed.), Parliaments and Majority Rule in Western Europe, Frankfurt a.M./New York, S. 249-307.

Mayntz, Renate/Jochen Hucke (1978), Gesetzesvollzug im Umweltschutz, Wirksamkeit und Probleme, in: Zeitschrift für Umweltpolitik, 1. Jg., S. 217-244.

Mayntz, Renate/Fritz W. Scharpf (1975), Policy-Making in the German Federal Bureaucracy, Amsterdam u.a.

McCubbins, Mathew D. (1985), The Legislative Design of Regulatory Structure, in: American Journal of Political Science, Vol. 29, S. 721-748.

McCubbins, Mathew D./Roger G. Noll/Barry R. Weingast (1987), Administrative Procedures as Instruments of Political Control, in: Journal of Law, Economics, and Organization, Vol. 3, S. 243-277.

McCubbins, Mathew D./Roger G. Noll/Barry R. Weingast (1989), Structure and Process, Politics and Policy: Administrative Arrangements and the Political Control of Agencies, in: Virginia Law Review, Vol.75, S. 431-482.

McCubbins, Mathew D./Talbot Page (1987), A Theory of Congressional Delegation, in: Mathew D. McCubbins/Terry Sullivan (Eds.), Congress: Structure and Policy, Cambridge, S. 409-425.

McCubbins, Mathew D./Thomas Schwartz (1984), Congressional Oversight Overlooked: Police Patrols versus Fire Alarms, in: American Journal of Political Science, Vol 28, S. 165-179.

McKelvey, Richard D. (1976), Intransitivities in Multidimensional Voting Models, in: Journal of Economic Theory, Vol. 12, S. 476-486.

Melzer, Michael (1989), Vorbereitung und Gestaltung der Ausschußarbeit durch die Fraktionen, in: Hans-Peter Schneider/Wolfgang Zeh (Hrsg.), Parlamentsrecht und Parlamentspraxis in der Bundesrepublik Deutschland, Berlin/New York, S. 1131-1143.

Menger, Carl (1969), Untersuchungen über die Methode der Sozialwissenschaften und der Politischen Ökonomie insbesondere, Tübingen.

Menke-Glückert, Peter (1985), Kommentar Großfeuerungsanlagenverordnung, Düsseldorf.

Mertes, Michael/Helmut G. Müller (1987), Der Aufbau des Bundesumweltministeriums, in: Verwaltungsarchiv, 78. Band, S. 459-474.

Meyer, John W. (1994), Rationalized Environments, in: W. Richard Scott/John W. Meyer (Eds.), Institutional Environments and Organizations, Thousand Oaks, S. 28-54.

Meyer, John W./Brian Rowan (1977), Institutionalized Organizations: Formal Structure as Myth and Ceremony, in: American Journal of Sociology, Vol. 83, S. 340-363.

Michaelis, Peter (1996), Ökonomische Instrumente in der Umweltpolitik, Heidelberg.

Migué, Jean-Luc/Gérard Bélanger (1974), Toward a General Theory of Managerial Discretion, in: Public Choice, Vol. 17, S. 27-43.
Milgrom, Paul R./Douglass C. North/Barry R. Weingast (1990), The Role of Institutions in the Revival of Trade: The Law Merchant, Private Judges, and the Champagne Fairs, in: Economics and Politics, Vol. 2, S. 1-23.
Milgrom, Paul/John Roberts (1992), Economics, Organization and Management, Englewood Cliffs.
Mill, John Stuart (1859/1997), Plädoyer für die Freiheit des Individuums, in: Norbert Hoerster (Hrsg.), Klassische Texte der Staatsphilosophie, 9. Aufl., München, S. 273-292.
Miller, Gary J./Terry M. Moe (1983), Bureaucrats, Legislators, and the Size of Government, in: American Political Science Review, Vol. 77, S. 297-322.
Moe, Terry M. (1980), The Organization of Interests, Chicago/London.
Moe, Terry M. (1987), An Assessment of the Positive Theory of 'Congressional Dominance', in: Legislative Studies Quarterly, Vol. 12, S. 475-520.
Moe, Terry M. (1989), The Politics of Bureaucratic Structure, in: John E. Chubb/Paul E. Peterson (Eds.), Can the Government Govern?, Washington D.C., S. 267-329.
Moe, Terry M. (1990a), The Politics of Structural Choice: Toward a Theory of Public Bureaucracy, in: Oliver E. Williamson (Ed.), Organization Theory, New York/Oxford, S. 116-153.
Moe, Terry M. (1990b), Political Institutions: The Neglected Side of the Story, in: Journal of Law, Economics, and Organization, Vol. 6, S. 213-253.
Moe, Terry M. (1991), Politics and the Theory of Organization, in: Journal of Law, Economics, and Organization, Vol. 7 (Special Issue), S. 106-129.
Moe, Terry M./Michael Caldwell (1994), The Institutional Foundations of Democratic Government: A Comparison of Presidential and Parliamentary Systems, in: Journal of Institutional and Theoretical Economics, Vol. 150, S. 171-195.
Montgomery, David W. (1972), Markets in Licenses and Efficient Pollution Control Programs, in: Journal of Economic Theory, Vol. 5, S. 395-418.
Mühlenbruch, Ferdinand (1992), Außenwirksame Normkonkretisierung durch "Technische Anleitungen", Baden-Baden.
Müller, Edda (1995), Innenwelt der Umweltpolitik, 2. Aufl., Opladen.
Müller, Wolfgang D. (1990), Geschichte der Kernenergie in der Bundesrepublik Deutschland. Anfänge und Weichenstellungen, Stuttgart.
Nee, Viktor/David Strang (1998), The Emergence and Diffusion of Institutional Forms, in: Journal of Institutional and Theoretical Economics, Vol. 154, S. 706-715.

Nelson, Richard R./Sidney G. Winter (1982), An Evolutionary Theory of Economic Change, Cambridge/London.

Neßler, Volker (1998), Konsens und Dissens im Deutschen Bundestag, in: Zeitschrift für Gesetzgebung, 13. Jg., S. 84-92.

Neumann, Manfred J. M. (1998), Ein Einstieg in die Kapitaldeckung der gesetzlichen Renten ist das Gebot der Stunde, in: Wirtschaftsdienst, Heft 5, S. 259-264.

Niskanen, William A. (1971), Bureaucracy and Representative Government, Chicago.

Niskanen, William A. (1975), Bureaucrats and Politicians, in: Journal of Law and Economics, Vol. 18, S. 617-643.

Niskanen, William A. (1994), A Reassessment, in: William A. Niskanen, Bureaucracy and Public Economics, Aldershot, S. 269-283.

North, Douglass C. (1981), Structure and Change in Economic History, New York/London.

North, Douglass C. (1984), Transaction Costs, Institutions, and Economic History, in: Journal of Institutional and Theoretical Economics, Vol. 140, S. 7-17.

North, Douglass C. (1990a), Institutions, Institutional Change, and Economic Performance, Cambridge.

North, Douglass C. (1990b), A Transaction Cost Theory of Politics, in: Journal of Theoretical Politics, Vol. 2, S. 355-367.

North, Douglass C. (1993), Institutions and Credible Commitment, in: Journal of Institutional and Theoretical Economics, Vol. 149, S. 11-23.

North, Douglass C. (1994), Economic Performance Through Time, in: American Economic Review, Vol. 84, S. 359-368.

North, Douglass C./Barry R. Weingast (1989), Constitutions and Commitment: The Evolution of Institutions Governing Public Choice in Seventeenth-Century England, in: Journal of Economic History, Vol. 49, S. 803-832.

Oberschall, Anthony/Eric M. Leifer (1986), Efficiency and Social Institutions, in: Annual Review of Sociology, Vol. 12, S. 233-253.

Olson, Mancur (1965), The Logic of Collective Action, Cambridge.

Olson, Mancur (1982), The Rise and Decline of Nations, New Haven.

Orzechowski, William (1977), Economic Models of Bureaucracy: Survey, Extensions, and Evidence, in: Thomas E. Borcherding (Ed.), Budgets and Bureaucrats, Durham.

Ossenbühl, Fritz (1968), Verwaltungsvorschriften und Grundgesetz, Berlin.

Ossenbühl, Fritz (1988), Verfahren der Gesetzgebung, in: Josef Isensee/Paul Kirchhof (Hrsg.), Handbuch des Staatsrechts der Bundesrepublik Deutschland, Band III, Heidelberg, S, 351-385.

Ostrom, Elinor (1986), An Agenda for the Study of Institutions, in: Public Choice, Vol. 48, S. 3-25.

Palmer, Matthew S. R. (1995), Toward an Economics of Comparative Political Organization: Examining Ministerial Responsibility, in: Journal of Law, Economics, and Organization, Vol. 11, S. 164-188.

Pehle, Heinrich (1988), Das Bundesministerium für Umwelt, Naturschutz und Reaktorsicherheit (BMU) – alte Politik im neuen Gewand?, in: Gegenwartskunde, 37. Jg., S. 259-287.

Pehle, Heinrich (1998), Das Bundesministerium für Umwelt, Naturschutz und Reaktorsicherheit: Ausgegrenzt statt integriert?, Wiesbaden.

Peltzman, Sam (1976), Toward a More General Theory of Regulation, in: Journal of Law and Economics, Vol. 19, S. 211-248.

Peltzman, Sam (1984), Constituent Interest and Congressional Voting, in: Journal of Law and Economics, Vol. 27, S. 181-210.

Pesch, Jürgen Peter (1975), Staatliche Forschungs- und Entwicklungspolitik im Spannungsfeld zwischen Regierung, Parlament und privaten Experten, untersucht am Beispiel der deutschen Atompolitik, Diss. Freiburg i.B.

Pigou, Arthur C. (1932), The Economics of Welfare, New York.

Pommerehne, Werner W. (1976), Private versus öffentliche Müllabfuhr: Ein theoretischer und empirischer Vergleich, in: Finanzarchiv N.F., Band 35, S. 272-294.

Posner, Richard A. (1974), Theories of Economic Regulation, in: Bell Journal of Economics and Management Science, Vol. 5, S. 335-358.

Posner, Richard A. (1980), The Ethical and Political Basis of the Efficiency Norm in Common Law Adjudication, in: Hofstra Law Review, Vol. 8, S. 487-507.

Posner, Richard A. (1993a), Markt, streitiges Verfahren und Gesetzgebung als Methoden der Ressourcenallokation, in: Heinz-Dieter Assmann/Christian Kirchner/Erich Schanze, Ökonomische Analyse des Rechts, Tübingen, S. 335-342.

Posner, Richard A. (1993b), The New Institutional Economics Meets Law and Economics, in: Journal of Institutional and Theoretical Economics, Vol. 149, S. 73-87.

Potters, Jan/Randolph Sloof (1996), Interest Groups: A Survey of Empirical Models That Try to Assess Their Influence, in: European Journal of Political Economy, Vol. 12, S. 403-442.

Powell, Walter W. (1991), Expanding the Scope of Institutional Analysis, in: Walter W. Powell/Paul J. DiMaggio (Eds.), The New Institutionalism in Organizational Analysis, Chicago/London, S. 183-203.

Priest, George L. (1977), The Common Law Process and the Selection of Efficient Rules, in: Journal of Legal Studies, Vol. 51, S. 65-82.

Radkau, Joachim (1983), Aufstieg und Krise der deutschen Atomwirtschaft 1945-1975, Reinbek.

Rasmusen, Eric (1995), Games and Information, 2. Aufl., Cambridge u.a.

Rat von Sachverständigen für Umweltfragen (1974), Die Abwasserabgabe, Zweites Sondergutachten, Stuttgart/Mainz.

Rat von Sachverständigen für Umweltfragen (RSU) (1996), Umweltgutachten 1996, Stuttgart.

Richter, Rudolf/Ulrich Bindseil (1995), Neue Institutionenökonomik, in: WiSt, Heft 3, S. 132-140.

Richter, Rudolf/Eirik Furubotn (1996), Neue Institutionenökonomik, Tübingen.

Riker, William H. (1962), The Theory of Political Coalitions, New Haven.

Riker, William H. (1980), Implications from the Disequilibrium of Majority Rule for the Study of Institutions, in: American Political Science Review, Vol. 74, S. 432-450.

Riker, William H./Peter C. Ordeshook (1968), A Theory of the Calculus of Voting, in: American Political Science Review, Vol. 62, S. 25-42.

Roberts, Peter W./Royston Greenwood (1997), Integrating Transaction Cost and Institutional Theories: Toward a Constrained-Efficiency Framework for Understanding Organizational Design Adoption, in: Academy of Management Review, Vol. 22, S. 346-373.

Romer, Thomas/Howard Rosenthal (1979), The Elusive Median Voter, in: Journal of Public Economics, Vol. 12, S. 143-170.

Roppel, Ulrich (1979), Ökonomische Theorie der Bürokratie, Freiburg i. B.

Rosen, Harvey S./Rupert Windisch (1992), Finanzwissenschaft I, München/Wien.

Ross, Stephen A. (1973), The Economic Theory of Agency: The Principal's Problem, in: American Economic Review, Papers and Proceedings, Vol. 63, S. 134-139.

Rowley, Charles K. (1984), The Relevance of the Median Voter Theorem, in: Journal of Institutional and Theoretical Economics, Vol. 140, S. 104-126.

Rowley, Charles K. (1989), The Common Law in Public Choice Perspective: A Theoretical and Institutional Critique, in: Hamline Law Review, Vol. 12, S. 355-383.

Rowley, Charles K./Michelle A. Vachris (1993), Snake Oil Economics versus Public Choice, in: Charles K. Rowley (Ed.), Public Choice III, Aldershot, S. 573-584.

Rudzio, Wolfgang (1996), Das politische System der Bundesrepublik Deutschland, 4. Aufl., Opladen.

Rupp, Hans Heinrich (1979), Zweikammersystem und Bundesverfassungsgericht, in ORDO, Band 30, S. 95-104.

Sach, Karsten (1994), Genehmigung als Schutzschild?, Berlin.

Sappington, David E.M. (1991), Incentives in Principal-Agent Relationships, in: Journal of Economic Perspectives, Vol. 5, S. 45-66.

Scharpf, Fritz W. (1993), Coordination in Hierarchies and Networks, in: Fritz W. Scharpf (Ed.), Games in Hierarchies and Networks, Frankfurt/Main, S. 125-165.

Schelling, Thomas (1960), The Strategy of Conflict, Cambridge.

Schmalensee, Richard/Paul L. Joskow/A. Denny Ellerman/Juan Pablo Montero/Elizabeth M. Bailey (1998), An Interim Evaluation of Sulfure Dioxide Emissions Trading, in: Journal of Economic Perspectives, Vol. 12, S. 53-68.

Schotter, Andrew (1981), The Economic Theory of Social Institutions, Cambridge.

Schüttemeyer, Suzanne S. (1992), Der Bundestag als Fraktionenparlament, in: Jürgen Hartmann/Uwe Thaysen (Hrsg.), Pluralismus und Parlamentarismus in Theorie und Praxis, Opladen, S. 113-136.

Schulze-Fielitz, Helmuth (1986), Das Parlament als Organ der Kontrolle im Gesetzgebungsprozeß, in: Horst Dreier/Jochen Hofmann (Hrsg.), Parlamentarische Souveränität und technische Entwicklung, Berlin, S. 71-124.

Schwartz, Edward P./Pablo T. Spiller/Santiago Urbiztondo (1994), A Positive Theory of Legislative Intent, in: Law and Contemporary Problems, Vol. 57, S. 51-74.

Scott, W. Richard (1994), Institutions and Organizations: Toward a Theoretical Synthesis, in: W. Richard Scott/John W. Meyer (Eds.), Institutional Environments and Organizations, Thousand Oaks, S. 55-80.

Shapiro, Carl/Joseph E. Stiglitz (1984), Equilibrium Unemployment as a Worker Discipline Device, in: American Economic Review, Vol. 74, S. 433-444.

Shelanski, Howard A./Peter G. Klein (1995), Empirical Reserach in Transaction Cost Economics: A Review and Assessment, in: Journal of Law, Economics, and Organization, Vol. 11, S. 335-361.

Shepsle, Kenneth A. (1986), Institutional Equilibrium and Equilibrium Institutions, in: Herbert F. Weisberg (Ed.), Political Science: The Science of Politics, New York, S. 51-81.

Shepsle, Kenneth A. (1991), Discretion, Institutions, and the Problem of Government Commitment, in: Pierre Bourdieu/James S. Coleman (Eds.), Social Theory for a Changing Society, Boulder, S. 245-263.

Shepsle, Kenneth A. (1992), Bureaucratic Drift, Coalitional Drift, and Time Consistency: A Comment on Macey, in: Journal of Law, Economics, and Organization, Vol. 8, S. 111-125.

Shepsle, Kenneth A./Mark S. Bonchek (1997), Analyzing Politics, New York/London.

Shepsle, Kenneth A./Barry R. Weingast (1981), Structure-induced Equilibrium and Legislative Choice, in: Public Choice, Vol. 37, S. 503-519.

Shepsle, Kenneth A./Barry R. Weingast (1987), The Institutional Foundations of Committee Power, in: American Political Science Review, Vol. 81, S. 85-104.

Shepsle, Kenneth A./Barry R. Weingast (1994), Positive Theories of Congressional Institutions, in: Legislative Studies Quarterly, Vol. 19, S. 149-179.

Simon, Herbert A. (1976), Administrative Behavior, 3. Aufl., New York.

Spence, Michael (1973), Job Market Signaling, in: Quarterly Journal of Economics, Vol. 87, S. 355-374.

Spiller, Pablo T. (1995), Regulatory Commitment and Utilities' Privatization: Implications for Future Comparative Research, in: Jeffrey S. Banks/Eric A. Hanushek (Eds.), Modern Political Economy, Cambridge, S. 63-79.

Spiller, Pablo T. (1996a), Institutions and Commitment, in: Industrial and Corporate Change, Vol. 5, S. 421-452.

Spiller, Pablo T. (1996b), A Positive Political Theory of Regulatory Instruments: Contracts, Administrative Law or Regulatory Specificity?, in: Southern California Law Review, Vol. 68, S. 477-515.

Stavins, Robert N. (1998), What Can We Learn from the Grand Policy Experiment? Lessons from SO_2 Allowance Trading, in: Journal of Economic Perspectives, Vol. 12, S. 69-88.

Steinberg, Rudolf (1979), Politik und Verwaltungsorganisation, Baden-Baden.

Steinberg, Rudolf (1989), Parlament und organisierte Interessen, in: Hans-Peter Schneider/Wolfgang Zeh (Hrsg.), Parlamentsrecht und Parlamentspraxis in der Bundesrepublik Deutschland, Berlin/New York, S. 217-259.

Stewart, Richard B. (1981), Regulation, Innovation, and Administrative Law: A Conceptual Framework, in: California Law Review, Vol. 69, S. 1259-1377.

Stigler, George J. (1961), The Economics of Information, in: Journal of Political Economy, Vol. 69, S. 213-225.

Stigler, George J. (1971), The Theory of Economic Regulation, in: Bell Journal of Economics and Management Science, Vol. 2, S. 3-21.

Stigler, George J. (1972), Economic Competition and Political Competition, in: Public Choice, Vol. 13, S. 91-106.

Stigler, George J./Gary S. Becker (1977), De Gustibus Non Est Disputandum, in American Economic Review, Vol. 67, S. 76-90.

Strack, Fritz (1985), Urteilsheuristiken, in: Dieter Frey/M. Irle (Hrsg.), Theorien der Sozialpsychologie, Bern, S. 239-267.

Streissler, Erich (1993), Das Problem der Internalisierung, in: Heinz König (Hrsg.), Umweltverträgliches Wirtschaften als Problem von Wissenschaft und Politik, Berlin, S. 87-110.

Studenroth, Stefan (1995), Einflußnahme des Bundestages auf Erlaß, Inhalt und Bestand von Rechtsverordnungen, in: Die öffentliche Verwaltung, 48. Jg., S. 525-537.

Sturm, Roland (1988), Der Haushaltsausschuß des Deutschen Bundestages, Opladen.

Sugden, Robert (1989), Spontaneous Order, in: Journal of Economic Perspectives, Vol. 3, S. 85-97.

Thelen, Kathleen/Sven Steinmo (1992), Historical Institutionalism in Comparative Politics, in: Sven Steinmo/Kathleen Thelen/Frank Longstreth (Eds.), Structuring Politics, Cambridge, S. 1-32.

Thomassen, Jacques (1991), Empirical Research into Political Representation. A Critical Reappraisal, in: Hans-Dieter Klingemann/Richard Stöss/Bernhard Weßels (Hrsg.), Politische Klasse und politische Institutionen, Opladen, S. 259-274.

Thompson, Earl A. (1973), Review of *Bureaucracy and Representative Government,* in: Journal of Economic Literature, Vol. 11, S. 950-953.

Tollison, Robert D. (1982), Rent Seeking: A Survey, in: Kyklos, Vol. 35, S. 575-602.

Tollison, Robert D. (1997), Rent Seeking, in: Dennis C. Mueller (Ed.), Perspectives on Public Choice: A Handbook, Cambridge u.a., S. 506-525.

Tsebelis, George (1995), Veto Players and Law Production in Parliamentary Democracies, in: Herbert Döring (Ed.), Parliaments and Majority Rule in Western Europe, Frankfurt/New York, S. 83-111.

Tversky, Amos/Daniel Kahneman (1982), Judgment Under Uncertainty: Heuristics and Biases, in: Daniel Kahneman/Paul Slovic/Amos Tversky (Eds.), Judgment Under Uncertainty: Heuristics and Biases, Cambridge, S. 3-20.

Tversky, Amos/Daniel Kahneman (1987), Rational Choice and the Framing of Decisions, in: Robin M. Hogarth/Melvin W. Reder (Eds.), Rational Choice, Chicago (University of Chicago Press), S. 67-94.

Twight, Charlotte (1994), Political Transaction-Cost Manipulation, in: Journal of Theoretical Politics, Vol. 6, S. 189-216.

Ullmann-Margalit, Edna (1978), Invisible-Hand Explanations, in: Synthese, Vol. 39, S. 263-291.

Umbeck, John (1981), Might Makes Rights: A Theory of the Formation and Initial Distribution of Property Rights, in: Economic Inquiry, Vol. 19, S. 38-59.

Vanberg, Viktor (1984), 'Unsichtbare-Hand Erklärung' und soziale Normen, in: Horst Todt (Hrsg.), Normengeleitetes Verhalten in den Sozialwissenschaften, Berlin, S. 115-146.

Vanberg, Viktor (1988), Rules and Choice in Economics, in: Jahrbuch für Neue Politische Ökonomie, Band 7, S. 146-167.

Vanberg, Viktor (1996), Ökonomische Rationalität und politische Opportunität, Jena.

Vanberg, Viktor/James M. Buchanan (1994), Interests and Theories in Constitutional Choice, in: Viktor Vanberg, Rules and Choice in Economics, London/New York, S. 167-177.

Voigt, Stefan (1998), Das Forschungsprogramm der Positiven Konstitutionenökonomik, Diskussionsbeitrag 01-98, Max-Planck-Institut zur Erforschung von Wirtschaftssystemen, Jena.

Voigt, Stefan/Daniel Kiwit (1995), Black Markets, Mafiosi and the Prospects for Economic Development in Russia – Analyzing the Interplay of External and Internal Institutions, Diskussionsbeitrag 05-95, Max-Planck-Institut zur Erforschung von Wirtschaftssystemen, Jena.

Vromen, Jack J. (1995), Economic Evolution, London/New York.

Wagner, Hellmut (1995), Effizienz des Ordnungsrechts für den Umweltschutz?, in: Neue Zeitschrift für Verwaltungsrecht, Heft 11, S. 1046-1052.

Wagner, Richard E. (1966), Pressure Groups and Political Entrepreneurs: A Review Article, in: Papers on Non-Market Decision Making, S. 161-170.

Walgenbach, Peter (1995), Institutionalistische Ansätze in der Organisationstheorie, in: Alfred Kieser (Hrsg.), Organisationstheorien, 2. Aufl., Stuttgart u.a., S. 269-301.

Weaver, R. Kent (1986), The Politics of Blame Avoidance, in: Journal of Public Policy, Vol. 6, S. 371-398.

Wegehenkel, Lothar (1981), Gleichgewicht, Transaktionskosten und Evolution, Tübingen.

Wegner, Gerhard (1998), Entstaatlichung der Umweltpolitik durch innere Institutionen?, in: Gerhard Wegner/ Josef Wieland (Hrsg.), Formelle und informelle Institutionen, Marburg, S. 35-68.

Weimann, Joachim (1995), Umweltökonomik. Eine theorieorientierte Einführung, 3. Aufl., Berlin u.a.

Weingast, Barry R. (1984), The Congressional-Bureaucratic System: A Principal-Agent Perspective (With Applications to the SEC), in: Public Choice, Vol. 44, S. 147-191.

Weingast, Barry R. (1989), The Political Institutions of Representative Government: Legislatures, in: Journal of Institutional and Theoretical Economics, Vol. 145, S. 693-703.

Weingast, Barry R. (1995), The Economic Role of Political Institutions: Market-Preserving Federalism and Economic Development, in: Journal of Law, Economics, and Organization, Vol. 11, S. 1-31.

Weingast, Barry R. (1996), Political Institutions: Rational Choice Perspectives, in: Robert E. Goodin/Hans-Dieter Klingemann (Eds.), A New Handbook of Political Science, Oxford, S. 167-190.

Weingast, Barry R./William J. Marshall (1988), The Industrial Organization of Congress; or, Why Legislatures, Like Firms, Are Not Organized as Markets, in: Journal of Political Economy, Vol. 96, S. 132-163.

Weingast, Barry R./Mark J. Moran (1983), Bureaucratic Discretion or Congressional Control? Regulatory Policymaking by the Federal Trade Commission, in: Journal of Political Economy, Vol. 91, S. 765-800.

Weingast, Barry R./Kenneth A. Shepsle/Christopher Johnsen (1981), The Political Economy of Benefits and Costs: A Neoclassical Approach to Distributive Politics, in: Journal of Political Economy, Vol. 89, S. 642-664.

Weng, Gerhard (1984), Die Bedeutung des Berichterstatters im Parlament, in: Zeitschrift für Parlamentsfragen, 15. Jg., S. 31-43.

Wicke, Lutz (1991), Umweltökonomie, 3. Aufl., München.

Wicke, Lutz (1993), Umweltökonomie, 4. Aufl., München.

Williamson, Oliver E. (1975), Markets and Hierarchies: Analysis and Antitrust Implications, New York (Free Press).

Williamson, Oliver E. (1981), The Economics of Organization: The Transaction Cost Approach, in: American Journal of Sociology, Vol. 87, S. 548-577.

Williamson, Oliver E. (1983), Credible Commitments: Using Hostages to Support Exchange, in: American Economic Review, Vol. 73, S. 519-540.

Williamson, Oliver E. (1985), The Economic Institutions of Capitalism, New York.

Williamson, Oliver E. (1986), Transaction-Cost Economics: The Governance of Contractual Relations, in: Oliver E. Williamson, Economic Organization, New York, S. 101-130.

Williamson, Oliver E. (1987), Transaction Cost Economics: The Comparative Contracting Perspective, in: Journal of Economic Behavior and Organization, Vol. 8, S. 617-625.

Williamson, Oliver E. (1988a), Corporate Finance and Corporate Governance, in: Journal of Finance, Vol. 43, S. 567-591.

Williamson, Oliver E. (1988b), The Economics and Sociology of Organization, in: George Farkas/Paula England (Eds.), Firms, Industries, and Jobs, New York/London, S. 159-185.

Williamson, Oliver E. (1989), Transaction Cost Economics, in: Richard Schmalensee/ Robert D. Willig (Eds.), Handbook of Industrial Organization, Vol. I., S. 135-182.

Williamson, Oliver E. (1990a), A Comparison of Alternative Approaches to Economic Organization, in: Journal of Institutional and Theoretical Economics, Vol. 146, S. 61-71.

Williamson, Oliver E. (1990b), Interview, in: Richard Swedberg, Economics and Sociology, Princeton, S. 115-129.

Williamson, Oliver E. (1990c), Political Institutions: The Neglected Side of the Story – Comment, in: Journal of Law, Economics, and Organization, Vol. 6, S. 263-266.

Williamson, Oliver E. (1991a), Strategizing, Economizing, and Economic Organization, in: Strategic Management Journal, Vol. 12, S. 75-94.

Williamson, Oliver E. (1991b), Comparative Economic Organization: The Analysis of Discrete Structural Alternatives, in: Administrative Science Quarterly, Vol. 36, S. 269-296.

Williamson, Oliver E. (1993), Transaction Cost Economics Meets Posnerian Law and Economics, in: Journal of Institutional and Theoretical Economics, Vol. 149, S. 99-118.

Williamson, Oliver E. (1994), Transaction Cost Economics and Organization Theory, in: Neil J. Smelser/Richard Swedberg (Eds.), The Handbook of Economic Sociology, New Jersey, S. 77-107.

Williamson, Oliver E. (1996a), The Politics of Redistribution and Inefficiency, in: Oliver E. Williamson, The Mechanisms of Governance, New York, S. 195-213.

Williamson, Oliver E. (1996b), Economic Organization: The Case for Candor, in: Academy of Management Review, Vol. 21, S. 48-57.

Williamson, Oliver E. (1996c), Calculativeness, Trust, and Economic Organization, in: Oliver E. Williamson, The Mechanisms of Governance, New York, S. 250-275.

Williamson, Oliver E. (1998), Transaction Cost Economics: How It Works; Where It is Headed, in: De Economist, Vol. 146, S. 23-58.

Williamson, Oliver E. (1999), Public and Private Bureaucracies: A Transaction Cost Economics Perspective, in: Journal of Law, Economics, and Organization, Vol. 15, S. 306-342.

Williamson, Oliver E./William G. Ouchi (1991), The Markets and Hierarchies and Visible Hand Perspectives, in: Andrew H. Van de Ven/William Joyce (Eds.), Perspectives on Organizational Design and Behavior, New York, S. 347-370.

Wilson, James Q. (1989), Bureaucracy, New York.

Windisch, Rupert (1984), Politische Verfügungsrechte, Umverteilung und konstitutionelle Budgetreform, in: Manfred Neumann (Hrsg.), Ansprüche, Eigentums- und Verfügungsrechte, Berlin, S. 569-607.

Windisch, Rupert (1996), Stichwort "Verfügungsrechte", in: Gabler Volkswirtschaftslexikon, 4. Aufl., hier als unveröffentlichtes Manuskript zitiert.

Witt, Ulrich (1993), Evolutionary Economics: Some Principles, in: Ulrich Witt (Ed.), Evolution in Markets and Institutions, Heidelberg, S. 1-16.

Wittman, Donald (1989), Why Democracies Produce Efficient Results, in: Journal of Political Economy, Vol. 97, S. 1395-1424.

Wittman, Donald (1995), The Myth of Democratic Failure, Chicago/London.

Wohlgemuth, Michael (1998), Entry Barriers in Politics, or: Why Politics, Like Natural Monopoly, Is Not Organised as an Ongoing Market-Process, Diskussionsbeitrag 14-98, Max-Planck-Institut zur Erforschung von Wirtschaftssystemen, Jena.

Wood, B. Dan/Richard W. Waterman (1991), The Dynamics of Political Control of the Bureaucracy, in: American Political Science Review, Vol. 85, S. 801-828.

Young, H. Peyton (1996), The Economics of Convention, in: Journal of Economic Perspectives, Vol. 10, S. 105-122.

Zeh, Wolfgang (1983), Die Beratung von Gesetzen im Deutschen Bundestag, in: Theorie und Methoden der Gesetzgebung, Frankfurt a.M., S. 57-77.

Zeh, Wolfgang (1989), Das Ausschußsystem im Bundestag, in: Hans-Peter Schneider/Wolfgang Zeh (Hrsg.), Parlamentsrecht und Parlamentspraxis in der Bundesrepublik Deutschland, Berlin/New York, S. 1087-1102.

Zeh, Wolfgang (1993), Parlamentsreform als Gesetzgebungsreform, in: Zeitschrift für Gesetzgebung, 8. Jg., S. 358-368.

Printed by
CPI books GmbH, Leck

FSC
www.fsc.org
MIX
Papier | Fördert gute Waldnutzung
FSC® C083411

Kolibri 360 GmbH
Ferdinand-Jühlke-Straße 7
99095 Erfurt, Deutschland
produktsicherheit@kolibri360.de